棋盘洲长江公路大桥
设计与施工

叶方谦 主 编
包振江 周乐木 殷 源 副主编

人民交通出版社
北京

内 容 提 要

本书系统全面地介绍了棋盘洲长江公路大桥的设计与施工。全书分为五篇：第一篇为总论，介绍了悬索桥的发展和棋盘洲长江公路大桥的概况；第二篇为设计篇，介绍了桥型和主桥的结构设计；第三篇为施工篇，介绍了大桥的施工总体部署、施工方案和构件施工方法；第四篇为控制篇，介绍了主桥测量控制系统、上部结构施工控制、主桥荷载试验、主缆防腐等内容；第五篇为成果篇，介绍了大桥的关键技术研究。

本书为桥梁设计与施工类著作，可供行业内相关设计、施工技术人员参考使用，也可作为高等院校高年级本科生及研究生的参考资料。

图书在版编目(CIP)数据

棋盘洲长江公路大桥设计与施工／叶方谦主编．—北京：人民交通出版社股份有限公司，2024.4
ISBN 978-7-114-18509-0

Ⅰ.①棋⋯ Ⅱ.①叶⋯ Ⅲ.①长江—公路桥—桥梁设计—黄石②长江—公路桥—桥梁施工—黄石 Ⅳ.①U448.14

中国国家版本馆 CIP 数据核字(2024)第 007716 号

Qipanzhou Chang Jiang Gonglu Daqiao Sheji yu Shigong

书 名：	棋盘洲长江公路大桥设计与施工
著 作 者：	叶方谦
策划编辑：	李 瑞
责任编辑：	陈虹宇
责任校对：	赵媛媛 龙 雪
责任印制：	刘高彤
出版发行：	人民交通出版社
地 址：	(100011)北京市朝阳区安定门外外馆斜街 3 号
网 址：	http://www.ccpcl.com.cn
销售电话：	(010)59757973
总 经 销：	人民交通出版社发行部
经 销：	各地新华书店
印 刷：	北京建宏印刷有限公司
开 本：	787×1092 1/16
印 张：	25.25
字 数：	615 千
版 次：	2024 年 4 月 第 1 版
印 次：	2024 年 4 月 第 1 次印刷
书 号：	ISBN 978-7-114-18509-0
定 价：	130.00 元

(有印刷、装订质量问题的图书，由本社负责调换)

策划委员会

总策划：潘新平　刘占兵
成　员：蔡明征　周望虎　朱红明　王运红　徐世雄　王华瑞
　　　　　余国中　马伦权

编写委员会

主　编：叶方谦
副主编：包振江　周乐木　殷　源
参　编：（按拼音首字母排序）
　　　　　丁晓伟　李　瑶　廖艳清　谭玉林　王　军　温庆伟
　　　　　王文帅　王祥寿　许　亮　徐秀山　周长泉　张　晖
　　　　　张雨乐　张芷璇

主　审：张德军　雷丽君　刘晓波

前言

PREFACE

棋盘洲长江公路大桥是《长江经济带综合立体交通走廊规划（2014—2020年）》中规划的过江通道之一,也是《湖北省省道网规划纲要（2011—2030年）》确立的以"九纵五横三环"为主体的高速公路网的重要组成部分。

棋盘洲长江公路大桥位于黄石市和黄冈市境内,起自阳新县太子镇,止于蕲春县管窑镇红旗岗村。该桥于2016年6月30日动工兴建,于2020年6月5日完成主桥合龙工程,于2021年9月17日通车运营。

棋盘洲长江公路大桥的修建,对满足过江需求和优化长江高速公路过江通道布局,加快黄石港区发展,推动武汉城市圈和湖北长江经济带建设,促进中部地区崛起,加强西部地区与长江经济带、东部沿海地区以及南部发达地区的畅通联系,实施国家西部大开发战略部署,带动鄂东、皖西、赣北地区红色旅游开发和经济社会发展都具有十分重要的意义。

棋盘洲长江公路大桥建设过程中对南锚碇防洪措施及地下连续墙施工预案、结构抗风性能和结构耐久性等关键技术进行研究,保证了桥梁顺利建设完成。

本书用五个篇章对棋盘洲长江公路大桥进行介绍,其中第一篇为总论,介绍了悬索桥的发展和棋盘洲长江公路大桥的概况;第二篇为设计篇,介绍了桥型和主桥的结构设计;第三篇为施工篇,介绍了大桥的施工总体部署、施工方案和构件施工方法;第四篇为控制篇,介绍了主桥测量控制系统、上部结构施工控制、主桥荷载试验、主缆防腐等内容;第五篇为成果篇,介绍了大桥的关键技术研究。

本书主编为叶方谦,副主编为包振江、周乐木、殷源,主审为张德军、雷丽君、刘晓波。此外,参与本书编写的还有丁晓伟、李瑶、廖艳清、谭玉林、王军、温庆伟、王文帅、王祥寿、许亮、徐秀山、周长泉、张晖、张雨乐、张芷璇。本书在编写过程中参考了国内外桥梁方面的专著、教材、报告及棋盘洲长江公路大桥设计与施工方案等资料,在此谨向这些资料的著作者表示敬意和谢意。

本书得到湖北棋盘洲长江公路大桥有限公司、中交公路规划设计院有限公司、湖北省交通运输厅工程事务中心、武汉大通公路桥梁工程咨询监理有限责任公司、中国铁建大桥工程局集团有限公司、武昌船舶重工集团有限公司、江苏法尔胜股份有限公司、湖北交投智能检测股份有限公司等单位的大力支持,同时,湖北省公路学会参与本书的编制工作,在此一并深表谢意。

由于作者水平有限,本书中难免存在错谬之处,敬请各位读者批评指出,以便修订时更正。

编 者
2023年11月

目录

CONTENTS

第一篇 总 论

1 悬索桥概述   3

1.1 悬索桥的优点 …………………………………………………………… 3

1.2 悬索桥基本组成和受力特点 …………………………………………… 3

1.3 悬索桥发展历程 ………………………………………………………… 5

2 棋盘洲长江公路大桥项目概况   11

第二篇 设 计 篇

3 桥型设计   15

4 索塔设计   17

4.1 索塔基础 ………………………………………………………………… 17

4.2 索塔构造 ………………………………………………………………… 18

5 锚碇设计 — 20

5.1 南锚碇基础及锚碇 — 20
5.2 北锚碇基础及锚碇 — 22

6 主缆设计 — 25

7 吊索设计 — 27

8 索鞍设计 — 29

8.1 主索鞍 — 29
8.2 散索鞍 — 30

9 索夹设计 — 31

10 钢箱梁设计 — 32

11 主缆防腐与除湿 — 36

11.1 主缆表面缠丝 — 37
11.2 主缆缠包带 — 37
11.3 主缆除湿 — 37

12 上部结构设计 — 40

13 桥面铺装设计 — 42

第三篇 施 工 篇

14 南索塔施工 — 47
- 14.1 施工部署 — 47
- 14.2 塔座施工 — 49
- 14.3 塔柱施工 — 50
- 14.4 横梁施工 — 58
- 14.5 基础施工 — 61
- 14.6 承台施工 — 74

15 北索塔施工 — 83
- 15.1 工程概况 — 83
- 15.2 索塔施工流程 — 83
- 15.3 塔座施工 — 84
- 15.4 塔柱施工 — 84
- 15.5 钻孔灌注桩施工 — 87

16 南锚碇施工 — 91
- 16.1 南锚碇基础施工 — 91
- 16.2 南锚碇锚体施工 — 136

17 北锚碇施工 — 148
- 17.1 北锚碇基坑开挖 — 148
- 17.2 锚碇大体积混凝土施工方案 — 157
- 17.3 锚固系统施工 — 166
- 17.4 基坑回填 — 173
- 17.5 预埋件工程 — 174

18 大体积混凝土施工 — 175

18.1 抗裂安全性评价指标 — 175
18.2 温控标准 — 176
18.3 裂缝控制施工技术措施 — 177
18.4 现场温度监测 — 183

19 索鞍及索夹制造 — 186

19.1 主索鞍制造 — 186
19.2 散索鞍制造 — 193
19.3 索夹加工制造 — 196

20 主缆索股与吊索 — 199

20.1 相关技术参数 — 199
20.2 主缆索股与吊索制造 — 207

21 钢箱梁制造及现场施工 — 218

21.1 下料施工 — 218
21.2 单元件制作 — 219
21.3 匹配预拼一体化总成工艺 — 220
21.4 桥位现场施工 — 222
21.5 焊接工艺 — 223

22 上部结构安装 — 230

22.1 上部结构安装总体施工流程 — 230
22.2 索鞍安装 — 231
22.3 牵引系统 — 244
22.4 猫道架设 — 249
22.5 主缆索股架设 — 255

22.6	主缆紧缆	263
22.7	索夹、吊索安装	267
22.8	钢箱梁安装	270
22.9	附属结构安装及猫道拆除	278

23 桥面铺装 285

23.1	桥面铺装施工顺序	285
23.2	试验段	286
23.3	主桥桥面铺装及界面处理	287
23.4	检修道施工	306
23.5	特殊季节施工	307
23.6	桥面铺装施工总结	307

第四篇 控 制 篇

24 主桥测量控制系统 315

24.1	施工测量内容及方法	315
24.2	测量布控	315
24.3	测量控制方案	316

25 上部结构施工控制 325

25.1	监控目的、目标、内容与方案	325
25.2	监控计算模型	334
25.3	施工方案结构分析	335
25.4	施工架设控制与参数修正	337
25.5	成桥监测成果分析	346

26 主桥荷载试验 **348**

26.1 概述 …… 348
26.2 外观检查及成桥状态测试 …… 349
26.3 荷载试验 …… 355

27 主缆防腐 **374**

27.1 主缆缠丝施工准备 …… 375
27.2 主缆缠丝施工 …… 377
27.3 主缆缠包带施工 …… 381

第五篇 成 果 篇

28 关键技术研究 **385**

28.1 南锚碇防洪措施及地下连续墙施工预案 …… 385
28.2 结构抗风性能研究 …… 386
28.3 结构耐久性设计 …… 387

参考文献 **389**

第一篇

总论

第一章

引论

悬索桥概述

1.1 悬索桥的优点

悬索桥,也称吊桥,是以悬挂在索塔上的吊索为主要承重结构,将行车和行人的桥道梁通过吊索挂在主缆上的桥梁。现在的主缆一般由多根高强钢丝做成,主缆两端用锚碇固定或锚固于加劲梁上,通常还用两个高塔给主缆提供中间支撑。悬索桥主要靠主缆承重,主缆所用的钢丝强度高且可根据需要增加根数,所以悬索桥的跨越能力特别强。

悬索桥有着如下优点:
①构造简单、受力明确;
②与拱桥相比,其凭借柔性缆显现出刚性;
③与斜拉桥相比,其恒载主要由主缆承受,加劲梁所受的弯矩较小,截面尺寸较小,即加劲梁截面与跨度无必然联系;
④猫道、主缆为施工提供了现成的悬吊脚手架;
⑤具有显著的美学价值;
⑥跨越能力强,跨径可达 2000m 以上。

1.2 悬索桥基本组成和受力特点

悬索桥结构体系是功能、外形和受力的统一。悬索桥从外形上主要分为单塔单跨悬索桥、单塔多跨悬索桥、多塔单跨悬索桥和多塔多跨悬索桥;从受力上主要分为地锚式悬索桥和自锚式悬索桥两种,如图 1-1 所示。

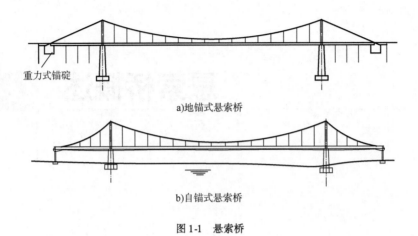

图 1-1 悬索桥

1.2.1 悬索桥的基本组成

悬索桥主要由加劲梁、吊索、主缆、索塔、鞍座、索夹、锚碇组成。自锚式悬索桥主缆锚于加劲梁上,没有锚碇。地锚式悬索桥的基本组成如图 1-2 所示。加劲梁主要提供抗扭刚度和荷载作用面,并将荷载传递给吊索。吊索连接主缆和加劲梁,并将由加劲梁传来的荷载传递给主缆。主缆是悬索桥的主要承重构件,承受活载和加劲梁、吊索及自身的恒载等。塔顶鞍座是主缆转向装置,将缆力的竖向分力传递给索塔。索塔起支撑主缆的作用,承受缆力的竖向分力和不平衡水平力。散索鞍在主缆进入锚碇前起分散主缆和转向的作用。锚碇(地锚式悬索桥)是锚固主缆的构造物,根据构造的不同以不同方式承受主缆的拉力。

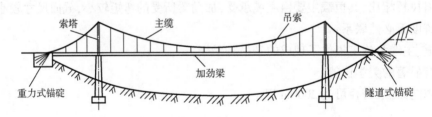

图 1-2 地锚式悬索桥基本组成

1.2.2 悬索桥的受力特点

悬索桥属于柔性结构,是依靠主缆初应力刚度抵抗变形的二阶结构,整体受力表现出显著的几何非线性。成桥时,结构自重由主缆和索塔承受,加劲梁受力状态则由施工方法决定;成桥后,荷载由结构共同承受,受力按刚度分配。地锚式悬索桥的传力路径为加劲梁→吊索→主缆→索塔→锚碇,如图 1-3a)所示。自锚式悬索桥的传力路径为加劲梁→吊索→主缆→索塔→加劲梁,如图 1-3b)所示。

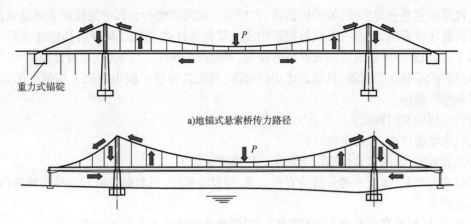

a) 地锚式悬索桥传力路径

b) 自锚式悬索桥传力路径

图1-3 悬索桥传力路径

加劲梁是保证车辆行驶的传力构件。地锚式悬索桥加劲梁在一期恒载作用下仅受梁段节间自重弯矩作用，在二期恒载和活载作用下主要承受整体弯曲内力。但由于主缆强大的"重力刚度"，大部分荷载都被分配给了主缆，因此大跨径悬索桥加劲梁的挠度从属于主缆，以致增大加劲梁截面尺寸会出现梁内应力增大的现象。随着悬索桥跨径的增大，加劲梁退化为传力构件。加劲梁由于在横桥向没有多点约束，因此需要足够的横向抗弯刚度和抗扭刚度。

吊索是联系加劲梁和主缆的纽带，承受轴向拉力。吊索内轴力的大小，既决定主缆的成桥线形，也决定加劲梁的弯矩，是决定悬索桥受力状况的关键因素。竖直布置的吊索只承受拉力作用，但斜吊索会由于车辆荷载或风荷载作用而不断产生拉、压交变应力，存在严重的疲劳问题。

主缆是悬索桥结构体系中的主要承重构件，属于几何可变体系，承受拉力作用。主缆在恒载作用下有很大的初始张拉力，为后续结构提供"几何刚度"，可同时通过自身弹性变形和几何形状的改变来影响结构体系平衡，表现出大位移非线性的力学特征。这是悬索桥区别于其他桥型的重要特征之一，也是悬索桥跨径得以不断增大、加劲梁高跨比得以减小的根本原因。

自锚式悬索桥的加劲梁受力与地锚式悬索桥不同，主缆不提供"重力刚度"，加劲梁通过弯曲承受大部分荷载，且还要承受锚固在加劲梁两端的主缆传递来的轴向压力，因此自锚式悬索桥加劲梁的截面尺寸较大。

1.3 悬索桥发展历程

1.3.1 古代悬索桥

中国古代的吊桥是悬索桥的雏形。公元前250年，李冰在都江堰修建了竹索吊桥；汉朝时期出现了铁索吊桥。相比之下，英国在1741年才出现铁索吊桥(Tees河桥)。

古代吊桥主要分为三类，即无桥面系、有桥面系和网状结构。其中无桥面系的是索桥。古代吊桥构造非常简单，仅由一根或数根索构成。荷载直接或者通过某种机具施加在其中一根承重索上，其他索与承重索之间没有任何联系，只起扶手作用。溜索桥、双索桥等都属于此类。由于单根索的承载能力有限，只能运送小件物体，因此这种桥一般出现在人烟稀少的山区，供人们日常生活使用。

古代吊桥的共同特点：
①依靠经验建造，无特定设计；
②没有索塔，纵向索直接锚固于两岸山壁或桥头堡上；
③没有加劲梁，尽管大部分吊桥有桥面系，但没有刚度，只起到分散和传递荷载的作用，荷载依然靠索承受。

因此，古代吊桥在承载能力、跨越能力、刚度和稳定性等方面存在诸多不足。

1.3.2 近代悬索桥

近代悬索桥的发展分为两个阶段：1883年以前属于奠基时期，1883—1945年属于发展时期。

(1) 奠基时期

奠基时期悬索桥的发展以欧洲为主。14世纪的文艺复兴为欧洲的桥梁发展奠定了丰富的自然科学理论和物质财富基础。其中，意大利天文学家伽利略建立的代数学和在《关于两门新科学的对话》中对材料强度、杠杆原理等的阐述，使工程师们能够科学地建造桥梁。在该时期，悬索桥的相关设计参数计算主要基于弹性理论。

威尔士康威城堡桥(Conwy Castle Bridge，1822年，见图1-4)是较早的近代悬索桥之一，由托马斯·泰尔福特(Thomas Telford)设计。该桥的跨径只有99.7m，但采用了索塔、吊索、加劲梁等重要部(构)件，这与古代吊桥相比有本质的变化。之后，托马斯又于1826年修建了英国梅奈海峡大桥(Menai Strait Bridge，见图1-5)。该桥梁索塔高46.7m，跨径为176.6m，是当时英国第一座跨径位居世界之首的桥梁。

图1-4　威尔士康威城堡桥

图1-5 英国梅奈海峡大桥

该时期悬索桥主缆普遍采用由铁眼杆做成的索链,索塔为圬工结构。由于索链杆件之间接触面小,会产生应力集中,而制成铁眼杆所用的锻铁又是脆性材料,因此由铁眼杆做成的索链连接处容易破坏,这使得悬索桥的跨径难以增大。

(2)发展时期

1883年之后进入近代悬索桥的发展时期。近代悬索桥的发展得益于两大成就:一是纽约布鲁克林大桥的建成,其在主缆材料(平行钢丝)和施工方法(空中纺丝法)上做出了创新,并完善了近、现代悬索桥的结构体系和构造;二是挠度理论的出现,其使悬索桥向轻型化发展,使悬索桥的跨径有了质的飞跃。

弹性理论没有考虑初应力的刚度贡献,并将平衡建立在变形前的位置。根据弹性理论计算出的加劲梁需要很大的刚度,因而这一时期的悬索桥有过高的加劲梁和笨拙的索塔,大大限制了悬索桥的跨径增大。1888年,出生于维也纳的工程师约瑟夫·米兰(Josef Melan)提出了挠度理论,使人们认清了悬索桥的受力特性。悬索桥的跨径得到了进一步的增大。

利昂·所罗门·莫西塞夫(Leon Solomon Moisseiff)最早应用挠度理论设计了纽约曼哈顿大桥(Manhattan Bridge,1909年,见图1-6)的缆索。该桥主跨跨径为448.1m,总长2089m,加劲梁为双层钢桁梁,结构体系为三跨两铰式。纽约曼哈顿大桥改变了传统悬索桥笨重的形象,用全钢索塔代替圬工索塔,是第一座用华伦式桁梁作为加劲梁,第一次采用骑跨式吊索的悬索桥,整座大桥纤细、美观。

图1-6 纽约曼哈顿大桥

1885—1945年的悬索桥加劲梁向纤细化发展，钢索塔代替了圬工索塔，加劲梁由深桁梁变为浅桁梁，甚至出现了高跨比1∶350的板梁。但对挠度理论在极端情况下的使用和对加劲梁作用的忽视导致了巨大灾难。1940年，由莫西塞夫设计的塔科马海峡大桥（图1-7）在一场风速68km/h的持久大风中振毁。该桥主跨跨径为853m，加劲梁为钢板梁，高跨比只有1∶350，宽跨比为1∶72。塔科马海峡大桥风毁事件引起了工程师们对悬索桥加劲梁抗扭刚度的重视，并使人们开始关注大跨径桥梁的空气动力稳定问题。

图1-7　塔科马海峡大桥

自锚式悬索桥首先出现在莱茵河上（1915年）。与地锚式悬索桥相比，自锚式悬索桥省去了巨大的地锚，解决了悬索桥对地基要求过高的问题。但受加劲梁截面尺寸及施工条件等限制，自锚式悬索桥使用范围有限，难以成为大跨径桥型。

1.3.3　现代悬索桥

经历了塔科马海峡大桥风毁事件之后，悬索桥的发展停滞了近十年。1950年，塔科马海峡大桥进行重建，抗风稳定设计开始受到关注，悬索桥进入现代发展阶段。

20世纪30年代前后，美国作为"领头羊"，开启了悬索桥的第一个建造高峰期；到了20世纪60年代以后，欧洲各国开始致力于修建较大跨径的悬索桥，自此，悬索桥进入第二个建造高峰期；20世纪70年代以后，日本通过修建三座悬索桥，积累了技术和经验，使得悬索桥的发展进入第三个建造高峰期。

20世纪90年代，中国开始建设大跨径的现代悬索桥。20世纪90年代以后，悬索桥的高速发展时期由中国领头。中国的悬索桥建设经过近30年的发展，形成了自己的特色，总结起来有以下几点：

①大跨径桥加劲梁以流线型钢箱梁和单层桥面钢桁架为主，中小跨径则形式多样。
②加劲梁以单跨悬吊为主，部分城市桥梁采用三跨悬吊。
③桥塔基本为混凝土结构，注重美学效果。
④主缆施工方法为预制平行钢丝索股法（PPWS法）。

新塔科马海峡大桥(New Tacoma Bridge,1950年)加劲梁由钢板梁改为钢桁梁,桥面部分设有若干带状孔隙,以改善抗风性能。悬索桥的模型风洞试验从此在桥梁设计中成为必要的项目。

英国塞汶桥(Severn Bridge,1966年)首次采用扁平流线型钢箱梁代替桁架梁,通过改变加劲梁的抗扭刚度和外形来提高悬索桥的空气动力稳定性。

丹麦大海带桥(Great Belt Bridge,1998年)结构形式独特,主跨跨径为1624m,是英式悬索桥中跨径最大的一座。

日本明石海峡大桥(Akashi Kaikyo Bridge,1998年)主跨跨径为1991m。该桥建设过程中首次采用了"海底穿孔爆破法""大口径掘削法""灌浆混凝土"等新技术。

广东虎门大桥(1997年,见图1-8)是中国第一座自行设计建造的大跨径钢悬索桥,采用了18项代表当时国内或国际先进水平的工程技术和工艺,为中国之后大跨径桥梁的建设奠定了坚实的基础。

图1-8　广东虎门大桥

江苏江阴长江公路大桥(1999年,见图1-9)是中国首座跨径超千米的特大型钢箱梁悬索桥,代表20世纪90年代造桥最高水平,是桥梁工程建设里程碑之一。

图1-9　江苏江阴长江公路大桥

浙江舟山西堠门大桥(2009年)为中国首座采用分离式双箱断面形式的桥梁,攻克了结构抗风稳定性难题,开创了台风期架设钢箱梁的先例。

贵州坝陵河大桥(2009年)为中国首座千米级的单跨双铰钢桁梁悬索桥,首次采用桥面起重机架设加劲梁。

江苏泰州大桥(2012年)项目提出并应用了高强度轻质纤维绳先导索水面过江施工技术,

采用了具有自主知识产权的主缆除湿系统,促进了中国桥梁施工技术的进步。

湖南湘西矮寨大桥(2012年,见图1-10)为中国首座采用塔梁分离式新结构的悬索桥,实现了结构与环境的完美融合,针对山区大跨径悬索桥加劲梁运输与架设的难题,提出了柔性轨索滑移法架设加劲梁的新工艺。

图1-10　湖南湘西矮寨大桥

广东南沙大桥(2019年,见图1-11)采用"短线匹配法"工艺,实现全桥节段箱梁的装配化预制拼装施工。大桥项目开发了基于BIM技术的节段梁预制厂生产管理系统,保证了预制质量的可追溯性及构件出运的合理性。

图1-11　广东南沙大桥

江苏五峰山长江大桥(2020年)是中国首座公铁两用悬索桥,也是目前世界上荷载最大、行车速度最快的公铁两用悬索桥。

土耳其1915恰纳卡莱大桥(1915 Canakkale Bridge)主跨跨径为2023m,其建成刷新了桥梁跨径世界纪录。该桥加劲梁采用分离式钢箱梁,质量更轻、经济性更好。

江苏张靖皋长江大桥(在建)主跨跨径为(2300+717)m,其建成将创下六项世界之最:世界最大跨径桥梁、最大跨径悬索桥、最高钢-混凝土组合索塔、最长主缆、最大锚碇基础、最长吊索。

棋盘洲长江公路大桥项目概况 2

棋盘洲长江公路大桥是《长江经济带综合立体交通走廊规划(2014—2020年)》中规划的过江通道之一,也是《湖北省省道网规划纲要(2011—2030年)》确立的以"九纵五横三环"为主体的高速公路网的重要组成部分。棋盘洲长江公路大桥的修建,对满足过江需求和优化长江高速公路过江通道布局,加快黄石港区发展,推动武汉城市圈和湖北长江经济带建设,促进中部地区崛起,加强西部地区与长江经济带、东部沿海地区以及南部发达地区的畅通联系,实施国家西部大开发战略部署,带动鄂东、皖西、赣北地区红色旅游开发和经济社会发展都具有十分重要的意义。

棋盘洲长江公路大桥位于黄石市和黄冈市境内,项目起自阳新县太子镇,经金海开发区和韦源口镇,在棋盘洲跨越长江至蕲春县管窑镇岚头矶,跨赤西湖,止于管窑镇红旗岗村,接沪渝高速公路黄梅至黄石段和规划的蕲春至太湖高速公路。

项目建设里程全长21.951km,其中长江大桥长3.329km,两岸连接线长18.622km。全线采用高速公路标准建设,设计速度为100km/h,其中新港互通式立交至终点段7.501km采用双向六车道标准,路基宽度和长江大桥宽度(不含布索区)33.5m;其余14.45km采用双向四车道标准,路基宽度26m。全线在金海、新港、管窑、红旗岗4处设置互通式立交。棋盘洲长江公路大桥主桥为主跨跨径1038m的钢箱梁悬索桥。

棋盘洲长江公路大桥设计主要技术指标如表2-1所示。

棋盘洲长江公路大桥设计主要技术指标 表2-1

项目	指标
公路等级	高速公路
设计速度	100km/h
路基宽度	33.5m
行车道宽度	(0.5m+15.0m+0.75m)×2+1.0m(中央分隔带)=33.5m(不含布索区)
桥面净宽	2×16.25m
设计荷载	公路-Ⅰ级

续上表

项目	指标
设计洪水频率	1/300
设计最高通航水位	24m
设计最低通航水位	6.77m
抗震设防标准	桥位区地震基本烈度为6度
通航净空	桥下通航净高为设计最高通航水位以上大于24m；通航净宽为双向通航不小于529m，单向通航不小于286m

第二篇

设计篇

桥型设计 3

棋盘洲长江公路大桥在初步设计阶段主要对比了三种桥型:主跨跨径为1038m的钢箱梁悬索桥方案、主跨跨径为1038m的钢桁梁悬索桥方案和主跨跨径为1038m的混合梁斜拉桥方案。

(1)钢箱梁悬索桥方案

本方案主桥主缆跨径布置为340m+1038m+305m,锚碇IP(散索鞍位置)之间距离1683m。为减小主缆拉力,矢跨比采用1/9,加劲梁采用扁平流线型钢箱梁,标准索距16m。

(2)钢桁梁悬索桥方案

本方案主桥主缆跨径布置为340m+1038m+305m,锚碇IP之间距离1683m。为减小主缆拉力,矢跨比采用1/9,加劲梁采用钢桁梁,标准索距16m。

(3)混合梁斜拉桥方案

本方案主桥采用跨径布置为(47m+2×60m+70m+75m+78m)+1038m+(78m+75m+70m+2×60m+47m)=1818m的十三跨连续混合梁斜拉桥,边中跨比0.375。南边跨跨堤孔采用75m跨径,桥墩与大堤迎水面堤脚净距10m,与背水面堤脚净距6.5m。

三种设计方案的对比如表3-1所示。

三种设计方案对比表　　　　　　　　　　　表3-1

方案及要点	钢箱梁悬索桥方案	钢桁梁悬索桥方案	混合梁斜拉桥方案
主跨跨径	1038m	1038m	1038m
技术成熟程度	十分成熟	十分成熟	世界第二、国内最大跨径混合梁斜拉桥,施工技术较为成熟
施工难度及风险	施工难度小、常规工艺、施工风险可控	桁架和混凝土桥面板分步施工,施工风险可控	难度较大,钢混结合段易出现裂缝,悬臂施工风险较大
防洪安全	跨堤孔桥主跨跨径120m,桥墩距离堤脚远,对防洪安全影响不大	跨堤孔桥主跨跨径120m,桥墩距离堤脚远,对防洪安全影响不大	受桥型限制,辅助跨跨径75m,桥墩距离堤脚较近
景观效果	一跨过江,结构简单,线条优美,景观效果好	一跨过江,线条优美,景观效果较好,但桁架梁梁高较高,通航净高较小,相对于钢箱梁悬索桥整体景观效果略差	边中跨协调性较差,景观效果稍差

续上表

方案及要点	钢箱梁悬索桥方案	钢桁梁悬索桥方案	混合梁斜拉桥方案
耐久性	较好	较好	较好
建设工期	48 个月	52 个月	48 个月
总建安费(全线)	13.7591 亿元	14.0663 亿元	11.2638 亿元
推荐意见	推荐	不推荐	不推荐

经比较可知,为降低施工风险,节省工程造价,减少对防洪安全的影响,并将棋盘洲长江公路大桥建成鄂东地区一座结构新颖、造型优美的标志性桥梁,推荐跨江大桥主桥选用钢箱梁悬索桥方案。

跨江大桥主桥推荐采用主跨跨径为1038m的单路吊悬索桥,其中桥塔采用门形混凝土桥塔;北锚碇采用重力式扩大基础,南锚碇采用圆形地下连续墙基础,锚固系统采用无黏结预应力锚固系统;加劲梁采用扁平流线型钢箱梁;主缆采用预制平行钢丝索股法制作,标准强度为1860MPa;吊索采用平行钢丝索股(PWS)外套双层聚乙烯护套防护吊索,标准强度为1670MPa;主索鞍为全铸造纵肋传力式索鞍;锚碇处设置铸焊结合的摆轴式散索鞍。

跨堤孔桥上部采用70m+125m+70m=265m分幅变截面预应力混凝土连续刚构,墩身采用双实体薄壁墩。其余引桥均采用预应力混凝土T梁,南北引桥标准跨径采用30m。

跨江大桥主桥建安费11.0107亿元,引桥建安费2.7484亿元,共计13.7591亿元,工期48个月。

索塔设计 4

4.1 索塔基础

南索塔位于长江南岸黄石侧大堤堤内湖山港码头范围内,距长江大堤约120m,采用两个分离式矩形承台、群桩基础。单个承台尺寸为23m(顺桥向)×23m(横桥向)×6m(高),承台顶面高程为19.00m,承台底面高程为13.00m,高6m,混凝土强度等级为C40。桩径为2.5m,每个承台下设16根桩,共32根,按嵌岩桩设计,要求进入微风化砾岩约24m。桩基设计桩顶高程13.00m,设计桩底高程-51.00m,设计桩长64m,钻孔深度70m,中心间距6.25m,呈正方形布置,混凝土强度等级为C35,详情见图4-1。

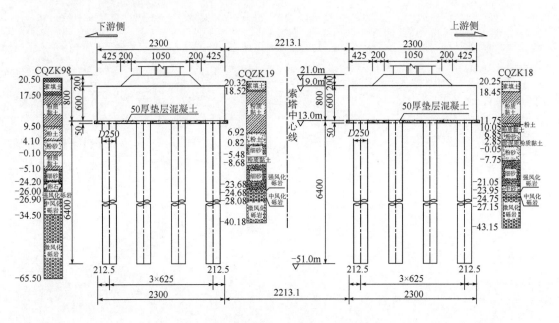

图4-1 南索塔基础一般构造图(尺寸单位:cm)

北索塔承台为分离式矩形承台，单个承台尺寸为23m(顺桥向)×18m(横桥向)×6m(高)，承台顶面高程为27.0m，底面高程为21.0m，采用C35混凝土。承台底面设置0.5m厚的C25混凝土垫层。承台顶面设置棱台形塔座，顶面13m×10.5m，底面17m×14.5m，高2m。单个承台混凝土方量为2484m³，采用C35混凝土，属大体积混凝土结构。

北索塔桩基础为钻孔灌注桩群桩基础，桩径3.0m，每个承台下设11根桩，共22根，按嵌岩桩设计，要求进入微风化石英片岩。桩底高程为0m，桩长21m，桩身混凝土为C35水下混凝土，每根桩均埋设4根超声波检测管。

4.2 索塔构造

索塔包括塔座、上塔柱、下塔柱、塔冠、横梁，采用C50混凝土。塔顶中心距离为34.5m，南索塔高167m，北索塔高159m；塔座、索塔为普通钢筋混凝土结构，索塔上、下两道横梁为全预应力混凝土结构。

南索塔构造如图4-2所示。

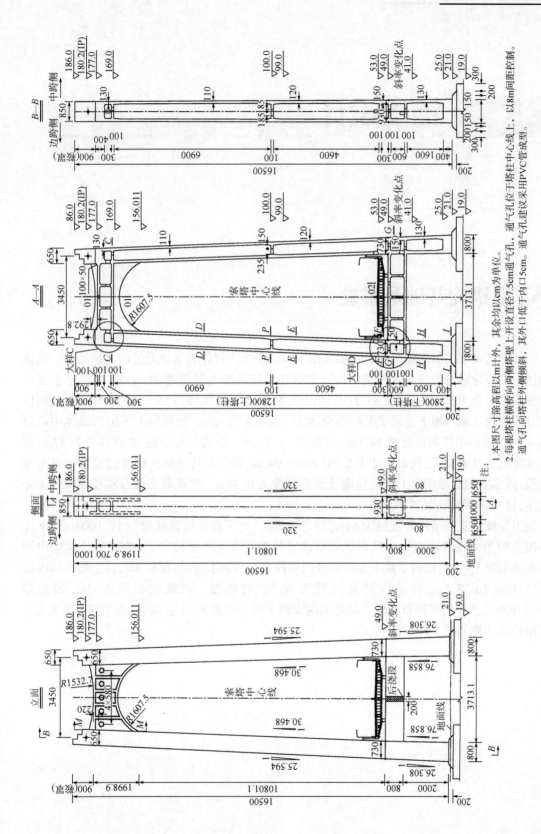

图 4-2 南索塔构造图

5 锚碇设计

5.1 南锚碇基础及锚碇

南锚碇基础采用圆形地下连续墙加环形钢筋混凝土内衬作为基坑开挖的支护结构。南锚碇锚体采用较为轻盈的分幅式框架结构。主缆在南锚碇的入射角为21.604°，前锚室主缆中心线的水平角为40°。基础以上部分(基础顶面高程17.0m)锚体高25m，长56.931m，基础以下部分后锚块区域与地下连续墙基础顶板连为一体，高15.0m。横桥向上下游两锚体中心距34.5m，单个锚体横桥向前趾宽14.0m，后趾宽19.745m。散索鞍处主缆IP点高程为37m；散索鞍支墩采用柱式支墩，顶面尺寸为5.015m×9.947m，散索鞍传来的荷载通过支墩传递至基础顶板；前锚室侧墙厚度为1.0m，前墙及顶板厚度为0.80m。散索鞍支墩及前锚室采用C40混凝土，锚块采用C30混凝土。

地下连续墙支护结构外直径为64m，壁厚1.5m。地下连续墙顶高程为17.000m；地下连续墙底高程为-45.5m，嵌入中风化泥质粉砂岩约2m，总深度为62.5m。在地下连续墙内侧设置钢筋混凝土内衬，以满足地下连续墙开挖阶段的受力要求，内衬层高3m，自上而下厚度依次是1.0m、2m、2.5m，各层内衬底面设置成20°的斜坡。封底底板厚6.0m，底高程为-32.500m，置于密实卵石层内。填芯混凝土前半部分设置16个空隔仓，后半部分为实心。

南锚碇构造如图5-1所示。

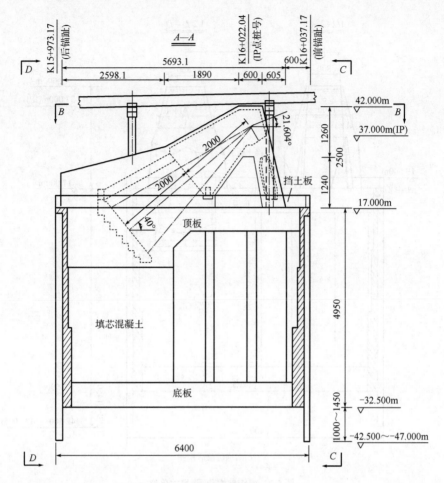

a) 南锚碇立面图

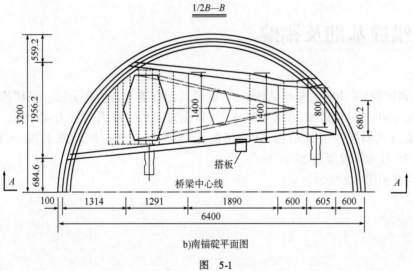

b) 南锚碇平面图

图 5-1

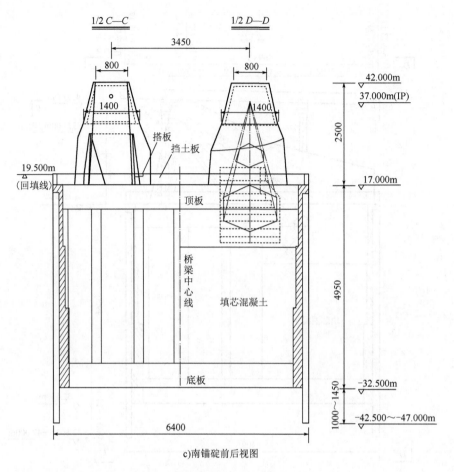

c)南锚碇前后视图

图 5-1 南锚碇构造图(尺寸单位:cm)

5.2 北锚碇基础及锚碇

北锚碇(黄冈侧)采用扩大基础结构形式,以微风化石英片岩为持力层。黄冈侧锚碇平面尺寸为 61.5m×60.0m,总高 42.0m,基底水平,高程为 1.5m,顶面高程为 43.5m。前锚室顶板、底板、前墙及侧墙采用板式结构,其中顶板、前墙均厚 0.8m,侧墙厚 1.0m,C30 混凝土 57203.2m³,C30 微膨胀混凝土 2566.7m³。

北锚碇构造如图 5-2 所示。

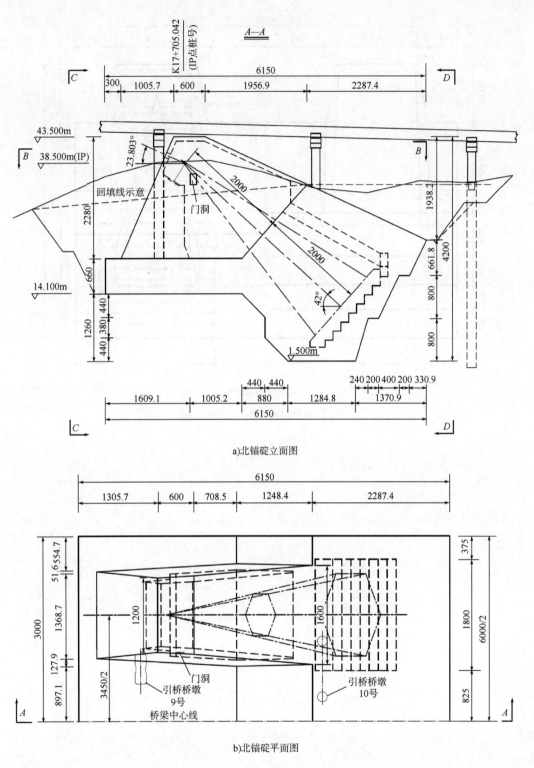

a)北锚碇立面图

b)北锚碇平面图

图 5-2

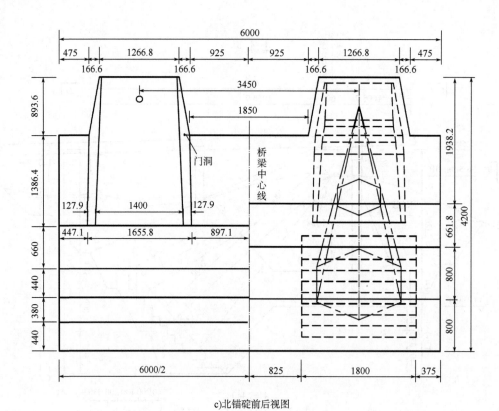

c)北锚碇前后视图

图5-2 北锚碇构造图(尺寸单位:cm)

6 主缆设计

本桥为主跨跨径为 1038m 的双塔单跨悬索桥,跨径布置为 340m + 1038m + 305m = 1683m。中跨矢跨比 1/9,主缆横桥向中心间距为 34.5m,吊索顺桥向标准间距为 16m。

根据国内制造、安装等方面的经验和设备条件,主缆共 2 根,采用预制平行钢丝索股。每根主缆中,从黄石岸(南侧)锚碇到黄冈岸(北侧)锚碇的通长索股有 101 股,北边跨另设 2 根索股(背索),在北主索鞍上锚固。每根索股由 127 根直径为 5.30mm 的高强度镀锌铝钢丝组成。

主缆在架设时竖向排列成尖顶的近似正六边形,紧缆后主缆为圆形。其索夹内直径为 663mm(南边跨)、663mm(中跨)和 669mm(北边跨),索夹外直径为 671mm(南边跨)、671mm(中跨)和 678mm(北边跨)。

索股两端设索股锚头,索股锚头采用热铸锚,在锚杯内浇注锌铜合金,使主缆钢丝与锚杯相连。

主缆紧缆完成后,先进行捆扎并安装索夹,待桥面系施工完成后,再进行主缆防护工作。主缆在主索鞍鞍罩及锚室入口等处采用喇叭形缆套进行密封防护,主缆上方设置主缆检修道。

主缆采用"4mm 圆钢丝缠绕 + 缠包带密封 + 干燥空气除湿"的新型防护系统。

主缆索股标准丝长度偏差:≤1/15000;主缆索股长度偏差:≤1/12000;主缆直径不圆度:≤±2%;主缆直径空隙率:≤±2%。

通长索股平均无应力长度为 1811m,质量约为 39.8t,全桥主缆总质量为 8458.79t。主缆线形及主缆索股构造如图 6-1、图 6-2 所示。

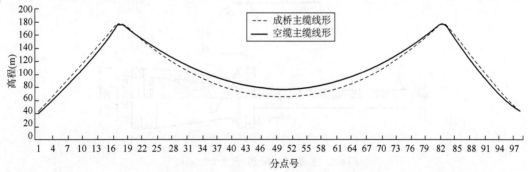

图 6-1 主缆线形图

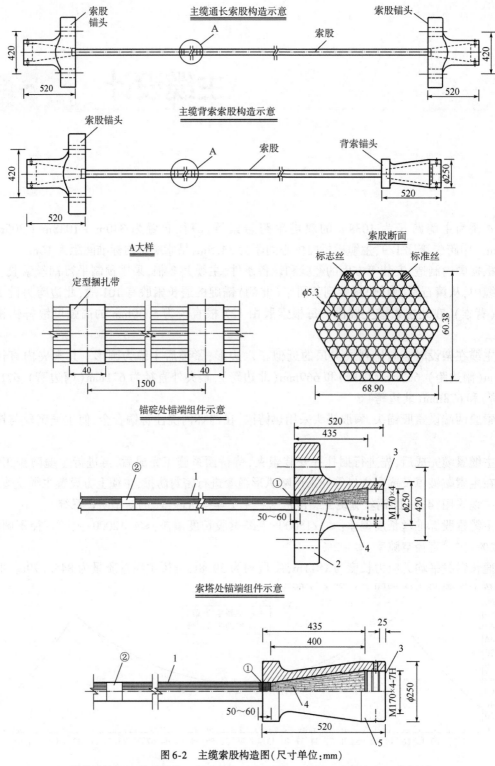

图6-2 主缆索股构造图(尺寸单位:mm)
①-热镀锌钢丝;②-捆扎带;1-通长索股;2-索股锚杯;3-盖板;4-铜锌合金;5-背索锚杯

吊索设计　7

根据吊索受力特点,并综合考虑材料性能、制造加工、安装维护、后期更换等因素,本桥采用平行钢丝吊索,每侧吊点设 2 根吊索。吊索与索夹、钢箱梁为销铰式连接。

全桥吊索均采用直径为 5.0mm 的高强度镀锌铝钢丝、平行钢丝索股吊索,钢丝标准强度大于或等于 1670MPa,外包双层聚乙烯护套(内层护套为黑色、外层护套为彩色)进行防护。吊索分为两类,塔侧 2 个吊点采用 5-133 平行钢丝吊点,其余吊索采用 5-115 平行钢丝吊索。

吊索两端锚头采用叉形热铸锚,锚头由锚杯与叉形耳板构成,锚杯内浇注锌铜合金,叉形耳板与锚杯通过螺纹连接(上、下两端螺纹旋向相反)。叉形耳板与锚杯之间的螺纹设有 ±20mm 的调节量,在吊索制作时用以调整吊索长度。吊索调整后长度(销孔之间)偏差:≤2mm(L≤10m,L 为吊索长度);≤2mm + L/20000(L > 10m)。

在吊索锚口处设置一段热轧无缝钢管,与锚头相连,钢管与吊索之间填充密封材料,以减小吊索的弯折疲劳影响。

将一个吊点的两根吊索通过减振架联系起来,可有效减少吊索的风致振动。对于 20m≤L≤50m(L 为吊索长度)的吊索,设置一个减振架;对于 50m < L < 100m 的吊索,设置两个减振架;减振架的位置应处于吊索长度的均分点。

吊索一般构造如图 7-1 所示。

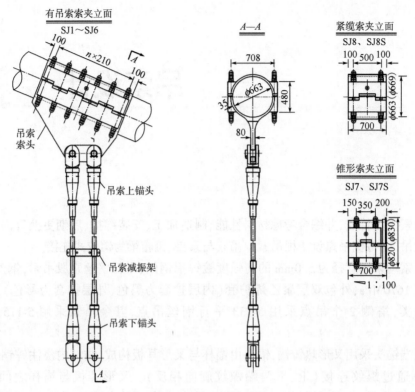

图 7-1 吊索一般构造图(尺寸单位:mm)

索鞍设计 8

8.1 主索鞍

主索鞍由边跨鞍体、中跨鞍体、上承板、安装板、下承板以及挡板、拉杆等配件组成。主索鞍采用铸焊结合的混合结构，鞍槽为铸钢件，鞍体为钢板组焊件。鞍体下设不锈钢板——聚四氟乙烯板滑动副，以适应施工中的相对移动。为增加主缆与鞍槽间的摩阻力，并方便索股定位，鞍槽内设竖向隔板，在索股全部就位并调股后，在顶部用锌块填平，再将鞍槽侧壁用拉杆夹紧。边跨附加索股锚固于鞍顶的锚梁上。塔顶设有格栅底座，以安装主索鞍鞍体。格栅悬出塔顶以外，以便安置控制鞍体移动的千斤顶，鞍体就位后将格栅的悬出部分割除。

为减轻吊装运输质量，将鞍体分成两半，分别吊至塔顶后用高强度螺栓拼接，半鞍体吊装质量不超过43t。

主索鞍结构如图8-1所示。

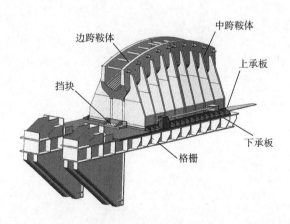

图8-1 主索鞍结构示意图

8.2 散索鞍

散索鞍采用铸焊结合的摆轴式结构。鞍槽用铸钢铸造,鞍体由钢板组焊成型。鞍头下表面为经过机械加工后的圆弧平面,以方便鞍体钢板与鞍头的焊接。鞍体采用三条纵肋+三条横肋的箱形构造。为减小制造加工难度,鞍体均采用平面钢板组焊。中横肋厚度为80mm,边横肋厚度为60mm,纵肋厚度为80mm。

为增加主缆与鞍槽间的摩阻力,并方便索股定位,鞍槽内设竖向隔板,在索股全部就位并调股后,在顶部用锌块填平,并进行防水处理,上紧压紧梁,再将鞍槽侧壁用螺杆夹紧。

散索鞍结构如图8-2所示。

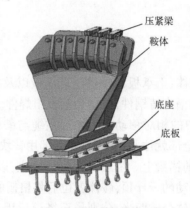

图8-2 散索鞍结构示意图

索夹设计 9

吊索与索夹为销接式连接,索夹采用上下两半对合的结构形式,上下两半索夹用螺杆连接并夹紧于主缆上。索夹分为有吊索索夹和无吊索索夹,全桥索夹类型有 SJ1～SJ8 和 SJ7S、SJ8S。SJ1～SJ6 为有吊索索夹,与吊索对应。索夹按主缆倾角不同,所需夹紧力不同,索夹长度及螺杆数量也不同,为了制造方便,将长度、角度相近的索夹并为一组,同一组索夹耳板销孔位置略有变化,以适应索夹倾角的变化。为使两个销孔保持水平并尽量避免吊索偏心受力,销孔对称于通过索夹中心的垂直线布置。除安装吊索的索夹外,还有夹紧主缆的索夹和安装缆套的锥形索夹。各类索夹上均设有安装主缆检修道立柱的相应构造。

对应于主缆"4mm 圆钢丝缠绕 + 缠包带密封 + 干燥空气除湿"的防护体系,索夹进行了密封设计。在索夹端头设计了带有密封卡槽的斜坡段,方便主缆缠包带的连接及固定。防水螺母与螺杆螺母相互接触的表面和防火螺母与垫圈的接触面在安装时应涂抹密封胶,防止里面的干燥空气泄漏。

索夹结构如图 9-1 所示。

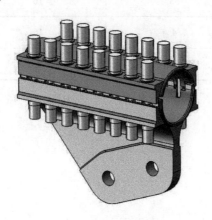

图 9-1　索夹结构示意图

10 钢箱梁设计

全桥共分65个梁段(4种类型):标准梁段(B类),长16m,共58个;跨中梁段(C类),长17.6m,共1个;特殊梁段(A类),长13m,共2个;合龙段(B′类),长16m,共4个。钢箱梁梁高3.0m(主梁中心线处),梁宽39.6m(含风嘴及导流板)。桥面设2%双向横坡,标准梁段设置5道横隔板,间距3.2m。

钢箱梁吊索耳板中心及主缆中心横向间距均为34.5m,临时吊耳中心间距28.3m。

钢箱梁类型如表10-1所示,加劲梁标准横断面如图10-1所示,钢箱梁类型图如图10-2~图10-4所示。

钢箱梁类型一览表　　　　　　　　　　　　表10-1

梁段类型	节段数量	梁段长(m)	节段总重(t)
A	2	13	241.5
B	58	16	261
B′	4	16	259.5
C	1	17.6	282.5

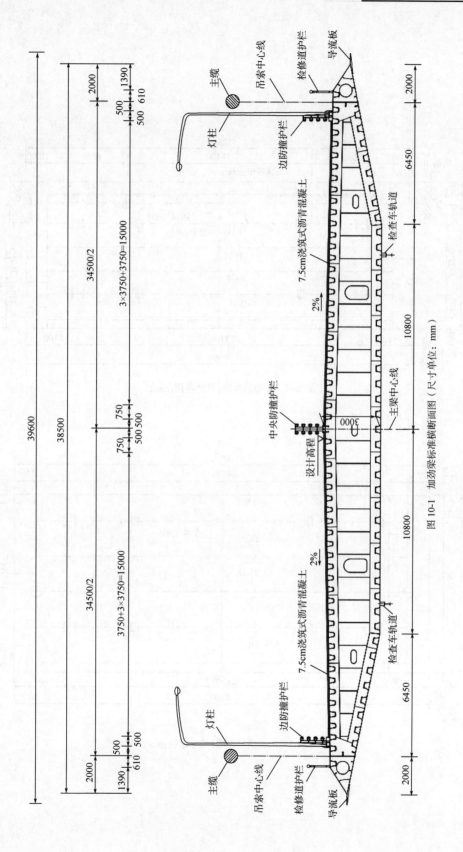

图 10-1 加劲梁标准横断面图（尺寸单位：mm）

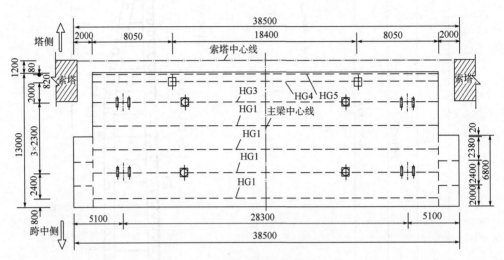

图 10-2　A 类梁段图(尺寸单位：mm)

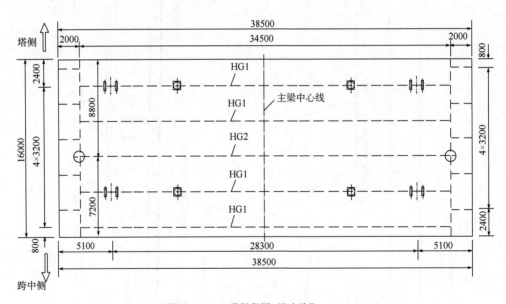

图 10-3　B、B′类梁段图(尺寸单位：mm)

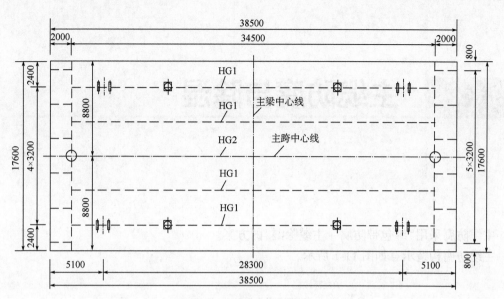

图 10-4 C 类梁段图(尺寸单位:mm)

11 主缆防腐与除湿

主缆防腐采用"缠包带防腐+主缆除湿"的方案。
主缆防腐构造示意如图11-1所示。

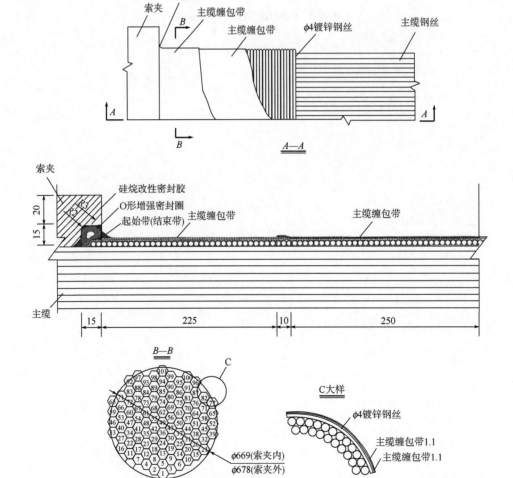

图11-1 主缆防腐构造示意图(尺寸单位:mm)

11.1 主缆表面缠丝

主缆表面缠丝采用直径 4mm 的圆形镀锌钢丝。

11.2 主缆缠包带

主缆缠包带为一种三层结构的氯磺化聚乙烯(CSM)片材,三层结构为 CSM + 纤维 + CSM,三层结构总厚度为(1.15 ± 0.05)mm。

主缆缠包带分为成品和半成品,成品指最终完全固化后的状态,半成品指出厂时未完全固化的状态。

缠包带系统的基本组成:索夹环缝的氯丁橡胶楔形带、不锈钢带、缠包带条、斜缠装置、环带电加热套管。

11.3 主缆除湿

全桥除湿空间全部采用正压设计,即送入空间的风量略大于排出空间的风量,确保外部湿空气没有进入除湿空间内的可能性。正压的实现主要通过排出空间的单向阀门调节,根据不同的保压要求,设定不同的单向阀开启压力,实现空间内长期存在一个低水平正气压。

本项目除湿系统包括主缆、锚室、钢箱梁的长期除湿及在线监测。鞍室内控制相对湿度不大于 55% +5% ,由于主缆不断有空气排入鞍室,因此鞍室不单独设置除湿设备。主缆除湿系统和钢箱梁除湿系统共用 2 个空气制备站,锚室除湿系统有 4 个空气制备站。每根主缆划分 12 个除湿区域,两根主缆共 24 个除湿区域。

(1)主缆及钢箱梁除湿系统

主缆除湿系统和钢箱梁除湿系统共用的空气制备站负责大桥主缆及钢箱梁内部的除湿,设备位于索塔上横梁处。主缆及钢箱梁转轮除湿设备性能参数见表 11-1。

主缆及钢箱梁转轮除湿设备性能参数　　表 11-1

设备型号	项目	单位	参数	备注
LBCST-1100P	额定处理风量	m^3/h	1100	温度20℃,压力1atm
	加热功率	kW	12.6	
	除湿量	kg/h	8.1	温度20℃,RH=60%情况下

续上表

设备型号	项目	单位	参数	备注
LBCST-1100P	除湿能效	kW·h/kg	1.55	温度20℃,RH=60%情况下
	再生温度	℃	125	
	出口空气露点	℃	-5.2	温度20℃,RH=60%情况下

(2)锚室除湿系统

锚室除湿系统的空气制备站负责大桥锚室内部的除湿,设备位于锚室内。

全桥除湿系统总体布置如图11-2所示。

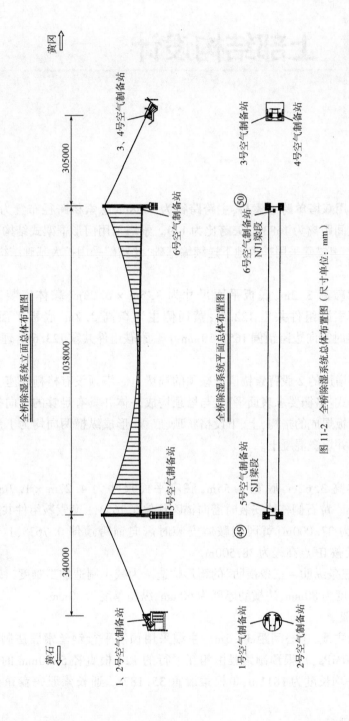

图 11-2 全桥除湿系统总体布置图（尺寸单位：mm）

12 上部结构设计

大桥主桥采用双塔单跨悬索桥,主跨跨径为1038m,悬索桥跨径布置为340m+1038m+305m,锚碇IP之间距离为1683m,矢跨比为1/9。索塔采用门形框架式结构,南索塔高165m,北索塔高157m。南锚碇采用扩大地下连续墙基础,北锚碇采用扩大基础结构形式。

(1) 主索鞍

黄石侧主索鞍高3.2m,底板平面尺寸为3.5m×6.23m,鞍体安装时需向边跨预偏1945.17mm,1套索鞍组件共重122.5t;黄冈侧主索鞍高3.2m,底板平面尺寸为3.5m×6.23m,鞍体安装时需向边跨预偏1651.19mm,1套索鞍组件共重123.6t。理论主索鞍IP点高程为180.200m。

黄冈侧边跨增加的2股背索锚固于鞍顶的锚梁上。塔顶设有格栅底座,以安装主索鞍鞍体。格栅构造形式:格栅要求表面平整,与塔顶构成一体并具有足够的竖向抗弯刚度,故采用纵横向以竖直钢板焊成的格构,上、下设状顶、底板,形成纵横两向均为I形断面的网格,网格内设锚固钢筋并填浇混凝土。

(2) 散索鞍

散索鞍鞍体高3.62m,底宽3.55m,底座平面尺寸为4.27m×1.7m,底板平面尺寸为4.79m×2.3m。黄石侧鞍体安装时需向锚跨预偏0.765°,1套索鞍组件共重72.75t,理论散索鞍IP点高程为37.000m;黄冈侧鞍体安装时需向锚跨预偏0.763°,1套索鞍组件共重72.73t,理论散索鞍IP点高程为38.500m。

鞍体采用"三条纵肋+三条横肋"的箱形构造。为减小制造加工难度,鞍体均采用平钢板组焊。中横肋厚度为80mm,边横肋厚度为60mm,纵肋厚度为80mm。

(3) 主缆索股

全桥设2根主缆,中心间距34.5m。主缆采用预制平行钢丝索股法制作。钢丝公称抗拉强度采用1860MPa,每根预制索股由相互平行的127根直径5.30mm的高强度镀锌铝钢丝组成。索股平均长度为1811m,单根索股重35.187t。通长索股每盘重约40t,背索每盘重约8t。

(4) 索夹与吊索

索夹为ZG20Mn低合金钢铸件,采用上下两半对合的结构形式,上下两半索夹用螺杆连接并夹紧于主缆上。

(5)加劲梁

加劲梁采用钢箱梁截面形式,中心高3.0m,全宽39.6m(含风嘴及导流板)。全桥加劲梁共设计4种类型,65个梁段。梁段最大吊重281t,标准梁段单个吊重260t。

(6)附属结构

附属结构主要包括梁底检修车、主缆检修道、横向抗风支座、纵向挡块板式支座、竖向支座、缆套、纵向阻尼器、除湿机、排水系统等。

13 桥面铺装设计

本工程桥面铺装主要设计方案如下：

(1) 主桥行车道铺装结构

主桥行车道铺装结构如图 13-1 所示。

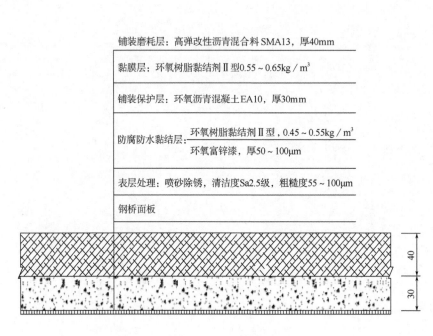

图 13-1　主桥行车道铺装结构图(尺寸单位:mm)

(2) 检修道铺装结构

检修道铺装结构如图 13-2 所示。

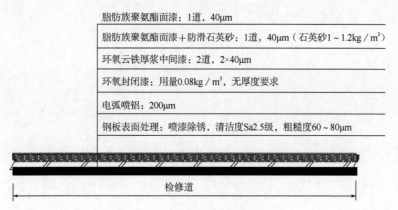

图13-2 检修道铺装结构图

第三篇

施工篇

南索塔施工 14

14.1 施工部署

14.1.1 施工场地布置

南索塔位于黄石侧大堤堤内湖山港码头范围内，现场布置 1 台 1250kV·A 变压器、1500m² 钢结构加工场和爬模拼装改造区、塔式起重机标准节存放区、片架存放区、劲性骨架立体加工区等功能区。

14.1.2 主要施工机械设备配置

南索塔主要施工机械设备见表 14-1。

南索塔主要施工机械设备表　　表 14-1

序号	机械设备名称	规格/型号	单位	数量	性能
1	塔式起重机	TC7525-16D	台	1	良好
2	塔式起重机	7030-12	台	1	良好
3	施工升降机	SC200/200VA	台	2	良好
4	地泵（拖泵）	HBT90C-1820ⅢGT	台	3	良好
5	混凝土运输车	12m³	辆	6	良好
6	液压自爬模	4.5m	套	2	良好
7	拌和站	120m³/h	套	2	良好
8	智能张拉系统	500t	套	1	良好
9	智能压浆系统	—	套	1	良好
10	起重机	QY80	台	1	良好
11	起重机	QY25	台	2	良好
12	门式起重机	MG10	台	1	良好

(1)塔式起重机

主塔塔柱两侧分别布置一台TC7525-16D型平臂塔式起重机及一台7030-12型平臂塔式起重机,其中上游侧TC7525-16D型平臂塔式起重机设置55m吊臂,下游侧7030-12型平臂塔式起重机配45m吊臂,塔式起重机最大起重量12t,最小工作幅度3m,最大提升高度200m,额定起重力矩2500kN·m。根据现场实际情况,塔式起重机基础固定在承台顶面横桥向轴线上,塔式起重机轴线距承台边缘3m,距塔柱近距离4.5m(塔根),远距离10.541m(塔顶),在高程50.65m、74.65m、95.65m、113.65m、149.65m、165.65m、176.65m位置分别设置附墙架,可以满足现场施工对起重的需要。塔式起重机参数如表14-2、表14-3所示。

塔式起重机配45m吊臂起重性能表 表14-2

幅度(m)		3.75~17.8	20	25	30	34.5	40	45
起重量(t)	二倍率	6	6	6	5.75	4.82	4.13	3.6
	四倍率	12	8.83	6.73	5.35	4.38	3.66	3.1

塔式起重机配55m吊臂起重性能表 表14-3

幅度(m)		3.75~17.8	20	25	30	34.5
起重量(t)	二倍率	8				
	四倍率	16	14	10.68	8.54	7.14
幅度(m)		40	45	50	55	
起重量(t)	二倍率	6.67	5.81	5.11	4.55	
	四倍率	5.9	5.03	4.34	3.77	

(2)施工升降机

在索塔上、下游塔柱小桩号侧分别设置一台型号为SC200/200VA的施工升降机,用于索塔施工时人员的垂直输送,最大输送能力2t。施工人员通过塔底乘坐平台,乘坐升降机直接到达爬架底部平台。施工升降机基础设置在承台顶面,承台施工时提前安装好预埋件。基础中心距离承台边缘2.5m。施工升降机轨道架在垂直方向每9m设置一道附墙架。根据轨道架与塔柱距离,采用ⅡA型或ⅡD型附墙架。施工升降机技术参数如表14-4所示。

SC200/200VA施工升降机技术参数 表14-4

项目	单个吊笼额定质量(kg)	吊笼内净尺寸(长×宽×高)(m)	有附墙架时最大提升高度(m)	无附墙架时最大提升高度(m)	标准节尺寸(m)	基本单元升降机的质量(kg)
参数	2000	3.2×1.5×2.5	250	9	0.65×0.65×1.508	4610

(3)混凝土输送设备

索塔混凝土输送设备采用三一重工HBT90C-1820ⅢGT型地泵,布置在索塔下游塔柱岸侧混凝土输送泵房内。输送泵距离塔柱22.8m,输送泵管沿塔柱平行布置,利用卡环将泵管固定在塔壁上,塔柱最大高度为156m(不含鞍罩),该设备主要技术参数如表14-5所示。

混凝土地泵技术参数　　　　　　　　　　表14-5

混凝土理论输送量(低压/高压)(m³/h)	90/50	
混凝土理论输送压力(低压/高压)(MPa)	11/22	
混凝土理论泵送高度(m)	320	
水平布管长度(m)	68	
发动机额定功率(kW)	220	
输送管径(mm)	φ150	φ125
最大集料粒径(mm)	50	40
混凝土坍落度(mm)	100~230	
外形尺寸(长×宽×高)(mm)	7108×2465×2532	
总质量(kg)	10280	

混凝土输送泵管采用D150泵管,搭配90°弯头。另配备2台混凝土布料杆,用于塔柱混凝土浇筑施工。

14.2 塔座施工

塔座为棱台形结构,顶面为13m×10.5m,底面为17m×14.5m,高度为2m,采用C50混凝土;单个塔座的设计方量为390.25m³。

14.2.1 施工工艺流程

塔座施工工艺流程如图14-1所示。

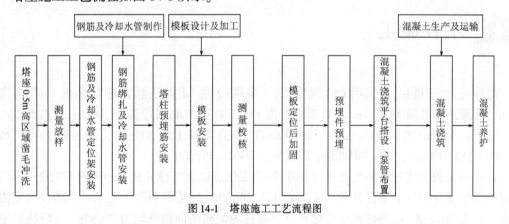

图14-1　塔座施工工艺流程图

14.2.2 钢筋绑扎及冷却水管安装

钢筋采用直螺纹机械接头连接,冷却水管采用钢套管连接。

钢筋套丝在钢筋套丝机上进行,最后一道工序是将套筒拧在加工好的丝头上,用塑料保护帽保护没有拧套筒的一端。

冷却水管用 $\phi42mm$ 的钢管加工制成,分节拼装,分两层布设,每层0.5m。

14.2.3 模板安装

塔座模板采用定型钢模板,斜面模板设模板拉筋预埋在承台顶面,模板顶口设拉线防止模板下沉。

14.2.4 混凝土浇筑

塔座混凝土浇筑采用2台混凝土天泵进行,单个塔座浇筑方量为855m^3,浇筑时间9h,天泵下料口安装软管,控制混凝土下料高度在2m以内。塔座为斜面模板,对混凝土表面排气不利,采用分层浇筑,分层厚度30cm,严格按分层要求布料、振捣,直至混凝土停止下沉、不出现气泡、表面呈现浮浆为止。

14.2.5 混凝土养护

混凝土浇筑完成后,混凝土顶面覆盖塑料薄膜保湿,覆盖土工布保温,侧面模板外贴泡沫板或用土工布包裹(具体保温措施根据温控指令执行)。塔座模板在混凝土强度达到2.5MPa后才能拆除(具体拆模时间根据温控指令确定)。塔座侧面拆模后,侧面混凝土采用塑料薄膜包裹保湿,并覆盖土工布保温,混凝土养护时间不少于14d。

14.3 塔柱施工

塔柱分上、下塔柱,均采用C50混凝土;下塔柱(2根)混凝土总方量为2698.8m^3,上塔柱(2根)混凝土总方量4339.3m^3。塔顶高程为186.000m,塔底高程为21.000m,塔高为165m,其中塔冠高9.0m(高程177.000~186.000m),IP点高程180.200m。上塔柱高137m(高程49.000~186.000m),下塔柱高28m(高程为21.000~49.000m)。

高程49m处为塔柱斜率变化点,在塔柱斜率变化点以上塔柱外侧横桥向斜率为25.594:1,在塔柱斜率变化点以下塔柱外侧横桥向斜率为26.308:1;塔柱斜率变化点以上塔柱内侧横桥向斜率均为30.468:1,塔柱斜率变化点以下塔柱内侧横桥向斜率均为76.858:1;塔柱斜率变化点以上塔柱外侧顺桥向斜率为320:1,塔柱斜率变化点以下塔柱外侧顺桥向斜率为80:1。塔柱标准断面采用矩形倒圆角的空心截面形式,圆角半径为0.3m,塔柱斜率变化点以上断面尺寸为8.5m×6.5m~9.3m×7.3m(顺桥向×横桥向),塔柱斜率变化点以下断面尺寸为9.3m×7.3m~10m×8m(顺桥向×横桥向)。高程100m以上塔柱断面顺、横桥向壁厚均为

1.1m,高程 100m 以下塔柱断面顺、横桥向壁厚均为 1.2m。在塔柱与上横梁和下横梁相交的位置塔柱壁厚分别加厚到 1.3m 和 1.5m。塔柱与上、下横梁连接处,主梁横向抗风支座位置及高程 99~100m 范围设置了横隔板,横隔板厚度均为 1m。在塔底和塔顶各设置了 4m 实心段。为降低塔柱内外温差,改善通风状况,在上塔柱横桥向内、外侧塔壁沿中心线均设置通风管。通风管采用 φ7.5cm 的 PVC 管作为通气孔,上塔柱通气孔沿塔高按 8m 间距布置,通气孔由里向外倾斜,内口比外口高 5cm。浇筑混凝土时可用木塞堵住通气孔,待混凝土初凝后拔出木塞,并清理孔壁,保持通畅。为便于通行和检修维护,在塔冠、上塔柱桥面处、塔内隔板及上、下横梁顶面均设有进出索塔的人孔,塔柱、横梁、塔内隔板的人孔均相互连通。每根塔柱内均设置施工升降机和爬梯。

14.3.1 塔柱节段划分

塔柱底高程 21m,顶高程 177m(不含鞍罩),总高度 156m。塔柱起始段 0.5m 高度范围(高程 21~21.5m)与塔座同步浇筑,剩余 155.5m 按大约 4.5m 一个节段划分,在截面变换处单独划分节段,共计 35 个节段,其中下塔柱 7 个节段,上塔柱 28 个节段。

14.3.2 塔柱施工工艺流程

塔柱施工工艺流程见图 14-2。

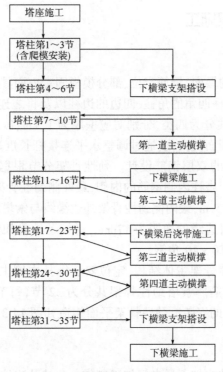

图 14-2 塔柱施工工艺流程图

(1)承台顶层施工时,及时预埋塔座竖向钢筋、塔柱竖向钢筋及劲性骨架。

(2)承台顶放样凿毛后,安装塔座及塔柱起始段50cm钢筋、冷却水管、塔吊预埋基础及电梯预埋件,按温控要求进行混凝土浇筑和养护。

(3)强度满足要求后,将塔柱起始段50cm顶面混凝土凿毛,同步安装索塔塔式起重机,搭设人行通道楼梯。

(4)将塔柱起始段50cm顶面混凝土凿毛后,安装第1节塔柱的劲性骨架、钢筋、实段混凝土内冷却水管,预埋锥形螺母,在塔座顶利用爬模系统模板直接立模后按温控要求浇筑混凝土并养护。

(5)安装预拼好的液压操作平台、模板调整平台、浇筑及钢筋绑扎平台,绑扎钢筋、预埋爬锥,安装调整模板后浇筑第2节塔柱混凝土。

(6)第2节塔柱养护拆模后,固定挂靴,安装爬升轨道及采取安全防护措施,进行第一次爬升,在爬升至一定高度后安装维护平台,爬升到位后绑扎第3节塔柱钢筋,完成合模后浇筑混凝土。

(7)利用液压爬模施工至第10节塔柱后,进行下横梁施工,同时搭设第一道主动横撑。

(8)随着液压爬模的爬升,分别在第15、22、29节段搭设塔柱主动横撑。

(9)根据监控单位的监控结果,在上塔柱施工过程中,在温度条件符合设计要求时进行下横梁后浇带施工,并在混凝土强度及龄期达到设计要求后进行下横梁预应力张拉施工。

(10)封顶后,分三次完成上横梁施工,浇筑完成并达到设计强度后张拉预应力并压浆。

(11)塔柱施工完成后及时对爬模进行拆除施工,以防影响后续工作。

14.3.3 劲性骨架施工

(1)劲性骨架构造

劲性骨架在塔柱施工的导向、钢筋定位、部分模板固定方面具有重要作用。劲性骨架采用角钢焊接而成,由布置在立柱四角的角柱、四边的边柱以及将之连成整体的连接杆组成,角柱及边柱尺寸根据塔柱壁厚共分为四类,分别对应壁厚为1.1m、1.2m、1.3m、1.5m的梁段。劲性骨架整体尺寸根据节段断面的变化,通过调整水平连接杆长度来调整。劲性骨架外周设置附属框架,以对应塔柱外围的双层钢筋设计。劲性骨架分节根据塔柱混凝土浇筑分节进行。劲性骨架主体结构均设置于塔柱内侧钢筋的内侧,最外侧劲性骨架外边缘线(不含附属框架)与索塔塔身边缘的净距为35cm,最内侧劲性骨架外边缘线与索塔塔身边缘的净距为12cm,附属框架外边缘线与索塔塔身边缘的净距为17cm。塔柱劲性骨架竖向角钢采用∟100×10角钢,水平角钢及斜杆采用∟80×10角钢。

索塔施工时先吊装劲性骨架主体结构,定位安装绑扎内侧主筋;再安装劲性骨架附属框架,定位安装施工最外侧主筋。索塔劲性骨架共分为32节,每节劲性骨架均伸出混凝土面60cm,以便下一节劲性骨架的安装。劲性骨架平面构造如图14-3所示,劲性骨架立面构造如图14-4所示。

(2)劲性骨架安装

劲性骨架在主塔区钢结构加工场专门加工制作。角柱及边柱按照不同梁段的壁厚统一加工完毕后运送至塔侧的劲性骨架拼装区。在拼装区内按照施工节段尺寸定位拼接成型。为了提高劲性骨架的加工精度,组织专业队伍进行加工。场内需搭设钢结构施工平台并严格控制其平整度,构件加工及拼装需设置胎架。每节段骨架加工完成后,由现场技术负责人组织相关人员验收,验收合格后方可安装。劲性骨架加工允许偏差如表14-6所示。

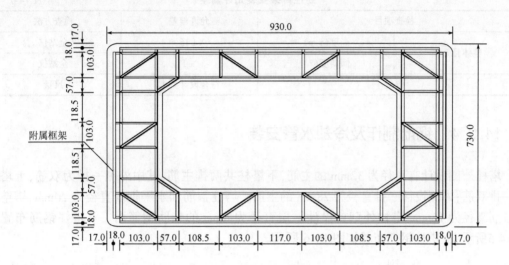

图14-3 劲性骨架平面构造图(尺寸单位:cm)

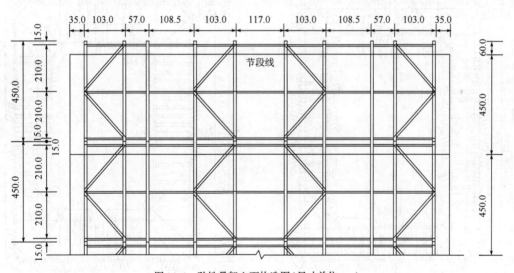

图14-4 劲性骨架立面构造图(尺寸单位:cm)

劲性骨架加工允许偏差 表14-6

检查项目	允许偏差	检查方法
杆件截面尺寸	不小于设计值	尺量
单根杆件长度(mm)	±5	尺量

劲性骨架安装需测量人员全程监控。在安装前,首先测量已安装的劲性骨架各点顶面高程及准确放出该节劲性骨架的底角位置,根据测量数据修正底角立柱长度并准确安放该节段;待骨架安装到位后,对劲性骨架顶部进行校核。劲性骨架安装允许偏差如表14-7所示。

劲性骨架安装允许偏差　　　　　表14-7

检查项目		允许偏差	检查方法
整体骨架	高度(mm)	±15	全站仪
	倾斜度(°)	±1	全站仪
焊缝		符合设计要求	尺量

14.3.4　钢筋制作及冷却水管安装

塔柱外侧设计有直径为32mm的主筋,下塔柱共两排主筋,其中外侧一排为双筋,上塔柱有一排双筋;内侧设计一排直径为28mm的主筋。塔柱箍筋和水平钢筋直径为20mm,塔壁水平拉筋直径为16mm,塔柱外壁各设计一层直径为6mm的带肋钢筋网。下塔柱钢筋布置如图14-5所示,上塔柱钢筋布置如图14-6所示。

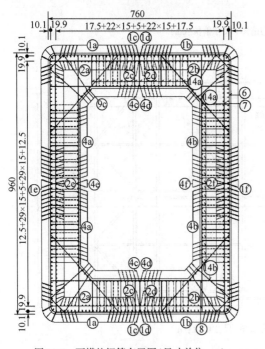

图14-5　下塔柱钢筋布置图(尺寸单位:cm)

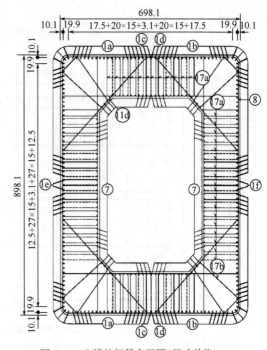

图14-6　上塔柱钢筋布置图(尺寸单位:cm)

(1)塔柱钢筋加工在陆上基地加工场内进行,主筋先进行钢筋接头滚轧直螺纹,然后套上塑料保护套即可,使用时打捆成批转运至现场。每节竖向钢筋的长度尽可能控制在露出新浇筑节段塔柱混凝土顶面1.5m以内,这样便于下一节钢筋连接能够在模板顶部的工作平台上操作。塔柱箍筋以及较长的水平钢筋需配置部分焊接接头,以保证塔柱钢筋混凝土净保护层厚度。

（2）塔柱主筋长9m，采用滚轧直螺纹连接，其余箍筋及拉筋采用焊接，同一截面上钢筋的接头率不大于1/3。竖向主筋运至现场后，10～15根绑扎成捆，中上部绑好吊装钢绳，底部用钢兜篮兜好，用塔式起重机提升到塔顶，临时放在爬架操作平台上，然后人工逐根抬到各接头处进行对接，用扳手或管钳拧紧螺纹接头，直至将两端螺纹接头的螺纹全部拧进套筒。

（3）防雷接地主筋需在接头处采用同等标号钢筋焊接，同时做好标记。待竖向主筋连接和定位完成后，在竖向主筋上用石笔画出水平箍筋的布置间距，箍筋按照所定的位置逐根进行绑扎，直至高于拟浇筑塔柱混凝土顶面30～40cm处，钢筋绑扎质量经过"三检"后才可进行模板安装。

（4）塔柱内、外壁钢筋净保护层厚度为6.0cm，在模板、带肋钢筋网处设置同标号混凝土保护层垫块，垫块密度不小于每平方米4个，以确保钢筋保护层厚度满足设计要求，且不出现露筋情况。

（5）冷却水管用$\phi42mm$的钢管加工制成，按照设计图纸，和钢筋固定在一起。

14.3.5 爬模系统施工

液压自爬模板体系主要包括模板系统、埋件系统、液压系统和架体系统。
（1）爬模安装流程
安装附墙挂座→吊装承重三脚架→安装横向护栏→安装上架体→浇筑上层混凝土→提升导轨→爬升架体→安装吊平台。
（2）爬升流程
第一步：①安装模板；②浇筑混凝土；③在平台绑扎钢筋。
第二步：①拆模，后移模板；②插导轨；③爬升。
第三步：①爬升到位；②安装吊平台；③开始合模。
第四步：①合模完毕；②浇筑混凝土；③升导轨、爬升架体。
第五步：①浇筑完毕；②拆模。
第六步：①进入标准爬升阶段；②又一次浇筑混凝土。
（3）拆除流程
拆除准备→拆除模板→拆除模板桁架系统→拆除导轨→拆除配电装置→拆除液压控制泵站→拆除液压装置→拆除附墙装置及爬锥（最高一层除外）→拆除主梁三脚架和吊平台→拆除最高一层附墙装置及爬锥，并修补好爬锥孔洞。

14.3.6 模板施工

模板采用木工字梁模板体系，面板为进口维萨板，可以重复周转46次，竖背楞为H20木工字梁，横背楞为双槽钢，对拉杆采用D20高强螺杆，布置间距不超过1300mm。标准模板配置高度为4.7m，下包10cm厚混凝土。由于塔柱截面尺寸变化，外侧模板在爬升过程中随塔柱截面尺寸变化做相应尺寸裁切,塔柱相应位置所配模板保持不变,其余尺寸相应裁切。立模放样时应结合主塔监控的要求,对每一节塔柱设置一定的水平预偏量及垂直预抬量。模板安装前应将模板表面清理干净,并在模板表面涂刷一层脱模剂,脱模剂采用食用色拉油,涂刷均匀,厚度适中。

14.3.7 混凝土施工及养护

(1)混凝土施工

塔柱混凝土采用地泵泵送、布料杆布料的方式进行浇筑。根据工程和施工场地特点、混凝土浇筑方案进行配管。宜缩短管线长度,少用弯管和软管。输送管的铺设应保证施工安全,便于清洗管道、排除故障和装拆维修。

在同一条管线中,应采用相同管径的混凝土输送管;管线宜布置得横平竖直。垂直向上配管时,地面水平管长度不宜小于垂直管长度的1/4,且不宜小于15m;或遵守产品说明书中的规定。管道宜每隔一定距离用支架、台垫、吊具等固定,以便疏通堵管、装拆和清洗管道;应定期检查管道,特别是弯管等部位的磨损情况,以防爆管。塔柱施工前,将$\phi 125$mm高压泵管沿竖向接高至作业面,每6m设一道附墙。布料杆临时固定在劲性骨架顶面。塔柱混凝土浇筑时坚持分层浇筑、分层振捣的原则,分层浇筑厚度为30cm。浇筑混凝土前,应检查预埋件的位置及数量,进行振捣作业时,不得出现漏振、欠振或过振等现象,以确保混凝土外观质量。

(2)混凝土养护

混凝土养护采用混凝土养护剂。喷(刷)涂用喷枪或喷雾器由一端到另一端、由上而下均匀连续喷洒在混凝土表面,喷头距混凝土表面30cm左右,操作人员站在上风处,按顺序逐行喷洒,向前推进。一般喷两遍,每遍互相搭接,厚薄一致,不得出现漏喷(刷)、透底等情况。在养护剂未形成封闭薄膜前,如遇雨,混凝土表面会出现麻点,待雨停后,需重新喷洒;施工过程中,如发现已喷(刷)涂薄膜损坏,应及时补喷养护剂。

14.3.8 水平横撑施工

为消除倾斜塔柱由于自重、风荷载、温度荷载及施工荷载等造成的根部混凝土的不良应力状态,避免塔柱根部因产生较大拉应力而开裂,需要在施工过程中根据塔柱的斜率在两塔柱之间设置一定数量的水平横撑,同时在主动横撑上施加一定的主动顶推力,从而在一定程度上克服塔柱施工过程中的塔柱根部弯矩,将塔柱根部外侧拉应力控制在允许范围内。考虑不良应力以及施工空间等因素,索塔共使用4道横撑。第1道横撑为桁架式,共4根内支撑,设置在下横梁上方,该道内支撑作为下横梁合龙前的临时塔柱支撑,同时在下横梁合龙施工过程中作为横梁位置顶推力的施加设施。第2、3、4道内支撑为上塔柱主动横撑,为平面式,横撑间距30m。

水平横撑布置如图14-7所示。

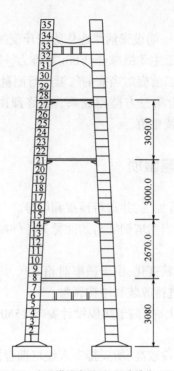

图14-7 水平横撑布置图(尺寸单位:cm)

主动横撑与塔柱连接位置设置预埋件,预埋件外安装支撑钢板,作为主动横撑的作用点,支撑钢板厚3cm。主动横撑构造如图14-8所示。

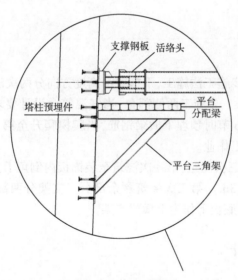

图14-8 主动横撑构造图

(1)施工平台

为方便预埋件安装及焊接钢管,需要在预埋件下方搭设施工操作平台。平台三角支架使用双I25型钢,分配梁采用I25型钢加工,与塔柱内预埋锚固筋通过板连接。平台宽2.5m。

(2)顶推力的施加

横撑采用P609mm×16mm,一端设置活络头作为千斤顶的加载位置,第2、3、4道内支撑每根支撑钢管施加40t顶推力,每道主动横撑合计80t顶推力。第1道内支撑每根支撑钢管施加150t顶推力,4根合计600t。施工前应对当前的气温进行测量,并根据实际温度对顶推力进行修正。顶推力的施加同时应结合第三方监控成果。最终预顶力计算公式:$F = F_0 + \Delta F$,其中F_0为计算预顶力,ΔF为预顶力调整值。

14.3.9 塔柱施工注意事项

索塔劲性骨架在胎架上进行加工,并进行预拼和编号。

劲性骨架安装位置需准确,当索塔钢筋与劲性骨架杆件冲突时,由项目技术部确定后可切割、移动部分杆件。

塔柱为箱式结构,整体呈梯状变化,由于斜率对箱式尺寸的影响随高度增加而发生变化,塔柱内外爬架随着高度增加需进行改装和结构调整。

混凝土强度达到20MPa以上时(高于爬模设计要求15MPa)方可进行爬升作业,六级(含六级)以上大风应停止爬模作业。

爬模施工属高空作业,危险性较高,所安排专人经培训合格后方可进行爬模操作。

爬模施工时,塔柱施工需预埋爬锥,其安装精度中心误差为±10mm。

塔柱实心段为大体积混凝土,需严格按照温控方案和温控指令施工。

14.4 横梁施工

主塔横梁采用塔梁异步施工法施工,下横梁沿高度方向分两次浇筑,每次浇筑高度为4m,在横梁跨中设置2m后浇段。先施工两侧部分,当气温符合设计要求(10℃)后方可进行后浇带施工。在施工塔柱第5、6节时预埋下横梁钢筋,当爬模爬升至第10节,爬模下平台离开横梁范围后即可开始横梁施工作业。

上横梁(含装饰块)分三次浇筑,第一次浇筑至装饰板内倒角下方30cm位置,第二次浇筑下横梁下半部分及倒角(4.3m),第三次浇筑剩余部分。支架分两部分,一部分作为装饰板支架,另一部分支撑在上横梁底板下作为上横梁支架。

14.4.1 支架设计

下横梁支架采用管桩+贝雷梁结构形式的梁式支架,设计荷载按整个下横梁质量计算。钢管桩采用P820mm×12mm的螺旋管,基础设置在承台及塔座顶面,承台及塔座顶面提前做好管桩的基础预埋件。管桩顶设卸载砂箱,砂箱承载力不低于250t。贝雷主梁横桥向布置,每个断面24片贝雷,每片贝雷跨度为6m。支架两端设置防护栏杆,栏杆高度不低于1.2m。下横梁支架构造如图14-9所示。

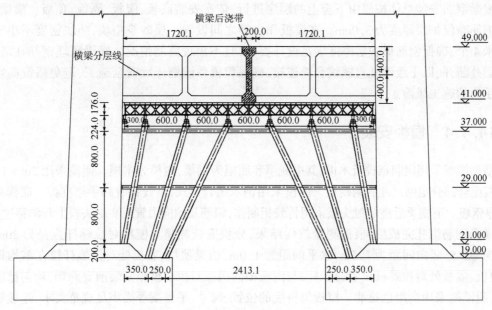

图14-9　下横梁支架构造图(高程单位:m;尺寸单位:cm)

上横梁支架分两部分,一部分为上横梁装饰块拱架,另一部分为上横梁底K形架体,架体均在塔柱上预埋后定位安装。

14.4.2　支架预压

横梁施工前做好支架的预压工作,预压值按横梁荷载的1.1倍选取,上横梁装饰块拱架在钢结构加工场内整体加工后两片对拉进行预压,预压完成后整体提升至设计位置进行定位安装。下横梁支架拼装完成后进行钢筋堆载预压。预压重量按横梁混凝土荷载的110%进行堆载。根据混凝土浇筑顺序,下横梁从横梁两端向中间堆载,按20%、50%、80%、100%、110%逐级加载,两端对称均匀进行,防止横梁支架系统不均匀受力,严格控制每阶段的加载总量,使压载荷载尽量与施工荷载分布一致。在加载时要派专职人员对各观测点进行实时观察,发现异常情况,立即停止加载,分析原因,问题解决后再继续加载,静置24h后开始卸载。

整个预压卸载分四个阶段进行直至荷载为零,与加载顺序相反。逐级卸载时需静置2h后方可进行测量观测;卸载时应注意横梁支架对称卸载。通过堆载前后高程以及卸载后高程计算出非弹性变形和弹性变形,下横梁支架顶部暂定抬高14mm。

14.4.3　钢筋安装

横梁钢筋主要有直径25mm横桥向钢筋、直径20mm纵桥向箍筋及直径20mm的架立钢筋;除人孔箍筋直径为16mm外,其余隔板钢筋直径均为20mm;横梁外表面设计一层直径为6mm的带肋钢筋网。

钢筋半成品验收合格后,运输至墩位,按照设计图纸进行安装,要求钢筋数量、钢筋间距、保护层厚度、钢筋接头质量等满足设计和验收规范的要求。

横梁钢筋安装总体按照由下至上的顺序进行,依次安装底板、腹板、隔板、顶板。横梁内、外壁钢筋净保护层厚度为3.0cm。在模板和主筋之间设置一层砂浆垫块,垫块密度不小于每平方米4个,确保钢筋保护层厚度满足设计要求,且不出现露筋情况。横梁预埋钢筋在塔、梁交界面处断开,以Ⅰ级滚轧直螺纹套筒连接,确保爬模系统能连续安全施工,避免搭设高空作业脚手架的施工风险。

14.4.4 模板安装

横梁模板采用定制钢模及木模,其中侧模和底模为钢模,内模为木模。侧模采用3m×1.5m钢模板配合部分定制尺寸的钢模板。内模采用钢木结合形式,搭设钢管脚手架支撑。底模采用1cm厚钢板。下横梁后浇带封头板采用竹胶板制作,钢筋及预应力管道在封头板上开洞穿过。

横梁钢筋绑扎完成后,根据测量放样结果,分块安装侧模。模板对拉螺杆直径为20mm,材质为Q345,竖向间距为1.5m,水平间距为1.0m,横梁顶板、底板处对拉螺杆拉在结构钢筋上,腹板、隔板处对拉螺杆设置通长杆,与内模横向围檩对拉。模板安装前要除锈,均匀涂刷脱模剂,脱模剂采用食用色拉油。模板组拼后的位置、尺寸、平整度等需满足规范要求,连接螺栓和对拉杆必须紧固到位。

(1)混凝土施工

下横梁混凝土浇筑采用2台臂长40m天泵进行,天泵分别布置在主塔上下游两侧,沿高度方向分两次浇筑,每次浇筑高度为4m,在横梁跨中设置2m后浇段。浇筑原则为由塔柱侧向中间推进,摊铺厚度为30~40cm。在进行振捣作业时,应做到"快插慢拔",振捣棒棒头不得接触钢筋、模板及预埋件,移动间距不应超过其作用半径的1.5倍;振捣时间控制在15~20s,不得出现漏振、欠振或过振等现象,以确保混凝土外观质量。

上横梁混凝土浇筑分三次进行。第一次浇筑上横梁装饰板部分混凝土,浇筑分界面为上横梁倒角下30cm,总浇筑高度11.17m,采用分层浇筑,由低处向高处、由两侧向中间进行,左右两侧对称浇筑,每层浇筑厚度为30cm,采用插入式振捣棒振捣密实,混凝土由设置在地面的地泵泵送至塔顶后利用串筒进行浇筑。第二次浇筑上横梁下半部分,浇筑分界面为上横梁中心线,总浇筑高度为4.3m。第三次浇筑上横梁上半部分及上横梁装饰块,总浇筑高度为6.428m,混凝土浇筑采用设置在地面的地泵泵送至塔顶,利用溜槽流入上横梁模板内。混凝土浇筑顺序由横梁两端向横梁中心阶梯式推进。每次混凝土浇筑完成后在初凝前应进行收浆,将表面浮浆铲除。当混凝土强度达到2.5MPa之后,对腹板上表面进行凿毛处理(人工凿除混凝土表面的水泥砂浆和松软层,露出粗集料)并用高压水枪冲洗处理,保证在下一次浇筑前充分湿润,但所有明水需清除;缩短前后两次混凝土浇筑的时间间隔,以减小两层混凝土间因收缩、徐变的不同而产生的附加内力。

(2)预应力钢绞线束张拉施工

预应力钢绞线束张拉施工流程:波纹管安装→钢绞线穿束→预应力钢绞线束张拉→压浆。下横梁内布置48束15-19型钢绞线,钢绞线采用两端张拉,锚下控制应力为1395MPa,每束张拉力为3710.7kN(不含锚圈口损失),采用深埋锚工艺。下横梁预应力钢绞线束张拉在下横梁合龙后进行,上横梁预应力钢绞线束张拉在上横梁施工完毕后进行。预应力管道均采用金属波纹管、真空压浆工艺。下横梁预应力钢绞线束张拉严格按照张拉力与伸长量实施双控,伸长量误差控制在±6%范围内,预应力施加在混凝土强度达到设计强度的90%且浇筑时间大于7d以后进行。横梁预应力钢绞线束张拉顺序:先从靠近腹板中部向上、下缘依次张拉,腹板两侧同一高度预应力钢绞线束应对称张拉,再从靠近顶板和底板中部向左、右两侧对称张拉。

14.4.5 注意事项

(1)横梁支架应提早与塔柱同步施工,以保证不占关键工期。

(2)横梁支架搭设完成后,需按规定进行110%总荷载的分级堆载预压,以消除非弹性形变,确定预拱度。

(3)横梁段塔柱施工时注意预埋相应横梁结构钢筋和支架预埋件。

(4)横梁为预应力结构,采用后张法施工。按张拉力和伸长量实施双控,施工前需对张拉设备进行标定,施工过程中严格按照相应规范进行。

(5)预应力筋张拉锚固及灌浆完毕后,对暴露于结构物外部的锚具须尽快封锚,防止水分和其他有害介质侵入。

(6)横梁内箱室靠近底腹板倒角处需设置反压模板,防止混凝土上翻。

(7)主塔下横梁另有主梁支座垫石预埋及主梁荡移顶推所需预埋件,横梁施工前应注意。

14.5 基础施工

南索塔基础施工工艺流程如图14-10所示,基础施工程序如表14-8所示。

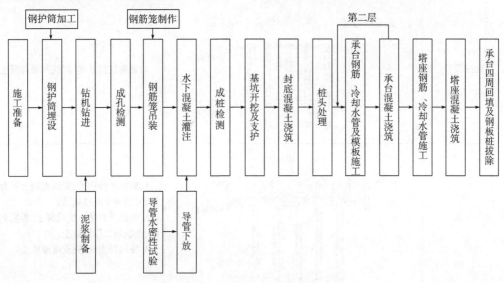

图14-10 南索塔基础施工工艺流程图

基础施工程序表 表14-8

阶段	示意图	说明
第一阶段		1. 场地处理,施工机具进场就位; 2. 埋设钢护筒、钻孔、吊装钢筋笼、浇筑钻孔桩混凝土; 3. 检测桩基质量
第二阶段		根据实际地质条件,按承台平面形状预留施工空间(纵、横向均约1.5m),插打不同长度的钢板桩,并对钢板桩采用捻缝防漏
第三阶段		开挖基坑,并设置钢板桩围堰支撑架,开挖过程中进行基坑排水
第四阶段		对地基进行处理,浇筑封底混凝土
第五阶段		1. 绑扎承台钢筋、安装混凝土冷却水管,并预留下塔柱钢筋; 2. 浇筑承台第一层混凝土、拆除内支撑、浇筑第二层混凝土; 3. 按同样方法,完成塔座施工

续上表

阶段	示意图	说明
第六阶段	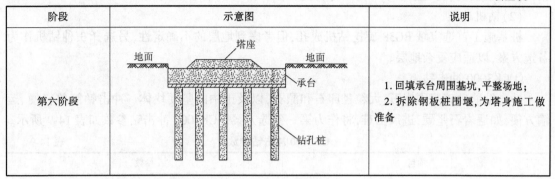	1. 回填承台周围基坑，平整场地； 2. 拆除钢板桩围堰，为塔身施工做准备

14.5.1 钻孔灌注桩基础施工工艺流程

南索塔钻孔灌注桩基础施工工艺流程如图14-11所示。

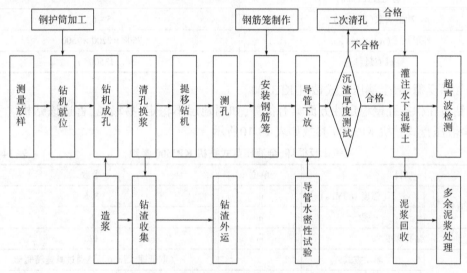

图14-11 南索塔钻孔灌注桩基础施工工艺流程图

14.5.2 施工准备

(1) 施工场地布置

南索塔位于黄石侧大堤堤内湖山港码头范围内，现场原为一砂石料码头，长期有重载车辆运行，场地上游区域已进行混凝土硬化，地基状况良好，基本能用于本项目施工。在桩基施工期间，待埋设钢护筒后，即进行桩基施工范围内的场地硬化，场地硬化标准为30cm厚C20混凝土，范围为上、下游桩基范围，即$2 \times 30m \times 30m$。索塔承台及塔身施工阶段，剩余场地均进行硬化。根据现场实际情况，拟利用已有码头道路进入桩位处，破除原地面混凝土后开挖埋设钢护筒进行钻孔施工，现场布置1台1250kV·A变压器、泥浆池、3000m^2钢筋集中加工场以及钻机物资堆放区、混凝土罐车等待区等功能区。

(2)钻机选型

桩基施工首选宝峨 BG38 旋挖钻机成孔,但考虑到地层的不确定性,另选择 3 种钻机作为备选方案,以适应复杂地层。

①CK3000 冲击钻。

冲击钻能破碎坚硬岩石、大粒径卵石和漂石,以及土中的坚硬块体。冲击钻简单轻便、运输方便,如遇岩石坚硬,进尺困难,将作为第一备选方案。CK3000 冲击钻参数如表 14-9 所示。

CK3000 冲击钻参数 表 14-9

项目	参数
冲孔直径(mm)	2500~3000
冲孔深度(m)	80
主卷扬机型号	JKL15
冲锤最大质量(t)	12
钢丝绳直径(mm)	36
冲击次数(次/min)	5~6
外形尺寸(mm×mm×mm)	7500×2200×7500
整机质量(kg)	13500

②气举反循环、全液压盘式钻机 KP3500。

该钻机在保持孔壁稳定性方面具有优势,如遇地层不稳定,易塌孔,首选该钻机。气举反循环、全液压盘式钻机 KP3500 参数如表 14-10 所示。

气举反循环、全液压盘式钻机 KP3500 参数 表 14-10

项目		单位	参数
钻孔直径	岩石(强度180MPa)	m	3.5
	一般土	m	8
钻孔深度		m	120
转盘	驱动方式		双低速大扭矩马达通过减速箱驱动
	转速	r/min	0~24(无级变速)
	最大扭矩	kN·m	1000(140kg/cm^2)
排渣	方式		气举反循环(或泵吸反循环)
	通径	mm	275
	风机要求		风量20m^3/min,风压12kg/cm^2
总功率		kW	195
外形尺寸		m×m×m	7.1×6.4×8.5

③泵吸反循环钻机 530。

该钻机最大钻孔直径为 3m,最大钻孔深度为 150m,扭矩为 600kN·m。该钻机成孔速度快,对卵石层、岩层进尺具有明显好处,但对孔壁稳定性具有不良作用,在地层对护壁稳定性无影响的前提下,如遇进尺慢,首选该钻机。

④宝峨 BG38 旋挖钻机。

旋挖钻机效率高、方便灵活、成孔速度快、扩孔率小,正常情况下 2~5h 就可以成孔,效率是传统钻孔机械的 10 倍以上。孔壁泥皮薄,有利于增加桩侧摩阻力,保证桩基设计承载力。孔底沉渣少,易于清孔,故成桩质量好。宝峨 BG38 旋挖钻机主要参数如表 14-11 所示。

宝峨 BG38 旋挖钻机主要参数　　　　　　表 14-11

项目	参数	项目	参数
最大钻孔直径(m)	3	钻孔深度(m)	91.8
最大扭矩(kN·m)	380	发动机型号	卡特 C15
功率	1800r/min 时 354kW	高度(m)	32.6
工作质量(t)	126	牵引力有效值/理论值(kN)	730/860
主卷扬机单绳拉力有效值/理论值(kN)	290/370	副卷扬机单拉力有效值/理论值(kN)	100/125
主卷扬机钢丝绳直径(mm)	32	副卷扬机钢丝绳直径(mm)	20
主卷扬机钢丝绳速度最大值(m/min)	80	副卷扬机钢丝绳速度最大值(m/min)	55

通过首桩试钻,最终确定使用宝峨 BG38 旋挖钻机。

(3)钻头选用

①在素填土、粉质黏土、粉土、粉砂、细砂等地层采用宝峨普通黏土钻头 KB-2-2500。
②在卵石层、强风化砾岩、微风化砾岩等地层采用宝峨 KBF-K2-2500 嵌岩钻。
③若宝峨 KBF-K2-2500 嵌岩钻在钻微风化砾岩时遇到困难,改用宝峨 KRR-2500 岩心钻。

14.5.3　钢护筒施工

(1)钢护筒埋设

破除原地面混凝土后,用全站仪进行桩基测量定位,根据桩基定位点拉十字线钉放 4 个护桩,以 4 个护桩为基准打入钢护筒(图 14-12)。根据现场的实际情况及地质资料,在钻孔灌注桩施工平台上焊制钢结构导向框架,精确控制钢护筒位置。钢护筒利用 80t 履带式起重机配合 400 型振动锤,按照设计位置打至 20m 深,顶面高出原地面 0.3m。钢护筒的中心和桩位的中心偏差不得大于 50mm;钢护筒埋设要保证垂直,倾斜度不大于 1%;钢护筒周围和底脚应紧密,不渗水。钻孔灌注桩成孔质量标准如表 14-12 所示。

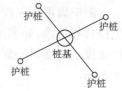

图 14-12　护桩布设

钻孔灌注桩成孔质量标准　　　　　　表 14-12

项目	规定值或允许偏差
孔的中心位置(mm)	100
孔径(mm)	≥设计桩径(2500)
倾斜度(%)	<1
孔深(m)	比设计深度超深≥0.05

桩基放样测量完毕并经自检无误后,才能填写报验资料,请监理工程师到现场验收,经监理工程师复核无误并签字后方可进行下一道工序。

(2)钢护筒参数

钢护筒的埋深以穿透桩位处不稳定地层为基准,以确保孔壁稳定性。主墩位于高程为 -0.05~2.85m 处,此处存在淤泥质黏土层。南索塔桩基钢护筒的埋设底高程设定在 0m 位置,总长 20m。由于钢护筒埋深较大,在深层位置处土压力较大,为确保钢护筒在土压力作用下不会变形,钢护筒壁采用厚 20mm 钢板卷制而成,整体共由 3 节 6m 高钢护筒及 1 节 2m 高钢护筒连接而成,每节钢护筒卷板焊接加工完毕后,对其加工质量进行检验。钢护筒施工参数如表 14-13 所示,钢护筒加工检测指标如表 14-14 所示。

钢护筒施工参数　　　　　　　　　　　　　　　　　表 14-13

项目	南索塔桩基					
	原地面高程(m)	钢护筒直径(m)	钢护筒壁厚(mm)	单孔钢护筒长度(m)	单位质量(kg/m)	单孔钢护筒质量(t)	钢护筒总质量(t)
参数	19.00	2.8	20	20.0	1371.2	27.4	876.8

钢护筒加工检测指标　　　　　　　　　　　　　　　表 14-14

指标	椭圆度(mm)	直径偏差(mm)	筒体端面倾斜度(mm)	纵轴线弯曲矢高(mm)	对接错边量(mm)
合格值	28	±10	3	6	4

钢护筒加工完毕后应在两边开口处用槽钢焊制临时加筋撑架,以确保钢护筒在运输及接高时不会变形。撑架在钢护筒打入时拆除。

14.5.4 钻机安装

钢护筒埋设完成后,旋挖钻机随即就位。钻机底座应安装平稳,确保钻孔过程中不产生位移和沉降,并利用钻机自身仪表调整钻机垂度,必要时使用全站仪等测量仪器调整钻杆垂度。待钻机安放平稳,钻杆垂直,中心位置满足要求后开始钻进,控制钻机对位偏差小于 5cm。

14.5.5 钻孔泥浆

(1)泥浆池布置

考虑到单桩的最大泥浆量为 377m³,将泥浆池(含泥浆储备池及回浆沉淀池)设计为 20m×15m×1.5m,放置在主便道的左侧,方便运渣车清渣,旁边设置渣土存放池。泥浆池壁采用 25cm 厚 C20 混凝土浇筑成墙,四周布置安全警示标志,做好保护工作。

(2)泥浆的选择

泥浆在桩基施工中非常重要,护壁的同时起到携渣、冷却、润滑的作用,因此泥浆性能非常重要。项目采用优质的 PHP 泥浆,其具有相对密度较低、黏度好、含砂量少、失水率低、泥皮薄、稳定性强、固壁能力强、钻具回转阻力小、钻进率高、造浆能力强、环保等优点。此泥浆无毒无害,且不与孔内挖出的土砂发生物理和化学反应,不产生大量的废浆液,可以直接装车运走。钻孔过程中泥浆指标如表 14-15 所示。

钻孔过程中泥浆指标　　　　　　　　表 14-15

项目名称		pH 值	比重(g/cm³)	黏度(Pa·s)	胶体率(%)	含砂率(%)
成孔过程	一般地层	8~10	1.06~1.10	16~20	≥95	≤4
	易塌地层	9~11	1.10~1.15	18~28	≥95	≤4
终孔		8~10	1.03~1.10	17~20	>98	<2

(3)泥浆循环及回收

钻孔桩泥浆集中拌制、集中供应,采用旋流除砂器对泥浆进行净化。钻进时,泥浆池内安装泥浆输送泵输送泥浆,泥浆通过直通泥浆池的泥浆循环槽回流入泥浆池内。清孔时,泥浆循环与正循环方向相反,循环系统布置基本相同。成孔后灌注混凝土时,通过泥浆循环槽回收泥浆,质量差的运输到指定地点处理后排放。

14.5.6　钻孔施工

(1)钻孔原则及顺序

为保证钻孔施工顺利进行、更快地熟悉施工工艺,同时考虑到现场具体施工条件,项目先进行下游承台 16 根桩基施工,然后进行上游承台 16 根桩基施工。因桩孔相距较近(桩中心距离 6.25m,桩边净距离 3.75m),钻孔、灌注时易发生串孔,钻孔需要按隔孔施工的原则安排施工。另外,为保证钻孔期间的安全,相邻钻孔桩钻进的时间间隔除需达到相邻孔已浇筑混凝土的初凝时间外,还应不小于 24h。

钻孔顺序应保证钻孔完成后,钢筋笼下放及混凝土灌注施工不影响钻机进行下一孔的施工,同时应保证钢筋笼下放及混凝土灌注施工有足够的空间;钻孔顺序应最大限度地减小钻机的移动距离,先钻中心桩,再钻外围桩。桩基钻孔施工顺序如图 14-13 所示。

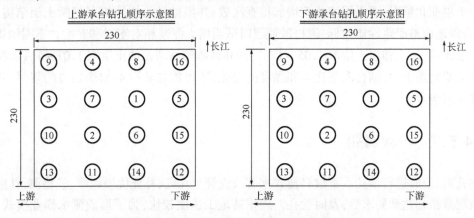

图 14-13　桩基钻孔施工顺序示意图(尺寸单位:dm)

(2)钻孔施工要求

①直接采用 φ2.5m 双底双开门捞砂钻头钻进,其中在钻进砂层时提放速度不宜过快,避免对孔壁产生过大的抽吸作用,每进尺 40~50cm 提钻一次。钻进和卵石土层交界面时,需要降低进尺速度,为保证垂度可适量增加扫孔次数。针对钻孔下部基岩段,先采用 φ1.2m 双底双开截齿捞砂钻头钻至设计孔深,再用 φ1.8m 双底双开截齿捞砂钻头扩孔并捞渣,最后用 φ2.5m 截齿筒钻扩孔并捞渣,直至钻到设计孔径和孔深。

②钻孔时先将钻斗着地,通过显示器上的清零按钮进行清零操作,记录钻机钻头的原始位置,此时,显示器显示钻孔当前位置的条形柱和数字,操作人员可通过显示器监测钻孔的实际工作位置、每次进尺位置及孔深,从而进行钻孔作业。在作业过程中,操作人员可通过主界面的三个虚拟仪表指标——动力头压力、加压压力、主卷压力,实时监测液压系统的工作状态。开孔时,以钻斗自重并加压为钻进动力,一次进尺短条形柱显示当前钻头的钻孔深度,长条形柱动态显示钻头的运动位置,孔深表示此孔的总深度。当钻斗被挤压充满钻渣时,将其提出地表,操作回转操作手柄使机器转到土方运输车方向,用装载机将钻渣装入土方运输车,清运至适当地点进行弃方处理,以免造成水土流失或水源污染。完毕后,通过操作显示器上的自动回位对正按钮使机器自动回到钻孔作业位置,或通过手动操作回转操作手柄手动使机器回到钻孔作业位置。此工作状态可通过显示器主界面中的回位标识进行监视。

③施工过程中通过钻机本身的三向垂直控制系统反复检查成孔的垂度,确保成孔质量。

④现场捞取钻渣样品放置于钻渣盒中,以便与设计资料核对。同时根据经核对判定的土层及时调整钻进参数。合理控制钻斗的转速和升降速度,保证成孔质量。在开始钻进或穿过软、硬层交界处时,为保持钻杆竖直,宜缓慢进尺;在钻进过程中发现钻杆摇晃或钻进困难时,有可能是遇到硬石块或发生其他情况等,这时应立即提钻检查,等查明原因并妥善处理后再行钻进,以免桩孔严重倾斜、偏移,甚至出现钻杆、钻具扭断或损坏;遇到孔内渗水,塌孔、颈缩等异常情况时,应将钻具从孔内提出,妥善处理。

⑤保持孔内水头高度。使孔内水位高出地下水位 2m 以上,以维持 0.02MPa 的静水压力。钻进过程中泥浆有损耗、漏失,应予补充。钻进时不能进尺太快以保证有充足的护壁时间。提钻时,须及时向孔内补浆,以保证孔壁稳定性。正常钻进时,按时检查泥浆指标,应参考地质资料掌握土层变化情况,遇土层变化应增加检查次数,并根据钻头提土情况判断土层结构,以便及时、合理地调整泥浆性能指标,遇松散地层时适当增大泥浆相对密度和黏度。不同地质需配置的泥浆比重:黏土和粉土层取 1.05~1.07,砂和砂砾等易坍孔的土层取 1.07~1.1。在砂土或容易造浆的黏土中,结合泥浆比重和黏度的变化,还可添加絮凝剂加快钻渣的絮凝,并适时补充稀浆或清水。

14.5.7 一次清孔

终孔后,及时进行清孔。下放轻便式钢管或皮管至孔底,补充优质泥浆,经检测,孔底沉渣厚度及泥浆指标达到要求后,及时检孔。旋挖钻施工速度较快,为了形成流水作业模式,加快施工进度,每个钻机配置两套清孔设备。清孔后孔内泥浆指标参数如表 14-16 所示。

清孔后孔内泥浆指标参数 表14-16

项目名称	pH值	比重(g/cm³)	黏度(Pa·s)	胶体率(%)	含砂率(%)
终孔	8~10	1.03~1.10	17~20	>98	<2

14.5.8 成孔检测

经检测,孔底沉渣厚度满足设计要求,且孔内泥浆指标符合规范要求后进行成孔检测。利用 UDM-150 超声波测壁仪(最大测深 150m)对成孔的质量,如孔型、孔径等进行检查,检查合格后方可下放钢筋笼。钻孔灌注桩成孔质量要求如表 14-17 所示。

钻孔灌注桩成孔质量要求 表14-17

序号	项目	要求
1	孔径(mm)	不小于设计值(2.5m)
2	孔深(mm)	不小于设计值(64m+空孔)且满足入岩深度要求
3	桩位(mm)	不大于25
4	钻孔倾斜度(mm)	不大于1/100桩长,且不大于500;群桩重心偏差不大于5cm
5	沉渣厚度(mm)	不大于30

14.5.9 钢筋笼及声测管安装

(1) 钢筋笼制作

南索塔桩基单桩钢筋笼重约22.5t(含声测管、套筒),钢筋笼采用长线台座法分段同槽加工制作,标准节段长9m,共分为7个节段。主筋接头采用滚轧直螺纹连接,钢筋笼按加工顺序编号,以方便施工时钢筋笼对接,最后一道工序是将套筒拧在加工好的丝头上,用塑料保护帽保护没有拧套筒的一端。另外,钢筋骨架设置中心留孔的预制圆板,作为钢筋保护层,垫块为C40纤维水泥基细石混凝土。垫块应可靠并等间距地布置在钢筋骨架周径上,其沿桩长方向的间距不超过2m,横向圆周上不少于6块。

(2) 钢筋笼安装

单个钢筋笼最重节段重约3.07t,高度约为9m;全套钢筋笼重约22.5t,长约66m(孔口以上保持9~12m高度);采用80t履带式起重机分节段安装下放。为避免钢筋笼吊装时发生变形,钢筋笼顶口设置专用吊架。另外,考虑每节钢筋笼吊装工况,每节钢筋笼均设置相应的起吊和钩挂吊环。

钢筋笼运至施工现场后,在孔口利用80t履带式起重机主副钩配合,完成单节段钢筋笼从水平放置转换成竖直状态,下放完毕的钢筋笼的相应吊环临时由卡板钩挂在钢护筒顶口。

钢筋笼的施工顺序为起吊→正位→连接→下放。具体如下:

①起吊。

为保证钢筋笼起吊时不变形，每节钢筋笼采用多点起吊。采用长吊绳小夹角的方法减小水平分力，起吊时顶端吊点采用钢筋笼专用吊具进行吊装，根端吊点采用两根吊绳进行吊装，吊点处设置弦形木吊垫与钢筋捆连。先起吊顶端吊点，后起吊根端吊点，使钢筋笼由平卧变为斜吊，根端吊点离开地面，顶端吊点迅速起吊到90°后，拆除根端吊点及木垫，钢筋笼垂直吊起入孔安装。

②正位。

由于钢筋笼直径大、质量大，钢筋笼对接时不可能采用常规的设置孔口扁担梁的方式来支撑已放入孔内的钢筋笼，为此采用定位钢筒来解决钢筋笼的支撑及悬挂定位问题。定位钢筒直径2.8m，高45cm。支撑圆环为钢护筒，定位板可在支撑圆环内前后抽动。安装钢筋笼时，先将定位钢筒安装在孔口平台顶面，将吊入孔内的钢筋笼通过加强后的加劲箍筋支撑在定位板上，然后起吊下一节钢筋笼与之对接。

钢筋笼的竖向定位是通过定位钢筒来实现的。定位钢筒由钢筒和定位钢筋两部分组成。在钢筒上开孔，定位板通过穿插钢筒上的孔实现钢筋笼固定；主体钢筋笼对接完成后，通过计算钢筋笼顶面至定位钢筒的距离确定定位竖向钢筋的长度为4m，将定位竖向钢筋与钢筋笼主筋连接，定位钢筋顶端焊接加劲箍筋形成定位钢筋笼，将钢筋笼与定位钢筋笼连成一体。然后将钢筋笼与定位钢筋笼同时下放，下放到设计高程时通过复测中心点确定钢筋笼的中心位置，利用定位板在定位钢筒上定位。

③连接。

上一节骨架入孔接近钢护筒顶口时，将骨架临时固定在钢筋笼钢护筒顶口，吊起下一节骨架，对齐主筋并靠紧，旋动直螺纹套筒直至拧紧到位（套筒连接拧紧扭矩不小于320N·m）。逐根检查符合要求后，开始下放。

④下放。

提起连接好的骨架，解除钢筋笼在钢护筒顶口的临时钩挂，缓慢下放，重复上述工序，完成所有钢筋笼的下放工作。在下放过程中将钢筋笼的六角形内撑割掉，以防钩挂混凝土灌注导管和测锤。

(3) 声测管安装

声测管采用57mm×3.5mm（直径×壁厚）钢管，直接固定在内侧加劲箍筋上；接头采用80cm长70mm×6mm（直径×壁厚）套管焊接并适当与钢筋接头错层，以便对接，安装完毕后在声测管内灌入清水，检验其密闭性，若密闭性良好，则用专用塑料盖子盖紧声测管的另一端管口。

14.5.10 导管下放

(1) 导管设计及加工

根据实际混凝土灌注施工要求，导管采用无缝钢管加工制作，接头形式为丝扣式接头，经过水密性及接头抗拉试验达到要求后方可使用。导管直径为300mm，底节导管长6m，中间节每节长3m，调整节长度为1m和0.5m。导管总长度为72m，包括23根3m中间节，2根1m调整节,2根0.5m调整节,再将2根3m中间节和2根0.5m调整节作为备用导管。

(2)导管水密性试验

混凝土灌注采用直径为300mm的快速卡口垂直提升导管。导管在使用前或使用一段时间后,应对其规格、质量和拼接构造认真检查,还要做拼接、水密性、承压和接头抗拉试验。开展水密性试验时的水压应不小于井孔内水深压力的1.3倍。通过计算,导管壁可能承受的最大内压力 P_{max} 为1.15MPa。

(3)导管下放

由于导管类型较多,应对各节导管进行编号,灌注时按照编号下放导管。首先调整钢护筒顶口处导管限位卡板的中心与钻孔中心在同一直线上,然后下放底节导管,利用限位卡板卡住导管顶部钢筋,在导管接头处装入密封圈,同时在丝扣上涂抹黄油,以保证密封效果。循环重复上述操作,直至将导管下放完毕。

下放导管时还要密切注意导管接头处的密封圈以及丝扣是否拧紧到位。导管的位置不能过偏,以免钩挂钢筋笼。下放导管时要注意导管限位卡板是否关紧,以免导管掉入孔中。

灌孔施工导管总质量约为5t,选用80t履带式起重机作为导管下放和灌孔施工时拔导管的起吊设备。

14.5.11 二次清孔

为确保工程质量,钻孔桩在混凝土浇筑前应检测孔内沉渣,如超出规范规定则进行二次清孔,二次清孔利用混凝土浇筑导管、采用气举反循环法进行。

出浆管为灌浆导管,灌浆导管顶部需安装专门的清孔头帽,使之既可以接入高压风管,又可以接入出浆管。导管安装完毕后,利用导管安装高压风管,采用气举反循环法进行二次清孔。注意清孔时要补充孔内泥浆,维持孔内水头高度。高压风管的风压应控制在0.5~0.8MPa,不宜过大或过小。气压过大可能会损坏泥浆壁,造成塌孔;气压过小则不能使沉渣翻滚,影响清孔效果。清孔后,用测绳测量孔深,与终孔时的孔深比较,沉渣厚度应满足规定值。若沉渣厚度大于规定值,则要继续清孔,直到符合要求为止。清孔规定如下:

①孔底沉渣厚度不大于3cm;

②孔内泥浆比重1.06~1.1,泥浆黏度17~20Pa·s,含砂率小于1%。

二次清孔达到要求后,立即拆除清孔头帽和高压风管,进行水下混凝土灌注作业。

14.5.12 混凝土灌注

桩基混凝土为C35水下混凝土,理论混凝土方量315.1m³(未考虑扩孔系数及桩顶超浇部分)。混凝土由配备2台120m³/h专业混凝土搅拌机的2号拌和站生产、供应。拌和站的混凝土拌和时间不小于2min。

首封采用拔塞法,集中大料斗连续不间断向封孔小料斗供料;首封成功后更换小料斗进行正常灌注。大料斗集中向小料斗供料,导管拆除(关闭大料斗阀门)不影响泵车向大料斗泵送供料,可以提高混凝土灌注工效;同时泵送过程中可以随时观察泵送至大料斗内的混凝土的外观质量,确保首封和正常灌注阶段不产生堵管等不利工况。

(1)首灌料斗设计、首批混凝土数量的确定

按《公路桥涵施工技术规范》(JTG/T F50—2011)要求,首批灌注混凝土的数量应能满足导管埋深(≥ 1.0m)和填充导管底部的需要,所需混凝土数量计算公式如下:

$$V = \frac{\pi(H_1 + H_2)D_2}{4} + \frac{\pi h_1 d_2}{4}$$

式中:V——灌注首批混凝土所需数量(m^3);

D_2——桩孔直径(m),取2.5m;

H_1——桩孔底至导管底端间距(m),取0.4m;

H_2——导管初次埋深(m),取1.5m;

d_2——导管内径(m);

h_1——桩孔内混凝土达到埋深H_2时,导管内混凝土柱平衡导管外泥浆压力所需的高度(m),$h_1 = H_w r_w / r_c = 68.1 \times 12 / 24 = 34.05$(m);

H_w——孔内泥浆的深度(m),取$70 - 0.4 - 1.5 = 68.1$(m);

r_w——孔内泥浆重度(kN/m^3),取$12 kN/m^3$;

r_c——拌合物重度(kN/m^3),取$24 kN/m^3$。

经计算,首批混凝土方量应不小于$11.7m^3$,实施过程中,按首批混凝土$13m^3$控制。故配备$13m^3$的集料斗1个,$1.5m^3$的小集料斗1个(该集料斗与导管丝扣连接)和$1m^3$的小集料斗1个。首灌施工时,先用2台天泵一次性集中向$13m^3$大料斗注满混凝土,再开启大料斗阀门向封孔小料斗($1.5m^3$)供料,在封孔小料斗即将灌满时开始拔塞封孔,同时采用地泵继续不间断供料以加大导管埋深。

(2)施工过程

清孔合格后,将灌注导管放入孔内,灌注导管下口距孔底30~40cm。将小料斗与导管连接,大料斗与小料斗之间用滑槽连接。当大料斗中的混凝土集满之后,将大料斗的阀门打开,使混凝土沿滑槽流向小料斗。当小料斗混凝土盈满之时,迅速拔出小料斗的木塞,将首批混凝土灌入孔中。首批混凝土浇完后,应立即测量导管的埋深,埋深不得小于1m。在浇筑过程中,要有专人测量混凝土顶面高程并做好拔导管记录,必须保证导管埋深在2~6m之间。最后几节导管提升时要缓慢,以免桩内挟入泥芯或形成空洞。灌注结束以后,将桩顶浮浆利用砂石泵进行清理。清洗灌注设备并存放在专用位置,以便以后正常使用。灌注的桩顶高程宜比设计高程高出1.5m,以保证桩头混凝土强度。

(3)注意事项

灌注水下混凝土是钻孔桩施工的重要程序,要特别注意,钻孔完毕并经成孔质量检验合格后方可开始灌注工作。

①灌注前对孔底沉渣厚度再进行一次测定。如沉渣厚度超出规定,可用喷射法,即向孔底进行高压射水或射风数分钟,使沉淀物悬浮然后立即灌注首批水下混凝土。

②采用拔塞法将首批混凝土灌入孔底后,立即测量孔内的混凝土面高度,计算出导管埋深,如符合要求即可进行正常灌注。灌注开始后,应紧凑、连续地进行,严禁中途停工,在灌注

过程中要防止混凝土拌合物从漏斗顶溢出或从漏斗外掉入孔底;注意观察导管内混凝土下降和孔内水位升降情况,及时测量孔内混凝土面高度,计算导管埋深,正确指挥导管的提升和拆除,使导管的埋深控制在 2~6m 之间。

③拆除导管动作要快,时间不超过 10min,要防止橡胶垫、工具等掉入孔内,注意安全。拆下的导管要立即清洗干净,堆放整齐。

④在灌注过程中当导管内混凝土不满、含有空气时,后续混凝土要徐徐灌入,以免在导管内形成高压气囊。为防止钢筋笼因混凝土的冲击力而上浮,要采取措施将钢筋笼与钢护筒固定。

14.5.13 桩基质量检测

桩基质量应按设计和规范规定达到 28d 强度以后进行检测。每根桩均按设计要求进行超声波无损检测。桩基检测前,先用水对声测管进行冲水检查,若有淤塞,应不断冲洗,直至孔底。钻孔桩检查项目及要求如表 14-18 所示。

钻孔桩检查项目及要求　　　　　　　　表 14-18

序号	检查项目	规定值或允许偏差
1	混凝土强度(MPa)	在合格标准内
2	孔径(mm)	不小于设计值
3	孔深(mm)	不小于设计值且满足入岩深度要求
4	桩位(mm)	单桩 25;群桩基础在承台底面的群桩重心偏差不大于 50
5	钻孔倾斜度(mm)	不大于 1/100 桩长,且不大于 500
6	沉渣厚度(mm)	不大于 30
7	凿桩头后桩顶高程(mm)	±10
8	钢筋笼保护层厚度(mm)	自箍筋外缘算起大于或等于 70

14.5.14 声测管内压浆

桩基在超声波无损检测完成后,需要对预留孔洞进行压浆封闭。

14.5.15 冬季桩基施工措施

(1)成孔防冻措施
①从孔内挖出的渣土应及时清运到业主指定的堆放地点,防止冻结造成清运困难。
②对施工区域内的水泵以及水管采取保温措施,防止因结冰引起用水中断问题。
③加强对钻机的保护,尽量避免因天气过冷引起钻机非正常运转问题。

（2）钢筋加工措施

①钢筋笼制作全部安排在白天进行，夜间不开展钢筋笼制作工作。

②在钢筋笼成型区，搭设防风墙，确保电弧焊接质量。

③钢筋电弧焊接时，应根据钢筋直径和位置调节焊接电流。

④在负温条件下进行闪光对焊时，应对焊接设备采取防寒措施，防止冷却管冻裂。

焊接时应采取防止过热、烧伤、咬肉和开裂等措施。钢筋负温电弧焊接时，采取分层控温施焊。其焊接工艺应满足以下要求：

a. 搭接焊时，第一层焊缝应在中间起弧；平焊时应从中间向两端施焊；立焊时应先从中间向上端施焊，再从下端向中间施焊，以后各层焊缝，应采取控温措施，层间温度宜控制为150～300℃。

b. 与常温焊接相比，应增大焊接电流，降低焊接速度。

（3）混凝土搅拌及运输措施

①拌制混凝土所采用的集料应清洁，不得含有冰、雪、冻块及其他易冻裂物质。下雪前应将进场砂石料用彩条布覆盖，下雪后及时清理砂石料上的积雪。

②在搅拌站料斗处用帆布搭设暖棚，以免集料在料斗中被冻结成块，同时也减少气温过低造成的搅拌设备损坏。

③根据以往施工经验，混凝土原材料加热只需采用加热水的方法即已满足要求，无须对集料进行加热。本工程采用LSG03-04-A型锅炉对水进行加热，并且水池用彩条布外加一层保温泡沫材料搭棚覆盖，水管用保温材料包裹，以减少加热过程中水的热量散失，水的最高加热温度不得超过80℃。

④混凝土搅拌最短时间为90s。

⑤混凝土采用罐车运输，在运输过程中，应对罐车采取保温措施，混凝土罐外覆盖保温材料，同时要尽量缩短混凝土从出搅拌站到入孔的时间，确保入孔温度不低于5℃。

14.6 承台施工

索塔承台为两个23m×23m×6m的矩形分离式承台，承台顶高程为19m，略低于场地原地面（20m），承台底高程为13m。承台沿高度方向分两层浇筑，每层高3m。承台混凝土属大体积混凝土，设计混凝土标号C40。C25混凝土垫层576m^3，C40混凝土6348m^3，钢筋总质量为902.404t。

承台基坑采用钢板桩加钢支撑的方式，开挖至承台底50cm后采用C25混凝土封底。

14.6.1 主要的施工工艺流程

承台施工工艺流程如图14-14所示。

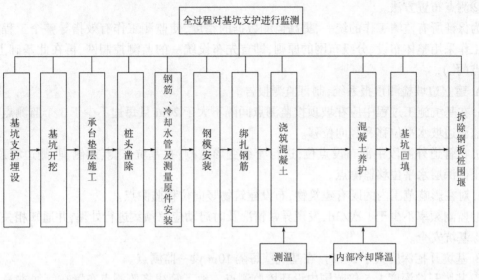

图 14-14 承台施工工艺流程图

14.6.2 基坑监测

(1) 监测项目及内容

根据本工程的特点确定的基坑监测项目及内容详见表 14-19。

基坑监测项目及内容一览表 表 14-19

序号	监测项目	监测内容
1	坡顶水平位移	基坑四周监测点水平位移
2	坡顶竖向位移	基坑四周监测点竖向位移
3	土体深层水平位移	基坑四周土体深层水平位移
4	基坑周边巡视检查	1. 基坑周边土体及支护结构有无裂缝; 2. 地下管线有无破损、泄漏情况
5	长江大堤沉降监测	长江大堤的竖向位移
6	长江大堤变形监测	长江大堤的裂缝监测(包括位置、走向、长度、宽度及变化程度,必要时包括深度)

(2) 测点布置

① 测点布置要求。

a. 基坑监测点应当在基坑开挖之前布设。

b. 基坑监测点的布置应最大限度地反映基坑的实际状态及变化趋势,并满足监测要求。

c. 基坑监测点的布设不得妨碍基坑的正常施工。

d. 监测标志应稳固、明显,监测点应合理布设、避开障碍物,便于观察。

e. 在基坑较深、坡度较陡及鼓风机房处应适当加密监测点。

f. 加强对监测点的保护,必要时应设置监测点保护装置和保护设施。

②测点布置方法。

为保证所有监测工作的统一,提高监测数据的精度,使监测工作有效指导整个工程施工,监测工作采用整体布设、分级布网的原则,即首先布设统一的监测控制网,再在此基础上布设监测点(孔)。

A. 建立边坡检测预报系统,制订监测报告。

a. 在基坑施工过程中应在坡顶按监测点间隔不大于 20m 且每边不少于 3 个监测点布设,用于监测边坡水平位移和竖向位移。

b. 在管道外漏段中部布设点位,进行管线变形监测;在基坑东侧、南侧、西侧边坡顶中部布置土体深层水平位移监测点。

c. 对在影响范围内的既有建筑物,布设建筑物竖向位移监测点。

d. 监测频率不少于 1 次/3d,发现异常情况及时启动应急预案进行处理,并通知相关单位,以确保基坑安全。

B. 基坑开挖深度大于 5m 时,在基坑壁每隔 10m 设一监测点。

C. 基坑开挖深度 1.5 倍范围内设环境监测点。地下管线将监测点布置在管线本身上;建筑物测点布置在墙角等外形突出部位。

D. 其他可采用直接监测法或者其他可达到监测目的的途径。

③测点平面布置。

基坑监测点沿基坑四周布设,用于监测基坑的水平和竖向位移。具体以基坑监测方案为准。

④监测点埋设方法。

基坑周围的监测点用长 1m、直径 20mm 的钢筋制作,在定位处挖 30cm×30cm×40cm 的坑,将钢筋扎进坑底,钢筋上顶高出坑面 10cm,用不低于 C30 的混凝土包裹钢筋,混凝土高出坑面 5cm,用直径 10cm、长 20cm 的 PVC 管将钢筋套住,高出坑面 8cm,以起到保护监测点的作用。振捣密实 PVC 管内外的混凝土,完成埋设。待第二天混凝土达到强度要求之后在钢筋头上用钢锯锯出十字丝。

鼓风机房的沉降监测点用直径 12mm 的钢筋制作(做一个弯钩),在鼓风机房墙角打孔后,将做好的钢筋扎进孔内,注意必须扎紧固。

(3)监测方法及精度

①监测要求。

采用满足精度要求的测量仪器进行监测,仪器必须经过标定和校准,并在有效期内。每次监测采用同样的监测路线和监测方法,使用同一测量仪器,固定一名监测人员,在相同的环境和条件下进行。监测点的初始值应为施工前至少连续监测三次的稳定值的平均值。

②水平位移监测。

水平位移采用全站仪进行极坐标监测,规定对中误差小于 0.5mm,监测点坐标中误差小于 1.5mm。

③竖向位移监测。

竖向位移采用水准仪进行监测,规定监测站高差中误差小于 0.3mm。

④长江大堤变形监测。

建筑物竖向位移监测同上述基坑竖向位移监测同步进行,频率相同;建筑物裂缝监测在出现裂缝后开始实施,裂缝监测包括裂缝的位置、走向、长度、宽度、深度及变化程度,监测周期根据裂缝变化速度而定,开始为半月测一次,以后每月测一次。监测精度为宽度不宜小于0.1mm,长度和深度不宜小于1mm。

(4) 监测频率

基坑工程监测频率应以能系统反映监测对象所测项目的重要变化过程,而又不遗漏其变化时刻为原则。应贯穿基坑工程和地下工程施工全过程。监测工作从基坑工程施工前开始,直至地下工程完成为止。对有特殊要求的周边环境的监测应根据需要延续至变形趋于稳定后才结束。

监测频率取决于基坑工程等级、周边环境、自然条件等,当监测值相对稳定时,可适当降低监测频率。由于本基坑开挖深度超过10m,因此采用一级基坑规定的监测频率进行监测,如表14-20所示。

基坑监测频率　　　　　　　表14-20

施工进程		基坑设计开挖深度(mm)			
		<5	5~10	10~15	>15
开挖深度(m)	<5	1次/1d	1次/2d	1次/2d	1次/2d
	5~10	—	1次/1d	1次/1d	1次/1d
	>10	—	—	2次/1d	2次/1d
底板浇筑后时间(d)	<7	1次/1d	1次/1d	2次/1d	2次/1d
	7~14	1次/3d	1次/2d	1次/1d	1次/1d
	14~28	1次/5d	1次/3d	1次/2d	1次/1d
	>28	1次/7d	1次/5d	1次/3d	1次/3d

出现下列情况之一时,应加强监测,提高监测频率,并及时向上级领导报告监测结果:
①监测数据达到报警值;
②监测数据变化量较大或者快速变化;
③存在勘察中未发现的不良地质条件;
④基坑及周边大量积水、长时间连续降雨、市政管道出现泄漏;
⑤基坑附近地面荷载突然增大或超过设计限值;
⑥支护结构出现裂缝;
⑦周边地面突然出现较大沉降或严重开裂;
⑧邻近的建(构)筑物出现较大沉降、不均匀沉降或严重开裂;
⑨基坑底部、坡体或支护结构出现管涌、渗漏或流沙等现象;
⑩基坑工程发生事故后重新组织施工,出现其他影响基坑及周边环境安全的异常情况。当有危险事故征兆时,应实时跟踪监测。

(5) 监测报警值

①基坑监测报警值规定。

基坑监测报警值应以监测项目的累计变化量和变化速率两个控制值来确定。因基坑开挖引起的基坑内外地层位移按下列条件控制:

a. 不得导致基坑失稳;
b. 不得影响地下结构的尺寸、形状和地下结构物的正常施工;

c. 对周边建(构)筑物造成的变形不得超过相关技术规定的要求;
d. 不得影响周边道路、地下管线等的正常使用。
②基坑监测报警值参考表(表14-21)。

基坑监测报警值参考表 表14-21

监测项目	基坑类别(一级)		变化速率(mm/d)
	累计值		
	绝对值(mm)	相对基坑深度控制值	
墙(坡)顶水平位移	30~35	0.3%~0.4%	5~10
墙(坡)顶竖向位移	20~40	0.3%~0.4%	3~5

(6)需要报警的情况

当出现下列情况之一时,必须立即报警,若情况比较严重,应立即停止施工,并对基坑支护结构和周边的保护对象采取应急措施:
①监测数据达到报警值;
②基坑支护结构或周边土体出现异常情况,或基坑出现渗漏、流砂、管涌、隆起或陷落等;
③基坑支护结构的支撑或锚杆体系出现过大变形、压屈、断裂、松弛或拔出迹象;
④周边建(构)筑物的结构、周边地面出现可能发展的变形裂缝或较严重的突发裂缝;
⑤根据当地工程经验判断,出现必须报警的其他情况。

14.6.3 基坑开挖

旱地承台基坑开挖有两种常见方法——放坡明挖和支护开挖。

放坡明挖:主要适用于地质条件好、开挖深度较浅、施工区域大、不受周边建(构)筑物及其他障碍物影响的地段。

支护开挖:主要适用于地质条件差、开挖深度较深、施工区域受限制、受地下水影响等地段。

根据设计情况,索塔单个承台设计尺寸为23m×23m×6m,开挖深度为7m,承台开挖区域地质条件主要以杂填土、粉质黏土为主,结合现场施工环境,且根据调查长江历年最高水位高于承台基坑底高程,承台位置设置在长江堤岸外侧,以保证不因大面积开挖而破坏原有江堤。为了保证基础施工不受汛期水位影响,针对承台基坑支护采用钢板桩围堰施工。

(1)基坑支护设计

棋盘洲长江公路大桥49号主墩采用拉森-Ⅳ型钢板桩围堰,由于主墩承台为分离式,钢板桩围堰也分两个插打。钢板桩围堰为30m×30m矩形,钢板桩底部高程为3m,顶部高程为21m,单根钢板桩长18m,设置2道围檩和内支撑。

(2)钢板桩围堰施工流程

测量放线→制作导向圈梁→钢板桩插打→钢板桩合龙。

(3)施工准备

①索塔钻孔桩完成后,对钻孔平台进行拆除,对混凝土原地面进行破除,采用啄木鸟破除,

挖掘机装车运走渣土。

②测量人员对承台基坑开挖线进行角点放样,施工人员用石灰标记承台开挖线。

③钢板桩整理。

钢板桩运到工地后,进行检查、编号及登记。凡钢板桩有弯曲、破损、锁口不合的均应整修,按具体情况分别采用冷弯、热敲、焊补、铆补、割补法等。

④钢板桩变形检查。

钢板桩在装卸、运输过程中会出现撞伤、弯扭及锁口变形等现象,因此,钢板桩在插打前有必要进行变形检查。对变形严重的钢板桩进行校正并做锁口检查。锁口检查方法:用一块长约2m的同类型、同规格的钢板桩作标准,采用卷扬机拉动标准钢板桩平车,从桩头至桩尾做锁口检查,经检查合格的投入使用,不合格的再进行校正或淘汰不用。

⑤钢板桩的其他检查:剔除钢板桩前期使用后表面因焊接钢板、钢筋留下的残渣瘤。

(4)钢板桩插打施工

在安装导框时,先进行定位测量。导框的安装,一般是先打定位桩。导框在工厂或现场分段制作,在施工现场组装,固定在定位桩上。

利用平车将钢板桩运至指定位置,然后运用两个吊钩的吊起和放下,使钢板桩成垂直状态,脱出小钩,移向安插位置,插入已就位的钢板桩锁口中。

起吊前,锁口内嵌填黄油沥青混合料。箍紧钢板用的弧度卡箍,待插入锁口时逐个解除。

为保证插桩顺利合龙,要求桩身垂直,并且钢板桩数要均分。为保证桩身垂直,将第一组钢板桩固定于导向木上,顺导向木下插,使第一组钢板桩桩身垂直。由于钢板桩组上下宽度不完全一致,锁口间隙也不完全一致,桩身仍有可能倾斜,在施工中要加强测量工作,发现桩身倾斜,及时调整,使每组钢板桩垂直方向的倾斜度均不大于5‰。同时,为了使钢板桩数均分,事先在导向木上按钢板桩组的实际宽度画出各组钢板桩的位置,使宽度误差分散,并在插桩时,据此调整钢板桩的平面位置,使误差不大于±15mm。当仍有困难时,将合龙口两边各几组钢板桩在悬挂状态下(未插入土中)进行调整。在无法顺利合龙时,则根据合龙口的实际尺寸制造异形钢板桩,但要控制异形钢板桩上下宽度之差不超过桩长的2‰。

进行钢板桩的插打时,若钢板桩的垂度较好,则一次将桩打到要求深度;若垂度较差,则分两次施打,即先将所有的桩打入约一半深度,再打到要求的深度。打桩时必须在桩顶安装桩帽,以免桩顶破坏。切忌锤击过猛,以免桩尖弯卷,造成拔桩困难。

(5)基坑开挖方法及施工步骤

基坑开挖方法:上部开挖可采用挖掘机直接开挖,当基坑开挖至一定深度,采用吊车把挖掘机吊入基坑内开挖,开挖的土方采用料斗调运自卸车运至弃土场。开挖过程中,随时检查支护,做好防、排水工作。

具体施工步骤如下:

第一步:开挖至第一道围檩底高程位置,施工第一道内支撑;

第二步:开挖至第二道围檩底高程位置,施工第二道围檩及内支撑;

第三步:直接开挖至承台设计底高程以下50cm;

第四步:浇筑50cm厚C25混凝土垫层。

基坑封底后,测量放出桩顶高程,放出钢护筒的切割线,钢护筒割除过程中,人工清除封底混凝土表面浮渣,对局部高程高于承台底高程点进行凿除,对低于承台底高程点浇筑找平层混凝土,使钢筋绑扎场地平整。

14.6.4 承台施工工艺

承台混凝土方量大,为防止承台混凝土浇筑时因内外温差过大而产生温差裂缝,混凝土施工采用分层分块连续浇筑,分两层浇筑,每层3m。

(1)温控监测

①冷却水管安装。

索塔承台由于体积较大,为防止大体积混凝土浇筑时因混凝土内外温差过大而产生温差裂缝,需预先埋设冷却水管以便混凝土浇筑时用水降温。如果在布置过程中与绑扎的钢筋有冲突,应调整冷却水管的位置,确保钢筋绑扎不受影响。承台冷却水管用 $\phi 42mm$ 的钢管加工制成,分节拼装。管道连接密封防止漏水,冷却水管在竖向分6层布置,层间距0.8m,采用蛇形走向,上下两层蛇形走向,沿桥纵横交错布置。冷却水管和冷却装置的安装要安全、可靠,冷却水管使用前应试通水,防止管道漏水、阻塞。冷却水管平面布置如图14-15所示,冷却水管立面布置如图14-16所示。

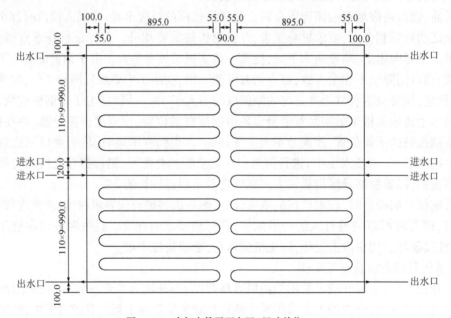

图14-15 冷却水管平面布置(尺寸单位:cm)

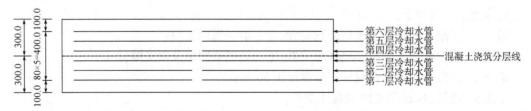

图14-16 冷却水管立面布置(尺寸单位:cm)

②温控元件安装及温度测点布置原则。

对大体积混凝土施工进行温度测试和监控,是为了掌握混凝土内部的最高温升及中心部位与表面部位的温度差,以便采取内部降温、外部保温蓄热的技术措施,降低并控制混凝土的内外温差,防止混凝土结构产生裂纹。

为准确测量、监控承台混凝土的内部温度,指导混凝土的通水养护,确保承台大体积混凝土的施工质量,承台混凝土内需布置温度测量装置。

混凝土温度测试是采用热电偶作温度传感器,将其密封并牢固绑扎在承台水平钢筋上,用电缆连接到多点数字显示巡检仪上,逐次显示各测点的温度,达到对混凝土的温度进行测试和监控的目的。

由于承台的平面形状是双向对称的,冷却水管也是对称布置的,考虑到材料的节约和数据的可靠性、代表性,承台混凝土的温度测试和监控可在1/4承台平面内进行。

温度测点布置原则:a. 根据承台对称性的特点,选取1/4承台布置测点;b. 按照温度场的分布规律,分层高度方向的温度测点基本与冷却水管高度一致;c. 充分考虑温控指标的测评;d. 温度测点布设包括表面温度测点(布置在承台中心部位短边与长边中心线表面以下10cm处)、内部温度测点(布置在温升最高处)。

③冷却水及冷却水管控制。

a. 采用江水作冷却水,先将江水抽入水箱内,再通过水箱泵入稳压装置(分水器)。当混凝土覆盖冷却水管开始通水时,在混凝土升温阶段冷却水流量为 $3m^3/h$,进水温度控制为25℃;降温阶段冷却水流量为 $1.5m^3/h$,进水温度控制为25℃。

b. 当混凝土内部最高温度小于或等于40℃,且最大内表温差小于或等于20℃时,停止通水冷却。通水时间不超过15d。

c. 冷却水管采用导热性好并有一定强度的铁管,外径48mm、壁厚3mm。

d. 单根水管长度不超过200m,并对进、出水口进行集中布置。

e. 用分水器将流入各层各套水管的水集中分出,分水器设置相应数量的独立水阀及流量计以控制各套水管冷却水流量,并设置一定数量的减压阀以控制后期通水速率;设计并联水阀实现冷却水的定时换向。

f. 通水结束后,及时对冷却水管进行压浆封堵,压浆材料采用不低于混凝土强度等级的微膨胀砂浆或净浆。

(2)测温频率

混凝土的入模温度监测,每台班不得少于2次。

在混凝土浇筑后,持续进行温度监测,当混凝土内表温差小于20℃时,可停止测温,但温度监测持续时间不少于14d。测温频率如表14-22所示。

测温频率　　　　　　　　　表14-22

混凝土浇筑后时间	频率
混凝土浇筑后1~3d	每30min~2h测一次
混凝土浇筑后4~7d	每4h测一次
混凝土浇筑7d以后	每8h测一次

若遇到特殊情况,如大风或气温骤降,则加强监测。

(3)现场监控温度超标的应对措施

如果现场监测温度指标超出温控标准,可采取下列应对措施:

①混凝土浇筑温度超过目标值(>28℃),需及时对原材料采取一定的降温措施。

②混凝土内部最高温度偏高:加大冷却水流量、降低冷却水温度,但注意控制冷却水温度比混凝土中心温度低 10~25℃。

③混凝土内外温差偏高:加大通水流量、降低进水温度以加强内部降温,使用冷却水进行蓄水养护以减少混凝土表面热量散失,或加强外部保温,增加保温层厚度,做到外保内散。

(4)钢筋安装

小于 $\Phi 16$ 的钢筋采用搭接,大于 $\Phi 16$ 的钢筋拟采用直螺纹连接;钢筋表面应洁净,如有油污、锈蚀等应清除。接头外观应满足下列要求:挤压后套筒长度应为原套筒长度的 1.10~1.15 倍或压痕处套筒外径为原套筒外径的 80%~90%;挤压接头的压痕道数应符合型式检验确定的道数;接头处弯折不得大于 40mm;挤压后的套筒不得出现裂纹。

现场焊接或绑扎的钢筋网,其钢筋交叉点的连接按钢筋截面总面积的 50% 的间隔绑扎,但钢筋直径小于 25mm 时,外围层钢筋网钢筋交叉点应逐点绑扎。

钢筋安装中交叉点的绑扎,对于直径大于或等于 16mm 的钢筋,在不损伤钢筋截面的情况下,可采用手工电弧焊来代替绑扎,但应采用细焊条、小电流进行焊接,焊后钢筋不应出现明显的咬边。

(5)模板施工

主墩共2个承台,考虑单个承台分层浇筑及模板周转,配置一套承台模板。模板采用 1.5m×1.5m 平面钢模,每平方米重约140kg;横、纵向各配置16块,高度方向配置4块,共260块,模板重81.90t。

模板安装质量指标如表14-23所示。

模板安装质量指标　　　　　　　　　表14-23

项目	允许偏差(mm)
模板高程	±15
模板内部尺寸	±30
模板表面平整度	±5
两相邻模板表面高差	≤2
轴线偏位	±15

(6)混凝土施工

承台分两次浇筑,第一次浇筑混凝土时必须搭设施工作业平台,方便施工人员作业,混凝土强度达到2.5MPa后,即可对其顶面进行凿毛处理。凿毛后,绑扎承台上部钢筋,安装上部冷却水管网、预埋件(塔式起重机、电梯、防雷接地引下线、下横梁支架、卷扬机基座、导向轮等)、模板等并固定。第一次浇筑的混凝土达到设计强度的75%后,进行承台第二次混凝土浇筑。

北索塔施工 15

15.1 工程概况

索塔包括塔冠、上塔柱、下塔柱、上横梁、下横梁和塔座,采用C50混凝土。塔顶高程为186.000m,塔底高程为29.000m,塔高为157m。

15.2 索塔施工流程

索塔施工流程如图15-1所示。

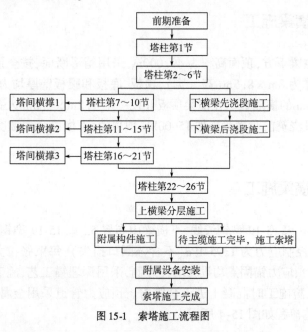

图15-1 索塔施工流程图

15.3 塔座施工

塔座为棱台形,底面尺寸为1450cm×1470cm,顶面尺寸为1050cm×1300cm,高2m。塔座属于大体积混凝土,布置两层冷却水管,布置方法与南索塔一样。承台施工完成后,及时开展塔座施工。按照设计要求承台和塔座混凝土龄期尽量控制在7d以内,尽量缩短新旧混凝土施工龄期差。为防止塔柱根部产生裂纹,底节塔柱0.5m与塔座一同浇筑,同时塔座按大体积混凝土进行施工。

15.4 塔柱施工

15.4.1 塔柱节段划分

塔柱划分施工节段,塔高148m(不含塔冠),总共分为26个节段进行施工。其中下塔柱高20m,共4个节段,高度布置为(0.5+2+3.5)m+2×6m+2m;上塔柱高128m,共22个节段,高度布置为20×6m+2×4m。采用液压爬模施工,与南索塔施工一样。塔柱施工节段划分如图15-2所示。

15.4.2 下横梁施工

下横梁设置在主梁下方,顶面高程为49.000m,采用箱形断面,按全预应力混凝土构件设计。下横梁截面尺寸为8m×8.5m(高×宽),顶板、底板和腹板壁厚均为1.0m。在下横梁内设置四道厚度为0.8m的横隔板。在横梁顶板开设一个1.2m×1.0m人孔。在横梁跨中设置1m后浇段,在后浇段浇筑前对横梁施加15000kN预顶力,下横梁合龙温度为10℃。下横梁施工工艺流程见图15-3。

15.4.3 上横梁施工

上横梁内布置40束15-19型钢绞线,下横梁内布置52束15-19型钢绞线,钢绞线采用两端张拉,锚下张拉时控制应力为1395MPa(不含锚圈口损失),每束张拉力为3710.7kN(不含锚圈口损失)。所有预应力锚固点均设在塔柱外侧,采用深埋锚工艺,施工塔身时应预先用泡沫塑料封堵套筒,以防施工时混凝土进入套筒内。预应力管道采用金属波纹管、真空压浆工艺。上横梁施工工艺流程如图15-4所示。

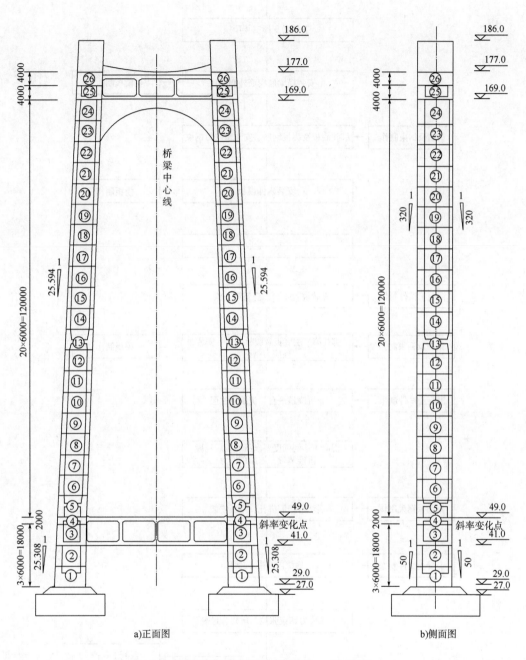

图 15-2　塔柱施工节段划分图(高程单位:m;尺寸单位:mm)

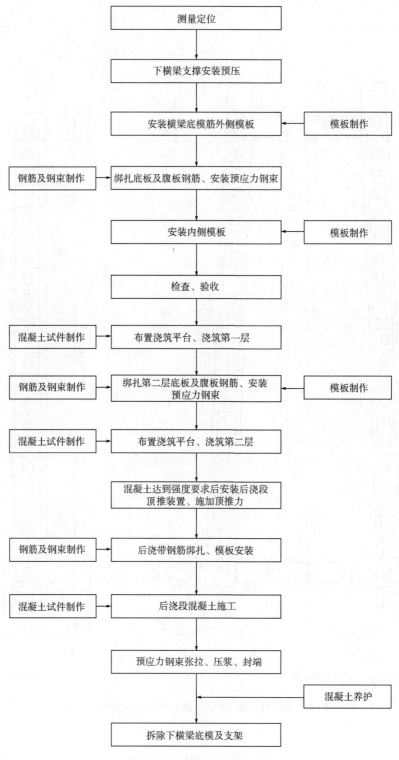

图 15-3 下横梁施工工艺流程图

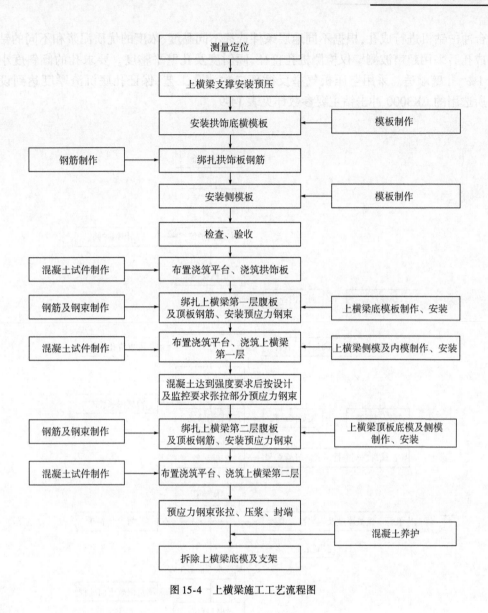

图 15-4 上横梁施工工艺流程图

15.5 钻孔灌注桩施工

北索塔钻孔灌注桩施工工艺流程如图 15-5 所示。

15.5.1 施工准备

1. 钻机选用

北索塔桩基属于大直径钻孔灌注桩,直径 3m,工期紧,成孔质量要求高,结合这些因素,采用4台冲击钻机进行成孔,根据不同地层条件选择不同黏度、浓度的优质泥浆和不同的钻进速度。成孔后采用超声波测壁仪检测桩孔直径、倾斜度及孔壁平整度。要求孔的倾斜度小于或等于1%,孔壁顺适。采用空压机气举反循环二次清孔工艺,保证孔底沉渣厚度达到设计要求。所选用的CK3000冲击钻主要参数详见表14-9。

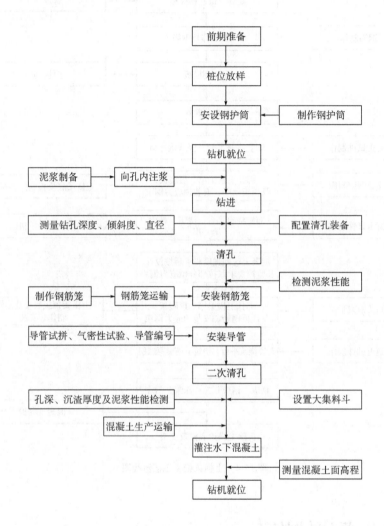

图15-5 北索塔钻孔灌注桩施工工艺流程图

2. 钢护筒埋设

钢护筒埋设质量标准:中心偏差5cm,倾斜度小于1%。

3. 钻机布置与钻机施工顺序

为保证施工质量,在混凝土浇筑24h内,相邻桩基不得开钻,桩基施工共布置4台钻机,每台钻机的施工顺序如图15-6所示。

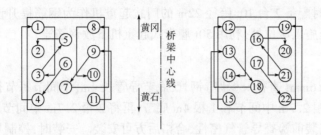

钻机3施工顺序：6—4—1—3—5—2；　　钻机1施工顺序：17—22—19—21—16—20；
钻机4施工顺序：11—9—7—8—10；　　钻机2施工顺序：15—13—18—12—14。

图 15-6　钻机施工顺序

15.5.2　钻进成孔

1. 泥浆制备及循环

(1) 泥浆选用

采用优质的 PHP 泥浆，PHP 泥浆中文全称是聚丙烯酰胺泥浆，亦称油田泥浆，其具有不分散、低固相、高黏度特点。聚丙烯酰胺为高分子聚合物，遇水之后膨胀，提高黏度的同时可在孔壁表面形成一层坚韧的胶膜，防止孔壁坍塌。由它制得的泥浆无毒无害，且不与孔内挖出的土砂发生物理和化学反应，不产生大量的废浆液，可以直接装车运走。

(2) 泥浆制备及循环系统

泥浆制备及循环系统由泥浆泵、泥浆池和沉淀池等组成。泥浆循环采用反循环系统，由泥浆搅拌机调配泥浆，调配好以后进入泥浆池，从孔内循环出来的带钻渣的泥浆，通过沉淀池进行沉淀，使浆渣分离，优质泥浆回流到泥浆池内，循环往复。

2. 钻孔施工

钻孔采用泥浆护壁、气举反循环的施工工艺，主要包含钻进成孔及清孔工艺。

3. 清孔换浆

清孔后泥浆指标：泥浆比重控制在 1.03~1.10 之间，黏度在 17~20Pa·s 之间，含砂率小于 2%，孔内沉渣厚度小于 30mm。

4. 成孔质量检测

成孔后采取超声波成孔质量检测仪[JL-IUDS(B)]进行孔深、孔径和垂度的检查，垂度控制在 1% 之内，孔深、孔径和垂度经监理工程师验收合格后进行清孔。

15.5.3　成桩施工

1. 钢筋笼制作与安装

钢筋笼在后场钢筋加工场采用胎架成型法集中制作，场内设置钢筋数控弯曲机、钢筋数控弯箍机等加工设备,同时配备 2 台 10t 跨径 22m 的门式起重机作为钢筋提升设备。钢筋笼用平车通过施工便道运至施工墩位处,利用 50t 履带式起重机下放钢筋笼。

2. 导管安装

导管采用 300mm×6mm(直径×壁厚)钢管,底节导管长 4m,中间节每节长 2.7m,导管总长度为 28.3m,包括 9 根 2.7m 中间节和 1 根 4m 底节,再将 2 根 2.7m 中间节和 2 根 0.5m 调整节作为备用导管。安装前检查导管气密性,合格后方可安装。安装时,控制导管底口至孔底高程在 0.2~0.4m 之间。

3. 二次清孔

钻孔桩在混凝土浇筑前应检测孔内沉渣,如超出规范规定的 30mm 沉渣厚度则进行二次清孔,二次清孔利用混凝土浇筑导管、采用气举(或泵吸)反循环法进行。

4. 混凝土浇筑

根据桩径以及导管埋深,确定首灌混凝土的方量,对桩基进行封底。在浇筑过程中,通过测绳反复量测,确认导管埋深,以便即使拆除导管,也能确保混凝土灌注顺利进行。

5. 成桩检测

成桩后,用超声波对桩基质量进行检测,判定桩基质量,合格后及时对声测管进行注浆封闭处理。

南锚碇施工 16

16.1 南锚碇基础施工

16.1.1 地下连续墙施工

地下连续墙为圆形结构,厚1.5m,墙顶高程为17m,墙底高程为-45.5m。采用C35混凝土浇筑。从上到下依次穿过粉质黏土层、淤泥质粉质黏土层、粉砂层、细砂层、强风化泥质粉砂岩、中风化泥质粉砂岩、微风化泥质粉砂岩。锚碇区域岩层最大饱和单轴抗压强度为11MPa。

南锚碇地下连续墙施工前先对施工区域进行地下管线迁改和场地清理整平,对测量控制点进行复核加密。沿地下连续墙轴线在原未勘探的区域进行补充勘探,详细了解各槽段的地质情况。然后进行地下连续墙孔口支护水泥搅拌桩施工,水泥搅拌桩达到强度后开挖土体施工导墙,导墙沿圆周纵向拟分12段分段施工,接头与地下连续墙的槽段接头错开布置。

南锚碇地下连续墙共划分为44个槽段,Ⅰ、Ⅱ期槽段各22个,交错布置。Ⅰ期槽段采用铣槽机成槽,三铣成槽施工。根据设计要求槽段连接采用铣接法,Ⅰ、Ⅱ期槽段在地下连续墙轴线上的搭接长度为25cm。槽段钢筋笼采取分两节段、长线台座法预制,主筋采用直螺纹机械接头连接。槽段钢筋笼采用2台履带式起重机配合完成空中翻身,由主吊吊装转移钢筋笼入孔安装。槽段混凝土采用垂直导管法灌注,槽段质量采用超声波进行检测,若发现接头质量有缺陷,采用双重管法高压旋喷灌浆,对有缺陷的接头进行补强处理。

待地下连续墙槽段混凝土强度达到设计强度的80%后及时进行墙底帷幕灌浆封水处理,灌浆采用自上而下孔口封闭、孔内循环分段灌浆法。两环帷幕注浆孔,按先内环后外环的顺序施工。

墙底帷幕灌浆完毕后进行帽梁施工。帽梁拟采取分段施工,在帽梁平面上等分6个长度单元进行施工,其中一个长度单元设5.6m混凝土后浇段。

帽梁施工完成后,按要求采取抽水试验对地下连续墙封水效果进行综合检查验收,如发现缺陷则按设计要求进行补强处理。

地下连续墙施工流程如图16-1所示。

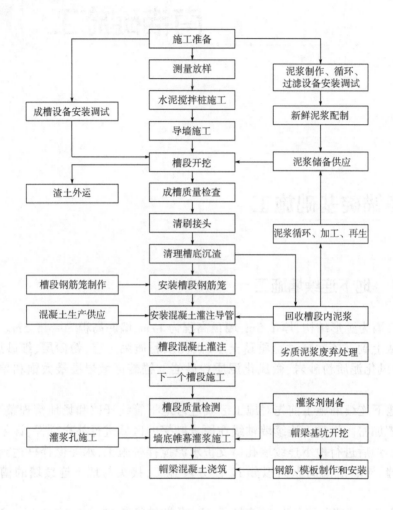

图16-1 地下连续墙施工流程图

1. 场地清理及布置

进场后,清运场地内的拆迁垃圾和杂物,对锚区场地采用两台推土机进行整平,对测量控制点进行复核加密。场地内原地面高程为18.3~18.5m,综合考虑地下水位及与周边环境的顺接,场地处理后高程为18.5m。在场地外围开挖排水沟并形成流畅的排水系统,确保场地雨季不会积水。在施工场地边界内侧,安装隔离栅,将施工区与外界隔开。

鉴于地下连续墙及后续施工过程中均有大型机械在内操作平台上作业,内操作平台采用30cm厚C30钢筋混凝土夯实清表后原地面(在板厚1/3处布置双层钢筋网,钢筋网采用$\phi 12@200$钢筋)。

2. 水泥搅拌桩加固

对地下连续墙施工区域进行场地清理后,沿地下连续墙轴线两侧布置水泥搅拌桩,其桩边缘间距1.60m,桩径0.5m,桩长20m,共计980根(外圈510根,内圈470根),总长为19600m。水泥搅拌桩桩顶高程为16.9m,桩底高程平均为-3.1m,每根桩互相咬合。水泥搅拌桩布置如图16-2所示。考虑到前期现场场地情况,由长江上游侧开始施工。采用双向搅拌工艺,其成桩工序包括桩机就位、预搅下沉、注浆提升搅拌、重复搅拌等各个环节。

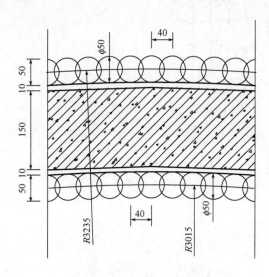

图16-2 水泥搅拌桩布置图(尺寸单位:cm)

3. 导墙施工

导墙作为地下连续墙施工的辅助结构,顶面高程为18.500m,由两个L形钢筋混凝土墙组成,墙间距离为1.6m,墙高1.8m,墙宽1.8m,墙厚0.3m。导墙的纵向分段与地下连续墙的分段接头错开,平均每段弧长16.75m,共分12段。

4. 地下连续墙成槽施工

(1)槽段划分

地下连续墙应分槽段施工,综合考虑钢筋笼加工与运输、泥浆生产与储存、成槽机械等因素,将南锚碇地下连续墙共划分为44个槽段,Ⅰ、Ⅱ期槽段各22个,交错布置。具体分段见图16-3。Ⅰ期槽段采用三铣成槽,边槽长2.8m,中间槽长1.022m,槽段共长6.622m;Ⅱ期槽段长2.8m,一铣成槽。槽段连接采用铣接法,即在两个Ⅰ期槽中间进行Ⅱ期成槽施工时,铣掉Ⅰ期槽端头的部分混凝土形成锯齿形搭接,Ⅰ、Ⅱ期槽段在地下连续墙轴线上的搭接长度为25cm。

(2)成槽机械选型

结合本工程地质条件和工期、质量等要求,拟选择1台旋挖钻机+2台成槽机+3台铣槽机进行成槽施工,采用旋挖钻机引孔+成槽机抓取覆盖层+铣槽机钻岩层的新工艺。宝峨BC-40型液压双轮铣槽机性能参数如表16-1所示。

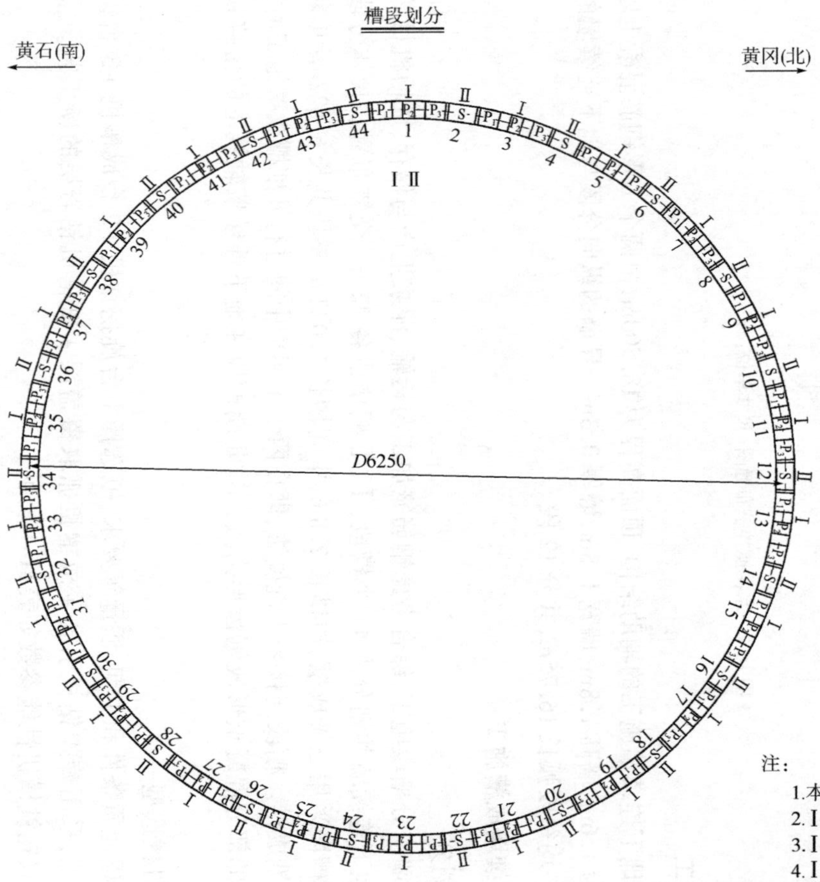

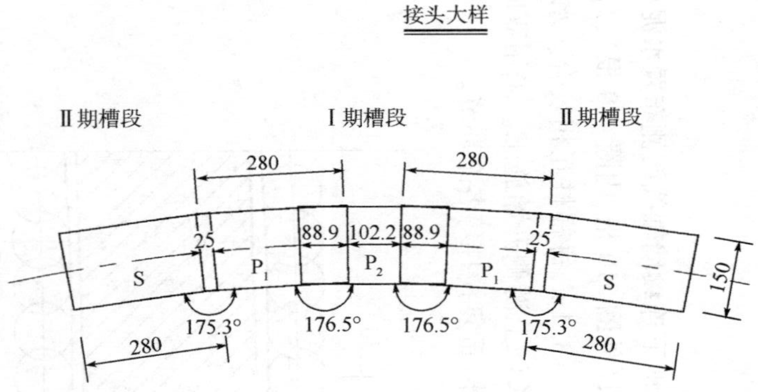

注：
1. 本图尺寸均以cm为单位。
2. I 期槽段采用三铣成槽，边槽长2.8m，中间槽长1.022m，槽段共长6.622m；Ⅱ期槽段长2.8m。
3. I 期与Ⅱ期槽段在地下连续墙轴线上搭接长度0.25m。
4. I 期、Ⅱ期各22个槽段。
5. 槽段长度均指地下连续墙轴线长度。
6. P_1、P_2、S表示I、Ⅱ期槽段的施工顺序。1~44为地下连续墙槽段编号。

图16-3 南锚碇地下连续墙槽段划分图

宝峨 BC-40 型液压双轮铣槽机性能参数 表 16-1

指标	参数
铣槽机齿轮箱扭矩(kN·m)	100
铣槽机高度(m)	12.6
最小成槽厚度(mm)	800
最大成槽厚度(mm)	1800
铣槽机泥浆泵量(m³/h)	450
MC64 主机发动机功率(kW)	570
HDS100 悬管系统最大深度(m)	120
可配置铣轮	平齿铣轮
	锥齿铣轮
	球齿铣轮

(3) 泥浆循环与护壁

本工程地下连续墙成槽护壁全部采用优质膨润土泥浆。

① 制浆材料选择。

泥浆中的无用固相含量(含砂量)指标是衡量泥浆优劣的重要指标。

对泥浆中的无用固相含量(粒径大于 74μm 的颗粒)要严加控制。无用固相含量高于允许值的泥浆,其流变性能变差,泥皮变疏松,韧性低而透水性强,从而导致槽孔内泥浆的失水量增大,引起孔壁坍塌和泥皮脱落,造成大量渗浆和塌孔。

因此为确保泥浆的质量,避免发生孔壁坍塌,本工程选用钠基膨润土制备泥浆。分散剂选用工业碳酸钠,并适当添加羧甲基纤维素(CMC)。选择膨润土泥浆的原因还有以下几点:

a. 本工程所处理的基础有覆盖层、淤泥质土层、砂土层等地层,很不稳定,施工中漏浆不可避免,因此应采用优质泥浆护壁,以减少泥浆漏失、槽孔坍塌。

b. 沉渣如果被埋在地下连续墙底部,将影响墙底部位的抗渗效果,这些沉渣在基坑外围高水头作用下将会产生集中渗流、流土、管涌现象,使地下连续墙失稳。

c. 膨润土泥浆可形成致密的泥皮,可最大限度地确保槽孔孔壁的安全。

d. 墙底沉渣会加大墙体的沉陷变形。大量的沉渣如果混入墙体混凝土中,会形成墙体中的薄弱部位。

e. 沉积在混凝土表面的沉渣会降低混凝土的浇筑速度。

f. 膨润土本身含砂量很低,所制作的泥浆密度较普通黏土所制作的泥浆小,有利于泵槽孔清孔。

g. 膨润土泥浆密度较黏土泥浆小,可减小槽孔泥浆使周围地层产生劈裂的危险性和可能性。

② 泥浆循环系统布置。

泥浆循环系统由制浆站、泥浆池和供送与回收管路组成,并安装有供浆泵和回收浆泵,其中泥浆池又分为膨化池、储浆池和废浆池。

a. 制浆站。

制浆站设置 2 台 GRM-2000L 型旋流立式高速搅拌机。在制浆站旁边建造一个 200m² 的膨润土储存库。

GRM-2000L 型旋流立式高速搅拌机的技术参数如下：

搅拌桶容量:2000L；

泵功率:33kW；

制浆能力:22m³/h；

质量:1086kg。

采用高速制浆机拌制膨润土泥浆，其拌和效率高，拌和也十分均匀，新浆在膨化几小时后即可使用。

用于输送浆液的 3PNL 型泥浆泵的技术参数如下：

流量:108m³/h；

扬程:21m；

功率:14.7kW；

质量:280kg。

b. 泥浆池。

泥浆池分为一个膨化池（新浆池），容积 300m³；两个储浆池（回收浆池），容积均为 600m³；一个废浆池，容积 300m³。每个泥浆池深度均为 1.8m。所有泥浆池均采用砖砌结构，砂浆抹面，泥浆池底面采用防水材料进行处理。新浆池的容积为 300m³，可满足连续制浆 12h 所需容量。

③泥浆净化系统。

泥浆净化系统设置在靠近泥浆池一侧的地下连续墙内侧，泥浆净化系统由泥浆净化器、泥浆泵、泥浆管路和集渣坑组成。按照选用铣槽机的排量，拟选择一台 ZX-200 型泥浆净化器作为泥浆的净化装置。

在基坑中心部分按照泥浆净化器的尺寸浇筑净化器底座，底座浇筑时必须平整，在净化器排渣口外侧开挖一集渣坑，砖砌，砂浆抹面，集渣坑容量 60m³ 左右。专配一台 0.8m³ 反铲挖掘机及时清理集渣坑，10t 自卸车通过临时便道直接进入平台内侧运输钻渣至弃土场。

④泥浆配合比及性能。

泥浆配合比及性能指标控制标准如表 16-2、表 16-3 所示。

泥浆配合比　　　　　　　　　表 16-2

膨润土品名	材料用量(kg)				
	水	膨润土	CMC(M)	Na_2CO_3	其他外加剂
钙土(Ⅱ级)	1000	60~80	0~0.6	2.5~4	适量

泥浆性能指标控制标准　　　　　　　　　表 16-3

性质	阶段			试验仪器
	新制泥浆	循环再生泥浆	混凝土浇筑前槽内泥浆	
密度(g/m³)	≤1.05	≤1.15	≤1.15	泥浆比重秤

续上表

性质	阶段			试验仪器
	新制泥浆	循环再生泥浆	混凝土浇筑前槽内泥浆	
黏度(Pa·s)	20~24	25	18~22	马氏漏斗
失水量(mL/30min)	≤20	≤40	不要求	1009型失水量测定仪
泥皮厚度(mm)	1.5	≤3	不要求	
pH	≤10	7~9	7~9	试纸
含砂量(%)	≤4	≤4	≤2	1004型含砂量测定仪
检测频次	2次/d	2次/d	1次/槽	—

⑤泥浆的拌制。

将水加至搅拌筒1/3处后,启动制浆机。在定量水箱不断加水的同时,加入膨润土粉、碱粉等外加剂,搅拌2min后,加入CMC液继续搅拌1min即可停止搅拌,将泥浆放入新浆池中,待静置膨化24h后使用。

⑥泥浆的循环使用与回收处理。

铣削钻孔时,置于铣削头中的泥浆泵抽吸孔底泥浆并经输浆管路送至地面的泥浆净化系统进行除砂处理,经过处理后的泥浆经管路返回槽孔中,如图16-4所示。

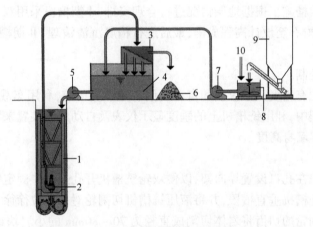

图16-4 液压铣槽机泥浆循环系统循环图

1-铣槽机;2-泥浆泵;3-除砂装置;4-泥浆罐;5-供浆泵;6-筛除的钻渣;7-补浆泵;8-泥浆搅拌机;9-膨润土储料桶;10-水源

经较长时间使用,如泥浆黏度指标降低,可适当掺加新浆进行调整;如黏度指标升高,可加入分散剂,经处理后仍达不到标准的必须废弃。

浇筑混凝土时,自孔口流出的泥浆一般均直接用泵输送至回收浆池中,作为其他槽孔开挖用泥浆。混凝土顶面以上1m左右的泥浆会被污染而劣化,应予以废弃处理。

槽孔终孔并验收合格后,即采用液压铣槽机进行泵吸法清孔换浆。将铣削头置入孔底并保持铣轮旋转,铣削头中的泥浆泵将孔底的泥浆输送至地面上的ZX-500型泥浆净化机,经振动筛去大颗粒钻渣后,进入旋流器分离泥浆中的粉细砂。经净化后的泥浆流回槽孔内,如此循环往复,直至回浆达到表16-3"混凝土浇筑前槽内泥浆"标准。在清孔过程中,可根据槽内浆面和泥浆性能状况,加入适当数量的新浆以补充和改善孔内泥浆。

⑦清孔合格标准。

清孔换浆工作结束后 1h,进行检查,合格标准有两点:

a.孔底淤积厚度小于或等于 10cm;

b.从距孔底 0.2~0.5m 处取浆试验,应达到表 16-3 中"混凝土浇筑前槽内泥浆"标准。

(4)成槽顺序

按照有利于设备操作和发挥功效、施工方便、Ⅱ期槽在Ⅰ期槽完成后不宜间隔太久开始(混凝土强度过高会增加铣削难度)等原则,初步考虑按如下顺序进行成槽施工:

①总体顺序按顺时针从上游侧开始,先施工靠江侧基坑外围地下连续墙,再施工背江侧外围地下连续墙。

②先施工Ⅰ期槽,再施工Ⅱ期槽。从上游侧Ⅰ期槽开始第一个槽段施工,然后按顺时针方向依次进行Ⅰ期槽施工,当相邻两Ⅰ期槽强度达设计强度的 75% 时,开始进行其间的Ⅱ期槽施工,以免间隔时间太长以致混凝土强度过高,增加铣削的难度。由此Ⅰ、Ⅱ期槽错开几个槽段同步向前推进,直至地下连续墙最后封闭。对于最后封闭槽段,因相邻Ⅰ期槽混凝土龄期相差较长时间,强度差异较大,为防止强度差异导致孔斜,对最后一段Ⅰ期槽混凝土适当加大标号,尽可能地减小两侧Ⅰ期槽的强度差异。

(5)成槽施工

该地下连续墙成槽施工根据地层情况进行合理安排,Ⅰ期槽段采用双轮铣槽机三铣成槽,开挖至岩面后,铣削岩石至设计高程成槽,最后进行槽底沉渣清理;Ⅱ期槽段全部采用双轮铣槽机进行开挖成槽。

①铣槽机垂度控制。

双轮铣槽机均配有垂度显示仪表和自动纠偏装置。成槽前,利用车载水平仪调整铣槽机的平整度。成槽过程中,利用铣槽机上的垂度显示仪表及自动纠偏装置来保证成槽垂度,成槽垂度不得大于 1/400 墙身高度。

②成槽工艺。

铣槽机施工前先在孔口设置导向架,以便双轮铣槽机开孔过程中固定铣削头,起到导向的作用。施工时液压铣槽机垂直槽段,并将液压铣槽机切割轮对准孔位徐徐入槽切削。

液压铣槽机切割轮的切齿将岩体切割成直径为 70~80mm 的小岩块或更小的碎块,并使之与泥浆混合,然后由液压铣槽机内的离心泵将碎块和泥浆一同抽出开挖槽。

为了能够切割到两个切割轮之间在开挖槽底部形成的脊状岩,在切割轮上安装偏头齿。这个特殊的偏头齿可以在每次到达开挖槽底部的时候,通过机械导向装置向上翻转,切割两个切割轮之间的脊状岩。

双轮铣槽机采用两个独立的测斜器沿墙板轴线和垂直于墙板两个方向进行测量。测斜器提供的数据将由车内的计算机处理并显示出来,操作人员可以连续不断地监测,并在需要的时候进行纠偏。

③铣槽机泥浆循环和除渣。

双轮铣槽机除渣是通过设在铣槽机两个切割轮中间的吸渣口,依靠离心泵的吸力将钻渣吸出槽段。首先,切割轮的切齿将土体或岩体切割成小的碎块,并使之与泥浆混合,然后铣槽机内的离心泵将碎块和泥浆一同抽出开挖槽。随着开挖深度增加,连续不断向槽内供给新鲜泥浆,保证泥浆液面高度,各项泥浆指标要符合设计和规范要求,使其起到良好的护壁作用,防止槽壁坍塌,并利于钻渣的排出。

④槽段接头处理。

本工程墙段连接拟采用铣接法,即在两个Ⅰ期槽中间下入一铣,铣掉Ⅰ期槽孔端的部分混凝土形成锯齿形搭接,Ⅰ、Ⅱ期槽段在地下连续墙轴线上的搭接长度为25cm。此方法广泛应用于国内外大型地下连续墙项目中,施工方法成熟。

Ⅱ期槽清孔换浆结束前,采用钢丝刷子钻头自上而下分段刷洗Ⅰ期槽端头的混凝土孔壁。钢丝刷子钻头自身重量较轻,可用螺栓将其固定在机械式抓斗的斗体或液压铣槽机导向箱体一端,利用斗体或导向箱体较大的自重使钢丝刷子紧贴锯齿形的混凝土孔壁,从而对混凝土孔壁进行较为彻底的刷洗,直至刷子钻头基本不带泥屑,孔底淤积不再增加。

⑤成槽质量控制及检测。

槽深采用标定好的测绳测量,每个槽段根据其宽度测2~3个点,同时根据导墙高程控制挖槽的深度,以保证设计深度。

a. 地下连续墙成槽质量控制标准如表16-4所示。

地下连续墙成槽质量控制标准　　　　表16-4

项目	规定值或允许误差
混凝土强度(MPa)	在合格标准内
轴线位置(mm)	30
成槽垂度(mm)	不大于墙身高度的1/400
沉渣厚度(mm)	符合设计要求
外形尺寸(mm)	+30,-0
顶面高程(mm)	±10
槽底高程(mm)	不高于设计值

b. 检测。

终孔后,进行槽孔成型质量检测。终孔验收的项目有深度、宽度和孔形,采用超声波测井仪进行测量。超声波测井仪可同时测量X轴和Y轴的孔形,快捷方便、精度高。若达不到设计要求精度,则进行相应处理,合格后再进行下一道工序。

5. 钢筋笼制作与吊装

(1)钢筋笼制作

①分节加工。

本工程钢筋笼最大长度约为62.7m,最大质量约为45t,根据配备起重机的起吊能力,钢筋笼在胎架上分两节按长线台座法整体加工成型。根据成槽设备的数量及施工现场的实际情况,拟设置2个预制台座和胎架,胎架平台尺寸为65m×3m。

②钢筋笼保护层。

钢筋笼内、外侧主筋净保护层厚度均为12cm。为保证保护层厚度,在钢筋笼两侧焊接凸形钢片,作为定位块,Ⅰ期槽钢筋笼每侧设三列,Ⅱ期槽钢筋笼每侧设两列,每列纵向间距为4.0m。

③笼体钢筋连接。

竖向主筋采用直螺纹机械接头连接。抗剪钢筋、接驳器连接筋、插筋与竖向主筋之间连接采用 $10d$（d 为钢筋直径）单面搭接焊。

水平钢筋连接采用 $10d$ 单面搭接焊。

竖向主筋与水平钢筋之间进行焊接时,先用点焊焊牢,交叉点焊数不得少于总数的 50%。主筋与笼体四周棱边横筋及各加强筋的交叉点处全部焊接。

上、下节钢筋笼在槽孔口对接时,采用直螺纹套筒机械接头对接。

重要的焊接工艺和焊接参数,在正式施工前通过现场试验确定。

④钢筋笼加固和搁置。

为满足钢筋笼起吊要求,需在钢筋笼吊点处对钢筋笼进行加固。上、下节钢筋笼各水平吊点均设置在主筋上,各用 4 根抗剪钢筋予以加固,各节钢筋笼顶部纵向主吊点采用加强钢板制作。

为方便吊放钢筋笼入槽,上、下节钢筋笼各内、外侧的统一高程处设置一排搁置钢板,下节钢筋笼搁置钢板厚 20mm,长度为 200mm,上节钢筋笼搁置钢板厚 30mm,长度为 200mm。

(2)钢筋笼制作控制标准(表 16-5)

钢筋笼制作控制标准　　　　　　　表 16-5

序号	项目		容许偏差	检查方法及频率
1	竖向主筋排距		±5mm	用尺量,每段检查 2 个断面
2	竖向主筋间距		±10mm	
3	水平钢筋间距		±20mm	用尺量,每方向检查 5 个
4	钢筋笼骨架尺寸	长度	±50mm	用尺量,每段检查 2 个断面
		宽度	±20mm	
		厚度	0,−10mm	
5	保护层厚度		±10mm	用尺量,每段检查 2 个断面
6	预埋件数量		实际数量	目测,全部
7	预埋件中心位置		±10mm	用尺量,全部
8	焊点和焊缝		无裂缝、气泡、焊渣	目测,50% 焊缝
9	搭接长度		按设计要求	目测,50% 焊缝
10	笼体清洁度		无明显锈斑、油污和泥块	目测,全部

(3)钢筋笼吊装

槽段钢筋笼制作成型并经检查合格后,采用 1 台徐工 QUY300 型履带式起重机(主起重机)+1 台徐工 QUY150 型履带式起重机(副起重机)双机抬吊进行空中翻转竖立,钢筋笼翻升后由主起重机转移至孔位进行对位安装,钢筋笼分节对接后再整体下放至设计高程位置。

①钢筋笼起吊吊点设计。

钢筋笼用两个起重机起吊,其中主吊吊点Ⅰ期槽笼8个、Ⅱ期槽笼4个,布置在每节钢筋笼的上方;副吊吊点Ⅰ期槽笼9个、Ⅱ期槽笼6个,分别布置在钢筋笼的上、中、下部。吊点布置如图16-5所示。

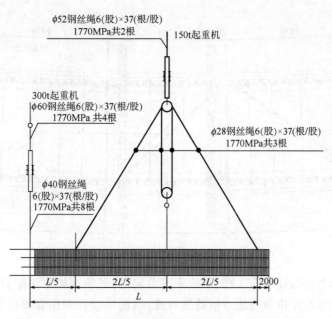

图16-5　地下连续墙钢筋笼单段起吊吊点布置图(尺寸单位:mm)

L-钢筋笼单段总长

②吊具。

主、副吊具采用钢扁担起吊架、滑轮自动平衡重心装置,中间不倒绳,一次吊起。主吊吊具按150t荷载设计,单绳20t;副吊吊具按70t荷载设计,配3个20t双门滑轮。

③钢筋笼的平移。

钢筋笼水平运输前,场地的环形便道必须已施工完成,方便钢筋笼的吊装。钢筋笼水平运输时,采用300t履带式起重机作为主吊,150t履带式起重机作为副吊,由两台履带式起重机共同将分节钢筋笼水平起吊。先将钢筋笼吊离地面30cm左右,停机检查吊点的可靠性及钢筋笼的平衡情况,确认正常后开始缓慢移动主吊及副吊,将钢筋笼运输至槽孔前的施工平台上。运输过程中要避免钢筋笼在地面拖引,以免钢筋笼变形。

④钢筋笼的下放。

第一步:双机起吊钢筋笼离地0.5m,检查钢筋笼起吊情况。主吊缓慢起吊,双机缓慢旋转,保持吊钩重心竖直。

第二步:主吊起钩,随时指挥副吊配合起钩,下节钢筋笼尾部至地面的距离控制在0.5m范围内。

第三步:钢筋笼吊起后,主吊向左(或向右)侧旋转、副吊跟着顺时针旋转至合适位置。在此过程中,必须保证副吊钢丝的垂直,不得产生水平力。

第四步:钢筋笼竖直后,需静停3min,待钢筋笼完全静止后,副吊卸钩,离开作业场地,主吊吊运钢筋笼至指定槽孔下放就位,采用定位钢扁担临时支撑钢筋笼,人工置换主吊吊点。

第五步:钢筋笼下放过程中,每下放到钢筋笼吊点位置时,根据吊点位置随时采用4个定位钢扁担定位钢筋笼,以便人工置换主吊吊点。定位钢扁担布置如图16-6所示。

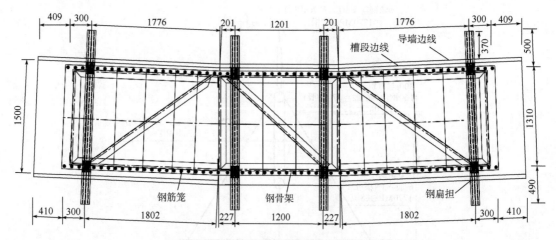

图 16-6 定位钢扁担布置图(尺寸单位:mm)

吊点置换完毕之后继续吊笼入槽,下放完成后定位;采用同样方法竖直吊运顶节钢筋笼,采用主吊将其吊运至指定位置与底节钢筋笼对接,钢筋笼接长采用套筒扳手连接,连接后,须经检查,以确保套筒连接质量。

钢筋笼吊装过程中,钢筋笼上应拉牵引绳;下放时要缓慢,不得强行入槽,切忌急速抛放,防止造成槽段坍方。

第六步:主吊将整节钢筋笼下放至设计高程,采用定位钢扁担定位。采用同样的方法吊装下一个钢筋笼,直至施工完毕。

第七步:钢筋笼起吊前,在笼上设置2~3个小吊锤,并在离钢筋笼底约2m处设置2~3根纠偏绳,待钢筋笼竖起后通过吊锤观测钢筋笼的垂度,若有偏差,则通过纠偏绳及时调整。

6. 混凝土浇筑

(1)混凝土配合比设计

混凝土理论配合比如表16-6所示。

混凝土理论配合比　　　　表16-6

混凝土标号	材料用量(kg)						
	水泥	粉煤灰	矿粉	砂	碎石	外加剂	水
C35	240	60	90	716	1120	4.3	150

混凝土坍落度:入仓时坍落度18~22cm,扩散度34~40cm;浇筑1.5h后坍落度大于或等于15cm。

凝结时间:初凝大于或等于8h,终凝小于或等于24h。

施工前根据原材料的情况进行混凝土配合比试验以取得最适合的配合比。施工时据现场材料的含水量等调整各种材料的用量。

(2)混凝土运输

采用 12m³ 混凝土搅拌车运送混凝土至槽孔附近,经过料斗和浇筑导管进仓入槽。

(3)混凝土灌注前施工准备

安装前检查导管并做水密性试验,导管不得变形,接头处螺旋丝性能良好,便于导管拼装;导管连接牢固,防止接头漏泥浆污染混凝土;导管安放位置正确、垂直;检查导管的安放长度并做好记录。

①吊放浇筑架,下放导管,采用两根导管浇筑;导管口距孔底 30～50cm,不宜过大或过小。相邻导管间距不大于 3m,导管离槽段接头端不大于 1.5m。

②在导管内放入隔水球胆。

③在槽口吊放泥浆泵,接好泥浆回收管路。

④水、电到位并检查合格,各种设备作业正常。

⑤混凝土浇筑前,利用导管进行二次清孔换浆,以改善槽内泥浆质量,使其满足规范要求,确保成槽成墙质量。

(4)混凝土灌注

采用泥浆下直升导管法浇筑,导管直径为 250mm,导管开浇顺序为自低处至高处。导管距孔底 30～50cm,采用满管法开浇。

Ⅰ期槽布置 2 根导管,Ⅱ期槽布置 1 根导管。

浇筑过程中每隔 15min 测一次槽内混凝土面,测点设置在两导管间及槽孔两端头。浇筑时同步测量导管内的混凝土面,并在现场绘制浇筑指示图,以作为浇筑工作和拆卸导管的依据。在开浇和终浇阶段可缩短测量混凝土上升面的间隔时间。在混凝土开浇后,启动泥浆泵回收泥浆,将最后 5m 左右泥浆抽入废浆池。

7. 墙底注浆

由于地下连续墙墙底强风化岩石较破碎、裂隙发育、渗透系数大,地下连续墙墙底注浆利用地下连续墙内预埋检测管,基岩段采用地质钻机钻进的方法进行。根据地质情况,在岩石破碎的地段,采用自上而下分段卡塞纯压式灌浆方法(图 16-7)。在基岩比较完整的地段,采用自下而上分段卡塞纯压式灌浆方法(图 16-8)。

(1)帷幕灌浆布置

帷幕灌浆孔沿地下连续墙轴线布置(隔墙槽段不设置),注浆孔分内外两层,层间距 125cm;外环上孔距为 227.5cm,内环上孔距为 218.6cm。帷幕灌浆深度:灌浆帷幕顶部包裹地下连续墙底部至高程约 -50.6m,底部应达到相对隔水层,即应深入岩石透水率(q)小于等于 1Lu 的基岩中,平均深度为 10.0m。

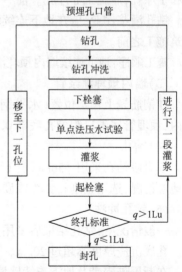

图 16-7 自上而下分段卡塞纯压式灌浆工艺流程

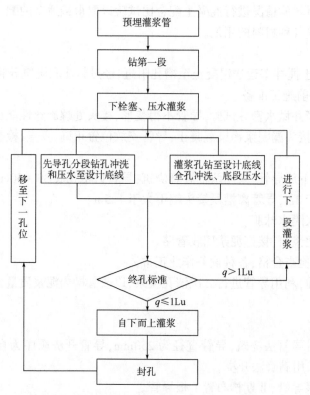

图 16-8 自下而上分段卡塞纯压式灌浆工艺流程

（2）施工工艺流程

帷幕注浆孔按先内环后外环的顺序进行注浆施工。各环均分两序进行钻灌,先施工先导孔和Ⅰ序孔,后施工Ⅱ序孔。前一序孔施工未完成以前,相邻的后一序孔不得开始钻孔。

钻孔灌浆作业,应在地下连续墙已达80%的设计强度之后,并在地下连续墙混凝土帽梁浇筑施工之前。

施工顺序：地下连续墙内预埋灌浆管→先导孔施工→Ⅰ序孔施工→Ⅱ序孔施工→检查孔施工。

（3）墙内预埋灌浆管

在钢筋笼上预定位置（水平钢筋内侧）焊接 $\phi 108mm \times 5mm$ 钢管,后随钢筋笼一同下入槽孔内,预埋管底端口距槽孔底部0.2m,且端口应用砂浆密封包裹以防混凝土灌入。

（4）钻孔

基岩段钻孔采用 $\phi 56mm$ 孔径。钻孔采用清水冲洗、地质钻机回转钻进的方法施工。根据地层情况,选用金刚石钻头或硬质合金钻头钻孔。孔位最大偏差不超过孔深的1.25%。

（5）钻孔冲洗

一般情况下,钻孔结束后采用大泵量水冲孔的方法冲洗孔内岩粉及孔壁,直至回水澄清为止。孔底沉渣厚度不超过20cm。

在断层破碎带及地下连续墙墙底,采用高、低压脉冲式冲洗。

（6）压水试验

帷幕灌浆先导孔冲洗结束后,均应自上而下分段进行单点法压水试验;一般灌浆孔进行简易压水试验。

①单点法压水试验。

压水试验压力:第一段为0.3MPa,第二段为0.5MPa,第三段及以下为1MPa。压水试验流量稳定标准:在设计压力下每隔5min测读一次流量,连续4次读数中最大值与最小值之差小于最终值的10%,或最大值与最小值之差小于1L/min,本阶段试验即可结束,取最终值作为计算值。

②简易压水试验。

试验压力为灌浆压力的80%,且不大于1.0MPa,压水时间为20min,每5min测读一次流量,取最后的流量值作为计算值。

(7)灌浆

①灌浆材料。

水泥:使用普通硅酸盐水泥,水泥强度等级为32.5MPa;水泥细度要求通过80μm方孔筛的筛余量不超过5%;性能应满足《通用硅酸盐水泥》(GB 175—2007)的有关要求。

减水剂:HLC-NAF高效减水剂。

稳定剂:钙质膨润土。

②浆液配合比。

本帷幕灌浆采用水与水泥之比为0.7∶1的稳定浆液,其配合比及性能见表16-7。

稳定浆液配合比及性能表　　　　　　　表16-7

浆液配合比 水∶水泥∶膨润土∶减水剂	析水率 (%)	动切力 (Pa)	黏度 (Pa·s)	比重 (g/cm³)	初凝时间 (h)	28d强度 (MPa)
0.7∶1∶0.015∶0.002	2	8.2	36	1.68	6	23.8

③浆液制作与运输。

采用集中制浆站制浆。铺设 ϕ38mm 钢管输送。对距制浆站较远的用浆点,考虑设置浆液中转站。

④浆液质量控制。

现场设置浆液试验室,由试验员对浆液密度、析水率、黏度、屈服强度等指标进行检测和记录。

⑤灌浆方法。

结合地层特点和工期要求,优先采用自下而上分段卡塞纯压式灌浆方法。对于地质条件较差的地段,采用自上而下分段卡塞纯压式灌浆方法。

⑥灌浆段长度与灌浆压力。

灌浆分段长度及压力情况见表16-8。

灌浆分段长度及压力表　　　　　　　表16-8

分段	第一段	第二段	第三段及以下
长度(m)	1.0	3.0	6.0
孔口压力(MPa)	0.5~0.8	1.0	1.5

⑦灌浆过程控制要求。

除第一段外,其他段压力应在较短时间内升到设计规定值。如由于吸浆量过大等原因不能立即升到设计压力,可采用分级升压法。

灌浆过程中,如发现冒浆、漏浆,应限制灌入流量在15L/min以内,若灌注总量已超过1t,可根据具体情况采用间歇灌注方法处理,一般间歇15min,再继续灌注;若仍无明显效果,则总量达到3t后可以待凝8～12h。

钻孔、灌浆过程中产生串通孔时,如具备灌浆条件,串通孔可同时进行灌浆,灌浆时一泵灌一孔,否则会将串通孔堵塞。如地表发现冒浆,停灌待凝。

如发生回浆变浓现象,换用新鲜浆液继续灌注,若效果不明显,延续灌注30min即停止灌注;灌浆过程中,定时测量并记录浆液密度和稳定浆液的温度。

为确保灌浆质量,灌浆过程控制采用国内最先进的"四参数"(灌浆压力、注入率、浆液密度、岩体抬动)GMS2001(J31-D)灌浆数据采集与监控系统。

⑧灌浆结束标准。

帷幕灌浆采取自上而下分段卡塞纯压式或孔口封闭灌浆法施工时,在设计压力下,注入率不大于1L/min,继续灌注60min,灌浆即可结束。

帷幕灌浆采取自下而上分段卡塞纯压式灌浆法施工时,在设计压力下,注入率不大于0.5L/min,继续灌注10min,灌浆即可结束。

(8)终孔与封孔

①终孔。

灌浆深度应满足以下要求:

各序孔钻至设计灌浆底线后,均对终孔段进行压水试验,若岩石透水率$q \leqslant 1Lu$,则终孔;否则,应继续加深一段,直至满足上述标准或请示现场监理工程师决定是否终孔。当终孔遇断层、夹层时,应加深钻孔深度,穿过断层、夹层。

②封孔。

终孔段灌浆结束后,用浓浆置换出孔内水,在孔口卡塞,压力封孔。封孔压力为0.5MPa,时间为30min。待孔内水泥浆液凝固后,灌浆孔上部空余部分使用浓水泥浆液二次封孔,孔口空余部分用水泥砂浆人工封填密实。

(9)主要质量标准与检测方法

帷幕灌浆主要质量标准与检测方法见表16-9。

帷幕灌浆主要质量标准与检测方法 表16-9

序号	项目	容许偏差	检查频率	检测方法
1	孔深与灌浆段长度	±20cm	每1～2段1次	用测绳测
2	孔位最大偏差	≤1.25%	每5m 1次	用测斜仪测
3	灌浆压力(取最大示值)	±0.25MPa	每段1次	用压力表测
4	浆液变换	按要求	每段1次	用比重计测
5	结束标准	按要求	每段1次	测注入率
6	压水试验	按要求	先导孔各段	测注入率
7	封孔	按要求	每孔1次	目测
8	灌浆中断情况处理	按要求	每情况1次	目测
9	钻孔冲洗	回水澄清	每1～2段1次	目测
10	灌浆管预埋位置	±10cm	每孔1次	用尺量

8. 基坑开挖与内衬施工

地下连续墙全部槽段施工完成后进行墙脚以下防渗注浆施工,拆除内侧导墙,开挖基槽依次进行帽梁、挡土板、降水井施工,并进行抽水试验,根据试验结果决定是否进行槽段接缝处的压浆封水,封水效果良好方可开始基坑开挖。

基坑共分17层开挖,层高均为3.0m,开挖一层施工一层内衬,待已浇筑内衬达到规定强度后再继续开挖下一层。内衬采用逆作法施工,分6个施工单元(外周边长33.493m),其中在每一个施工单元中均设置一个长度为5.6m且使用微膨胀混凝土的后浇段。

基坑开挖过程中对地下连续墙、基坑、周边土体、建(构)筑物进行监控,确保施工安全。

基坑开挖总体施工工艺流程如图16-9所示。

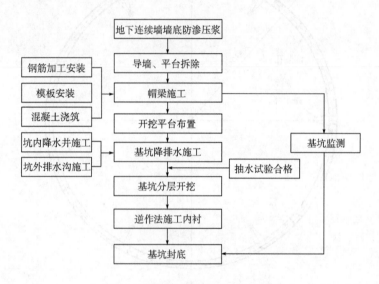

图16-9 基坑开挖总体施工工艺流程图

(1) 场地布置

地下连续墙施工完毕后对场地进行整理,拆除导墙,并将地下连续墙内侧部分开挖至高程17.0m。同时在原有外操作平台上安装塔式起重机及门架。

(2) 坑内降水井设计、施工与监测

① 降水井设计。

a. 降水井出水量的计算。

降水井的出水量计算经验公式为

$$q = 120\pi \cdot r_s l \sqrt[3]{k}$$

式中:r_s——过滤器半径(m),取0.20m;

l——过滤器进水部分长度(m),取28m;

k——渗透系数(m/d),取$k=4.29$m/d。

将各项数值代入上式得 $q = 3428.6\text{m}^3/\text{d}$。

b. 降水井数量及布设。

降水井数量按下式计算：

$$n = 1.2\frac{Q}{q}$$

式中：Q——单侧基坑总涌水量(m^3/d)，按最不利情况考虑，取$10000\text{m}^3/\text{d}$；

q——设计单井出水量(m^3/d)。

代入数据，计算得 $n = 3$。

基坑布置6口降水井可满足单侧需要3口降水井的要求，具体平面布置见图16-10。

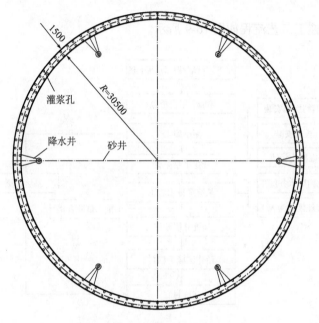

图16-10 降水井布置图(尺寸单位：mm)

c. 降水井结构。

设计降水井深度54m，井径400mm，成井管径325mm，沉淀管长4m，滤水管长28m，实管长23m。每口降水井内安置一台扬程大于60m、抽水量大于$60\text{m}^3/\text{h}$的井用潜水泵。

②降水井施工与监测。

a. 降水井施工。

降水井施工设备采用2台SPG-200型钻机，钻井采用ϕ600mm的三翼钻头清水钻进，孔底回填50cm厚粗砂作垫层。沉放长40m、直径325mm钢管(含过滤管)，井管下放好后用1~3mm厚专用石英砂砾料回填至井管和井壁的周围，要求动水回填。

下放好井管并回填石英砂砾料后及时安装水泵洗井，清除钻孔泥浆，疏通含水层。

b. 排水管敷设与系统连接。

井泵安装完毕后，对6口降水井分别安装自动水位控制器，抽出的水通过坑外环形管道排出。

c. 抽水与监测。

抽水期间控制柜要有专人值班看护,现场配备管井和水泵维护人员。在降水井运行后,进行流量观测和水位观测。在日常抽水过程中每天要对流量、地下水位、周边地面沉降分别按规定要求做好观测记录,特别是在基坑开挖期间要密切关注抽水量与地下水位变化的关系,及时分析基坑的封水情况,一旦发现异常,立即汇报,经研究后采取对应的解决措施。

(3)抽水试验

最后一个地下连续墙槽段施工完成并达到设计强度后,利用坑内 6 口降水井在基坑范围内进行抽水试验,将坑内水位降低 20m,以检验地下连续墙帷幕的封水效果。基坑抽水试验期间对基坑结构受力变形及周围土体、水位等进行严密监测,一旦发现较大渗漏,立即对监测数据进行计算分析,确定渗水量及位置,有针对性地采用墙底高压注浆和接缝高喷等应急预案,预案实施后需再次进行抽水试验,确保基坑满足封水要求后再开挖。

抽水试验分抽水至 $h/3$、$2h/3$、h(h 为设计最大水头高度)三个阶段进行,每个阶段抽至相应的深度后,稳定 $12\sim24h$,对施工监控的水位变化、抽水量、地下连续墙应力和变形、坑外水位和土体变形等数据进行计算分析,经分析确定正常后再进行下一阶段的抽水试验。

抽水试验结束后,利用坑内的 6 口降水井(兼作回灌井)对基坑进行回灌,回灌用水同样采用坑外的深井水,坑外抽水时注意对周围土体及建(构)筑物的基础沉降影响。回灌最终水位为第一层开挖面以下 $1\sim1.5m$。

(4)槽段间高压旋喷注浆

检查地下连续墙、墙底注浆帷幕施工质量和封水情况,若封水效果不佳,则对地下连续墙槽段间接缝处外侧砂土层采取高压旋喷水泥浆进行封水处理。

槽段间高压旋喷止水工程目前仅作为施工备用预案,其基坑挡土桩由 44 个 1.5m 厚地下连续墙槽段组成,桩外围采用深层搅拌桩止水,钻孔桩间采用双管高压旋喷桩作为固结填充,其旋喷桩设计如下:每钻孔灌注桩间采用一双管高压旋喷桩,旋喷桩桩径为 800cm,桩长为 32.7m,钻孔进尺为 53.7m。

①双重管法。

a. 双重管法原理。

双重管法是把双重注浆管放至设计的土层深度后,通过在管底侧面的一个同轴双重喷嘴,同时喷射出高压浆液和空气的喷射流来冲击破坏土体的一种方法,即以高压注浆泵等装置喷射出 20MPa 以上压力浆液,并用 0.5MPa 左右压力把压缩空气从外喷嘴中喷出。在高压浆液流及其外圈环绕气流的共同作用下,喷嘴一面喷射一面旋转和提升,最后在土中形成圆柱状固结体。

b. 双重管高压旋喷注浆工艺流程,如图 16-11 所示。

c. 双重管旋喷桩试喷技术参数初步设计。

水泥浆液的水灰比为 1.5,浆液材料为 32.5 级普通硅酸盐水泥。

试喷技术参数取值范围如表 16-10 所示。

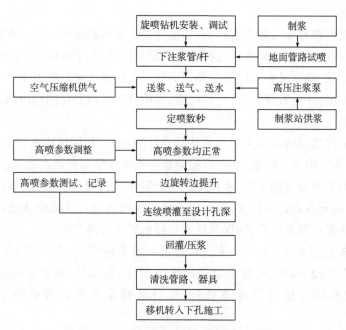

图 16-11 双重管高压旋喷注浆工艺流程图

试喷技术参数取值范围　　　　　　　表 16-10

序号	技术参数	单位	取值	备注
1	喷嘴个数	个	2	
2	喷嘴直径	mm	2~3	
3	浆压	MPa	40	
4	浆量	L/min	100	
5	气压	MPa	0.7	
6	气量	m³/m	1~2	
7	喷管	—	—	特制双喷嘴双管
8	喷管提升速度	cm/min	10	
9	喷管旋喷速度	rad/min	10	

②施工。

A. 高喷设备的安装、调试、就位等作业前的准备工作。

首先将双重管高压旋喷注浆施工所需全套设备/辅助设备,按施工场地情况进行合理布置、安装。然后分别检查供气、供浆两大系统各种设备运转是否正常,管路是否畅通(进行地面管路试喷),测试监控仪器是否齐备、完好。确认无误后方可进入下一步工序。

a. 供气系统:空气压缩机→风管→送液器→高喷杆→喷头。

b. 供浆系统:搅拌机→过滤网→储浆桶→高压注浆泵(压力表→浆管→送液器→高喷杆→喷头)。

c. 旋喷钻机、喷管、喷头、风嘴、浆嘴。

地下连续墙接缝注浆检查要求如表 16-11 所示。

地下连续墙接缝注浆检查要求　　　　　表 16-11

检查内容	要求
空气压缩机	运行正常,润滑油合乎要求,各种仪表正常,气压与气量满足要求
风管、高喷杆	无破损,连接可靠,接头无漏气现象
搅拌机	容积足够,制浆速度满足要求
储浆桶/池	满足储浆、供浆要求
高压注浆泵	无故障;泵量、泵压满足要求;配备备用件、易损件
送浆管、回浆管	畅通、无破损,管径合适,连续可靠
排污泵	电机运行方向正确,泵座过滤网完好
测试仪器	压力表、比重计、水表等测试工具齐备、完好
旋喷钻机	电动机转向正确,提升、制动系统正常,各种液压管路、接头无漏油现象。旋转有力、转向灵活。液压泵振动小、噪声小
喷管	全套管不弯曲;浆、气管路畅通,密封装置完好;管与管可靠连接,止退无误
喷头、风嘴、浆嘴	浆、气管路在喷头无串通现象;风嘴、浆嘴光洁度高;浆液喷嘴出口直径与设计压力和流量值相适应

各种设备检查完毕后在地表进行联合试机/试喷检查,以确定各种设备能否正常工作。把各种压力和流量调到喷射注浆施工的要求值进行试喷,不仅可以了解各种管路是否畅通/密封,而且可以了解浆嘴、风嘴的加工质量。在更换新浆嘴、风嘴前都应在地面进行试喷,调节好喷射效果后方可下入孔内使用。

B. 测量放线。

建立施工临时控制网,为保证桩位定点的准确性,本工程拟采用建立外围控制网及场内控制网的方法进行施工测量、定点。

建立外围控制网:为确保施工定位的准确无误,根据施工图纸各轴线关系,选择控制轴线,延伸至施工现场外建立控制点网,以便校对桩位时进行测量复核。

建立场内控制网:根据本工程桩位轴线的特点及其走向,在场内建立与外围控制网相关联的牢固网点,进行双向控制。

放桩定位:在建立控制网后,对场内旋喷桩位进行放样,建立固定标桩;标桩采用直径大于16mm 钢筋,其埋置深度不小于 0.8m,可用冲击钻在砌石层冲击钻孔,而后打入,并高出地面10cm,标桩固定后,高出地面部分用混凝土覆盖,以免遭到破坏。

立标桩时,应反复测量核对,建立放线册,交付监理单位存档及现场复核。

C. 钻机就位。

钻机就位是喷射注浆的第一道工序,钻机应安置在设计孔位上,使钻头对准孔位的中心。同时为保证钻孔后达到设计要求的垂度,钻机就位后,必须做水平校正,使其钻杆垂直对准钻孔中心位置。为防止施工串浆,施工旋喷桩应先完成单排桩,再完成双排桩。最小间隔时间不小于 24h。

D. 钻孔。

本工程拟采用 XY-100 立轴式液压地质勘探钻机进行预先成孔,孔径为 130mm,用于穿透上部砂层。对于砾砂层以及强分化层也必须进行预先成孔。

在钻进过程中,应精心操作,精神集中,合理掌握钻进参数和钻进速度,防止埋钻、卡钻等各种孔内事故。一旦发生孔内事故,应争取一切时间尽快处理,并备齐必要的事故打捞工具。

为避免钻孔倾斜,在钻机就位和钻孔过程中,要随时注意校核钻杆的垂度,发现倾斜及时纠正,以确保钻孔倾斜度在设计允许的范围内;钻速要调至慢挡,并采用导正装置防止钻孔倾斜。

E. 下注浆管。

下注浆管时应对喷头加以保护,防止风嘴、浆嘴堵塞。当遇到喷管下不到位或下不去现象时(如遇到软土层),应视不同的情况采取不同方法处理,只要不是发生了较严重的塌孔事故,喷管都不难下到位。下注浆管一般可采用以下方法:

a. 利用高压注浆泵送水泥浆时边摆动喷管边下管;

b. 同时送风、送浆,边摆动边下管。

成功下注浆管的关键在于掌握浆液和空气的压力及流量,一般都不宜过大。如果采用以上方法都不成功,则只有用钻机下钻杆处理,必须确保喷管下至预计深度,方可正式喷射注浆。

F. 制浆。

采用 32.5 级普通硅酸盐水泥,控制进浆比重为 1.5 ~ 1.55,按通过试验确定的浆液水灰比、外加剂种类与添加量,使用搅拌机拌制水泥浆液。制浆时应注意:

a. 制浆材料采用质量或体积称量法,其误差不大于 5%。

b. 高速搅拌时间不少于 60s;普通搅拌时间不少于 90s。

c. 浆液温度宜控制在 5 ~ 40℃之间。自制备至用完的时间应少于 4h,超过时间应废弃。

G. 喷射注浆。

将注浆管下到预定位置后,依次送浆、送风,在孔底定喷数秒,调整泵压、风压至设计值,当孔口返浆正常后开始边旋转边提升,按试验确定的各项高喷参数施工。高喷过程中经常测试水泥浆液进浆水灰比,当其达不到设计要求时,立即暂停喷管提升并调整进浆水灰比,然后迅速恢复喷浆作业。施工过程中,按要求随时检验并记录提升速度、喷浆压力与流量、气压与气量、进浆和回浆比重等;每孔需做制浆与耗浆(水泥量)统计和记录。

H. 回灌浆液。

高压喷灌结束后,孔内水泥浆液在固结过程中因体积收缩,以及向孔壁四周有一定渗漏,将出现一段时间的浆液面下降,应不间断地将浆液回灌到已喷孔内,并保持压浆作用,直至孔内浆液面不再下降为止。

③高喷注浆技术措施。

a. 采用 32.5 级普通硅酸盐水泥,使用前应委托有资质的试验单位抽检合格,进行正式喷浆作业前应进行配合比性能试验及固结体的物理力学性能试验。

b. 施工中采用每排孔跳打法分两序施工,即隔 1 孔喷 1 孔,相邻桩孔喷灌间隔时间不宜小于 24h。

c. 喷射注浆前检查高压设备及管路系统。要求密封良好,防止漏浆和管路堵塞。

d.高喷灌浆应全孔连续作业。当拆卸高喷杆后应进行复喷,其搭接长度不小于0.2m;施工因故中断后恢复作业时,复喷长度不小于0.5m。

e.喷浆过程中,出现压力突降或骤升、回浆异常等情况时,应查明原因,及时报告工程师并及时处理。

f.异常情况及处理方法。

压力骤升:可能是喷嘴或管路堵塞。处理方法:在高压注浆泵的细水管进口及泥浆储备箱中设置过滤网,并经常清理。

流量不变而压力突然下降或排量达不到要求时,可能存在泄漏现象。处理方法:检查阀、活塞缸套安全阀、高压管路,以及活塞每分钟的往复次数是否达到要求;检查喷嘴是否符合各土层部位的施工参数,确保在旋喷桩施工时不至于弄错。

④质量标准与检测方法。

地下连续墙接缝高喷主要质量标准与检测方法见表16-12。

地下连续墙接缝高喷主要质量标准与检测方法　　　　表16-12

项目类别	序号	检测项目	允许偏差或允许值数量	检测方法
主控项目	1	水泥及外加剂质量	符合出厂要求	查产品合格证书或抽样送检
	2	水泥用量	按设计要求	查看流量表及水泥浆水灰比
	3	桩体强度或完整性检验	按设计要求	按规定方法
	4	地基承载力	按设计要求	按规定方法
一般项目	1	钻孔位置(mm)	≤50	用钢尺量
	2	钻孔垂度(%)	≤1.5	用经纬仪测钻杆量或实测
	3	孔深(mm)	±200	用钢尺量
	4	注浆压力	按设定参数指标	查看压力表
	5	桩体搭接长度(mm)	>200	用钢尺量
	6	桩体直径(mm)	≤50	开挖后用钢尺量
	7	桩身中心允许偏差	≤0.2D（D为桩径）	开挖后桩顶下500mm处用钢尺量

(5)帽梁施工

帽梁施工分为6个长度单元进行,一个长度单元长33.493m(外周边长),其中一个长度单元内设置5.6m长微膨胀混凝土后浇段。

帽梁施工工艺流程如图16-12所示。

①导墙、墙内施工平台拆除及帽梁基坑开挖。

地下连续墙混凝土强度达到设计强度的80%后,分段拆除导墙和墙内施工平台,分段开挖帽梁施工基坑,基坑采用放坡开挖,坡度1:0.75,基坑底宽度比帽梁边线宽0.9m,坑底设截水沟和汇水井,以便及时排出地下渗水或雨天流入坑内的水。导墙和墙内施工平台混凝土采用反铲挖掘机配液压炮破碎,由反铲挖掘机挖出,然后装车运至弃土场。基坑开挖采用2台反铲挖掘机(斗容量1m³)分两个作业面同步进行。土方用自卸汽车运输至场外指定地点,混凝土碎块通过自卸汽车运输至土方弃渣场。

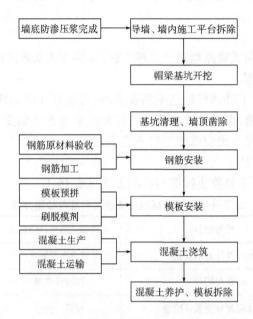

图16-12 帽梁施工工艺流程图

②基坑清理、墙顶凿除。

基坑开挖露出墙头后,用反铲挖掘机配液压炮破碎顶部劣质混凝土,预留20cm左右厚采用人工风镐凿除,凿除墙头最终高程高出帽梁底高程20cm,即15.2m。

地下连续墙内、外侧基坑开挖深度均比帽梁底高程低10cm,平整压实,然后浇筑0.1m厚C15混凝土垫层。

③钢筋安装。

帽梁钢筋由2号钢筋加工场集中加工成半成品,然后运至现场安装,搭设钢管支架并现场人工绑扎。

④模板安装。

帽梁成型采用定制大块钢模板,对拉螺杆固定,每隔2m在外侧设一道斜撑,安装时用起重机配合吊装。

模板安装后,检测模板高程、平面位置是否满足要求,不能满足则进行调整。模板底口与垫层空隙通过调制水泥砂浆堵塞。在拉杆穿出位置,用胶皮封堵严密,防止漏浆。

⑤混凝土浇筑。

帽梁混凝土在搅拌站集中拌制,由罐车运至现场,汽车泵直接输送布料进行浇筑。分层浇筑、振捣混凝土,每层厚度不大于30cm,采用ZN50型插入式振捣器振捣。

帽梁属大体积混凝土,混凝土浇筑时若遇低温天气要做好混凝土的保温、防冻措施。

⑥混凝土养护、模板拆除。

待混凝土终凝后,铺土工布洒水养护7d以上,每天洒水次数视环境湿度与温度而定,以能保证混凝土表面经常处于湿润状态为度。混凝土的抗压强度达到拆模要求时即拆除模板。拆模时避免重撬硬砸,以免损伤混凝土面。

在帽梁施工过程中,应注意散索鞍支墩与锚块钢筋的预埋,并注意钢筋防腐与保护,以便散索鞍支墩与锚块钢筋连接。

(6)挡土板施工

挡土板施工分为12个长度单元进行,一个长度单元长15.97m(外周边长)。

挡土板施工工艺流程如图16-13所示。

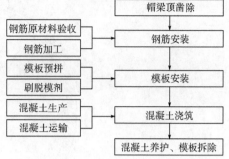

图16-13 挡土板施工工艺流程图

①帽梁顶凿除。

帽梁混凝土强度达到设计强度的80%后,采用人工风镐凿除帽梁顶。

②钢筋安装。

挡土板钢筋由2号钢筋加工场集中加工成半成品,然后运至现场安装,搭设钢管支架并现场人工绑扎。

③模板安装。

挡土板采用现场模板安装。

加工木模,帽梁顶预埋钢筋固定,每隔1.5m在外侧设一道斜撑,安装时用汽车式起重机配合吊装。

模板安装后,检测模板高程、平面位置是否满足要求,不能满足则进行调整。模板底口与垫层空隙通过调制水泥砂浆堵塞。

④混凝土浇筑。

挡土板混凝土在搅拌站集中拌制,由罐车运至现场,汽车泵直接输送布料进行浇筑。分层浇筑、振捣混凝土,每层厚度不大于30cm,采用ZN50型插入式振捣器振捣。

⑤混凝土养护、模板拆除。

待混凝土终凝后,铺土工布洒水养护7d以上,每天洒水次数视环境湿度与温度而定,以能保证混凝土表面经常处于湿润状态为度。混凝土的抗压强度达到拆模要求时即拆除模板。拆模时避免重撬硬砸,以免损伤混凝土面。

在挡土板施工过程中,应注意散索鞍支墩与锚块钢筋的预埋,并注意钢筋防腐与保护,以便散索鞍支墩与锚块钢筋连接。同时,部分挡土板在散索鞍施工前需凿除。

(7)防撞墩施工

在地下连续墙外边缘设置一圈防撞墩,防撞墩沿圆周方向间距5m布置,每个防撞墩长度为3m。防撞墩平面布置如图16-14所示。

(8)基坑开挖及土石方运输

南锚碇基坑为直径61m的大半圆,最大开挖深度为47.7m,采用厚1.5m圆形地下连续墙为围护结构,开挖总方量约为14.0631万m^3。基坑土方采用中心岛法开挖,即先结合内衬施工对称分区开挖周边土方,后开挖中心土方。南锚碇基坑土方开挖目标工期120d。基坑开挖土方数量如表16-13所示。

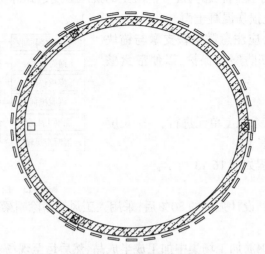

图 16-14 防撞墩平面布置图

基坑开挖土方数量　　　　　　　　表 16-13

开挖层数	开挖方量（m³）	开挖层数	开挖方量（m³）
1	4087	10	8773
2	8773	11	8773
3	8773	12	8773
4	8773	13	8773
5	8773	14	8773
6	8773	15	8773
7	8773	16	6861
8	8773	17	6861
9	8773		

南锚碇基坑开挖施工工艺流程如图 16-15 所示。

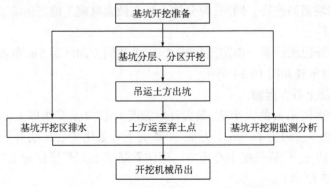

图 16-15 南锚碇基坑开挖施工工艺流程图

①基坑开挖机械选择。

a.垂直运输设备。

根据依基坑特点合理配备的原则,选用4台改装80t门架配15m³料斗作为基坑出渣垂直设备。基坑开挖时,控制履带式起重机履带边缘距基坑内边缘不小于4m。另外在基坑周围距基坑边缘6m处布置3台145t·m塔式起重机作为坑内钢筋混凝土施工和基坑开挖的辅助材料及小型机具的垂直运输设备。塔式起重机布置时,在高度方向上错开。

选用2台住友S-160型(斗容量0.4m³)和8台HV120型(斗容量0.8~1.2m³)反铲挖掘机作为坑内土方开挖及倒运设备。住友S-160型反铲挖掘机负责掏挖基坑边缘、内衬底部的土方,并将基坑中部土方掘松以方便推土机推土,HV120型反铲挖掘机负责为4台抓斗喂土及将基坑中部土方向抓土区域转运,土方由履带式起重机配抓斗抓挖出坑。另外,基坑内配2台推土机用于将基坑上部土方向基坑边缘转运。对于基坑上层用于深层搅拌桩加固的混凝土,其强度较高,若直接采用反铲挖掘机开挖有一定的难度,可采用1台反铲挖掘机配1台YC-70液压炮掘凿混凝土,掘松后由抓斗抓出坑外。基坑外由12辆15t自卸车将土方运至弃土场。住友S-160型反铲挖掘机和HV120型反铲挖掘机技术性能参数见表16-14,YC-70液压炮技术性能参数见表16-15。

反铲挖掘机技术性能参数表 表16-14

项目	住友S-160型反铲挖掘机	HV120型反铲挖掘机
标准斗容量(m³)	0.4	1.0
最高行驶速度(km/h)	4/6	5/7
最大爬坡度(°)	35/70	40/70
整机质量(t)	18	20
最小旋转半径(mm)	3880	4250
外形尺寸[长(mm)×宽(mm)×高(mm)]	9470×3100×2830	10760×3100×3140
最大比压(kgf/cm²)	320	395
数量(台)	2	8

YC-70液压炮技术性能参数表 表16-15

项目		参数
机重(kg)	使用质量	76
	锤体质量	71
	钎杆质量	5
机高(包括钎杆)(mm)		990
工作流量(L/min)		25~35
工作压力(MPa)		8~11
冲击频率(Hz)		9~13
冲击能(J)		80~100

b. 其他机械设备。

本工程配备的其他基坑土方设备见表16-16。

其他基坑土方设备表　　　　　　表16-16

设备名称	规格/型号	数量	用途
空气压缩机	$10m^3/h$	3台	用于风镐供气
高扬程潜水泵	$30\sim50m^3/h$	4套	用于基坑内抽、排水
深井泵	$50\sim80m^3/h$	8台	用于基坑内、外降水
风镐	G10	30台	用于修凿地下连续墙表面劣质混凝土

基坑开挖前对所选土方设备进行性能检验并试运行，性能良好且能够满足施工要求的设备方可进场。

②基坑开挖顺序。

当帽梁施工完毕并达到设计强度的80%及基坑内顶部软土层加固满足要求时，可开始基坑开挖。基坑开挖严格按设计工况分层分区进行，分层厚度同内衬分层高度（3m/层），每层平面上分区进行，土方开挖采用10台反铲挖掘机对称开挖，各区开挖的先后顺序按照内衬分段的施工顺序确定。开挖采用中心岛法进行，每层先开挖周边区域土方，然后立即施工内衬体系，在施工内衬的同时开挖中间区域土方，待上层内衬混凝土强度达到设计强度的80%后再开挖下一层周边区域土方，如此循环直至基底。基坑从上到下按阶梯形开挖。

③基坑开挖方法。

在开挖前，应将4台门架与3台塔式起重机分别安装到位，门架安装在帽梁及环形便道上，塔式起重机安装在环形便道上。采用挖掘机配其他设备按中心岛法进行分层开挖，一次开挖到底。各层土方采用1∶1.5放坡开挖，先开挖周边5m区域内土方，门架配料斗装土出坑。

门架采用定点取土方式，通过挖掘机将基坑中部土方倒运到料斗取土点由门架吊运出坑。

每层土方在内衬部位开挖到底时预留10~20cm采用人工开挖整平，以免扰动土体；抽水管井周围50cm范围内的土方采用人工开挖，开挖过程中根据要求注意在有需要的地方建造排水坡。

土方开挖时，基坑内4台门架配$15m^3$料斗从基坑内取土外吊。先用挖掘机在基坑内挖土并装入料斗，然后用履带式起重机吊土并倒放至自卸车，之后运至弃土地点。

开挖至卵石层上方1m左右位置停止机械开挖，改用人工突击开挖。

④基坑开挖施工。

基坑开挖前，先通过6个降水井将坑内地下水位降到开挖面以下1.5m。

基坑一般情况下采用中心岛法开挖，即先开挖内衬周边4m宽范围内的土体，在内衬施工的同时开挖中间区域的土体。雨季施工时，由于坑内汇水量较大，可采用盆式开挖，即内衬周边土体开挖完后，将中央土体部分开挖成中部低四周稍高的盆状，地表水集中至盆内排水。

根据设计要求，内衬混凝土强度达到设计强度的80%后，方可再进行下一层基坑的开挖。

⑤出渣方法。

第1层基坑开挖时，设置坡度不大于6%的斜坡道，渣土车直接开入基坑，挖掘机挖土、装车,并运输至弃土场。

第 2~17 层基坑开挖渣土采用 4 套 80t 门架提升系统配 15m³ 吊斗垂直提升出坑,门架提升吊斗至坑顶后,平移至渣土车上方,直接卸料到渣土车,然后运输至弃土场。

⑥弃土。

基坑开挖的土方运到指定的弃土区。弃土时合理布置弃土车辆行驶路线。弃土区内配备两台推土机,将自卸车运弃的土及时堆高推平,并整理形成自然排水坡,在低洼处设置排水沟和集水井,雨天配潜水泵抽排集水入主排水系统,使雨天可正常进行基坑开挖施工。

⑦机械进出坑。

本基坑内的施工机械设备最大质量均不超过 20t,进、出坑采用 100t 履带式起重机配专用吊具吊运。

⑧施工人员上下通道。

基坑开挖过程中,施工人员上下采用基坑边设置的两座钢爬梯(沿桥轴线对称布置)。

⑨开挖注意事项。

a. 在开挖过程中采用周密的监控措施,实行信息化施工,确保施工安全。

b. 基坑开挖与内衬施工要保持一致,严格按设计要求进行。

c. 开挖过程中注意降、排水系统的正常运转,确保基坑的"干施工"条件。

d. 在基坑开挖过程中采取周密的安全防护措施,设置足够的安全工作通道,并加强对降、排水系统和监测设施的保护。

e. 基坑施工期间,坑外的载重车辆和堆载不得超过设计规定的范围。

f. 在基坑开挖过程中定时对工作面的空气质量进行检测,若不满足要求则采取有效的通风措施。

g. 对开挖过程中发现的文物或其他结构进行保护。

(9)内衬施工

地下连续墙内衬为沿竖向分段变厚的钢筋混凝土环形结构,内衬厚度依次为:帽梁顶以下 13.2m 深度范围厚 1.0m,13.2~28.2m 深度范围厚 2m,28.2m 以下深度范围厚 2.5m。

内衬施工层高为 3.0m,各层内衬地面设置成 20°的斜坡。内衬分 6 个单元进行施工。内衬采用逆作法施工,即开挖一层土体施工一层内衬,同一层内衬混凝土强度达到设计强度的 80% 后开挖下一层土体。内衬混凝土方量如表 16-17 所示。

内衬混凝土方量 表 16-17

内衬层数	内衬高度 (m)	内衬厚度 (m)	内衬混凝土方量 (m³)	单次浇筑方量 (m³)
1	1.2	1	226.195	37.7
2	3	1	565.487	94.24
3	3	1	565.487	94.24
4	3	1	565.487	94.24
5	3	1	565.487	94.24
6	3	2	1112.124	185.36

续上表

内衬层数	内衬高度（m）	内衬厚度（m）	内衬混凝土方量（m³）	单次浇筑方量（m³）
7	3	2	1112.124	185.36
8	3	2	1112.124	185.36
9	3	2	1112.124	185.36
10	3	2	1112.124	185.36
11	3	2.5	1378.374	229.72
12	3	2.5	1378.374	229.72
13	3	2.5	1378.374	229.72
14	3	2.5	1378.374	229.72
15	3	2.5	1378.374	229.72
16	2.25	2.5	1033.780	172.3
17	2.25	2.5	1033.780	172.3

内衬施工工艺流程如图 16-16 所示。

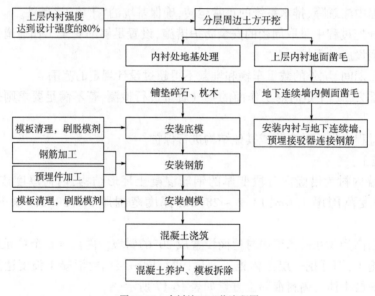

图 16-16 内衬施工工艺流程图

①基础处理及墙面清理。

为了便于施工及保证接缝连接质量，内衬底面设计呈 20°斜面，当机械开挖到设计高程以上 20cm 左右时，采用人工方式进行开挖，以免扰动土体。在淤泥质亚黏土层，由于其承载力较小，在基础下采用水泥砂浆修筑扩大基础，然后在其上铺大块钢板作为内衬浇筑基础，扩大基础的高度和范围在施工前通过现场压载试验确定。

铺设底模前，人工用风镐凿除地下连续墙表面松散层及泥皮，并对上段内衬底面进行清理，以保证地下连续墙与内衬及内衬上、下段间的较好连接。凿除时注意加强对预埋接驳器的保护。

②内衬钢筋施工。

内衬钢筋在加工场加工成半成品,并按不同的规格编号,由运输车运至现场,由塔式起重机吊入基坑,按设计和规范要求进行绑扎、连接。内衬与地下连续墙钢筋采用预埋在墙体内的接驳器连接,内衬上、下段间竖向钢筋采用直螺纹机械接头连接,环向钢筋采用搭接或机械接头连接并按规范要求将接头错开布置。

③内衬模板施工。

a. 模板设计、制作。

内衬模板由底模、侧模、端模组成。底模采用组合钢模组拼而成;侧模为型钢、钢板(厚6mm)相互焊接成的定型大块钢模,侧模按内衬壁厚的不同设计成可收分模板,侧模在钢结构加工场内进行加工;端模采用收口网模,网模需加钢木组合支撑。为加快施工进度,提高模板的利用率,模板按一圈内衬配置。因上、下层内衬间接缝处混凝土难以振捣密实,故除最下一层内衬外,其余内衬底部设置为倾斜状,与水平面夹角为20°。为方便混凝土下料,侧模顶部做成喇叭口形状。

b. 模板安装。

在砂层中底模直接铺设在修整成型的碎石垫层上,淤泥质亚黏土层底模铺设在扩大基础的大块钢板上。底模为小块组合钢模,由塔式起重机吊入基坑后人工进行拼装。侧模按模板拼装图用塔式起重机吊入并安装,测量定位后,利用地下连续墙预埋接驳器连接钢筋进行对拉固定。

c. 模板拆除。

内衬混凝土初凝并达到设计强度的50%后可拆除侧模,达到设计强度的80%后方可开挖下层土方以拆除底模,为了不影响基坑内土方开挖,采用塔式起重机将拆除后的模板有序吊运至环形施工道路外侧临时模板堆场,待下道内衬施工时再用塔式起重机吊入基坑进行安装。

④内衬混凝土浇筑及养护。

根据温控设计要求,每侧坑内内衬混凝土分6段间隔施工,每段浇筑长度均在34m以内,每段浇筑方量最大约为230m^3。

a. 混凝土浇筑强度及缓凝时间确定。

混凝土配制时必须缓凝、早强。要求初凝前混凝土须浇筑完毕,同时为保证施工进度,混凝土必须早强,3d内须达设计强度的80%。

内衬属大体积混凝土,在配合比设计时还需满足大体积混凝土温控要求。

b. 混凝土浇筑。

混凝土由2号拌和站集中生产,采用罐车运至现场直接用溜槽下料浇筑,每隔5~6m设一个下料点,每个下料点在内衬上附一根防离析导管,由于每次浇筑内衬高度达3m,在防离析导管底部设串筒。混凝土在坑外由罐车水平运输至坑边,通过坑边溜槽进入防离析导管,经防离析导管垂直向下运送至内衬浇筑段,再经溜槽和串筒入仓。内衬混凝土采用分层浇筑,利用插入式振捣器进行振捣。内衬混凝土浇筑见图16-17。

内衬混凝土浇筑前,在模板外侧搭设1m宽标准脚手架施工平台(分小段搭设),每次浇筑完毕用塔式起重机分段吊出坑外,等下段内衬施工时再整体吊入。

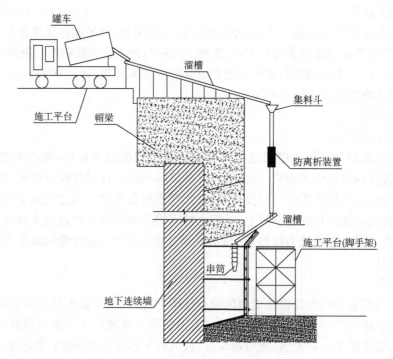

图 16-17　内衬混凝土浇筑示意图

c. 混凝土养护。

内衬模板拆除后,覆盖土工布进行洒水保湿养护。

16.1.2　底板施工

南锚碇基坑开挖及内衬施工阶段,在开挖至第 15 层时即开始密切关注基底的开挖情况,发现有局部卵石层揭露,需在开挖时密切注意开挖地层的变化,在开挖过程中一旦出现泥质粉砂岩层,立刻停止开挖,并通知设计单位及监理对地基承载力进行确认,请设计单位现场确认最终的基底高程。在承载力等条件满足设计要求的前提下经设计单位同意后可提前停止开挖并进行基底清理工作。内衬及底板设计相应做调整。

基底清理采用以人工为主、机械配合的方式进行,主要将基底部分扰动土体及松散卵石等清理干净。

垫层施工是依据土方开挖顺序,分区域进行混凝土浇筑施工,揭露一个区域浇筑一个区域,避免基底暴露时间过长。

底板施工采用大仓面混凝土浇筑工艺,垂直方向分三层,从下至上分层高度依次为 2.0m、1.5m、2.5m。平面不分区,不设后浇带。

(1)底层开挖、基底清理及垫层施工

①底层开挖。

待第 16 层内衬强度达到设计强度的 80% 后,进行最后一层土方开挖。底层土方开挖采用机械加人工的方式,出土采用出土门架垂直运输方式,土方开挖至卵石层面后人工将基底土方清理外运,同时组织业主、设计、勘探、监理等单位人员共同进行基底验槽并确认基底设计高程。

基坑开挖到底层时,坑内降水井的排水效率将逐步降低直至失去作用,因此只能通过设集水坑实行明排水以保证基坑的"干施工"条件。在坑内降水井失效后,设若干集水坑,在坑内设高扬程潜水泵将水抽排出坑,以达到降低坑内水位,确保"干施工"条件的目的。

②基底清理、垫层施工。

垫层施工前需对基底进行清理。土方开挖完成后,修整基底面,清理基底土渣。

基底清理完成后,浇筑垫层混凝土,垫层采用导管下料浇筑。垫层混凝土浇筑厚度根据基底面土质情况确定,但应保证最小厚度不小于30cm。垫层混凝土标号为C25,施工垫层时按设计要求预埋间距$1m \times 1m$的$\Phi25$插筋,保证垫层与底板混凝土之间的连接。

为加快施工进度,满足基坑快挖快撑的要求,基坑垫层(找平层)施工的原则是"分块开挖、局部导排、分块浇筑、快速施工",即分块进行基底开挖直到满足设计要求,对基底渗水进行引排,然后立即施工垫层混凝土。

原则上采用先分块浇筑四周区域,然后浇筑中心区域的施工顺序。清基完成后,通过附着在内衬壁上的防离析导管向下输送混凝土至置于坑底的地泵内,采用布料杆进行布料浇筑,垫层混凝土采用插入式振捣棒进行振捣。

垫层施工与第17层内衬施工同步进行。内衬施工完毕后对内衬与底板接触面进行凿毛处理,凿出内衬与底板的横向钢筋连接器,并将凿除的废渣清除出基坑。

由于底板浇筑面积较大,浇筑方量对浇筑高度极度敏感,故在垫层施工完毕后对垫层高程采用网格法进行复测,网格尺寸为$10m \times 10m$。底板施工前应根据垫层高程复核备料情况。

(2)底板卸压管设置

在垫层施工时设置9根卸压管。底板卸压管采用$D500mm \times 8mm$无缝钢管;在基坑中心布置1个,以基坑中心为圆心在半径20m的圆周上呈45°角均匀布置8个,共设9根卸压管。卸压管穿过垫层伸入基底不小于70cm,当卸压管与部分底板钢筋交叉时,对底板钢筋做截断处理,并与泄水管焊接,两侧进行钢筋补强。

底板卸压管位置可根据现场基底渗水情况进行调整。另有地泵及布料杆支架立柱采用$P180mm \times 5mm$钢管伸入卵石层,作为辅助卸压管。

在底板混凝土浇筑完成后将卸压管内积水排除,然后用高一个标号的混凝土填充。

(3)底板钢筋施工

①底板钢筋堆存、加工及调运。

根据设计图纸确定每类钢筋直径、数量与长度;由技术部根据设计图纸将钢筋下料单交由钢筋加工场进行加工。所有钢筋进场后按不同钢种、等级、牌号、规格及厂家分批堆放,挂牌标识,不得混杂。当钢筋下料及加工成型后,在显眼处挂牌标识其型号及用途,以免混用;所有钢筋在加工和绑扎过程中要避免锈蚀和污染;当钢筋露天堆放时,底下垫枕木高出地面,其上用彩条布遮盖,以防淋雨。

钢筋进场后按规范要求抽样检验合格后方可使用。底板钢筋均采用9m定尺,施工前根据施工图画出详细的钢筋加工放样图。根据放样图在钢筋加工场下料,加工成半成品。加工好的钢筋按绑扎、安装需要及时地分批用汽车运抵现场,由塔式起重机吊入坑底。由于基坑深52m,必须由专业的塔式起重机指挥工仔细检查确保绑扎牢固后方可缓慢吊入坑底。

$\Phi 25$以上主筋连接采用直螺纹机械接头。$\Phi 20$主筋连接采用绑扎接头。直螺纹机械接头均按照规范要求抽样检查合格后方可运至现场用于施工。

需直螺纹机械接头连接的钢筋,用砂轮切割机下料,要求钢筋切割断面垂直于钢筋轴线,断面偏角不允许超过4°。钢筋套丝在钢筋螺纹套丝机上进行,套丝完成后用塑料盖将丝头保护好。

②钢筋预埋。

底板钢筋分为顶面和底部两部分,底板前半区顶面和底部各设两层钢筋,后半区顶面和底部各设一层钢筋,每层钢筋两端均伸进2.5m厚内衬墙1m,在施工内衬墙时需提前按照设计高程和钢筋间距做好钢筋预埋。原设计预埋钢筋总根数为3360根,在施工第15层内衬时预埋1680根,在施工第17层内衬时预埋1680根;经业主与设计单位代表商议,决定在施工第15层内衬时增加预埋钢筋,作为底板厚度不变,整体高程上抬1m的预案,即在原设计底板预埋钢筋高程处上抬1m,以相同钢筋型号、数量、间距进行钢筋预埋。预埋钢筋长度均为1m,其方向均垂直或平行于锚碇中心线,其横向或纵向间距均为20cm。

由于预埋钢筋数量较多,对预埋间距控制采用以下方法:根据每根钢筋在圆形基坑内的位置,计算出相邻预埋钢筋之间的弧长间隔,内圈弧长为2.5m厚内衬的内侧弧长(L_1),外圈弧长为地下连续墙内侧弧长(L_2)。以每根预埋钢筋与2.5m厚内衬的交点及其延长线与地下连续墙的交点,确定预埋钢筋的位置。相邻预埋钢筋的间距通过内、外侧弧长来确定。

预埋钢筋施工时要严格控制其高程,前后半区、锚碇中心线左右两边的同一条水平或垂直线上的预埋钢筋需要精确控制其位置,确保底板钢筋的间距及角度合理。

③钢筋架立。

底板第一层浇筑时底板底层钢筋利用垫层顶部预埋筋进行架立固定,底板竖向筋下端与预埋筋焊接连接,底板竖向筋中部用钢筋纵横焊接连接,上铺竹胶板兼作施工平台,底板竖向筋上部用钢筋绑扎连接固定钢筋。

底板架立钢筋分两次接长至设计长度,架立筋第一次长度为2.5m及3.5m,第二次接长至设计长度。其中2.5m架立筋与3.5m架立筋呈梅花形间隔布置,间距为0.6m×0.6m,相邻钢筋接头错开距离需满足规范要求。

底板第二层浇筑时可在架立筋接长完成后一次性浇筑混凝土。

底板第三层浇筑时,先进行底板顶层钢筋绑扎,在距顶层钢筋30cm处用钢筋与底板竖向筋焊接连接,上铺竹胶板作施工平台。

④顶面与底部钢筋绑扎。

施工至底板顶面与底部钢筋时,先对内衬进行凿毛,凿出预埋的钢筋连接器,对连接器进行前后左右编号,按照编号连接横桥向、顺桥向钢筋,确保钢筋与锚碇中心线平行或垂直。

顶面及底部钢筋均采用9m定尺,由四周内衬预埋钢筋向锚碇中心进行连接,钢筋连接采用直螺纹套筒接头。由于钢筋通长长度随位置变化而变化,钢筋绑扎至底板中心部位后,不足

9m段采用两根钢筋搭接焊的方式连接。

⑤钢筋连接。

底板钢筋与地下连续墙连接采用直螺纹接头,底板 $\Phi25$ 主筋连接采用直螺纹套筒接头。直螺纹套筒接头连接好后,套筒外露丝扣不得超过1个完整扣,假设钢筋直径为 d,则钢筋绑扎搭接长度必须满足不小于 $35d$ 的规范要求(根据现场情况,部分钢筋可采用单面搭接电弧焊,搭接长度不小于 $10d$)。钢筋尽量合理布置,使钢筋接头数达到最少,现场施工时受力主筋接头错开布置;对于焊接接头,在接头长度区段 $35d$ 范围内不得有两个接头,同样,在接头长度区段内接头的截面面积占总截面面积的百分比不得超过50%。

(4)底板混凝土浇筑

①底板混凝土参数设计。

底板混凝土为强度等级C60d30P12的补偿收缩大体积混凝土,其配合比见表16-18,其实测抗压强度见表16-19。

底板混凝土配合比　　　　　　表16-18

成分	华新黄石 P·O42.5 水泥	国信扬州 I级粉煤灰	九江中冶 S95矿粉	诺克雷 UEA-I 膨胀剂	巴河II区 中砂	凡泰5~ 31.5mm 三级配碎石	水	江城子缓凝聚羧酸减水剂
用量(kg/m³)	169	120	56	30	779	1120	146	4.12

底板混凝土实测抗压强度　　　　　　表16-19

时间	7d	13d	28d
抗压强度(MPa)	23.8	33.5	41.2

混凝土性能:设计混凝土强度为C30,混凝土坍落度为180~200mm,混凝土初凝时间为45h。

②混凝土布料设备。

基坑地表面较大,达2463m²。基坑顶设溜槽,混凝土由10m³罐车运输至基坑顶后用溜槽接串筒下放至坑底,串筒顶设0.5m³料斗,串筒中间设防离析装置。

底板中心及周边部位均采用布料杆进行布料。在坑底周边设4台75m³/h地泵,在距离坑边12m位置设4台15m布料杆。混凝土从底部溜槽流出后进入混凝土地泵,再通过地泵进入布料杆,最后通过布料杆进入底板。地泵及布料杆采用稳固的型钢架子支撑。

③布料设备支架。

地泵与布料杆支架平台均采用12号槽钢焊接,分两次接长至-26.000m高程处。

④混凝土拌和。

混凝土由2号拌和站的两台120m³/h拌和主机与借用的商品混凝土拌和站180m³/h拌和主机同时生产,其总供料能力不小于150m³/h。

底板混凝土单次浇筑方量较大,拌和主机连续工作时间较长,施工前应对拌和主机及配套设备进行全面检查、维护,对于部分易损件应准备备用件。

底板 C30 混凝土在搅拌机中的搅拌时间(从全部材料装入搅拌机开始搅拌至搅拌结束开始卸料)不宜少于90s。

正式生产前,必须对混凝土拌合物进行开盘鉴定,检测其工作性能(坍落度及损失);连续生产时,则应每工作班检测混凝土拌合物坍落度至少2次,检测混凝土拌合物出机温度、入模温度至少3次。

本项目底板 C30 混凝土拌合物入模坍落度控制值为(180 ± 20)mm;每浇筑层浇筑至最后 30~50cm时,应将混凝土的坍落度降低至上述规定的坍落度低限值,避免混凝土表面浮浆过厚引起的后期收缩不一致从而导致混凝土开裂,同时减轻凿毛工作量。

若遭遇极端严寒天气(气温低于 -5℃),应按温控方案要求对拌合水采取升温措施。

⑤混凝土运输。

运输混凝土过程中,必须保证混凝土罐车罐体低速转动。运输速率应保证施工的连续性,当罐车到达浇筑现场时,应使罐车罐体高速旋转 20~30s 后方可卸料。严禁在运输过程中向混凝土内加水。

⑥混凝土浇筑。

a. 施工平台。

下层底板混凝土施工时,利用底板竖向筋架立,临时焊接水平骨架筋,上铺竹胶板作为施工操作平台,不另行搭设平台。上层顶板施工直接采用顶层钢筋网作为操作平台,钢筋绑扎时,在钢筋网上开人孔供人员上下,当混凝土浇筑到相应位置时,再将人孔用钢筋补齐。

b. 浇筑方法和顺序。

底板施工采用全断面、分层浇筑与斜面推进、分层浇筑相结合的方法,从基坑边缘开始浇筑,逐层向基坑中部推进,分层振实。底板混凝土浇筑时各班(12h)配备振捣工 32 人(每个布料杆位置设4台振捣棒,每棒2人操作)、插入式振捣棒20台(4台备用)。

混凝土振捣时,振捣棒垂直插入,快插慢拔,振捣深度超过每层的接触面一定深度(5~10cm)。振捣时插点均匀,成行或交错式前进,防止过振或漏振,避免用振捣棒横拖赶动混凝土拌合物,以免造成离下料口远处砂浆过多而开裂。振捣应避开温度传感器、冷却水管等预埋件。

浇筑成型的混凝土表面水泥砂浆较厚,在浇灌后 2~4h 内按设计高程用刮尺刮平,在初凝前将混凝土表层抹平、压实,使混凝土表面密实,以闭合沉缩裂缝。

底板混凝土振捣时,可能会产生泌水现象,可利用基坑内的降水井收集,用水泵及时抽出坑外。

由于本工程混凝土的浇筑是在雨季施工,所以在浇筑前应密切关注天气情况,选择连续 4d 无雨的时间进行;浇筑过程中,必须准备充足的塑料布,以备下雨时对已经浇筑完成的混凝土进行覆盖。

c. 混凝土表面凿毛。

底板混凝土强度达到3MPa后,将底板表面进行人工凿毛,凿毛以露出新鲜集料为准,凿毛完毕后对凿除的混凝土碎块进行清理,并用塔式起重机运出基坑,以便与后续施工混凝土连接良好。

⑦混凝土养护。

养护的原则:通过加强混凝土保温养护,降低混凝土内表温差;通过加强混凝土保湿养护,减少混凝土收缩引起的表面应力。混凝土养护措施的选取与施工季节密切相关,低温期施工以保温为主,常温期施工以保湿为主。

a.冬季低温期施工混凝土养护措施。

冬季低温期施工混凝土养护措施见表16-20。

冬季低温期施工混凝土养护措施 表16-20

结构部位		终凝前	终凝后
上表面	分层浇筑面	顶部搭设防水彩条布防风保温	分区凿毛后,覆盖塑料薄膜+保温层,养护至上层开始浇筑为止
	永久暴露面	边收面边覆盖塑料薄膜,初凝后覆盖保温层;混凝土浇筑完毕后持续养护不少于21d	

保温层采用具有防火功能的玻璃棉保温被,厚度为5cm,玻璃棉外层为防水防风层。玻璃棉保温被的搭接长度为10cm,搭接需严密。

b.春季常温期施工混凝土养护措施。

春季常温期施工混凝土养护措施见表16-21。蓄水养护用水采用冷却水管出水,养护水与混凝土表面温差需小于或等于15℃;蓄水深度需大于30cm。

春季常温期施工混凝土养护措施 表16-21

结构部位		措施
上表面	分层浇筑面	终凝后分区凿毛,凿毛后立即蓄水(冷却水管出水)养护,养护至上层开始浇筑为止;雨天时顶面宜搭盖防水彩条布
	永久暴露面	边收面边覆盖塑料薄膜,终凝后蓄水(冷却水管出水)养护;雨天时顶面宜搭盖防水彩条布;混凝土浇筑完毕后持续养护不少于14d

⑧冷却循环系统布置。

底板冷却水管呈蛇形布置,1/4对称,上下层交错。

厚度为2.0m的浇筑层,每层布设2层冷却水管,竖向布置为50cm+100cm+50cm;厚度为1.5m的浇筑层,每层布设1层冷却水管,竖向布置为75cm+75cm;厚度为2.5m的浇筑层(即第三浇筑层),每层布设3层冷却水管,竖向布置为50cm+75cm+75cm+50cm。

水管水平间距为100cm,距离混凝土侧面50~100cm;单层16套水管(4套×4),每套水管设置一个进出水口,管长小于200m。

(5)卸压管水头监测

①卸压管水位记录及抽排。

底板施工期间及底板施工完成后,安排专人每半小时目测或用吊尺测量并记录卸压管水位,水位超出原地面时及时抽排至坑外。卸压管周边集水较多溢流至坑内时,采取人工清扫或水泵抽排方法确保基坑内干燥。

②卸压管封堵。

待底板施工完毕后,继续观察一段时间的卸压管内水位变化,确定水位变化处于可控状态后,制订封堵方案,报设计单位确认,最终封堵时机由设计单位确定。

16.1.3 填芯混凝土施工

基坑底板施工完成养护5d后,抽除坑内积水,清理并凿毛内衬墙外表面及顶板顶面,连接填芯钢筋,开始施工填芯混凝土。

填芯结构为圆形结构,北半基坑填芯混凝土厚37.5m,南半基坑填芯混凝土厚28.5m。混凝土填芯为锚碇基础结构的重要组成部分,为提高基底应力分布的均匀性,在基础北半区设置了16个矩形隔仓。填芯采用C20混凝土,填芯混凝土通过底板竖向筋和顶板预埋筋与底板和顶板连成整体。填芯混凝土总方量为57182m^3。

(1)总体施工流程

填芯混凝土施工采用分层浇筑的方式进行。前半部分共37.5m,沿基坑深度方向共13层,自下而上为$12×2.85m+3.30m$;后半部分共28.5m,共分10层,自下而上为$10×2.85m$。

(2)钢筋加工及安装

填芯钢筋只有竖向插筋,采用直螺纹机械接头连接。

所有钢筋进场后按不同钢种、等级、牌号、规格及厂家分批堆放,挂牌标识,不得混杂。当钢筋下料及加工成型后,在显眼处挂牌标识其型号及用途,以免混用。所有钢筋在加工和绑扎过程中要避免锈蚀和污染;当钢筋露天堆放时,底下垫枕木高出地面,其上用彩条布遮盖,以防淋雨。

钢筋进场后按规范要求抽样检验合格后方可使用。由于填芯钢筋加工量大,应提前做好加工准备。填芯竖向插筋采用4.5m钢筋接长,施工前根据施工图画出详细的钢筋加工放样图。根据放样图在钢筋加工场下料,加工成半成品。加工好的钢筋按施工安装需要及时分批用汽车运抵现场,由塔式起重机吊入坑底。必须由专业的塔式起重机指挥工仔细检查,确保绑扎牢固后方可缓慢吊入坑底。

填芯钢筋只有竖向插筋,必须有可靠的定位措施才能使钢筋稳固,插筋为Φ25,在每层混凝土顶30cm处用钢筋从纵横向与竖向插筋焊接,形成钢筋网片以固定竖向插筋,上铺竹胶板作施工平台。

(3)模板安装及拆卸

填芯空腔模板采用定制大块钢模板,填芯每次浇筑高度为2.85m,考虑到压脚面10cm,模板高出每次浇筑混凝土的顶高程5cm,模板高度定为3.0m,其结构见图16-18。

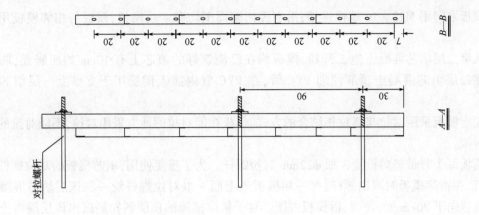
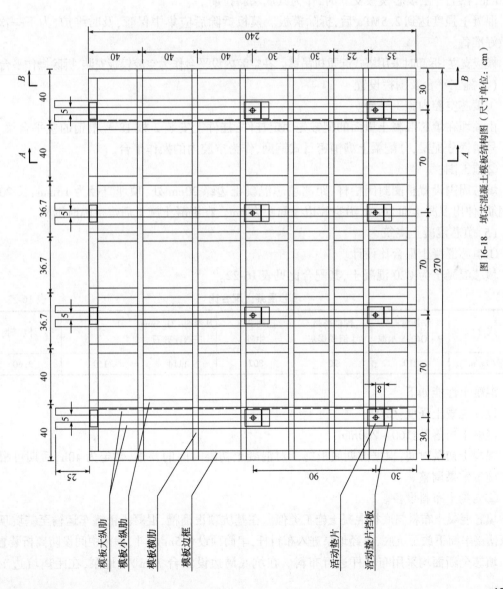

图 16-18 填芯混凝土模板结构构图（尺寸单位：cm）

模板之间用 M22×50 螺栓连接,沿空腔内壁周围均布 4 块模板,模板与相邻模板用螺栓连接。

从第二层填芯混凝土施工开始,模板均在已浇筑好的填芯上有 10cm 的压脚面,防止漏浆。在每层填芯混凝土顶部预埋 PVC 管,在 PVC 管内插入钢筋用于支撑上一层填芯空腔模板。

固定模板采用对拉与斜拉相结合的方式,模板在能对拉的地方采用对拉,不能对拉的地方采用斜拉。

模板每个背带竖向设置 3 根 $\phi22mm$ 对拉螺杆。为了重复使用,填芯模板的对拉螺杆外套 PVC 管,在拆除模板时取出螺杆;每一层模板最上面一根对拉螺杆统一在该层填芯混凝土浇筑顶高程向下 20cm 处,使装、拆模板方便。对于斜拉模板的顶层斜拉筋露出该层混凝土顶高程 20cm,在上一层填芯模板支立时,作为其底层斜拉筋。

混凝土强度达到 2.5MPa 后,拆除模板。模板拆除后应集中保管,及时维护,为下一次使用做好准备。

模板支立、拆卸时采用塔式起重机吊移。在空腔内设平台作为空腔模板安装、拆除操作平台。

(4)施工平台及围栏设置

①填芯空腔内施工平台。

由预埋在填芯混凝土里面的爬锥先固定挂件,挂件上安装 2 根 18 号槽钢的主平台梁,再铺 8 号槽钢分配梁,分配梁上满铺密目式钢网,作为空腔内的操作平台。

②施工围栏。

填芯周围设置整圈封闭栏杆,距离填芯混凝土边缘 20cm 处,预埋直径为 16mm、长 20cm 的钢筋,伸出混凝土面 10cm,沿空腔边缘间距为 3m。在混凝土施工后焊接临时围栏。

(5)填芯混凝土浇筑

①填芯混凝土配合比设计。

填芯混凝土为 C20 混凝土,其配合比见表 16-22。

填芯混凝土配合比 表 16-22

成分	华新黄石 P·O42.5 水泥	国信扬州 Ⅰ 级粉煤灰	巴河Ⅱ区中砂	凡泰 5~31.5mm 三级配碎石	水	外加剂
用量(kg/m³)	210	90	807	1114	159	3.60

混凝土性能如下:

设计混凝土强度:C20;

混凝土坍落度:160~200mm;

混凝土初凝时间:根据前期底板施工对混凝土初凝时间的要求,暂定为 40h,后期可根据填芯施工效果调整。

②混凝土布料设备。

填芯混凝土布料与底板混凝土施工类似。在基坑顶设溜槽,混凝土由罐车运输至基坑顶后用溜槽接串筒下放至坑底,再经地泵进入布料杆,串筒顶设 0.5m³ 料斗,串筒中间设防离析装置。

填芯全断面均采用布料杆进行布料。在坑底周边设 4 台 75m³/h 地泵,在距离坑边 12m

位置设4台15m布料杆。混凝土从底部溜槽流出后进入混凝土地泵,再通过地泵进入布料杆,最后通过布料杆进入底板。地泵及布料杆采用稳固的型钢架子支撑。

③布料设备支架。

地泵及布料杆支架柱采用P180mm×5mm的钢管,斜撑及连接杆件均采用[8槽钢焊接。支架搭设每次接长2.85m,接长后支架高出每层混凝土浇筑顶面90cm。

④混凝土拌和。

混凝土由2号拌和站的两台120m³/h拌和主机进行生产,其总供料能力不小于150m³/h。

填芯混凝土单次浇筑方量较大,拌和主机连续工作时间较长,施工前应对拌和主机及配套设备进行全面检查、维护,对于部分易损件应准备备用件。

填芯C20混凝土在搅拌机中的搅拌时间(从全部材料装入搅拌机开始搅拌至搅拌结束开始卸料)不宜少于90s。

正式生产前,必须对混凝土拌合物进行开盘鉴定,检测其工作性能(坍落度及损失);连续生产时,则应每工作班检测混凝土拌合物坍落度至少2次,检测混凝土拌合物出机温度、入模温度至少3次。

⑤混凝土运输。

运输混凝土过程中,必须保证混凝土罐车罐体低速转动。运输速率应保证施工的连续性。当罐车到达浇筑现场时,应使罐车罐体高速旋转20~30s后方可卸料。严禁在运输过程中向混凝土内加水。

⑥混凝土浇筑。

混凝土振捣时,振捣棒垂直插入,快插慢拔,振捣深度超过每层的接触面一定深度(5~10cm)。振捣时插点均匀,成行或交错式前进,防止过振或漏振,避免用振捣棒横拖赶动混凝土拌合物,以免造成离下料口远处砂浆过多而开裂。

由于本工程混凝土的浇筑是在雨季施工,所以在浇筑前应密切关注天气情况,选择连续2d无雨的时间进行;浇筑过程中,必须准备充足的塑料布,以备下雨时对已经浇筑完成的混凝土进行覆盖。

⑦混凝土养护。

填芯混凝土作为锚碇基础工程的配重,主要功能是增加锚碇重力。对填芯混凝土的养护原则是冬季低温期施工以保温为主,春季常温期施工以保湿为主,夏季高温期施工以洒水降温为主。

16.1.4 顶板施工

顶板既是基础顶板,也是锚体的一部分,顶板前部厚6m,后部厚15m。顶板下部9m采用C30P12补偿收缩大体积混凝土;上部6m采用C30P12普通大体积混凝土,分层分区进行浇筑施工。根据大体积混凝土温控措施的要求,顶板分层高度从下往上为3×3m+3×2m,顶板上部6m(3×2m)沿顺桥向方向分左右幅施工。

(1)总体施工流程

锚碇填芯施工至第10层(高程2.000m)后,后半部分进入顶板施工部分,此时,填芯与顶板交叉循环施工。顶板后半部分(高程2.000~11.000m)9m高顶板分3层(3×3.0m)施工,每层一次浇筑不设后浇段;顶板(高程11.000~17.000m)部分分三层(3×2.0m)施工,每层分左右幅施工,中间设2.0m宽后浇带。顶板施工包括后锚室施工、锚固系统定位支架施工、锚固系统定位预埋管安装、后锚室附属设施预埋施工、锚块预埋施工。

填芯空腔与顶板交界处采用预制钢筋混凝土梁与木模板作为盖板,空腔4×4m倒角处采用型钢模板。后锚室台阶及倾斜面施工采用木模板与脚手架作为支撑体系。顶板分层施工时每层分块布置冷却水循环系统。

以第一层顶板施工工艺流程为例,第1~3层顶板施工与填芯施工同步进行,先施工填芯混凝土,待养护至可拆模后再进行顶板混凝土施工,依次进行。

第一层顶板施工工艺流程如图16-19所示。

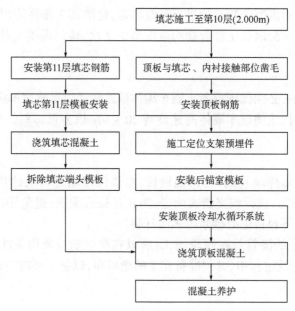

图16-19 第一层顶板施工工艺流程图

(2)模板施工

①空腔顶部盖板施工。

空腔盖板采用梁板组合形式,下层设200mm×5000mm截面钢筋混凝土梁,上层设2cm厚木模板。梁板预制均由小型构件预制场加工后运输至锚碇施工场地。

②空腔倒角模板施工。

填芯空腔倒角斜面与顶板交界处施工采用型钢支架模板体系,在空腔施工时预埋工字钢横梁预埋件,横梁上搭设型钢支架,上铺2cm厚模板和方木。

③后锚室模板施工。

后锚室底高程为3.033m,总高度为15.424m,后锚室后锚面为张拉受力面,需设置预应力槽口。后锚室设置8级台阶,每级台阶高170cm,宽150cm。台阶采用木模板与脚手架或拉杆斜拉支撑作为模板支撑体系,后锚面模板支撑体系采用定位支架上铺设方木加木模板的方式。

后锚面施工时,在锚固系统预埋管道定位后按照图纸预留预应力钢束锚固槽口,槽口四周侧壁均与锚面呈60°,槽口底面正方形的边长为56.0cm,中点到后锚面的垂直距离为8cm。槽口施工采用木模板制作成木盒在槽口处预埋留孔的方式。

④后浇段模板施工。

第4~6层顶板施工时分左右幅断面施工,中间设置2m宽后浇段,一次浇筑高度为2m,后浇段模板采用木模。

(3)顶板钢筋绑扎

①顶板钢筋堆存、加工及调运。

根据设计图纸确定每类钢筋直径、数量与长度;由技术部根据设计图纸将钢筋下料单交由钢筋加工场进行加工。所有钢筋进场后按不同钢种、等级、牌号、规格及厂家分批堆放,挂牌标识,不得混杂。当钢筋下料及加工成型后,在显眼处挂牌标识其型号及用途,以免混用。所有钢筋在加工和绑扎过程中要避免锈蚀和污染;当钢筋露天堆放时,底下垫枕木高出地面,其上用彩条布遮盖,以防淋雨。

钢筋进场后按规范要求抽样检验合格后才可使用。顶板钢筋均采用9m定尺,施工前根据施工图画出详细的钢筋加工放样图。根据放样图在钢筋加工场下料,加工成半成品。加工好的钢筋按绑扎安装需要及时分批用汽车运抵现场,由塔式起重机吊入操作面。吊运过程中,必须由专业的塔式起重机指挥工仔细检查,确保钢筋绑扎牢固后方可缓慢吊运。

⌀25及以上主筋连接采用直螺纹机械接头。⌀20主筋连接采用绑扎接头。直螺纹机械接头均按照规范要求抽样检查合格后方可运至现场用于施工。

需直螺纹机械接头连接的钢筋,用砂轮切割机下料,要求钢筋切割断面垂直于钢筋轴线,断面偏角不允许超过4°。钢筋套丝在钢筋螺纹套丝机上进行,套丝完成后用塑料盖将丝头保护好。

②钢筋预埋。

a.竖向钢筋预埋。

在施工第10层填芯混凝土时,按照图纸要求在后半部分断面内预埋间距60cm×60cm的⌀32钢筋。

在施工第13层填芯混凝土时,在前半部分预埋⌀32钢筋。

在施工第6层顶板时,需在锚体底部与顶板交界处范围内预埋竖向扒筋、⌀32钢筋。

b.水平钢筋预埋。

在施工帽梁和1m厚内衬时,预埋与顶板钢筋对应锚固长度的水平钢筋,水平预埋钢筋与顶板钢筋通过钢筋连接器连接。

③钢筋架立。

在填芯混凝土施工时进行架立钢筋预埋并固定,顶板架立钢筋按照预埋钢筋位置采用连接器逐次接长至设计长度。

填芯混凝土施工时填芯架立筋伸入顶板底面1m,同时在填芯中预埋顶板架立筋,预埋入填芯内长度为1m,预埋筋按梅花形分别超过顶板底面50cm、180cm。顶板施工时接长架立筋,每次接长长度为3.0m。与分层施工高度一致,每层预埋筋间距为0.6m×0.6m,在架立筋适当位置用钢筋纵横连接,一方面可以固定架立筋的位置,另一方面上铺竹胶板作为施工平台。每层施工均按照施工层高接长架立筋,相互之间接头错开间距需满足大于或等于 $35d$ (d 为钢筋直径)。

④水平面钢筋绑扎。

施工至顶板顶面与底部钢筋时,在内衬、填芯侧面、帽梁与顶板侧面交界处进行凿毛清洗后再进行钢筋定位放样及绑扎,先在基础部分与顶板部分交界处根据钢筋间距进行放样,顶板断面内均以 $5m \times 5m$ 网格进行放样,顶板水平面钢筋间距横向与纵向均为 $20cm \times 20cm$,在 $5m \times 5m$ 网格内用卷尺对具体钢筋进行定位。确保水平面钢筋安装与锚碇中心线保持水平或垂直。

⑤钢筋连接。

顶板钢筋与地下连续墙连接采用直螺纹接头,顶板 Φ25 及 Φ32 主筋连接采用直螺纹套筒接头。顶板 Φ20 主筋连接采用绑扎接头。直螺纹套筒接头连接好后,套筒单边外露有效螺纹不得超过 2 倍螺距,钢筋绑扎搭接长度必须满足不小于 $35d$ 的规范要求(根据现场情况,部分钢筋可采用单面搭接电弧焊,搭接长度不小于 $10d$)。钢筋尽量合理布置,使接头数达到最少,现场施工时受力主筋接头错开布置。对于绑扎接头,两接头间距离不小于 1.3 倍搭接长度,在搭接长度区段内接头的截面面积占总截面面积的百分比不得超过 50%;对于焊接接头,在接头长度区段 $35d$ 范围内不得有两个接头,同样,在接头长度区段内接头的截面面积占总截面面积的百分比不得超过 50%。

顶板第 4~6 层,沿顺桥向方向设置宽 2m 的后浇段,施工时垂直于后浇段的钢筋分别伸入后浇段 40cm 和 160cm 交替布置,后浇段内钢筋采用搭接焊连接方式,平行于后浇段的钢筋在施工后浇段时设置。

(4)顶板混凝土浇筑

①混凝土布料设备及布料方式。

顶板第 1~3 层采用 C60d30P12 补偿收缩大体积混凝土;顶板第 4~6 层采用 C30 普通大体积混凝土。混凝土总方量为 $29366m^3$。顶板第 1~3 层断面面积 $1248m^2$,采用两台天泵进行布料浇筑;顶板第 4~6 层断面面积达 $2733m^2$,分为左右幅施工,每次施工断面面积达 $1366.5m^2$,采用两台天泵进行布料浇筑。天泵布料时需注意不得与预埋锚固系统支架和钢管发生碰撞。

施工时,应确保混凝土大落差向下输送及在基坑内水平输送时的连续性与均匀性。顶板混凝土宜采用整体式水平分层连续浇筑,由基坑边缘开始往中心布料,且始终保持基坑边缘混凝土高度略高,并加强边缘处振捣,保证混凝土有较好的匀质性和密实性,避免胶凝材料浆体发生过长距离流动并堆积在基坑边缘而产生较大温度应力和收缩,以致增大混凝土侧面和边角开裂的风险。基坑内混凝土布料时,混凝土下料高度宜控制在 2m 以内,布料点间距控制在 4m 左右,避免赶料造成砂浆富集。当混凝土下料高度超过 2m 时,则应采用悬挂串筒或将软管伸入仓内等措施辅助下料以防离析。

②混凝土拌和及运输。

混凝土由 1 号拌和站 1 台 $180m^3/h$ 拌和主机和 2 号拌和站 2 台 $120m^3/h$ 拌和主机同时进行生产,其总供料能力不小于 $200m^3/h$,采用 10 台 $10m^3$ 混凝土罐车进行运输。

③混凝土浇筑。

a. 施工平台。

下层顶板混凝土施工时,利用竖向筋架立,临时焊接水平骨架筋,上铺竹胶板作为施工操作平台,不另行搭设平台。往上依次施工每层顶板时,采用同样的方式布置操作平台。上层顶板施工直接采用顶层钢筋网作为操作平台,钢筋绑扎时,在钢筋网上开人孔供人员上下,当混凝土浇筑到相应位置时,再将人孔用钢筋补齐。

b. 浇筑方法和顺序。

顶板施工采用全断面、分层浇筑与斜面推进、分层浇筑相结合的方法,从边缘开始浇筑,逐层向中部推进。

④浇筑注意事项。

a. 优化分层浇筑厚度:大体积混凝土的分层浇筑厚度可控制在 30～40cm。尽量缩短层间浇筑间隔时间,确保在下层混凝土充分塑化之前完成上层混凝土的覆盖浇筑到位,这不仅有利于减小下层混凝土的温度回升,而且可以避免塑性收缩裂缝产生。

b. 正确进行混凝土拌合物的振捣:振捣棒垂直插入,快插慢拔,振捣深度超过每层的接触面一定深度(5～10cm)。振捣时插点均匀,成行或交错式前进,防止过振或漏振,避免用振捣棒横拖赶动混凝土拌合物,以免造成离下料口远处砂浆过多而开裂。顶板浇筑每次配备振捣棒12台(4台备用),每个下料点配备4台振捣棒,8个操作工人。

c. 将泌水抽出基坑外:顶板混凝土振捣时,会产生泌水现象,在每1/4基坑全断面用木板或钢板制作成泌水收集盒,尺寸为 1.0m×1.0m×0.5m,泌水收集盒根据混凝土浇筑高度及时抬高,泌水进入收集盒内后,用水泵及时抽出坑外。

d. 混凝土浮浆和塑性开裂控制:在保证可泵送的前提下尽量降低混凝土坍落度,尤其是浇筑至最后 30～40cm 时,混凝土坍落度应调小 20mm。另外,顶板的分层浇筑面和永久暴露面 30～40cm 厚范围内的混凝土,宜在混凝土拌合物中掺入 $0.75kg/m^3$ 的聚丙烯单丝纤维以辅助防裂。上述两个措施的目的是防止混凝土表面浮浆过厚引起的后期收缩不一致从而导致开裂,改善分层浇筑面的抗塑性干燥收缩开裂能力,同时减轻凿毛工作量。

e. 收浆抹面:混凝土暴露面在振捣完毕后应及时进行至少两次抹压收浆,以消除塑性沉降裂缝和因表面快速失水引起的塑性收缩裂缝。

f. 暴雨应对措施:由于本项目混凝土的浇筑是在夏季施工,容易遇到雷暴大雨天气,所以在浇筑过程中,必须准备充足的塑料布,以备下暴雨时对已经浇筑完成的混凝土进行覆盖。

⑤混凝土表面凿毛。

混凝土分层浇筑面凿毛:顶面混凝土终凝后应及时进行凿毛,凿毛过程中不能中断养护。顶板混凝土强度达到 10MPa 后,对顶板表面采用风动机凿毛,以便与后续施工混凝土连接良好。

(5)混凝土养护

养护的原则:通过加强混凝土保湿养护,减少混凝土收缩引起的表面应力。

由于顶板于高温期施工,故养护措施以保湿为主,见表16-23。养护用水应采用冷却水管出水,养护水与混凝土表面温差小于或等于15℃。

顶板混凝土养护措施　　　　　　　　　　　　　　表 16-23

结构部位		养护措施
上表面	分层浇筑面	持续喷雾养护,养护至上层开始浇筑为止。养护期间要确保混凝土表面始终处于湿润状态
	永久暴露面	边收面边覆盖塑料薄膜,终凝后持续喷雾养护。 雨天时顶面宜搭盖防水彩条布;从混凝土浇筑完毕开始持续养护时间不少于 14d
后锚室		覆盖塑料薄膜+土工布养护,从混凝土浇筑完毕开始持续养护时间不少于 14d
后浇带		覆盖防雨布养护,从混凝土浇筑完毕开始持续养护时间不少于 14d

(6)后浇带混凝土施工

后浇带采用 C30 普通大体积混凝土,一次浇筑方量为 236m^3,后浇带混凝土浇筑需与前述混凝土施工间隔至少 7d。

16.2　南锚碇锚体施工

16.2.1　锚块、支墩、前锚室施工

锚碇顶板施工完成后,开始进入锚块、支墩施工阶段,均分为左右幅进行交叉施工。锚块分为 7 层施工,平面不分块施工;支墩分为 5 层施工,均采用悬臂模板。分层高度由温控设计要求计算确定。锚块施工每层标准高度为 2.0m,支墩施工每层标准高度为 4.5m。锚块施工和支墩实心段施工时采取大体积混凝土施工温控措施。

锚块下层平面面积约为 554m^2,一侧为曲线,与挡土板内侧圆弧重合,其他面均为直线。锚块施工采用悬臂模板,在曲线段模板采用以直代曲的方式,悬臂模板依靠模板后的三脚架作为主要传力构件,受力支撑点设置在下层已浇筑的混凝土上。锚块施工分层进行凿毛处理。

(1)锚块施工

①锚块悬臂模板施工。

锚块模板为 WA180 悬臂模板,该种模板主要由以下部件组成:模板、挑架、主背楞、斜撑、微调装置、受力三脚架、吊平台、埋件系统。两榀支架作为一个单元块。

由于混凝土的侧压力完全由预埋件及支架承担,因此锚块悬臂模板中的模板部件不需要另外加固。锚块悬臂模板中的模板部件主要有以下特点:

a.该种模板在浇筑混凝土时,混凝土的侧压力及振捣荷载完全由上一次浇筑混凝土时预埋的埋件系统承担,模板无须设置拉筋。

b.模板部分可整体后移 120mm,后倾 30°。

c.模板可利用微调装置与混凝土贴紧,防止漏浆及错台。

d.模板单元之间有芯带相连,保证单元之间呈一条直线。

e.模板部分可相对支撑架部分上下左右调节,使用灵活。

f.利用斜撑模板可前后倾斜,倾斜最大角度为30°。

g.悬臂支架设有斜撑,可方便调整模板的角度。

第一次提升安装顺序:

a.安装三脚架。

准备两片300mm×2000mm木板,按照爬锥中到中间距摆放在水平地面上。保证两条轴线绝对平行,轴线与木板连线夹角为90°,两对角线误差不超过2mm。将三脚架扣放在木板轴线上,保证三脚架中到中间距等于第一次浇筑爬锥中到中间距。两三脚架对角线误差不超过2mm。安装平台立杆,用钢管扣件连接。两三脚架间同样用钢管扣件连接。

b.安装三脚架平台。

平台要求平整牢固,在与部件冲突位置开孔,以保证架体正常使用,并再次校对两三角架中到中间距是否为第一次浇筑爬锥中到中位置。

c.固定三脚架。

将拼装好的三脚架整体吊起,平稳挂于第一次浇筑时埋好的受力螺栓(挂座体)上,插入安全插销并用发卡固定。

d.安装主背楞、斜撑。

先在模板下垫两根木梁,然后在模板上安装主背楞、斜撑、挑架,注意背楞调节器与模板背楞的支撑情况,安装背楞扣件,用钢管扣件将挑架连接牢固,注意加斜拉钢管。斜撑用铁丝和模板背楞绑在一起,防止在吊起过程中晃动。

e.安装上平台。

平台要求平整牢固,在与部件冲突位置开孔,以保证架体使用。

f.组装。

将组装好的模板整体吊起,安装在三脚架的后移装置上。利用斜撑调节角度,校正模板,完成吊装过程。

②预埋钢筋。

顶板施工时注意预埋锚块钢筋,锚块施工时预埋锚块与前锚室相交部位的预埋钢筋。预埋钢筋与结构钢筋采用套筒连接。

③锚块施工平台。

锚块分层施工时上面利用架立钢筋和水平钢筋网片组成操作平台,由于架立钢筋间距为1m,直径为16mm,为满足平台上混凝土施工操作要求,增加部分架立钢筋作为操作平台骨架,增加的钢筋直径为20mm,间距为1m,与设计的架立钢筋呈梅花形布置。在分层面钢筋网片上铺设竹胶板,间距为1.5m。

(2)支墩施工

①前支墩施工。

前支墩底部和顶部分别为2.0m、4.0m高的实心段,实心段施工时按照大体积混凝土温控方案执行,支墩壁厚1.5m,采用悬臂模板施工。

②前支墩三角区施工。

支墩与前锚室底板部位形成的三角区采用管桩+工字钢+方钢+木模板进行施工。支撑架同时作为支墩一侧的模板支架。

③支墩钢筋施工。

支墩施工起始段高度为2.0m，标准施工高度为4.5m，支墩钢筋密集是为了保证钢筋施工的线型和保护层。需在沿高度方向设置劲性骨架，劲性骨架沿支墩整圈设置在宽度为1.5m的侧壁内，并沿高度方向全长布置。劲性骨架分为两片桁架，分别设置在内腔侧和结构外侧，两片桁架之间通过角钢连接受力节点形成整体，根据每层施工高度依次接长至设计高度。

④支墩顶部实心段施工。

支墩顶部4m的实心段施工时，在下层空腔段浇筑混凝土前预埋钢板，其上搭设实心段支架，支架采用I25工字钢作为主梁，分配梁采用I16。

(3)前锚室施工

前锚室底板在支墩施工至顶部时，与支墩同步施工，底板施工支架为管桩支架，与支墩一侧的模板共用一套型钢支架。底板施工完毕后依次进行侧墙施工，锚块预应力张拉施工，主缆施工，最后进行顶板和前墙施工。

底板与支墩内侧形成一三角区域，在顶板施工时预埋钢板，其上焊接管桩形成主要受力构件，沿底板面依次搭设型钢和模板，形成支架体系。

①锚体钢筋堆存、加工及调运。

根据设计图纸确定每类钢筋直径、数量与长度；由技术部根据设计图纸将钢筋下料单交由钢筋加工场进行加工。所有钢筋进场后按不同钢种、等级、牌号、规格及厂家分批堆放，挂牌标识，不得混杂。当钢筋下料及加工成型后，在显眼处挂牌标识其型号及用途，以免混用。所有钢筋在加工和绑扎过程中要避免锈蚀和污染；当钢筋露天堆放时，底下垫枕木高出地面，其上用彩条布遮盖，以防淋雨。

钢筋进场后按规范要求抽样检验合格后才可使用。顶板钢筋均采用9m定尺，施工前根据施工图画出详细的钢筋加工放样图。根据放样图在钢筋加工场下料，加工成半成品。加工好的钢筋按绑扎安装要求及时分批用汽车运抵现场，由塔式起重机吊入操作面。吊运过程中，必须由专业的塔式起重机指挥工仔细检查，确保钢筋绑扎牢固后方可缓慢吊运。

Φ25及以上主筋连接采用直螺纹机械接头。Φ20主筋连接采用绑扎接头。直螺纹机械接头均按照规范要求抽样检查合格后方可运至现场用于施工。

需直螺纹机械接头连接的钢筋，用砂轮切割机下料，要求钢筋切割断面垂直于钢筋轴线，断面偏角不允许超过4°。钢筋套丝在钢筋螺纹套丝机上进行，套丝完成后用塑料盖将丝头保护好。

②钢筋架立。

架立钢筋时注意根据施工分层高度进行合理的分段长度施工，架立钢筋伸出分层面不超过1.5m，以免影响混凝土浇筑施工。架立钢筋兼作部分施工平台钢筋。架立钢筋直径小于25mm时可采用焊接，且接头布置为梅花形，其错开间距需大于或等于35d（d为钢筋直径）。

③钢筋连接。

顶板钢筋与地下连续墙连接采用直螺纹接头，顶板Φ25及Φ32主筋连接采用直螺纹套筒接头。顶板Φ20主筋连接采用绑扎接头。直螺纹套筒接头连接好后，套筒单边外露有效螺纹不得超过2倍螺距,钢筋绑扎搭接长度必须满足不小于35d的规范要求(根据现场情况,部分钢筋可采用单面搭接电弧焊,搭接长度不小于10d)。钢筋尽量合理布置,使接头数最少,现场施工时受力主筋接头错开布置,对于绑扎接头,两接头间距离不小于1.3倍搭接长度,在搭接长度区段内接头的截面面积占总截面面积的百分比不得超过50%;对于焊接接头,接头长度区段35d范围内不得有两个接头,同样,在接头长度区段内接头的截面面积占总截面面积的百分比不得超过50%。

④混凝土布料设备及布料方式。

前锚室施工时,由罐车将混凝土运至现场后采用天泵浇筑,前锚室最大面积约为550m^2,采用两台天泵进行布料,天泵布料时需注意不得与预埋锚固系统支架碰撞。

锚体混凝土宜采用整体式水平分层连续浇筑,由基坑边缘开始往中心布料,且始终保持基坑边缘混凝土高度略高,并加强边缘处振捣,保证混凝土有较好的匀质性和密实性,避免胶凝材料浆体发生过长距离流动并堆积在基坑边缘而产生较大温度应力和收缩,以致增大混凝土侧面和边角开裂风险。基坑内混凝土布料时,混凝土下料高度宜控制在2m以内,布料点间距控制在4m左右,避免赶料造成砂浆富集。当混凝土下料高度超过2m时,则应采用悬挂串筒或将软管伸入仓内等措施辅助下料以防离析。

⑤混凝土拌和及运输。

混凝土由2号拌和站的两台120m^3/h拌和主机同时进行生产,其总供料能力不小于120m^3/h,并采用10台10m^3混凝土罐车进行运输。

⑥混凝土施工平台。

锚体混凝土施工时,利用竖向架立筋和部分平台钢筋与分层面水平钢筋网片共同组成施工平台,上铺竹胶板。往上依次施工每层锚体时,采用同样的方式布置操作平台。

⑦浇筑方法和顺序。

顶板施工采用全断面、分层浇筑与斜面推进、分层浇筑相结合的方法,从边缘开始浇筑,逐层向中部推进。

⑧浇筑注意事项。

a.优化分层浇筑厚度:大体积混凝土的分层浇筑厚度可控制在30~40cm。尽量缩短层间浇筑间隔时间,确保在下层混凝土充分塑化之前完成上层混凝土的覆盖浇筑到位,这不仅有利于减小下层混凝土的温度回升,而且可以避免塑性收缩裂缝产生。

b.正确进行混凝土拌合物的振捣:振捣棒垂直插入,快插慢拔,振捣深度超过每层的接触面一定深度(5~10cm)。振捣时插点均匀,成行或交错式前进,防止过振或漏振,避免用振捣棒横拖赶动混凝土拌合物,以免造成离下料口远处砂浆过多而开裂。顶板浇筑时,每次配备振捣棒12台(4台备用),每个下料点配备4台振捣棒,8个操作工人。

c.将泌水抽出基坑外:顶板混凝土振捣时,会产生泌水现象,在每1/4基坑全断面用木板或钢板制作成泌水收集盒,尺寸为1.0m×1.0m×0.5m,泌水收集盒根据混凝土浇筑高度及时抬高,泌水进入收集盒内后,用水泵及时抽出坑外。

d.混凝土浮浆和塑性开裂控制:在保证可泵送的前提下尽量降低混凝土坍落度,尤其是浇筑至最后30~40cm时,混凝土坍落度应调小20mm。另外,前锚室施工的分层浇筑面和永久暴露面30~40cm厚范围内的混凝土,宜在混凝土拌合物中掺入0.75kg/m^3的聚丙烯单丝纤维以辅助防裂。上述两个措施的目的是防止混凝土表面浮浆过厚引起的后期收缩不一致从而导致开裂,改善分层浇筑面的抗塑性干燥收缩开裂能力,同时减轻凿毛工作量。

e. 收浆抹面:混凝土暴露面在振捣完毕后应及时进行至少两次抹压收浆,以消除塑性沉降裂缝和因表面快速失水引起的塑性收缩裂缝。

f. 暴雨应对措施:由于锚体混凝土的浇筑为大体积混凝土施工,因此在浇筑过程中,必须准备充足的塑料布,以备下暴雨时对已经浇筑完成的混凝土进行覆盖。

⑨混凝土表面凿毛。

混凝土分层浇筑面凿毛:顶面混凝土终凝后应及时进行凿毛,凿毛过程中不能中断养护。顶板混凝土强度达到10MPa后,对顶板表面采用风动机凿毛,以便与后续施工混凝土连接良好。

⑩混凝土养护。

养护的原则:通过加强混凝土保温养护,降低混凝土内表温差;通过加强混凝土保湿养护,减少混凝土收缩引起的表面应力。

前锚室施工大部分浇筑层为低温期施工,养护措施以保温为主,见表16-24。

锚块及支墩混凝土养护措施　　　　表16-24

结构部位		拆模前	拆模后
侧面(含后锚室)		带模养护,模板需覆盖防雨布	涂刷养护剂(横竖各1遍)+保温层,从混凝土浇筑完毕开始持续养护不少于14d
上表面	分层浇筑面	凿毛清渣后覆盖塑料薄膜+保温层	覆盖塑料薄膜+保温层,养护至上层开始浇筑为止
	永久暴露面	边收面边覆盖塑料薄膜,终凝后覆盖保温层	覆盖塑料薄膜+保温层,从混凝土浇筑完毕开始持续养护不少于14d

保温层可采用具有防火功能的玻璃棉,玻璃棉两面均为防水防风层。保温层厚度根据施工时气温按照《水运工程大体积混凝土温度裂缝控制技术规程》(JTS 202-1—2010)附录E进行计算。具体地,按照日均最低气温5℃、低温期混凝土内部最高温度59.4℃(支墩实心层)、最大浇筑厚度2.0m、内表温差25℃、玻璃棉导热系数0.15kJ/(m·h·℃)进行保温层厚度计算。保温层厚度 = $[0.5 \times 2.0 \times 0.15 \times 1.3 \times (59.4 - 25 - 5)]/(8.28 \times 25) = 0.028(m) = 2.8(cm)$。即气温最低时玻璃棉厚度超过2.8cm即可满足养护需求。

16.2.2 预应力锚固系统施工

本标段锚碇采用无黏结可更换预应力锚固系统,锚体主要包括前锚室、后锚室、锚块、预应力锚固连接器、散索鞍支墩、锚体基础等部分。其中,锚块主要承受预应力锚固系统传递的主缆索股拉力,散索鞍支墩主要承受散索鞍传递的索缆压力,前锚室、散索鞍支墩及锚块形成一个三角形框架式受力构件。锚碇平面尺寸为60.7m×39m,单个锚碇混凝土约2.8万m³。

锚块混凝土为C30，主缆采用预制平行钢丝索股法制作，由101根预制索股构成，每根索股由相互平行的127根直径为5.3mm的高强度镀锌钢丝组成。主缆索股锚固采用双股锚与单股锚相结合的方式，锚固系统有如下技术特点：

①锚固系统由索股锚固连接器和预应力钢束锚固系统组成，索股锚固连接器由拉杆及其他组件、连接器组成；预应力钢束锚固系统由管道、预应力钢绞线及其锚具、锚头防护帽等组成。

②单股锚采用15-18钢绞线及配套锚固连接构造，双股锚采用15-36钢绞线及配套锚固连接构造，锚固方式均为前锚式。

③锚块预应力锚固系统是随着锚块混凝土分层灌注而逐渐完善的。预应力管道的准确定位、锚碇板的准确安装关系到锚拉杆次应力的大小，也关系到主缆轴力的精确传递。因此施工中需精确测量定位，必须按照设计位置进行施工。

(1) 管道定位支架设计

锚体预应力系统精度要求高，为此，在施工前对预应力管道定位系统进行了专门设计。预应力管道定位系统由基准架和定位架组成，基准架是安装定位架的基准，是控制定位架安装精度的关键，并承受定位架传来的荷载。

基准架为由角钢组拼成的格构式立柱，每榀定位片下面设置3~5个格构式立柱基准架，基准架间采用型钢连接成整体。

定位架是由角钢组拼成的桁架结构，考虑到起吊安装因素，横桥向以群索中心线为轴分为6列，沿主缆方向共4组桁架，共24个定位桁架。后场加工组分层制作定位桁架，根据分层浇筑混凝土情况，分节安装定位桁架，分段进行预应力管道的连接，以满足"分层浇筑、分节支撑、分段接管、实时监控"的设计要求。

上、下游两个定位系统总重约为225.28t。

(2) 预应力管道定位架制作

预应力管道定位架均先进行平面分段制作，再组拼成立体分段。

(3) 定位架、基准架制作材料和焊缝要求

定位架所用焊接钢材均为Q235-A，材质符合《碳素结构钢》(GB/T 700—2006)的有关规定。焊缝质量达到设计图纸的要求并符合《钢结构工程施工及验收规范》(GB 50205—1995)二级焊缝标准。

(4) 定位架加工平台和组装平台施工

定位架在钢结构加工场加工制作，加工前用钢筋和钢板搭设工作台，钢板需保证平整度。工作台用来焊接定位片架，组装平台用来组装定位骨架。工作台使用前用水准仪调平，要求平台平整度小于或等于2mm，平台均必须架设牢固。

(5) 放样、切割下料

将片架杆件、节点板的形状与尺寸在大样平台上精确放样是定位架制作、安装质量得以保证的前提。对放样所用仪器、工具均必须严格要求，放样采用全站仪，量具采用校准过的钢尺。放样是在样台上进行1:1实物放样。节点板放样、下料通过样板进行，杆件量长则在切割台座上进行，杆件采用砂轮切割机下料，节点板采用剪板机下料。

(6)基准架安装

浇筑锚体混凝土前在安装基准架的位置安装基准架柱脚预埋钢板。在安装前,用全站仪测出基准架柱脚支承高程,调整、找平至满足安装的要求并测量放出基准架安装线,根据放线用塔式起重机进行安装,安装调整到位后焊接固定。在基准架接长处角钢外面包裹一层角钢,下层施工接长时贴着外层角钢内壁安装,可保证对接处接缝质量。

(7)定位架安装

用全站仪在基准架(或下层定位架)斜面上放出定位架安装纵横轴线,安装底层骨架(联系横梁及定位立杆),用仪器校核其纵横轴线,用定位螺栓初步定位,全站仪校核,调整微调装置,满足要求后固定。也可以通过定位装置定位准确支架后利用角钢焊接固定管道位置。

(8)预应力管道安装

预应力管道单根标准长度为6.3m,采用分节安装、分节定位的方法。

(9)锚体施工测量

由于南锚碇施工红线外都是民房,导致在首级控制点上架设仪器通视条件受限,因此对首级施工控制网进行加密处理。

南锚碇根据首级控制点的分布,利用南岸控制点 QPZ3、QPZ7、QPZ5 和北岸控制点 QPZ4、QPZ6、QPZ8,加密控制点 Q4、Q5,加密控制点 Q4、Q5 布设在锚碇施工范围外、地层稳定性好的位置,网形分布如图16-20 所示。加密控制点测量平面采用 GNSS 进行测量,高程采用电子水准仪测量。加密控制网测量技术标准按二等控制网标准执行,经计算,加密点精度满足二等控制网各项限差要求后经监理工程师批复方能使用。

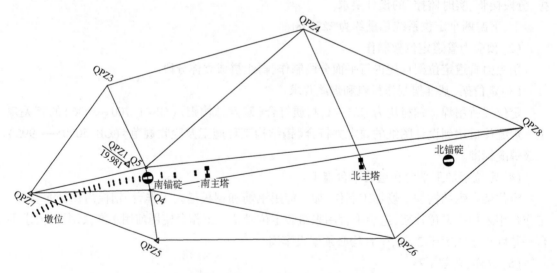

图 16-20 南锚碇控制网及加密控制网示意图

锚碇施工放样使用徕卡 TS60 全站仪(测交精度0.5s)进行施测。因锚体预应力施工期间,锚固系统支架、预应力管道之间相互影响,测量视线难通视,为方便施工,必须在锚体周围临时加密控制点。如两控制点之间不通视,可采用全站仪自由设站法进行施工测量放样。自由设站法示意如图 16-21 所示。

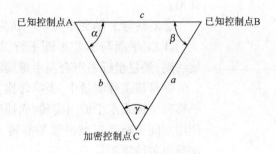

图 16-21 自由设站法示意图

根据正弦定理,其坐标由下式计算:

$$\alpha = \arcsin\frac{a\sin\gamma}{c}; \beta = \arcsin\frac{b\sin\gamma}{c}$$

方位角计算: $\alpha_{BA} = \arctan[(Y_B - Y_A)/(X_B - X_A)]$

坐标计算: $X_C = X_A + b\cos\alpha_{AC}; Y_C = Y_A + b\sin\alpha_{AC}$

(10) 锚体锚固预应力支架定位测量

根据锚体施工组织设计,先进行锚体定位支架测量。

定位支架定位的关键在于控制支架预埋件顶面位置,以便定位支架的精确安装。为了保证定位支架的精确安装,在定位支架安装前,用全站仪测量出定位支架角钢并调整至设计高程,再精确放出四个角点位置,依次安装定位支架。检查支架顶面位置是否正确,主要采用全站仪三维坐标法。调整定位支架四个角点高程和平面坐标,使平面位置及高程误差控制在 5mm 以内。定位支架安装是随着锚体每层混凝土浇筑高度逐渐接长安装,接长安装是定位支架安装的关键环节,其安装质量将影响顺桥向定位支架。采取的测量方法:在支架初步安装就位后,用全站仪测量支架背面任意点,记录高程值和 X 值。

$$X = X_0 + (H - H_0)\cot 50°$$

式中, X_0、H_0 分别表示支架最高点处 X 坐标和高程; X、H 表示所测点的 X 坐标和高程。利用公式可以计算出高程为 H 的情况下 X 坐标,再与实测坐标比较,得出斜面位置是否正确,即可判断斜角是不是 50°,并通过按比例上下调整支架,使支架的高程和 X 坐标误差控制在 5mm 之内。之后通过 Y 方向检查四个角点是否在同一平面上,并根据测量值与理论值的比较结果进行横桥向调整,使其误差控制在 5mm 之内。定位支架安装好后,可以安装相应的顺桥向的支架。

(11) 预应力锚固系统定位测量

预应力锚固系统是三维空间结构,设计提供的参数均在结构坐标系中,施工前首先要把预应力钢束要素从结构坐标系转变至测量坐标系中,坐标系相对位置关系如图 16-22 所示。

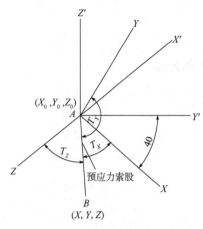

图16-22 坐标系转换

①X、Y、Z轴为结构坐标系坐标轴,X'、Y'、Z'轴为测量坐标系坐标轴,T_X、T_Y、T_Z分别为X、Y、Z坐标轴与AB的夹角。

②X轴与Y'轴夹角为40°,B为索股,A为IP点。

③XY平面与$Y'Z'$平面平行,结构坐标系符合右手螺旋法则,测量坐标系符合左手螺旋法则。

在常规工程测量中,坐标转换方法使用较多的是坐标平移和坐标系水平面内旋转,而锚碇预应力系统计算必须使用空间坐标系三维平移与旋转,在转换时,最常用的方法是布尔沙模型。

(12)预应力锚固系统的施工测量控制

预应力锚固系统是一个复杂的三维空间结构,技术含量高、施工工艺复杂,锚块施工过程中,应特别注意锚固系统定位支架及预应力管道、前后锚面锚垫板的预埋。预应力锚固系统施工测量的质量标准如下:

①结构轴线允许偏差±10mm;

②顶面高程允许偏差±20mm;

③结构预埋件轴线允许偏差±10mm;

④前、后锚面孔道中心坐标允许偏差±5mm;

⑤前锚面孔道角度允许偏差±0.2°;

⑥预应力锚固系统定位与验收以全站仪三维坐标法为主,以其他测量方法进行校核。

前、后锚面槽口模板及锚垫板的安装测量:前、后锚面是互相平行的两个面,它与预应力钢束并不一定垂直,必须通过异型的槽口模板来保证混凝土面与预应力钢束的垂直关系,槽口模板及锚垫板的安装精度直接关系到主缆的线型与结构受力,故设计图中对此作了明确规定。

槽口模板的安装步骤:

①安装前,检查槽口模板的加工尺寸及模板的三维轴线是否准确;

②槽口模板纵、横轴线准确放样(即前锚面P1轴线、后锚面P4轴线),注意后锚面槽口模板是在后锚面模板调整好后,直接在模板上放样,而前锚面槽口模板,则是先焊槽钢,用仪器放出虚拟前锚面,再在槽钢上放样槽口模板纵、横轴线;

③根据轴线安装并调整槽口模板;

④用全站仪三维坐标法检查P2、P3点,调整模板及锚垫板位置。

(13)预应力钢管施工控制

南锚碇预应力钢管,一侧锚室有61根,两侧共122根。上、下游侧锚块内预应力钢管对称于桥轴线,锚固系统预应力钢管编号如图16-23所示。

预应力钢管由基准架和定位架来支撑与定位,定位架由型钢组拼成框架,用定位板将预应力钢管固定在定位架上。预应力钢管基准架和定位架分为若干节段,每个节段分为若干层,每层分为两个半体,以满足分层浇筑、分节支撑、分段接管、实时监控的设计要求。

锚体预应力钢管施工控制步骤如下:

①在加工场拼装、焊接预应力钢管施工定位基准架,同时根据结构坐标预开钢管孔位,在定位板标示钢管中心轴线,以便现场预应力钢管安装定位;
②现场吊装预应力钢管定位基准架并精确定位;
③在基准架斜面上放出定位架安装纵、横控制线;
④采用全站仪三维坐标法校核预应力钢管中心轴线,并精确放样预应力钢管安装定位控制点。

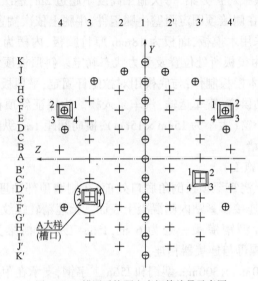

图16-23 锚固系统预应力钢管编号示意图

(14)预应力钢管定位检查方法及施测时间

预应力钢管安装完毕后,采用全站仪三维坐标法进行预应力钢管定位检查,检查部位为中心轴线点。因预应力钢管安装采取分节拼装定位基准架,分段接长预应力钢管,故施工时应实时测量预应力钢管中心轴线的三维坐标及方向。

施测时间:为了减少温度、大气、日照、风力等外界条件对锚体、预应力钢管定位的影响,测量作业选择在气候条件较为稳定、日照变化影响较小的时间段内进行。

16.2.3 前锚室顶板、前墙施工

锚碇前锚室为薄壁箱形结构,前端侧面与散索鞍支墩相连,后端侧面与锚块相接,顶板前端与支墩顶前墙相连,顶板后端与锚块相接。每个前锚室分为4个部分:前墙、左右侧墙、平顶板和斜顶板。南锚碇前锚室分两次施工,第一次施工斜顶板与前锚面相交以下部分,待主缆施工结束,猫道拆除后,第二次施工斜顶板与前锚面相交以上部分,主要包括部分剩余侧墙、前墙及顶板。

南锚碇锚体采用较为轻盈的分幅式框架结构。前锚室平顶板前端宽8m,后端宽9.068m,长度为6m;斜顶板前端宽9.068m,后端宽14m,长度为17.544m;后浇侧墙宽18.144～25.239m,高度为0～10.116m;前墙宽8.0～8.783m,高度为7.005m,厚度为0.8m。

(1)总体施工工艺

前锚室后浇部分混凝土分三步施工,第一步施工剩余部分侧墙混凝土,待猫道拆除后第二步施工前墙混凝土,第三步施工顶板(包括斜顶板、平顶板)混凝土。其中侧墙及前墙混凝土分层施工,逐次接高至顶板倒角底口处,前墙混凝土施工时注意预埋锚碇缆套套筒组件、主缆检修道锚固套筒组件;顶板混凝土分三次浇筑,第一次浇筑平顶板,第二次浇筑下部斜顶板,第三次浇筑上部斜顶板。

侧墙及前墙采用平模板对拉方案,每次施工高度不超过2m,逐次接高至顶板倒角底口处。顶板采用侧墙支承方案,在侧墙顶固定附壁牛腿组件,牛腿上依次搁置横梁、纵梁,形成支架系统。前锚室后浇部分均采用木模板,面板为18mm厚竹胶板,内楞为8cm×8cm木方,间距为0.3m;外楞材料及间距,由模板所处位置及受力状态确定。斜顶板顶模采用压模工艺,防止斜面混凝土流淌,压模采用木模板制作,与底模用对拉螺杆固定;平顶板只设底模,不设压模。

混凝土由集中搅拌站供应,罐车运输,汽车泵入模。为保证斜顶板混凝土的浇筑质量,压模上开设梅花形布置的小窗(大小为15cm×15cm),横向间距1m,纵向间距0.5m。在混凝土浇筑至小窗时,用木板封堵。

(2)侧墙支承与开窗施工

在侧墙及前墙混凝土浇筑至顶板倒角底口处前,在侧墙顶部预埋长度为0.4m的ϕ25mm精轧螺纹钢筋,一端安装连接器紧贴内侧混凝土表面。预埋精轧螺纹钢筋的根数,由支承横梁确定,HN700mm×300mm型钢横梁一处为6根,I56a工字钢横梁为4根。附壁牛腿利用ϕ25mm精轧螺纹钢筋+螺母与连接器相连。

横梁分别采用HN700mm×300mm型钢和I56a工字钢,支承在附壁牛腿上,纵向间距按跨度大小,分别为1.5m和2m。分配梁为I18工字钢,沿纵向铺设在横梁上,横向间距为0.7m。为了避免横梁受水平力推挤移位,纵向分配梁与横梁接触处应塞入楔形垫木;为避免横梁在水平推力作用下产生倾覆,横梁跨中及两端上翼缘设置三道ϕ25mm纵向钢筋进行连接,钢筋底端固定于已浇筑混凝土上。

侧墙施工时应在外侧侧墙上预留窗口,大小为0.9m×0.45m,以利于顶板封闭后支架材料从窗口抽出。顶板混凝土浇筑时,注意在横梁端部两侧预留内径为35mm的预留孔(窗口处横梁在跨中处增加一处预留孔)。在顶板预留孔内穿入ϕ25mm精轧螺纹钢筋,下放支架,拆除模板。

(3)支架拆除

根据顶板混凝土浇筑顺序,拟定支架材料按如下顺序拆除:第一次浇筑平顶板,其下支架材料从尚未施工的上部斜顶板处移出;第二次浇筑下部斜顶板,其下支架材料也从尚未施工的上部斜顶板处移出;第三次浇筑上部斜顶板,其下支架材料从侧墙预留窗口抽出。

横梁按由外至内的顺序拆除,内侧横梁利用双倒链横移至外侧。具体做法是,在横梁两端设置双倒链,倒链一端固定在精轧螺纹钢筋上,另一端连接横梁,内侧倒链逐渐放松,外侧倒链逐渐收紧,实现横梁向外侧横移。

(4)前锚室索股保护

纵向分配梁与横梁之间的楔形垫木在水平推力的作用下,有可能被挤出,因此楔形垫木应采取可靠的固定措施。

在前锚室内索股上方应搭设临时满堂脚手架,脚手架上方应采用脚手板等材料封闭,便于支架搭设及防止重物意外坠落。

侧墙及前墙钢筋尽量采用套筒连接,必须进行焊接时,应采取可靠隔离措施,并有专人现场监督。

满堂脚手架搭设、拆除过程中,对可能触碰的索股首先用木脚手板隔离后再进行作业,防止钢管与索股接触。施工材料及工具不得抛掷,应逐人传递。

本项目采用木模,施工过程中应严禁烟火,工人在作业过程中严禁抽烟及动火作业。

前锚室前墙预埋锚碇缆套套筒组件、主缆检修道锚固套筒组件,内侧墙顶预埋PVCϕ75mm×3.6mm电缆管,不得遗漏。

前锚室除了在内侧墙上设有1.2m×2m的人孔外,其他为封闭结构。前锚室内设有除湿机,但无具体尺寸,需要确认除湿机在前锚室封闭后能否进入。

前锚室侧墙底部以上3.5m预埋ϕ168mm×5mm进/出风管。

17 北锚碇施工

17.1 北锚碇基坑开挖

17.1.1 锚碇深基坑施工方案概述

锚碇基坑土体采用分层分段开挖方式,基坑表面及以下的全风化岩层用挖掘机直接挖除,开挖过程中严格控制,不得超挖。石方采用先爆破后开挖的方式挖除,对基坑进行控制性爆破分层开挖,机械开挖后,辅以人工修整坡面,坡面平整度允许偏差为20mm。项目经理部选用一个弃土场(1号弃土场),1号弃土场设置在锚碇左后方的山沟内,距离锚碇300m。本着围护先行、排水先行、逐级开挖逐级防护、保证安全的原则组织施工,作业过程中注意爆破方法和开挖方法的适应性,认真核实地质情况,确保边坡稳定,以便后续工程施工。正式开挖前,首先在锚碇出渣通道前设置一道大门、围墙及门卫,防止外来人员进入施工现场。逐级开挖后,为保证基坑内作业人员及机具的安全,在基坑仰坡开口线外5m处设一道防护网,网高4m,防止有落物坠入基坑。边坡防护与开挖交叉作业时,考虑在各级平台上采取临时防护措施。

锚碇基坑采用分级放坡开挖方式,开挖完成一个工作面后,即开始对其进行边坡防护施工,边坡防护采用锚杆挂网喷射C20混凝土方式。

17.1.2 锚碇深基坑施工工艺流程

锚碇深基坑施工工艺流程如图17-1所示。

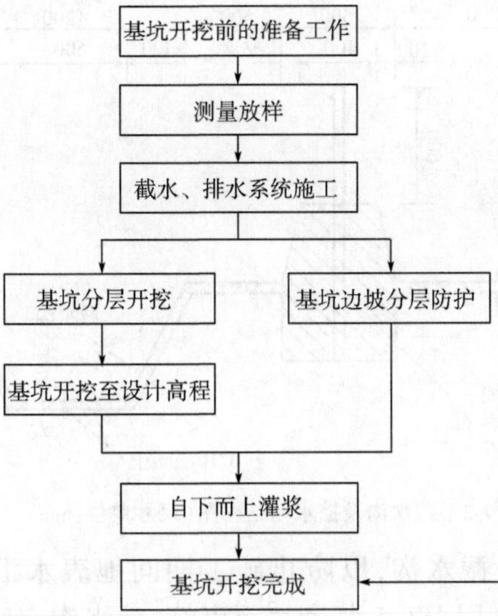

图 17-1 锚碇深基坑施工工艺流程图

17.1.3 锚碇深基坑开挖施工

(1)施工测量放样

由测量人员根据设计图纸及复核、批准后的导线点准确放出锚碇纵、横向轴线的控制桩及基础的边界桩并埋设护桩,根据设计坡度精确放出锚碇基坑边坡开挖轮廓线,用白石灰在地面画出轮廓线,在开挖过程中每循环结束后,对边坡坡度进行复核测量,及时纠偏,避免超挖、欠挖。

根据设计和边坡防护要求,以及施工现场地质情况,锚碇基坑按照边坡允许值分级放坡。

(2)地表清理

边坡开挖前,应首先进行排水设施施工,设好天沟、截水沟,并做好防渗工作,保证边坡稳定。还应对边坡进行修整,由人工从上往下清除坡面杂物,凿除小块松动、悬浮岩石。对大块岩石采用人工配合机械切割的方法,逐步消除,以保证开挖过程中人员、机械的安全。

(3)截水、排水施工

由锚碇地形图可知,锚碇位于韩湖北侧,三面环水,为防止锚碇基坑开挖时,湖水及地下水通过岩石裂隙渗入基坑内,在基坑外侧填土筑岛形成截水屏障;为防止地面水、雨水的影响,在基坑上部开挖边线 2.7m 外四周设截水沟,在截水沟与基坑开挖边线之间设置挡水墙以阻止地面水流向基坑内,对截水沟向外 5m 范围内进行地表清理后浇筑混凝土硬化;在基坑内设置排水沟和集水井,将坑内水外排。

①坑外截水施工。

坑外截水采用截水沟和挡水墙截水,截水沟及挡水墙结构如图 17-2 所示。

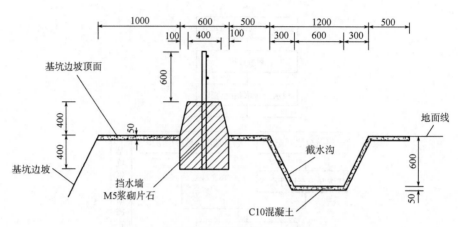

图 17-2 截水沟及挡水墙结构图(尺寸单位:mm)

在基坑顶外 2.7m 处设置截水沟,以防止施工期间地表水汇入基坑。截水沟尺寸为 120cm×60cm(宽度×高度),采用 M7.5 浆砌片石砌筑,截水沟沟底纵向坡度不小于 0.5%。截水沟平面布置如图 17-3 所示。

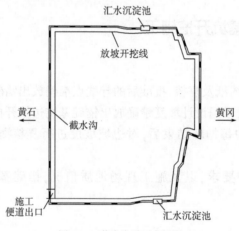

图 17-3 截水沟平面布置图

②坑底排水施工。

基坑开挖到位后在基坑底部四周开挖排水沟,并在坑底一角设集水井,使坑内的水经排水沟流向集水井,然后用水泵抽出坑外并排走。基坑底排水沟尺寸为 150cm×60cm(宽度×高度),集水井尺寸为 140cm×200cm(宽度×高度)。

(4)基坑开挖及出土

①坑外出渣便道。

坑外出渣便道由棋盘洲长江公路大桥前进方向右侧纵向临时施工便道和乡道 Y031 线组成,确保施工交通顺畅。

②坑内出渣便道。

锚碇开挖土石方总量大(表 17-1),工期紧,开挖前应认真察看地形条件和施工实际情况,确定出渣便道。便道首先由锚碇右侧后方平坡进入,将此高程22.1m以上开挖范围内的渣土由自卸车运出,其余便道依据20t自卸车的爬坡能力(10%~15%),随基坑向下开挖而不断向下延伸。

北锚碇基坑开挖岩层工程数量统计表　　　　　　　表17-1

序号	地层名称	开挖方量(m³)
1	粉质黏土	16091.31
2	全风化石英片岩	24504.61
3	强风化石英片岩	46656.07
4	中风化石英片岩	38315.5
5	微风化石英片岩	17751.04

基坑开挖的弃渣主要从锚碇区内出渣便道运出,出渣便道宽度为4.5m。便道在每个拐角处设置一个会车点,宽度为7.0m。出渣便道的边坡防护,依据开挖后边坡的具体情况采用挂钢筋网喷混凝土及锚杆加固方式。出渣便道坡顶设截水沟,防止雨水冲刷边坡。

待开挖工作完成后,采用大挖掘机在上、小挖掘机在下分台阶接力方式依次挖除3号及1号出渣便道,便道挖除阶段大挖掘机无法施工的位置采取小挖掘机开挖、收料履带配合出料斗垂直出渣的方式进行,施工完成后小挖掘机通过履带式起重机吊装撤离基坑。

③基坑土体开挖。

各层开挖时根据现场喷锚支护进度采用不同方式:当喷锚支护与土方开挖同步时,采用中心岛法开挖;当喷锚支护滞后于土方开挖时,采用掏槽法开挖,即在坡边预留6m平台,其余为掏去部分。土方开挖时随作业面实施排水措施。

④基坑开挖顺序。

锚碇基坑分上下两部分开挖施工,第一部分为开挖高程22.1m以上到地面,第二部分为开挖高程22.1m以下到基坑底。

第一部分开挖采用分层大开挖方式,每层开挖2m,分层降至22.1m处。施工中主要采用推土机与挖掘机开挖,土石方由自卸车运至1号弃土场。

第二部分采用螺旋出渣便道出渣,分层开挖至基坑底,每层开挖2m,开挖采用爆破施工,土石方运至1号弃土场。

(5)基坑边坡防护

锚碇基坑开挖时,其上部表层为第四系坡积覆盖层,主要为粉质黏土、全风化石英片岩、强风化石英片岩、中风化石英片岩、微风化石英片岩。由于基坑开挖的深度大、面积广,且局部岩层中裂隙发育,含有破碎带,易造成坑壁局部崩塌,甚至导致坑壁失稳,因此基坑开挖须采取防护措施。

该基坑拟采用放坡分层开挖法,边坡防护在全风化到强风化段(32.0m至9.5m)采用锚杆挂网喷射混凝土法,以加强边坡岩体的锚固和稳定,中风化及微风化段(9.5m至1.5m)采用锚杆挂网喷射混凝土法。整个基坑开挖和防护施工过程中,采用明沟排水措施。

采用由上至下边开挖边进行边坡防护的施工方案,在每一大层开挖时,开挖一小层土方做一层边坡防护,直至基坑开挖至设计深度为止。基坑边坡防护采用挂网喷锚护坡施工等。

基坑边坡防护需采用脚手架搭设支架作为平台进行施工,脚手架采用 $\phi48mm$ 钢管搭设,在靠近边坡侧铺设木板作为工作平台,基坑开挖一层防护一层,每层厚度为 2~4m。

根据施工地质图和地形图,锚碇基础开挖时,可能会对边坡稳定产生影响的因素主要有两种:

①基坑开挖影响范围内,地质上局部存在的软弱夹层或破碎带,导致开挖时岩体稳定性差。

②由于锚碇基础开挖深度大,开挖范围广,表层覆盖层较为软弱,随着基坑的不断开挖,如果不加防护或防护强度不够,基坑周围上层土体可能会成为稳定性较差的高陡边坡。高陡边坡在开挖后,上部表土层往往会自动崩离失稳,中下部碎裂岩体垮落,对边坡稳定性的危害较大。

锚杆挂网喷射混凝土方法:边坡防护主要采用锚杆支护及挂网喷射 C20 混凝土的施工方法。锚杆施工应与土石方开挖紧密配合,在土方开挖的过程中,同时进行锚杆的施工。

对位于基坑上部的土层、强风化岩层,边坡防护采用锚杆挂网防护。带肋钢筋网钢筋直径为 6mm、网孔为 10cm×10cm,锚杆钢筋直径为 22mm,长度为 3m,纵、横向间距均为 2m,喷射混凝土厚 100mm。

锚杆防护施工流程:施工准备→测量放样→搭设施工脚手架及施工平台→人工清坡→坡面锚孔施工→锚孔验收→锚孔注浆→锚杆安装→分级拆除脚手架→分级挂钢筋网→固定钢筋网(焊接)→分级喷射混凝土→全部拆除脚手架→养护→锚杆抗拔试验(施工预留)→边坡锚喷支护验收。

挂网喷射混凝土边坡防护施工工艺如下:

①搭设平台架子:以现场初步测量放样确定的孔位高度来搭设平台,以机械型号来确定操作平台宽度。立杆插入地面深度 10~15cm,立杆外侧加剪刀撑,平台板采用毛竹片铺设压杆加固,机械位置加铺枕木。

②测量放样:清除边坡松动块石,以防坠落伤人,进行孔位放样,确定出孔位,并做好标记。

③钻孔:确定孔位后,进行钻孔施工。锚杆钻机就位,调整好倾斜角度钻孔,钻孔与锚杆预定方位的夹角允许偏差为 1°~3°,锚杆的孔距允许偏差为 150mm,孔深、孔径必须符合设计要求。

④锚杆安装:安装前应检查原材料型号、规格、品种及锚杆各部件质量和技术要求。锚杆孔位、孔径、孔深及布置形式要符合设计要求,孔内积水和岩粉要吹洗干净。

⑤注浆:锚杆安装完成后,应及时进行锚孔注浆,原则上间隔时间不得超过 24h。

注浆材料:采用膨胀性水泥砂浆。

注浆准备:注浆准备工作除严格认真确定原材料配合比和配备必要设备外,在注浆作业开始前和中途停止较长时间再作业时,宜用水或水泥浆润滑注浆泵及注浆管路。

注浆浆液:注浆浆液应严格按照配合比搅拌均匀,随搅随用,浆液应在初凝前用完,并严防石块、杂物混入。注浆浆体强度不应低于 25MPa。

注浆方法:锚杆采用一次性注浆,即孔底返浆法注浆,注浆压力为0.2~0.6MPa。注浆过程中,注浆管从孔底缓慢抽出,当孔口冒浆10s以上时才可停灌,并将孔口用水泥袋作止浆塞封住。

⑥钢筋挂网与喷射混凝土施工。

第一次喷射混凝土前,首先将坡面整平,拆除障碍物,除去坡面浮石和墙角岩渣、堆积物,用空气压缩机清扫坡面。

在坡面上埋设控制喷射混凝土层厚度的标志,检查机械设备及水、电、风管路是否符合要求,并进行试运转。

喷射混凝土标号为C20,设计喷射厚度为10cm,喷射施工前混凝土配合比必须报监理工程师审批。根据喷射混凝土机性能确定粗集料粒径,速凝剂通过试验确定。喷射混凝土需随拌随用。

喷射作业分层进行,第一次喷射厚度为40mm。喷射应自下而上。喷射时掌握好喷头和喷面的距离、喷射角度,控制好水灰比和喷头的运行轨迹,以保证混凝土喷射密实、表面平整、湿润光滑,无干斑或滑移流淌现象。

混凝土的喷射采用喷射机湿喷工艺,喷射施工时喷头应具备良好的工作性能,喷头与受喷面应垂直,并保持0.6~1.0m的距离。喷射施工顺序应为从下往上,螺旋式移动。喷射混凝土终凝2h后,应喷水养护,养护时间不少于7d。严禁在结冰季节或者大雨天气进行喷射作业。

第一次喷射完成后挂设钢筋网。钢筋网与锚杆或其他锚杆装置应连接牢固,喷射时钢筋网不得晃动。钢筋网的材质、规格、网眼的间距应符合设计要求,钢筋网与坡面保护层的间隙应大于30mm。

另外,锚杆挂网喷射混凝土面层养护时间大于2d后,方可开挖下层土方。

(6)基岩原位承载力和现场剪切试验

根据设计要求,基坑开挖至接近基底时,采用人工突击开挖至基底,随即进行基岩原位承载力和现场剪切试验。结合以往工程经验,参考试验方法如下:

①基岩原位承载力试验。

本试验采用堆载试压方法测试,做法如下:

a. 选用1m×1m堆载做试压。

b. 根据地质勘探提供的该层位基岩极限承载力(增加20%)确定堆载质量,本试验拟选用堆载250t,首次加载量定为50t,以后每级加载25t。

c. 利用堆载对基岩进行原位承载力测试,直到基底岩石产生破坏,以此确定其极限容许承载力。

d. 基坑底部面积为60m×61.5m,可根据设计要求选不少于2处点做原位承载力测试。

②现场剪切试验。

A. 试验仪器。

50t立式油压千斤顶一台;50t单行程工作缸一台;63MPa手动泵一台;100MPa压力表两块;行程20cm位移传感器两只;YJ-26型静态电阻应变仪一台;粗糙度仪一台。

B. 制样。

该试验每组共制 4 个试样,每个试样截面尺寸为 50cm×50cm,高度为 50cm。制样方法如下:

a. 在已开挖好的基坑底面,确定出试样位置;

b. 清理基岩表面;

c. 立模,浇筑试样;

d. 养护 7d。

C. 试验步骤及控制标准。

基岩与混凝土界面的现场剪切试验采用直接快剪的方式进行。试验步骤如下:

a. 给试样施加预定的法向压力 P_1(kN)。

b. 分级施加水平剪力 T(kN),直至试样被剪破为止。

在分级施加水平剪力时,测读每级剪力作用下的稳定剪切变形 δ。试样剪切变形稳定标准为 3min 内试样剪切位移量小于 0.005mm,试样剪切破坏标准为若在某级荷载作用下 15min 内变形仍不稳定,就将剪切变形不能稳定的前一级水平剪力定义为最大剪力 T_{max}。

c. 对试样施加不同的法向压力 P_2、P_3、P_4,重复以上步骤直至试样被剪破。

③剪切试验原理及现场剪切试验。

现场剪切试验采用竖直方向和水平方向加载,达到剪切破坏后,按前述方法确定最大剪力 T_{max}。然后将竖直力和最大剪力向剪破面的法向和剪切法向投影,假定剪破面上的法向应力和最大剪应力均匀分布,则有计算公式:

$$\sigma_n = \frac{P_n}{A}; \tau_f = \frac{T_n}{A}$$

式中:σ_n——剪破面上的法向应力(kPa);

τ_f——剪破面上的抗剪强度(kPa);

P_n——剪破面上的法向力(kN);

T_n——剪破面上的切向力(kN);

A——剪破面的面积(m^2)。

为了使试验结果满足剪破面上的法向应力和剪应力都均匀分布的假设,由材料力学可知,必须保证竖向加载力通过剪破面的形心。在试验之前一般不知道剪破面形心的准确位置,可通过如下方法使假设条件尽可能满足。

a. 使试样所受的竖向压力 P 在剪切过程中始终作用在试样顶面的形心。为此,设计一个竖向加荷装置,其关键是在竖向千斤顶上面安装水平滑动装置。这样,无论水平位移变化多大,竖向千斤顶始终保持竖直且作用在试样顶面的形心,即竖向压力始终垂直作用在试样顶面的形心,从而确保剪破面上的法向应力均匀分布。

b. 水平推力的反力座必须铅直且与试样侧面平行,尽量降低水平推力的作用点。

根据试验实际情况和试验数据分析,可得出基岩原位承载力及抗剪强度,从而分析结构的安全性。

(7)基坑开挖施工监测

锚碇基坑开挖规模大、深度较深,由于基坑在开挖施工过程中的受力情况和边坡稳定情况直接关系施工的质量和安全,因此需对基坑开挖全过程进行施工监测。

①平面基准点布设。

本工程共设置3个平面基准点,用于监控工作基点的变形,分别埋设于远离基坑5倍开挖深度之外的稳定、可靠地点。在远离基坑外侧的相对稳定的地方设置水准工作基点3个,用于测量竖向位移。水平位移工作基点在监测过程中应定期进行校核。

②监测点埋设。

按照《建筑基坑工程监测技术规范》(GB 50497—2009)第5.2.1条规定,基坑边坡顶部的水平和竖向位移监测点应沿基坑周边布置,周边中部、阳角处应布置监测点。监测点水平间距不宜大于20m,每边监测点数目不宜少于3个。水平和竖向位移监测点宜为共用点,监测点宜设置在基坑坡顶上。

③监测仪器。

监测仪器选用全站仪,精度指标为($1''$,$\pm(1mm+1ppm)$),其水平和垂直位移精度为$\pm(3\sim5)mm$。

④监测频率。

本基坑工程按照一级基坑类别进行监测。现场仪器监测的监测频率如表14-20所示。

⑤监测报警。

当监控中出现由于锚碇施工引起的下列情况之一时,必须立即进行危险报警,并对基坑支护结构和周边环境中的保护对象采取应急措施:

a. 监测数据达到报警值;

b. 基坑支护结构或周边土体的位移出现异常情况或基坑出现渗漏、流沙、管涌、隆起或陷落等;

c. 基坑支护结构的支撑或锚杆体系出现过大变形、压屈、断裂、松弛或拔出的迹象;

d. 周边建(构)筑物的结构、周边地面出现可能发展的变形裂缝或较严重的突发裂缝;

e. 根据当地工程经验判断,出现其他必须报警的情况。

监测工作以仪器测量为主,并与日常巡察工作相结合,施工期间,做好现场监测点的保护工作。每次监测前,对所使用的控制点进行校核,发现有位移,要按布网时的测量精度恢复。

施工中及时观测和反馈信息,定期分析监测报告,及时发现报告中存在的问题。基坑及支护结构监测报警值如表17-2所示。

基坑及支护结构监测报警值　　　　　　表17-2

序号	监测项目	支护结构类型	一级基坑		
			累计值		变化速率 (mm/d)
			绝对值(mm)	相对基坑深度 h 控制值	
1	墙(坡)顶水平位移	放坡、土钉墙、喷锚支护、水泥土墙	30~35	0.3%~0.4%	5~10
		钢板桩、灌注桩、型钢水泥土墙、地下连续墙	25~30	0.2%~0.3%	2~3

续上表

序号	监测项目	支护结构类型	一级基坑		变化速率(mm/d)
			累计值		
			绝对值(mm)	相对基坑深度 h 控制值	
2	墙(坡)顶竖向位移	放坡、土钉墙、喷锚支护、水泥土墙	20~40	0.3%~0.4%	3~5
		钢板桩、灌注桩、型钢水泥土墙、地下连续墙	10~20	0.1%~0.2%	2~3

(8)锚碇基坑施工注意事项

①施工顺序：先施作地表截水沟，再自上而下分段分级开挖(逆作法)，每开挖一级(8m)及时施作喷锚网防护，当喷锚网达到设计强度要求后再开挖下一级，直至基坑底部。

②为避免边坡开挖对基岩岩性及周边建(构)筑物产生变位影响，开挖时须及时按照设计图对边坡基岩进行支护。

③在距基坑底面设计高程0.3~0.5m，天气条件容许时，采用人工突击继续开挖，直至设计建基面。同时做好排水工作，底面严禁被水浸泡。及时浇筑30cm厚垫层混凝土。

④边坡开挖应尽量避开雨季，并及时开挖，及时支护，边坡开挖后半个月内必须完成坡面支挡结构。

⑤挖方边坡应从开挖面往下分段整理，每下挖2m，需对新开挖边坡进行刷坡，同时清除危石及松动石块，并不宜超挖，不得欠挖。施工期间严禁在堑顶边缘及边坡平台上大量堆积集中荷载。

⑥喷锚网防护施工应注意以下事项：

a.喷射混凝土前应将坡面浮土、碎石清除并用高压水冲洗；边坡出露地下水时，应用PVC管引出。

b.机械喷射作业前应试喷，调节水灰比，使喷射表面光洁平整，集料分布均匀，回弹量小。

c.喷射作业应自上而下分层喷射，不得漏喷、脱层、网材露出、锚杆露头；周边应封严，钢筋网与锚杆应牢固连接。灰体达到初凝后，立即洒水养生，持续7~10d。

d.喷锚网护坡锚杆采用砂浆锚杆，锚杆采用M25水泥砂浆固定，锚杆孔直径为40mm，锚杆孔深3.2m，锚杆固定时应露出岩面10cm，端头做成弯钩以压住钢筋网。

e.严禁在雨中进行喷射作业。

f.施工用水应符合有关规范要求。

g.为保证基础底面全部位于微风化石英片岩上，基底超挖部分需挖成锯齿状，并采用基础同标号混凝土与基础一同浇筑。

17.2 锚碇大体积混凝土施工方案

17.2.1 锚碇混凝土分块分层施工

为了控制混凝土内部温度及温度应力,根据温控要求分块分层浇筑,如表17-3所示。将锚碇于水平方向上分为4大块进行施工,分别为左、右锚块,左、右散索鞍支墩及基础。在竖直方向上,共分为6大块进行施工。锚块分为15层进行浇筑;散索鞍支墩基础分为3层浇筑;散索鞍支墩分为6层浇筑;前锚室侧墙分为9层浇筑;前锚室顶板及后浇带均为一次性浇筑。

混凝土分层浇筑表   表17-3

编号	高度(m)	混凝土方量(m³)	编号	高度(m)	混凝土方量(m³)
锚块1	2.2	910	锚块13	2.2	1201
锚块2	2.2	973	锚块14	2.2	777
锚块3	1.9	924	锚块15	2.864	368
锚块4	2.2	1143	散索鞍支墩1	2.5	438
锚块5	2.2	1396	散索鞍支墩2	2.5	372
锚块6	1.9	1371	散索鞍支墩3	2.5	326
锚块7	2.2	1715	散索鞍支墩4	2.5	281
锚块8	2.2	1854	散索鞍支墩5	2.5	239
锚块9	2.2	2071	散索鞍支墩6	3.654	154
锚块10	2.2	2090	散索鞍支墩基础1	2.2	1540
锚块11	2.2	2010	散索鞍支墩基础2	2.2	1540
锚块12	2.2	1635	散索鞍支墩基础3	2.2	1540

锚碇混凝土施工顺序:锚块→散索鞍支墩基础→散索鞍支墩→锚块后浇带、散索鞍支墩基础后浇带→前锚室侧墙→前锚室顶板。

根据计算,第10层浇筑混凝土方量最大,最大值为2090m³。

17.2.2 钢筋施工

锚碇混凝土分块分层施工,钢筋制作、绑扎安装亦分块分层。钢筋在1号钢筋加工场集中加工,通过3号及4号施工便道运至施工现场,由塔式起重机吊至指定位置,人工绑扎安装。

(1) 钢筋施工方案

①钢筋接头工艺。

在钢筋施工时,对直径大于或等于 25mm 的钢筋采用滚轧直螺纹连接,其余钢筋采用绑扎或焊接连接。主筋接头数在同一断面不超过全断面的 50%,各部位的预埋筋外漏长度应满足搭接长度和设计要求。

②钢筋加工。

钢筋在加工场集中加工制作,钢筋加工的形状、尺寸必须符合设计要求,加工成半成品的钢筋应按型号、规格、部位等进行编号挂牌,分别堆放。试验室对每批钢筋原材料、接头等进行抽样检验。

a. 钢筋下料。

钢筋采用砂轮机或切割机下料,要求钢筋切割断面垂直于钢筋轴线,断面偏角不允许超过 4°。端头弯曲或马蹄严重的应予以切除。

b. 钢筋接头滚压套丝。

接头加工是在专用的滚轧套丝机械上进行,采用标准型丝头。

③半成品保护。

套丝完成,并经质量检查合格的钢筋称为半成品。对半成品应采取严格的保护措施,采用塑料保护套对钢筋丝头进行戴帽保护,防止丝头受到损伤。

④钢筋定位、绑扎。

钢筋采用塔式起重机和专用吊具逐捆吊至施工平台就位,逐根安装,安装顺序为主筋→箍筋→水平筋。

钢筋现场连接时,对直径大于或等于 25mm 的钢筋采用滚轧直螺纹连接,其余钢筋采用绑扎连接或焊接,绑扎接头长度不小于 $35d$,焊接接头单面焊大于或等于 $10d$,双面焊大于或等于 $5d$,所有接头均要满足设计规范要求。绑扎时,交叉点必须绑扎牢靠。

为保证钢筋安装精度,防止钢筋骨架变形,设置型钢支架作为钢筋绑扎安装的定位支撑结构。

⑤钢筋连接。

连接钢筋时,钢筋和套筒的规格应一致并确保钢筋和套筒的丝扣干净和完好。用扳手将钢筋旋入套筒至不能转动为止,使两根钢筋头顶紧,拧好后做好标记以便检查,避免漏拧。接头外漏的完整螺纹牙数不多于 3 个。

(2) 钢筋施工检验标准

《公路桥涵施工技术规范》(JTG/T F50—2011)对钢筋加工的要求如表 17-4 所示。

钢筋加工允许偏差 表 17-4

项目	允许偏差(mm)
受力钢筋顺长度方向加工后的全长	±10
弯起钢筋各部分尺寸	±20
箍筋、螺旋筋各部分尺寸	±5

17.2.3 模板施工

锚碇模板由锚块模板、锚块上部斜坡处模板、散索鞍支墩及基础模板、侧墙模板、前锚室顶板模板、前后锚面模板及后浇带模板等组成,采用优质木模板。

(1)锚块、散索鞍支墩及基础、侧墙及前锚面模板施工

以上施工部位模板结构相同,外模均采用 DP180 悬臂模板,后浇带面处采用自制模板对拉螺杆加固。

DP180 悬臂模板主要用于大坝、桥墩、混凝土挡土墙、隧道及地下厂房的混凝土衬砌等结构的模板施工。由于混凝土的侧压力完全由预埋件及支架承担,因而模板不必有另外的加固措施,施工简单、迅速,且十分经济,混凝土表面光洁,是一种理想的单面墙体模板体系。

模板高度按照分层的混凝土高度制作,模板下端比混凝土底多10cm,模板上端比混凝土顶高5cm。

①DP180 悬臂模板组成。

DP180 悬臂模板由七部分组成:桁架主背楞、模板、斜撑、后移装置、承重三脚架、埋件系统、吊平台,加高节。

②悬臂模板施工流程。

悬臂模板施工流程见表 17-5。

悬臂模板施工流程　　　　　表 17-5

步骤	示意图	说明
第一次混凝土浇筑	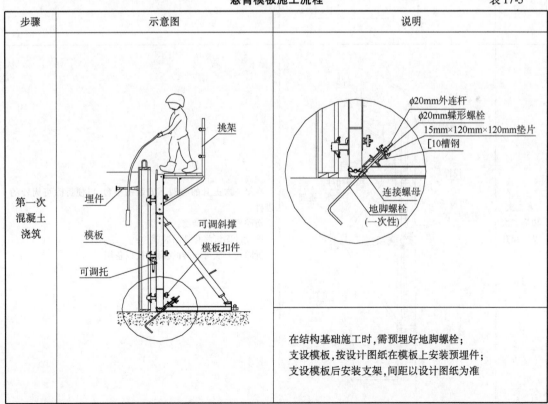	在结构基础施工时,需预埋好地脚螺栓; 支设模板,按设计图纸在模板上安装预埋件; 支设模板后安装支架,间距以设计图纸为准

续上表

步骤	示意图	说明
第一次爬升	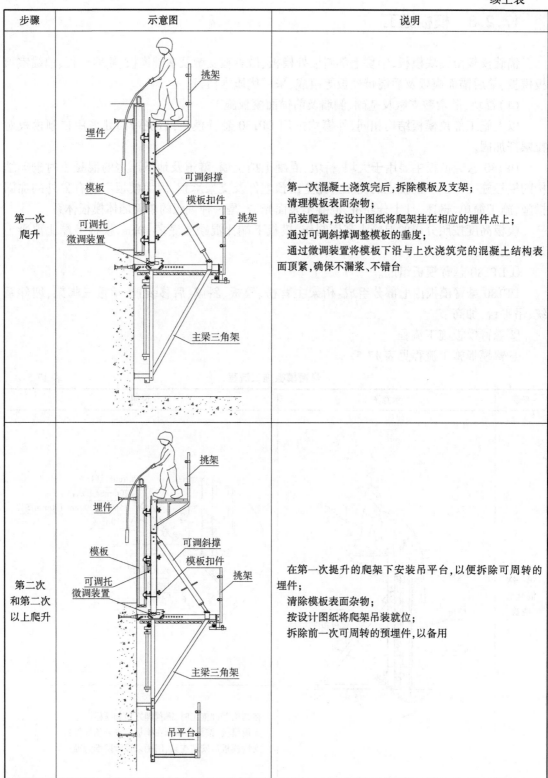	第一次混凝土浇筑完后,拆除模板及支架; 清理模板表面杂物; 吊装爬架,按设计图纸将爬架挂在相应的埋件点上; 通过可调斜撑调整模板的垂度; 通过微调装置将模板下沿与上次浇筑完的混凝土结构表面顶紧,确保不漏浆、不错台
第二次和第二次以上爬升		在第一次提升的爬架下安装吊平台,以便拆除可周转的埋件; 清除模板表面杂物; 按设计图纸将爬架吊装就位; 拆除前一次可周转的预埋件,以备用

③质量保证措施。

a. 拼缝处模板面板保护措施。

模板在拆除和安装时,面板与面板之间相互错动,易导致面板端头破损,因而在面板端头增设边肋角钢进行保护。

b. 模板底口封闭防止漏浆措施。

每层墙体浇筑完成后,对混凝土墙体上弹线找平,沿线切割混凝土表面,切线应平直。要求先将混凝土上表面冲洗干净,再合模夹紧。

(2)后锚面模板施工

后锚面模板随着混凝土分层施工,采用型钢支架结合后锚大型钢模板进行施工。

(3)锚块上部斜坡处模板施工

采取预埋型钢,对拉螺杆加固自制木模板方法进行施工。同时,在斜面模板板面上敷设模板布内衬吸水、吸气,从而改善混凝土外观,确保混凝土质量。

(4)后浇带模板施工

后浇带内部模板利用已浇筑混凝土施工,端模板利用对拉螺杆加固。

(5)前锚室顶板模板施工

前锚室顶板厚度为80cm,因前锚室内索股较多,同时考虑到支架拆除的方便,拟采用满堂碗扣支架进行施工。混凝土浇筑施工前,用土工布和石棉布对索股进行包裹防护,以免对其造成任何损害。

支架系统采用$\phi 426mm \times 10mm$钢管,直接支承于混凝土结构物上,承重梁采用双拼I56c工字钢,分配梁采用I40a工字钢,分配梁上对应的钢管立柱纵向间距为0.6m,横向间距为0.6m,步距1.2m,脚手架钢管顶部铺设$10cm \times 10cm$木方及2cm厚竹胶板。

17.2.4 混凝土浇筑施工

锚碇混凝土浇筑采取分块分层施工,混凝土在1号混凝土拌和站集中搅拌,由$9m^3$混凝土罐车运送到施工场地,通过高压泵泵送到浇筑部位。锚碇混凝土浇筑主要包括混凝土浇筑顺序、地泵及泵管和布料机布置、冷却水管布置、混凝土浇筑分层等。

(1)混凝土浇筑顺序及注意事项

锚碇混凝土按照分块分层方案进行施工,循环作业,科学安排,确保锚碇混凝土施工质量。

首先浇筑右侧锚块第一层,其次浇筑左侧锚块第一层,然后浇筑右侧散索鞍支墩基础第一层,最后浇筑左侧散索鞍支墩基础第一层。按此顺序施工完成其余各层。

浇筑注意事项如下:

①下层混凝土初凝以后,不能过早地在上面浇筑新的混凝土层,必须等混凝土抗压强度达到1.2MPa以上时(混凝土间歇期控制在4~7d),才能继续浇筑混凝土;否则在振捣新浇筑的混凝土时,会破坏已初凝混凝土的内部结构和混凝土与钢筋的黏结。

②在上层新浇筑混凝土之前应清除施工缝表面的水泥浆、垃圾、松动的砂石和软弱层,以及钢筋表面的油污、泥锈和砂浆等杂物。另外,为保证前后层混凝土结合紧密,混凝土浇筑前

必须将下层混凝土表面凿毛,将施工缝表面用水冲洗干净并充分润湿(低洼处不得有积水)。

③在浇筑混凝土时,为防止水平施工缝处形成石子密集区从而影响混凝土强度,宜在浇筑混凝土前在水平施工缝处先铺一层厚度为 10~15mm 且与混凝土成分相同的水泥砂浆,然后开始浇筑混凝土。

④各层混凝土顶面高程及平整度,通过各层内的架立钢筋及定位支架型钢构件进行控制,施工前通过水准仪的精确测量放样出两侧模板顶口、架立钢筋及定位支架型钢构件位置高程,并用油漆做好明显标识,混凝土浇筑过程中严格按照标识进行高程控制。

(2)混凝土高压泵管和布料机布置

①混凝土高压泵管布置。

向下泵送混凝土最关键的问题是合理选择管路,防止混凝土过快地自流。从地泵位置(21.5m)到锚碇基坑底(1.5m),最大高差为 20m(其余高差均小于 20m),水平距离为 12.4m。《混凝土泵送施工技术规程》(JGJ/T 10—2011)要求:"倾斜或垂直向下泵送施工时,且高差大于 20m 时,应在倾斜或垂直管下端设置弯管或水平管,弯管和水平管折算长度不宜小于 1.5 倍高差。"故此处采用接弯管的方法进行解决。弯管按混凝土输送管水平换算长度表设置,如表 17-6 所示。

混凝土输送管水平换算长度表　　表 17-6

管类别或布置状态	换算单位	管规格		水平换算长度(m)
垂直向上管	每米	管径(mm)	100	3
			125	4
			150	5
倾斜向上管(倾斜角 α)	每米	管径(mm)	100	$\cos\alpha + 3\sin\alpha$
			125	$\cos\alpha + 4\sin\alpha$
			150	$\cos\alpha + 5\sin\alpha$
垂直向下及倾斜向下管	每米	—		1
锥形管	每根	锥径变化(mm)	175→150	4
			150→125	8
			125→100	16
弯管(弯头张角 β,β≤90°)	每只	弯曲半径(mm)	500	$2\beta/15$
			1000	0.1β
胶管	每根	长 3~5m		20

以最大高差计算为例:最大高差为 $H = 20$m,则斜管下端配置水平管长度为 $L = 20 \times 5 = 100$(m)。弯管折算长度(共配置弯曲半径 500mm 的弯管 7 个)$L_1 = 2 \times 90/15 + 2 \times 53/15 \times 2 + 2 \times 63/15 \times 2 + 2 \times 73/15 \times 2 = 62.4$(m);倾斜向下管长度 $L_2 = 27$m;下口水平管长度 $L_3 \geqslant 11$m。L 折算为 $L_1 + L_2 + L_3 = 62.4 + 27 + 11 = 100.4$(m) > 100m,符合规范要求。

②混凝土布料机布置。

混凝土布料机是泵送混凝土的末端设备,与混凝土输送泵连接,其作用是将泵压出来的混凝土通过管道送到要浇筑构件的模板内,对提高施工效率,减轻劳动强度发挥了重要作用。为提高施工机械化水平,本工程采用自动式混凝土布料机。

根据各分层混凝土的方量及浇筑面积确定混凝土布料机的数量、型号及布置,现以最大浇筑方量(2090m³)为例布置布料机。假设每小时浇筑混凝土180m³,采用3台布料机,则根据浇筑面积采用2台12m布料机,1台15m布料机。

按照泵管和布料机的布置原则,混凝土高压泵管和布料机布置示意如图17-4所示。

图17-4 混凝土高压泵管和布料机布置示意图

(3)大体积混凝土的温控

为有效控制混凝土温升的梯度指标,保证承台不产生裂缝,特委托专业单位对承台大体积混凝土进行温控计算,根据大体积混凝土内部仿真温度场和应力场,制定温控标准,并以此制定相应措施。

(4)锚碇混凝土施工

①混凝土配合比。

在锚碇中C30混凝土和C30微膨胀混凝土根据施工要求均采用泵送工艺,这就对配合比有较高的要求,并须满足设计标号、泵送施工、低水化热和缓凝、防渗等要求。

②混凝土的生产及运输。

使用混凝土搅拌站和输送能力达252m³/h以上的输送混凝土泵来生产和运输混凝土。

③混凝土浇筑。

锚碇平面分4个区,每2m为一个施工层。按"分层浇筑、分节支撑、分段接管、实时监控"的方案实施,即分层浇筑锚块混凝土、分节拼装定位支架、分段接长预应力管道、测量管道方向。

本工程采用混凝土运输车运输混凝土,地泵及布料杆配合浇筑的方法施工,用插入式振捣器进行振捣,泵管走向根据实际情况确定。

混凝土浇筑应注意以下几点:

a. 锚碇的混凝土根据平面分区浇筑成型,混凝土的浇筑顺序由远及近,分层浇筑,先低后高。

b. 浇筑混凝土时,应经常观察模板、钢筋、预留洞、预埋件和插筋等有无位移、变形或堵塞等情况发生,如有应及时处理。

c. 先用插入式振捣器顺浇筑方向拖拉振捣,并用铁插尺检查浇筑混凝土的厚度,以免混凝土超厚。振捣完毕后用木靠尺抹平。

d. 混凝土浇筑时不得对钢筋、模板造成冲击,对下落高度超过规范的部位,浇筑混凝土时应在泵管端头设串筒。

e. 混凝土振捣要做到不漏振、不过振,当混凝土表面呈水平且不再显著下沉,不再出现气泡,表面泛出灰浆时,即可停止振捣。

f. 振捣器使用时,振捣器距离模板不应大于振捣器作用半径的50%,并不宜紧靠模板振捣,尽量避免碰撞钢筋、预埋件等。

g. 浇筑时,应注意防止混凝土分层、离析,浇筑时的自由倾落高度一般不宜超过2m,否则应采取串筒、斜槽等下料方式。

h. 混凝土运至浇筑地点,应立即投入运转,如发现混凝土拌合物的均匀性和稠度发生较大变化,应及时处理。

i. 开始泵送时,混凝土泵应处于慢速、匀速并随时可能反泵的状态,泵送的速度应先慢后快,逐步加速,同时应观察混凝土泵的压力和各系统的工作情况,待各系统运转顺利后,再按正常速度泵送。

j. 混凝土泵送应连续进行,如必须中断时,其中断时间不得超过混凝土从开始搅拌至浇筑完毕所允许的延续时间。

k. 在混凝土泵送过程中,如需接长输送管大于3m时,应按开始运转时的要求,预先用水和水泥砂浆进行润湿和润滑管内壁。

l. 混凝土泵送中,不得把拆下的输送管内的混凝土撒落在未浇筑的地方。

m. 洞口部位应两侧同时下料,高差不能太大,以防止洞口模板移动。

n. 混凝土浇捣过程中,不可随意挪动钢筋,要经常检查钢筋保护层厚度及所有预埋件的牢固程度和位置的准确性。

o. 混凝土的浇捣要做到快插慢拔,防止混凝土发生分层、离析及孔洞现象。

p. 混凝土施工时每次下料厚度控制在30cm以内,振捣时应特别注意对预埋件的定位保护。做好表面的保护工作,防止雨水冲淋,防止施工时人员在表面上踩踏。

(5) 散索鞍支墩施工

混凝土由搅拌站集中搅拌,由地泵泵送至现场,通过布料杆布料,人工振捣。混凝土浇筑完成后,采用麻袋覆盖,并洒水进行养护,养护时间为7d。

①钢筋、预埋件施工。

钢筋先在集中加工场加工成半成品,再运至现场绑扎。直径大于或等于25mm的Ⅱ级钢筋采用连接器连接,其余钢筋采用绑扎连接或焊接。各类预埋件需提前预埋并与散索鞍支墩钢筋连接。

②模板施工。

采用大块整体钢模,塔式起重机配合安装。

③混凝土浇筑。

按设计分7层浇筑。混凝土生产、浇筑方法及温控措施同锚体施工。

锚碇混凝土质量控制标准如表17-7所示,模板制作时的允许偏差如表17-8所示,模板安装时的允许偏差如表17-9所示。

锚碇混凝土质量控制标准 表17-7

序号	检查项目		规定值或允许偏差	检查方法和频率
1	混凝土强度(MPa)		在合格标准内	按《公路工程质量检验评定标准 第一册 土建工程》(JTG F80/1—2004)中"水泥混凝土抗压强度评定"
2	轴线偏位(mm)	基础	20	经纬仪:逐个检查
		槽口	10	
3	断面尺寸(mm)		±30	尺量:检查3~5处
4	基底高程(mm)	土质	±50	水准仪或全站仪:测8~10处
		石质	50,-200	
5	顶面高程(mm)		±20	水准仪或全站仪:测8~10处
6	预埋件位置		符合设计要求	尺量或经纬仪:每件
7	大面积平整度(mm)		8	2m 直尺:每20m² 测1处×3尺

模板制作时的允许偏差 表17-8

序号	项目		允许偏差(mm)
1	外形尺寸	长和高	0,-1
		肋高	±5
2	面板端偏斜		≤0.5
3	连接配件(螺栓、卡子等)的孔眼位置	孔中心与板端的间距	±0.3
		板端中心与板端的间距	0,-0.5
		沿板长、宽方向的孔	±0.6
4	板面局部不平		1.0
5	板面和板侧挠度		±1.0

模板安装时的允许偏差 表17-9

序号	项目	允许偏差(mm)
1	模板高程	±10
2	模板内部尺寸	±20
3	轴线偏位	10
4	预埋件中心线位置	3

(6)后浇段施工

锚体设置2m宽的后浇段。

锚体后浇段采用C30微膨胀混凝土,共计2566.7m³。

施工顺序为先施工散索鞍支墩基础后浇段,再施工散索鞍支墩基础与锚块基础后浇段,最后施工锚块后浇段。后浇段把锚碇各部分连接为整体,实现锚碇的整体受力。施工的关键在于降低其混凝土硬化过程中的内部升温产生的温度应力,防止混凝土开裂。因此,后浇段施工采用大体积混凝土施工技术。其混凝土施工详见大体积混凝土施工控制。

后浇段在锚碇的各个单位项目施工完成后浇筑,浇筑时要求所有混凝土内部的冷却水管都通水冷却,使整个锚体温度降到一个稳定的相对较低的温度。后浇段每层侧面和底面均应严格按规范要求凿毛,并用清水冲洗干净,使后浇段与已浇锚体连接紧密。同时要求将预埋的剪力筋、连接筋凿出并校直,并连接好连接筋。

浇筑混凝土前应对模板、钢筋、预埋件以及凿毛情况进行严格检查。后浇段浇筑时,为防止混凝土离析,混凝土自由下落高度不超过2m。高度超过2m时,将输送泵管接至距混凝土面2m范围内。在输送泵出料口下面,混凝土堆积高度不超过1m,及时摊平,分层振捣。混凝土振捣应按规范规定,插入式振捣器移动间距不超过作用半径的1.5倍,注意将混凝土振捣密实。后浇段浇筑时,很多部位已形成高空作业,施工中须做好安全技术交底,严防高空坠物等隐患。由于采用微膨胀混凝土,配合比选定要考虑锚碇大体积混凝土微膨胀抗裂技术要求。提前3个月准备微膨胀混凝土的配合比,该配合比的强度和膨胀率须得到监理工程师确认。

(7) 其他

①前锚室洞口段施工。

前锚室洞口段钢筋、预埋件施工同散索鞍支墩钢筋施工。模板采用大块整体钢模,塔式起重机配合安装。混凝土由搅拌站集中拌和,由地泵泵送入仓。

②检修门洞、楼梯施工。

待锚体混凝土强度达到设计强度的75%后拆除检修门洞模板及支撑系统,安装楼梯。

③预埋件施工。

预埋件主要包括散索鞍、门架、卷扬机、支架等,严格按照设计及施工图纸进行制作及安装,确保不漏埋、不错埋。

17.3 锚固系统施工

北锚碇锚固系统采用预应力锚固系统,由索股锚固连接构造和预应力钢绞线锚固构造组成。索股锚固连接构造由拉杆及其组件、连接器组成,拉杆上端与索股锚头相连接,另一端与被预应力钢绞线锚固于前锚面的连接器连接。预应力钢绞线锚固构造由预埋管道、钢绞线、锚头及防护帽等组成。

索股锚固连接构造包括单索股锚固单元和双索股锚固单元两种类型。单索股由2根拉杆和单索股连接器构成,双索股锚固单元由4根拉杆和双索股连接器构成。每根主缆在黄冈侧锚碇各有19个单索股锚固单元和42个双索股锚固单元。

锚固系统施工主要包括定位钢支架制作与安装、预应力管道定位安装及预应力体系施工三个方面。

锚碇锚固系统的预应力管道定位安装是锚碇施工中的一个重要环节,其安装精度要求较高,并且在施工过程中必须保证管道不变形、不漏浆,使预应力钢绞线能顺利穿过。为了满足以上要求,决定采用定位支架实现预应力管道安装,并以"分层浇筑、分节支撑、分段接管"为原则,由定位支架及其上设置的定位片来实现预应力管道的安装和定位精确。

根据施工现场的地形条件和塔式起重机的起重能力,定位支架按分层浇筑的要求进行分层加工,同时预应力管道也分段加工。每浇筑一层混凝土,就安装一层定位支架和一段预应力管道,直到锚体混凝土浇筑完成。

17.3.1 施工步骤

步骤一:
(1)锚碇施工放样,放坡开挖至锚碇底平面。
(2)定位支架钢结构工厂加工,进场。

步骤二:
(1)锚碇第1层混凝土钢筋绑扎、立模,支撑架及模块1预埋件安装。
(2)锚碇第1层混凝土浇筑。
(3)锚碇第2层混凝土钢筋绑扎,搭设第2层混凝土梯道处内模。
(4)锚碇第2层混凝土浇筑。

步骤三:
(1)拆除第2层混凝土梯道处内模,安装第2层梯道内支撑架。
(2)安装预应力管道定位支架模块1。

步骤四:
(1)锚碇第3层混凝土钢筋绑扎、立模,支撑架预埋件安装。
(2)模块1处预应力管道定位、安装。
(3)锚碇第3层混凝土浇筑。

步骤五:
(1)安装第3层梯道内支撑架。
(2)锚碇第4层混凝土钢筋绑扎、立模,支撑架及模块3预埋件安装。
(3)安装预应力管道定位架模块2。
(4)模块2处预应力管道定位、安装。
(5)锚碇第4层混凝土浇筑。

步骤六:
(1)安装第4层梯道内支撑架。
(2)锚碇第5层混凝土钢筋绑扎、立模,支撑架预埋件安装。
(3)安装预应力管道定位架模块3。
(4)模块3处预应力管道定位、安装。
(5)锚碇第5层混凝土浇筑。

步骤七:
(1)安装第5层梯道内支撑架。
(2)锚碇第6层混凝土钢筋绑扎、立模,支撑架及模块6预埋件安装。

(3)安装预应力管道定位架模块4。
(4)模块4处预应力管道定位、安装。
(5)锚碇第6层混凝土浇筑。

步骤八：
(1)安装第6层梯道内支撑架。
(2)锚碇第7层混凝土钢筋绑扎、立模，支撑架预埋件安装。
(3)安装预应力管道定位架模块5、模块6。
(4)模块5、模块6处预应力管道定位、安装。
(5)锚碇第7层混凝土浇筑。

步骤九：
(1)安装第7层梯道内支撑架。
(2)锚碇第8层混凝土钢筋绑扎、立模。
(3)安装预应力管道定位架模块7。
(4)模块7处预应力管道定位、安装。
(5)锚碇第8层混凝土浇筑。

步骤十：
(1)锚碇第9层混凝土钢筋绑扎、立模。
(2)锚碇第9层混凝土浇筑。

步骤十一：
(1)锚碇第10层混凝土钢筋绑扎、立模。
(2)安装预应力管道定位架模块8。
(3)模块8处预应力管道定位、安装。
(4)锚碇第10层混凝土浇筑。

步骤十二：
(1)锚碇第11层混凝土钢筋绑扎、立模。
(2)锚碇第11层混凝土浇筑。

步骤十三：
(1)锚碇第12层混凝土钢筋绑扎、立模。
(2)锚碇第12层混凝土浇筑。

施工后续第13、14、15层混凝土。

17.3.2 定位钢支架的制作与安装

锚碇主缆锚固系统预应力钢管定位是锚体施工中的一个重要环节，其安装精度要求非常高，并且在施工过程中必须保证管道不变形、不漏浆，使预应力钢束能顺利通过。为了满足以上要求，采用定位钢支架并通过设置在其片架上的定位片实现预应力钢管的精确定位，因此定位钢支架的加工及安装精度，尤其是片架的加工和安装精度直接影响预应力钢管的定位精度。

(1)定位钢支架的结构

预应力钢管的定位安装是锚体施工的重点和难点,根据以往的锚碇施工经验,按照"锚体分层浇筑、预应力钢管分节支撑、管道分段接长"的原则设计预应力钢管定位支架系统。

定位支架采用型钢(角钢)栓焊而成,可分为基准架、骨架和片架三部分。基准架和骨架采用∟75mm×8mm角钢,片架采用[16槽钢。

(2)定位钢支架加工

定位钢支架结构复杂、数量大、加工精度高,为了保证定位精度及顺利进行定位安装,应严格按照设计尺寸加工。

在加工前,对定位钢支架的原材料进行抽样检查,确保原材料合格。施工前进行技术交底,明确加工、安装精度及其重要性。

加工时,根据定位钢支架结构尺寸,制作胎模,严格按钢构件加工工艺操作,确保支架结构尺寸符合设计要求。在单个骨架的端头处加焊4根角钢并钻好螺眼,这样就可以在前一个骨架定位完成后,将后一个骨架直接栓接在前一个骨架上,调整到位后进行焊接。

在加工片架时,预先标出定位轴线,以便现场测量定位。定位钢支架加工完成后,首先在地面上试拼、校核并进行编号,满足设计要求后运至施工现场进行安装。

(3)定位钢支架安装

定位钢支架安装时按照基准架、定位骨架和定位平联的顺序进行。根据混凝土的浇筑情况逐步加长,直到预应力管道安装完成。各个构架在运输、安装过程中,要避免碰撞变形。为方便定位支架的安装,采取分节段由塔式起重机配合进行吊装定位。定位支架检测与调整采用棋盘洲长江公路大桥坐标系坐标,采用三维坐标定位钢支架。

①基准架定位安装。

基准架的安装,关键在控制基准架顶面高程,以便定位骨架的精确安装。为了方便基准架的安装,每两片先组成整体安装定位,再各组之间用型钢连成完整的框架结构。在浇筑基准架底层混凝土前,基准架底面四角先放点并预埋钢板,预埋钢板高程应比设计高程减少10mm,以便基准架的高程调整。安装时,基准架与预埋钢板先不焊接,利用塔式起重机调整基准架的高程,然后填塞钢板,再焊接,依次安装基准架。检测基准架顶面是否达到设计位置,主要是通过全站仪采用三维坐标法。要使得 x 值和高程误差控制在+3mm以内,确保基准架顶面高程及斜面角度符合精度要求。y 方向的限差放大,在定位片左右调节时进行控制。

②骨架定位安装。

骨架的定位安装以基准架为基础,并逐步接长安装。骨架的定位是支架定位中最关键的环节,考虑到加工误差及安装连接面不平引起的骨架总长变化,骨架定位采取的方法是在骨架初步安装就位后,用螺栓与基准架临时连接。然后用全站仪测量骨架背面任意几点高程和 x 值。

$$x = x_0 + (H + H_0)\cot 42°$$

式中,x_0、H_0 分别表示基准架顶面最高点的 x 坐标和高程,为常数;x、H 表示所测点位的 x 坐标和高程。

利用公式计算出高程为 H 的情况下 x 坐标,再与实测坐标相比较,得出斜面位置是否正确,则可判断倾斜角是不是42°,或通过按比例上下调整骨架单元,使骨架单元的高程值和 x 坐标误差均控制在 +3mm 内。之后对 y 方向检测骨架同一面上的4个角点,并将所测量结果与理论值相比较,据此进行横桥向调整,但误差值可以适当放宽,可用定位片进行 y 方向的精确调整。定位骨架单元安装完成后,开始精确定位横杆的坐标位置,并安装横杆。

③片架定位安装。

定位片在每段的定位骨架单元安装完毕后进行安装。其定位的准确性关系到预应力管道在 y 方向上的精确度。放样前先计算出各个断面片架上搭放预应力管道的中心坐标。根据棋盘洲长江公路大桥坐标系和各断面上各管道中心间距的结构尺寸关系,计算定位片各点坐标值。

在定位片安装之前,首先在安装好的骨架上放样出3个三维坐标点,并给出该3点与定位片中心线的相对距离。据此可以将定位片基本调整到位。利用所测三维坐标,计算出横杆边线与定位片中心顶点之间的 x 方向距离和竖向距离(即高差),根据这2个值精确定位定位片,使得定位片中心顶点与该断面预应力管道的中心点重合,保证片架的实际定位精度达到较高的标准。

17.3.3 预应力管道定位安装

预应力钢管采用无缝钢管,管道的连接采用直径大于预应力钢管5mm的接头管连接,接头长度满足要求,施工时严格检查接头管与预应力钢管之间的焊缝,保证焊缝质量和焊缝厚度,避免漏浆,确保预应力管道通畅。

预应力管道及预应力筋安装按由后向前的顺序进行。预应力管道安装顺序见图17-5。

预应力管道安装根据定位钢支架分三段安装而分三段接长。具体步骤如下:

①第一段管道定位安装。

在后锚面模板上定出锚点位置,以该点及已定位的片架进行定位,将相应的预应力管道放置到位,然后调节骨架下边的片架,测量钢管测控点坐标,满足要求后,将下层片架与骨架焊牢,预应力管道与片架暂时先不焊死,待后锚具安装完成后再焊接牢固。

②第二、三段管道定位安装。

第二、三段管道以第一段管道的接头点以及下一片架上的定位点进行定位,调节下层片架,钢管调整到设计位置后,将片架焊牢在骨架上,再将管道焊接接长,检

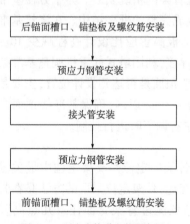

图17-5 预应力管道安装顺序图

查合格后,将管道与片架焊接。

③后锚面锚垫板及槽口定位安装。

a.后锚面支架搭设。

由于后锚面是一个后仰面,需要搭设钢管支架支撑模板,支架采用碗扣支架,碗扣支架随混凝土分层浇筑而搭设。

b.后锚面锚垫板及槽口定位将主机层及辅箱用螺栓固定后吊放于牢固放置的垫块上,按焊号位置分别安装主机前后支腿,并用销轴固定。

定位前预先将锚垫板和槽口模板用螺栓固定在一起,根据在后锚面模板上定出的锚点位置,将槽口模板放置到位。调整槽口,经测量槽口底面与预应力钢管垂度合格后,将槽口模板用铁钉固定在后锚面模板上。然后套上螺纹筋,把预应力钢管插入锚头中。封好接头后,将钢管与定位片架焊牢。

④前锚面锚垫板及槽口定位安装。

a.定位支架制作。

前锚面锚垫板及槽口采用在锚体内预埋[10 槽钢的方法固定,预埋槽钢用横联将[10 槽钢连接成一个整体的定位支架。

b.锚垫板及槽口定位。

将螺纹筋、锚垫板装好,封好预应力钢管与锚垫板接头部位后,将槽口模板与锚垫板用螺栓固定,调整槽口角度到符合设计要求后,将锚垫板用 $\Phi 25$ 钢筋固定在定位支架上。

17.3.4 预应力锚固系统施工精度要求

《公路桥涵施工技术规范》(JTG/T F50—2011)中对预应力锚固系统施工精度要求如表 17-10 所示。

预应力锚固系统施工精度要求　　　　　　　　表 17-10

项目	规定值或允许误差
拉杆张拉力	符合设计要求
前锚孔道中心坐标(mm)	±10
前锚面孔道角度(°)	±0.2
拉杆轴线偏位(mm)	5
连接器轴线(mm)	5

17.3.5 预应力体系施工

(1)一般规定

预应力钢绞线锚固构造由预应力钢绞线和锚具组成。采用无黏结可更换预应力钢绞线锚固系统。无黏结可更换预应力系统采用表面喷涂环氧树脂防腐保护层预应力钢绞线及预应力管道内灌注防腐油的双重防腐体系,钢管及前后锚头防护罩内均充满防腐油。在前锚面设置有油脂面观测管,桥梁运营期间根据油脂面观测结果实施补充灌注。施工时要求钢绞线在管道内不扭绞,采用前锚面一端张拉,锚头张拉端不封锚并留有换束工作长度,钢绞线为无黏结式,并可更换。单索股锚固单元采用 15-18 型预应力钢绞线束锚固,双索股锚固单元采用 15-36 型预应力钢绞线束锚固。

预应力张拉和压浆(或灌油)的施工工序:钢绞线下料→编束→穿束→安装锚板、夹片→调整连接器→张拉→封锚及安装防护罩→灌注防腐油。

(2)施工方法

①预应力钢绞线下料。

a.下料前检查钢绞线是否满足施工图纸的要求。

b.下料选择在一块平整干净的、能防潮防雨的面积约 50m×30m 的场地上进行。为了吊装及穿束方便,利用左右侧锚块之间的空场地进行下料。

c.采用砂轮切割机下料,切割时用力均匀,以保证切口平整,不散股。

d.用彩条布垫在索盘及牵引出来的钢绞线下面,防止下料时钢绞线表面的环氧涂层受损。下好的钢绞线下面垫好彩条布,上面盖一层彩条布防护。

②预应力钢绞线编束。

a.下好料后,根据每束预应力筋中钢绞线的根数(18 根或 36 根)进行编束。

b.编束时,利用细铁丝将钢绞线按排捆扎,保持每根钢绞线平行且顺直,铁丝间距根据施工情况而定。

c.对编束好的钢绞线做标记,采用钢绞线两端单根标记和整束编号相结合方法。

d.利用塔式起重机配合,在钢绞线束前端装好索股连接器,接着装上前锚面工作锚板及工作夹片和限位板,用铁丝扎牢,以防吊装和穿束时脱松。

③钢绞线穿束。

a.穿束前,清除预应力孔道内和锚垫板表面的杂物,在孔道入口垫油毛毡或麻袋,并将钢绞线束穿入端用封箱带或彩条布捆扎好,同时核对编号与孔道的对应关系。

b.将钢绞线整束从前锚面穿入,塔式起重机配合,穿束时将后端抬高,以减少摩擦。

c.拆除该钢绞线束的限位板,用于下一束钢绞线束的穿束工作。

d.各钢绞线束穿束顺序:从下往上进行穿束。

e.穿束过程中注意钢绞线束的顺直,以防钢绞线束在孔道内打绞。

④安装后锚面锚板、夹片。

安装后锚面工作锚板及工作夹片时,应保证锚板与孔道中心线相垂直,且与锚垫板密贴,位于锚垫板止口内。

⑤连接器定位。

a.在前锚面用 YCW400 千斤顶拉住钢绞线束中央某根钢绞线,拉力约 100t,稍停。

b.用倒链滑车配合,将连接器撬入锚垫板止口内,旋转连接器以调整其方向,并用水平尺校核,保证连接器两条直边水平,另两条直边竖直。打紧工作锚板上其余工作夹片。

c.千斤顶回油并退出,然后锁紧该钢绞线上的工作夹片。

⑥预应力钢绞线束张拉。

a.当锚下混凝土达到 100% 设计强度时,方可对称张拉预应力钢绞线束。为方便施工,张拉可采取后锚面一端张拉。张拉控制应力为 $0.65f_{pk}$,15-18 型的张拉控制力为 3046.7kN,15-36 型的张拉控制力为 6093.4kN。张拉前根据千斤顶的标定方程,计算出 10% 控制应力(初应力)、40% 控制应力、60% 控制应力、100% 控制应力相对应的油压,作为张拉控制依据;再计算出每束钢绞线的理论伸长量,作为张拉控制辅助参数。

b.先张拉下游锚块,再张拉上游锚块。

c.张拉机具采用 YCW 型预应力穿心式千斤顶,15-36 型预应力钢绞线束用 YCW800 千斤顶张拉,15-18型预应力钢绞线束用YCW400千斤顶张拉。用倒链滑车或塔式起重机将千斤顶、油泵等机具吊上工作平台,接好各种电源和油路。按顺序安装限位板、千斤顶、工具锚或工具夹片,保证各安装件贴紧、对中。

d. 采用分级张拉,同时测量每级的伸长值,填好张拉记录表。

e. 采用在前锚面一端张拉,张拉顺序为由下往上、由中心向两侧对称张拉(或按设计规定顺序进行),δ_k为控制应力,张拉控制程序为 0→初应力 10%δ_k→40%δ_k→60%δ_k→100%δ_k(持荷5min)锚固。用双控法控制,即以控制应力为主,应变(伸长值)作为校核,若钢绞线的伸长值与计算值之差超过±6%,应暂停张拉,查明原因,并采取措施调整后,再继续张拉。

⑦安装防护罩及锚头密封。

a. 用手持砂轮切割机切除夹片多余钢绞线,保留换索工作长度(工作长度按设计要求确定),以方便换索。

b. 在防护罩与锚垫板结合处安放密封垫片,用扳手拧紧保护罩螺栓。

⑧灌注防腐油。

a. 一个锚块张拉完成后,即可对该锚块预应力管道灌注防腐油。灌注防腐油前检查防护罩、密封垫圈、锚垫板之间贴合的密实性。

b. 用 UBL-3 注油泵灌注防腐油。它的优点是出力稳定,流量和压力的调节简单方便,适用于各种长度管道和预应力管道的灌油。其主要参数如表 17-11 所示。

UBL-3 注油泵技术参数表 表 17-11

型号	输送量(m³/h)	最大工作压力(MPa)	输送距离(m)	单机质量(kg)
UBL-3	3	2.5	水平400,垂直90	200

c. 连接好 UBL-3 注油泵、注油管、油桶、出油孔透明管。用注油泵从下锚头防护罩内灌注防腐油,直到防腐油从上锚头防护罩的出油孔透明管中冒出。

d. 关掉注油截止阀,拆除注油管,按相同方法为下一个孔道灌注防腐油。

e. 灌油顺序:先灌注下游锚块,再灌注上游锚块。同一锚块内灌油顺序为先灌注锚块低处管道,再灌注锚块高处管道。

f. 灌油施工质量控制:为保证管道内防腐油的密实性,对同一管道连续灌注,灌油时缓慢均匀进行,中途不间断,以使管道内排气通畅,无气泡残留。发现有密实防腐油从上锚头防护罩的出油孔透明管中冒出后,停止灌油。

g. 灌油过程中加强对环境和成品的保护。

17.4 基坑回填

前锚室施工完成后,进行基坑回填。填筑时,要求严格按台背回填要求施工。散索鞍支墩边角及靠近基坑坡脚,采用手扶式振动夯机夯实,该范围内每层松铺厚度不宜超过20cm,且填料粒径不宜超过6cm。

17.5 预埋件工程

锚碇预埋件包括锚室外人行梯、锚室内人行梯、锚室内平台、锚室外平台以及锚室内水、电预留孔等,施工时严格按照设计图纸以及相关规范执行。北锚碇施工时各种预埋件见表17-12。

北锚碇施工时各种预埋件一览表　　表17-12

序号	预埋件
1	锚块施工前模板地脚螺栓
2	锚块施工时工作平台预埋件
3	锚块施工时锚块尾部人孔、前锚室门洞
4	前锚室内外、通道及后锚室内的检修楼梯、平台、检查密封门、检修门、除湿设备、照明设施等
5	锚块施工时前锚室钢筋
6	锚块及锚块基础施工时后浇段钢筋
7	锚块施工时锚固系统预应力管道
8	锚块顶部施工时引桥10号桥墩钢筋
9	散索鞍基础顶部施工时引桥9号桥墩钢筋
10	散索鞍支墩基础顶部施工时散索鞍支墩钢筋
11	散索鞍支墩底部最低处排水孔
12	散索鞍支墩施工时前锚室内外、侧墙、顶板、前墙钢筋
13	散索鞍底板和地脚螺栓
14	散索鞍支墩顶部施工时施工猫道
15	施工塔式起重机
16	除湿机地脚螺栓
17	除湿机进出风管
18	锚室照明灯具及线路
19	检修楼梯、平台及其栏杆的锚固件
20	锚固系统定位支架

大体积混凝土施工   18

18.1 抗裂安全性评价指标

可从两方面对大体积混凝土抗裂安全性进行评价:一方面是特征温度控制值如入模温度(或浇筑温度)、内部最高温度及内表温差等,可将混凝土温度仿真计算值及后期实测值与相关规范规程的规定值进行对比分析;另一方面是抗裂保证率,可间接通过温控抗裂安全系数的控制标准进行评价。

18.1.1 温度评价指标

大体积混凝土温度评价指标主要有入模温度、内部最高温度及内表温差等。

(1)入模温度

根据《大体积混凝土施工规范》(GB 50496—2009)的规定,炎热天气浇筑混凝土时混凝土入模温度宜控制在30℃以下;冬期浇筑混凝土时混凝土入模温度不宜低于5℃。本项目提出对顶板混凝土拌合物的入模温度的控制值:5~30℃。

(2)内部最高温度

根据《公路桥涵施工技术规范》(JTG/T F50—2011)的规定,大体积混凝土内部最高温度不应大于75℃。参考《大体积混凝土施工规范》(GB 50496—2009)的规定,混凝土浇筑体在入模温度基础上的温升值不宜大于50℃。本项目提出对顶板大体积混凝土内部最高温度的控制值:混凝土在入模温度基础上的实际温升值不大于50℃,且内部最高温度不应超过75℃。

(3)内表温差

内表温差是指混凝土内部最高温度与同一时刻距表面50mm处的混凝土最低温度之差。根据《公路桥涵施工技术规范》(JTG/T F50—2011)的规定,顶板大体积混凝土内表温差应控制在25℃以内。

18.1.2 应力评价指标

大体积混凝土温控抗裂安全系数是指在标准养护条件下,混凝土劈裂抗拉强度试验值与对应龄期温度应力计算最大值之比。《水运工程大体积混凝土温度裂缝控制技术规程》(JTS 202-1—2010)统计了20余个大体积混凝土温控工程的开裂情况,认为劈裂抗拉强度与相应龄期计算的温度应力值之比不小于1.4时,开裂概率小于5%;劈裂抗拉强度与相应龄期计算的温度应力值之比不小于1.3时,开裂概率小于15%(图18-1)。据此规定大体积混凝土的温控抗裂安全系数应不小于1.4。综合各方面调研结果,建议本工程大体积混凝土温控抗裂安全系数取值不小于1.4。

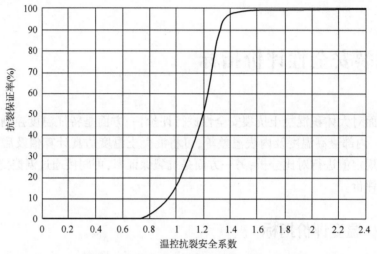

图18-1 温控抗裂安全系数和抗裂保证率的关系

18.2 温控标准

混凝土温度控制的原则:①控制混凝土浇筑温度;②尽量降低混凝土的水化热温升、延缓最高温度出现时间;③控制温峰过后混凝土的降温速率;④降低混凝土内部和表面之间、新浇与先浇混凝土之间的温差以及控制混凝土表面温度和环境气温之间的差值。

温度控制的方法需根据气温、混凝土配合比、结构尺寸、约束情况等具体条件确定,并宜设置主控标准、参考标准对混凝土温度发展进行辅助评价。本工程设置入模温度、内部最高温度、内表温差及降温速率四个主控标准,其他为参考标准。

根据上述仿真计算结果,结合本工程的实际情况,参考《公路桥涵施工技术规范》(JTG/T F50—2011)、《大体积混凝土施工规范》(GB 50496—2009)和《水运工程大体积混凝土温度裂缝控制技术规程》(JTS 202-1—2010)等的相关规定,对顶板大体积混凝土施工制定的温控标准见表18-1、表18-2。

大体积混凝土温控标准主要指标　　　　　　　　　　表 18-1

构件	入模温度（℃）	内部最高温度（℃）	内表温差（℃）	降温速率（℃/d）
顶板	5~30	≤65	≤25	≤2.0

大体积混凝土温控标准参考指标　　　　　　　　　　表 18-2

构件	新浇混凝土温度与下层已浇混凝土温度之差（℃）	冷却水管出水温度与进水温度之差（℃）	冷却水温度与混凝土内部温度之差（℃）	混凝土表面与大气或与养护环境温度之差（℃）	养护水温度与混凝土表面温度之差（℃）
顶板	≤20	≤10	≤25	≤20	≤15

18.3 裂缝控制施工技术措施

在大体积混凝土施工中，应从混凝土的原材料质量、配合比优化设计以及混凝土的拌和、运输、浇筑、振捣到通水冷却、养护等全过程进行控制，以达到控制混凝土浇筑质量、混凝土内部最高温度、混凝土内表温差及表面约束，从而控制温度裂缝的形成及发展的目的。根据仿真计算结果及构件性能要求，对顶板大体积混凝土裂缝控制给出如下施工建议。

18.3.1 混凝土施工质量控制措施

(1) 混凝土原材料质量控制

配制顶板 C30 大体积混凝土、C30 补偿收缩大体积混凝土的原材料品质应与其技术要求相吻合。混凝土原材料质量控制关键指标见表 18-3。

混凝土原材料质量控制关键指标　　　　　　　　　　表 18-3

原材料	关键控制指标
水泥	比表面积（300~380m^2/kg）、强度、C_3A 含量、碱含量、温度（≤60℃）
粉煤灰	烧失量、需水量比、细度
矿粉	活性指数、流动度比、比表面积（350~450m^2/kg）、温度（≤60℃）
细集料	含泥量、泥块含量、细度模数、级配
粗集料	含泥量、泥块含量、级配、压碎值
膨胀剂	限制膨胀率（水中 7d≥0.03%）、强度、MgO 含量
外加剂	减水率、适应性、凝结时间、含气量

需要特别指出的是，大体积混凝土应使用超缓凝型的聚羧酸类高性能减水剂。高减水率的减水剂可有效降低混凝土用水量和水胶比，改善混凝土施工的和易性和强度、耐久性，延长混凝土缓凝时间，从而推迟和削减水化热温峰，减少分层施工冷缝。减水剂的掺量应根据混凝土坍落度要求、施工气温、原材料品质变化等通过试验确定，不能随意减少或超掺，以防出现流动性过小、坍落度损失过大或离析、泌水。减水剂使用前应采用现场实际使用的原材料进行混凝土适应性试验。超缓凝型聚羧酸类高性能减水剂的关键控制指标为减水率（大于或等于

25%)、适应性(采用现场的水泥、粉煤灰、矿粉、膨胀剂和砂石集料按实验室配合比试拌后工作性良好)、凝结时间和含气量(实验室标准温、湿度下试拌的混凝土含气量小于3%)。顶板最大单次浇筑方量为4322 m^3,约需30h完成,因此顶板大体积混凝土在实际温度工况下的初凝时间要求在30h左右,考虑到顶板混凝土在7—8月施工,换算成标准温、湿度下试拌的混凝土初凝时间要求为40h左右。

(2)混凝土生产质量控制

①水泥、矿粉用于拌和生产时的温度不应高于60℃。

②各种原材料应专仓储存,防水、防污染、防窜料。河砂的含水率波动范围宜控制在±1%以内。对于新进场高含水率河砂或排水不畅导致砂仓积水的,建议在装载机上砂前,先对砂仓中河砂进行预混。

③混凝土拌和前,应严格测定粗、细集料的含水率,准确测定粗、细集料含水率变化,及时调整混凝土配合比。一般情况下,含水率每班抽测2次。

④搅拌站各计量系统应满足混凝土原材料称量的最大允许偏差规定(按质量计):胶凝材料(水泥、矿物掺合料、膨胀剂等),±1%;外加剂,±1%;集料,±2%;拌和用水,±1%。控制关键:a.水称计量精度须重点保证;b.各料仓关闭阀门必须保证闭合严密,防止漏料;c.搅拌机搅拌叶片与轴上淤积混凝土块须定期清除。

⑤顶板C30混凝土在搅拌机中的搅拌时间(从全部材料装入搅拌机开始搅拌至搅拌结束开始卸料所用时间)不应少于90s。拌和的混凝土应具有良好的匀质性及黏聚性,确保混凝土入模后不分层、不离析,且在混凝土拌合物运至现场和振捣后不发生滞后泌水。

⑥正式生产前,必须对混凝土拌合物进行开盘鉴定,检测其工作性能(坍落度及损失);连续生产时,则应每工作班检测混凝土拌合物坍落度至少2次,检测混凝土拌合物出机温度、入模温度至少3次。

⑦当混凝土原材料品质在合格的顶板上发生波动、环境温度等发生显著变化时,应及时调整混凝土配合比参数。调整原则:在维持混凝土实验室配合比中水胶比不变的前提下,对混凝土减水剂的掺量、碎石的分级比例、砂率进行适当调整,调整配合比后混凝土拌合物性能应与未调整之前相同。混凝土拌合物坍落度损失快,应查明到底是减水剂与水泥的适应性的问题,还是粗、细集料含泥量过高所致。夏季高温期混凝土施工,应选用高温情况下缓凝时间长、保塑性好的超缓凝型聚羧酸类高性能减水剂,以补偿因气温升高对凝结时间和坍落度的不利影响。

(3)混凝土施工质量控制

①确保运输过程中混凝土的匀质性。运输混凝土过程中,必须保证混凝土罐车罐体低速转动。运输速率应保证施工的连续性,当罐车到达浇筑现场时,应使罐车罐体高速旋转20~30s后方可卸料。另外,应采取适当措施防止水分进入运输容器或蒸发,严禁在运输过程中向混凝土内加水。

②混凝土运输过程中保温。运输混凝土过程中,应对运输设备采取隔热措施,防止局部混凝土温度升降过大。

③快速浇筑混凝土的入模。混凝土从加水搅拌开始至浇筑完毕,应控制在90min内,应有效组织,避免混凝土罐车长时间停留。

④优化混凝土的布料方式。基坑顶板面积较大,混凝土输送落差较大。顶板混凝土施工时,应采取合理的布料设备及布料方式,确保混凝土大落差向下输送及在基坑内混凝土水平输送时的连续性与均匀性。顶板混凝土宜采用整体式水平分层连续浇筑,基坑内混凝土宜采用4台布料机平衡、均匀布料,由基坑边缘开始往中心布料,且始终保持基坑边缘混凝土略高,并加强边缘处振捣,保证混凝土有较好的匀质性和密实性,避免胶凝材料浆体发生过长距离流动并堆积在基坑边缘而产生较大温度应力和收缩,以致增大混凝土侧面和边角开裂风险。基坑内混凝土布料时,混凝土下料高度宜控制在2m以内,布料点间距控制在4m左右,避免赶料造成砂浆富集。当混凝土下料高度超过2m时,则应采取悬挂串筒或将软管伸入仓内等措施辅助下料以防离析。

⑤优化分层浇筑厚度。大体积混凝土的分层浇筑厚度可控制在30~40cm。实际工程中,应根据拌和站生产能力和现场泵送、浇筑能力,确定每层混凝土的最适宜浇筑层厚,以尽量缩短层间浇筑间隔时间,确保在下层混凝土充分塑化之前完成上层混凝土的覆盖浇筑到位,这不仅有利于减小下层混凝土的温度回升,而且可以避免塑性收缩裂缝产生。

⑥正确进行混凝土拌合物的振捣。振捣棒垂直插入,快插慢拔,振捣深度超过每层的接触面一定深度(5~10cm)。振捣时插点均匀,成行或交错式前进,防止过振或漏振,避免用振捣棒横拖赶动混凝土拌合物,以免造成离下料口远处砂浆过多而开裂。

⑦混凝土浮浆和塑性开裂控制。在保证可泵送的前提下尽量降低混凝土坍落度,顶板C30混凝土拌合物入模坍落度控制值为(180±20)mm,尤其是浇筑至最后30~40cm时,混凝土坍落度应调小20mm。另外,顶板的分层浇筑面和永久暴露面30~40cm厚范围内的混凝土,宜在混凝土拌合物中掺入0.75kg/m³的聚丙烯单丝纤维辅助防裂。上述两个措施的目的:防止混凝土表面浮浆过厚引起的后期收缩不一致从而导致开裂,改善分层浇筑面的抗塑性干燥收缩开裂能力,同时减轻凿毛工作量。

⑧收浆抹面。混凝土暴露面在振捣完毕后应及时进行至少两次抹压收浆,以消除塑性沉降裂缝和因表面快速失水引起的塑性收缩裂缝。

⑨混凝土浇筑面凿毛。浇筑到最后30~40cm时,混凝土坍落度调小20mm,以利于后期的凿毛。顶面混凝土终凝过后应及时凿毛,凿毛过程中不能中断养护。

18.3.2 混凝土浇筑温度控制措施

(1)原材料温度常规控制措施

常规原材料温度控制措施包括:

①集料采取增加储存量、搭建遮阳棚、通风、喷雾等措施冷却,集料温度可控制为比气温低4℃。

②胶材采取延长储存时间、转运和倒仓等措施冷却,可使水泥、矿粉温度小于或等于60℃,粉煤灰温度小于或等于40℃。同时,可考虑在水泥、矿渣粉罐外搭设遮阳棚避免阳光直射,并在罐顶布设冷水管喷淋冷水辅助降温。

③抽取温度为18~22℃的地下水作为拌合水。

原材料温度及对应C30混凝土配合比和出机口温度如表18-4所示。

原材料温度及对应 C30 混凝土配合比和出机口温度（气温29℃时） 表18-4

原材料	水泥	粉煤灰	矿粉	膨胀剂	砂	碎石	地下水	出机口温度
温度(℃)	60	40	60	40	25	25	22	—
C30 普通大体积混凝土单方质量(kg)	176	131	68	—	810	1120	115	27.9
C30 补偿收缩大体积混凝土单方质量(kg)	169	120	56	30	810	1120	115	28.0

注：考虑砂的含水率约为4%。

由表18-4计算结果可知，最高气温29℃时，C30补偿收缩大体积混凝土出机口温度为28.0℃，C30普通大体积混凝土出机口温度为27.9℃，考虑混凝土运输、泵送过程中约1~2℃的温升，混凝土入模温度应小于或等于30℃。这说明当气温小于或等于29℃时，只要原材料温度不超过表18-4的规定，原材料只采取常规温度控制措施，即可保证混凝土入模温度小于或等于30℃。

(2)制冷水拌和混凝土方案

桥址所在地黄石阳新县月平均气温见图18-2。顶板预计工期为7—8月份，平均气温为25~33℃，当气温高于29℃时，为满足出机口温度控制要求，应采用制冷水拌和混凝土。

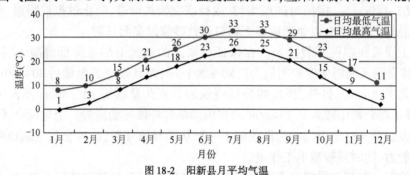

图18-2 阳新县月平均气温

制冷水方法有两种：一种是加冰块冷却拌合水（通过在拌合水中加入拌合水质量20%的冰块将拌合水冷却至5℃以下），另一种是用制冷机直接制冷水。其经济技术性比较结果见表18-5。制冷水(冰水)应提前生产，并储存于保温水池中，且对拌合水输送管道应采取保温措施。

制冷水方法比较 表18-5

方法	降温能力(℃)	装机功率(kW)	场地要求	设备费用(万元)	材料费用(元/t)	运输费用(元/t)	能源费用(元/t)	弊端
加冰块(购买)冷却	≤5	—	现有	—	200	100	—	需耗费人力加冰；受交通条件限制
制冷机制冷水	≤5	220	20m×10m	50	—	—	10	占用空间，能耗大，设备昂贵

根据最大制冷能力5℃拌合水对大体积混凝土出机口温度进行计算，得到气温34℃时C30补偿收缩大体积混凝土出机口温度为28.1℃，C30普通大体积混凝土出机口温度为28.0℃（表18-6），考虑混凝土运输、泵送过程中约1~2℃的温升，入模温度可达到小于或等于30℃的控制标准要求。这说明在气温小于或等于34℃条件下，能够通过制冷水或通过加入冰块冷却拌合水的方式满足入模温度小于或等于30℃的温控标准。

原材料温度及对应 C30 混凝土配合比和出机口温度(气温34℃时)　　表18-6

原材料	水泥	粉煤灰	矿粉	抗渗剂	砂	碎石	冷却水	出机口温度
温度(℃)	60	40	60	40	30	30	5	—
C30 普通大体积混凝土单方质量(kg)	176	131	68	—	810	1120	115	28.0
C30 补偿收缩大体积混凝土单方质量(kg)	169	120	56	30	810	1120	115	28.1

注:考虑砂的含水率约为4%。

(3)制冷水 + 片冰拌和混凝土方案

当气温高于34℃时,为满足出机口温度控制要求,使拌合水温度小于或等于5℃,同时还应采用片冰代替部分拌合水,即采取制冷水 + 片冰拌和混凝土方案。

根据工程经验,每加入10kg的片冰至少可使新拌混凝土温度降低1℃。所加片冰量依据环境温度和浇筑温度要求变化,最大加片冰量约为用水量的50%。本工程按50kg/m³最大片冰量对大体积混凝土出机口温度进行估算,当气温低于或等于39℃时,能够通过制冷水 + 片冰拌和混凝土的方式满足入模温度小于30℃的温控标准。当气温超过39℃时,不建议浇筑混凝土。

(4)降低搅拌、运输、浇筑过程中环境温度影响的措施

①对搅拌站料斗、皮带运输机、搅拌楼、运输罐车、泵送管道及其他相关设备遮阴或冷却,如对运输罐车反复淋水降温,对泵送管道用湿罩布、湿麻袋等加以覆盖,避免阳光照射并反复洒水降温等。

②提高混凝土浇筑能力,缩短混凝土暴露时间;缩短混凝土运输和滞留时间,混凝土拌合物从加水至入模的最长时间不应超过 1.5h。

③降低混凝土浇筑仓面的环境温度。现场环境温度高于 30℃时,宜对金属模板外表面、邻接的已硬化混凝土喷淋或覆盖湿土工布降温,但不得有积水或附着水,并宜采取遮盖措施避免阳光照射模板和钢筋。

④当在气温高于 30℃、相对湿度较小或风速较大的环境下浇筑混凝土时,应对浇筑仓面进行喷雾或采取适当挡风措施以防混凝土表面失水过快。

18.3.3　冷却水管的布设及控制措施

(1)冷却水管布设方案

底板冷却水管呈蛇形布置,1/4 对称,上下层交错。

厚度为 2.0m 的浇筑层,每浇筑层布设 2 层冷却水管,竖向布置为 50cm + 100cm + 50cm;厚度为 1.5m 的浇筑层,每浇筑层布设 1 层冷却水管,竖向布置为 75cm + 75cm;厚度为 2.5m 的浇筑层(即第三浇筑层),每浇筑层布设 3 层冷却水管,竖向布置为 50cm + 75cm + 75cm + 50cm。

底板水平管间距为 100cm,距离混凝土侧面 50 ~ 100cm;单层 16 套水管(4 套×4),每套水管设置一个进出水口,管长小于 200m。

锚碇顶板下部不设后浇带,分三次浇筑,每次浇筑 3m,每个浇筑层纵横交错布设 3 层水管;水平管间距为 100cm,垂直管间距为 100cm;距离混凝土表面/侧面不小于 50cm;单层 8 套

水管,每套水管设置一个进出水口,每套水管长度不超过200m。

锚碇顶板上部设2m宽一字形后浇带,分三次浇筑,每次浇筑2m,每个浇筑层纵横交错布设2层水管;水平管间距为100cm,垂直管间距为100cm;距离混凝土表面/侧面不小于50cm;单层7~8套水管,每套水管设置一个进出水口,每套水管长度不超过200m。

(2)冷却水管的使用及控制

①冷却水管采用$\phi 42mm \times 2.5mm$、具有一定强度、导热性能好的铁皮管制作。弯管部分采用冷弯工艺预处理,管与管之间通过螺纹丝扣+生胶带连接。水管悬空部分需焊接竖立筋对其进行固定。

②用分水器将流入各层各套水管的水集中分出,分水器设置相应数量的独立水阀以控制各套水管冷却水流量,并设置一定数量的减压阀以控制后期通水速率。每个分水器对应一台水泵,并至少留有1台备用泵。

因顶板面积较大,冷却水管1/4对称布置,建议于四个边角各设置一套独立的冷却水系统。根据独立冷却水系统最大负荷即单层4套共3层计算,分水器出水口至少需设置12个,减压阀需设置3~4个,水泵功率大于或等于$36m^3/h$。

③混凝土浇筑前,冷却水管应进行不短于半个小时的加压通水试验,查看水流量是否合适,发现管道破裂或接头漏水、阻水现象要及时修补至可正常工作。对水管的连接位置要采取一定的保护措施,施工过程中应避免混凝土直接落到冷却水管上,严禁施工人员踩踏水管。

④通水冷却应满足下列要求:

a.每层冷却水管应在对应该层水管的混凝土覆盖后立即通水冷却。

b.前期抽取深层江水作为冷却水,后期根据温度监测结果,通过集水池(冷却水管出水)调控水温,使冷却水进水温度与混凝土内部最高温度之差小于25℃,气温较低时段可补充热水以满足进水温度与混凝土内部最高温度之差的控制标准。

c.定期改变通水方向。

d.冷却水流速不小于0.6m/s,一般宜在0.6~1m/s之间。

顶板大体积混凝土通水冷却要求详见表18-7。

顶板大体积混凝土通水冷却要求　　　　　表18-7

开始通水时间及升温期要求	降温期通水时间及要求	停水时间
混凝土覆盖冷却水管前开始通水;水流量大于或等于50L/min,水流速大于或等于0.6m/s;出水与进水温度之差小于或等于10℃	根据测温结果降低水流量,确保降温速率小于或等于2.0℃/d,进、出水口温差小于或等于10℃	可同时保证混凝土块体降温速率小于或等于2.0℃/d,混凝土内部最高温度与表面温度之差小于或等于15℃

⑤待水管内循环水停止冷却且混凝土养护完成后应及时进行压浆封堵。先用空气压缩机将水管内残余水压出并吹干冷却水管,然后用压浆机向水管压注与混凝土同强度的微膨胀水泥浆,以封闭管路。

18.3.4 养护控制措施

顶板于高温期施工,养护措施以保湿为主,见表18-8。养护用水应采用冷却水管出水,养护水与混凝土表面温差小于或等于15℃。

顶板大体积混凝土养护措施 表 18-8

部位		养护措施
上表面	分层浇筑面	持续喷雾养护,养护至上层开始浇筑为止。养护期间要确保混凝土表面始终处于湿润状态
	永久暴露面	边收面边覆盖塑料薄膜,终凝后持续喷雾养护。雨天时顶面宜搭盖防水彩条布;从混凝土浇筑完毕开始持续养护时间不少于 14d
后锚室		覆盖塑料薄膜 + 土工布养护,从混凝土浇筑完毕开始持续养护时间不少于 14d
后浇带		覆盖防雨布养护,从混凝土浇筑完毕开始持续养护时间不少于 14d

18.3.5 浇筑间歇期控制

顶板大体积混凝土各层浇筑间歇期一般控制为不超过 7d,新旧混凝土浇筑间隔期需满足以下条件:①旧混凝土内部最高温度与表面温度之差小于 20℃;②旧混凝土的强度超过设计强度的 50%。

18.4 现场温度监测

为检验施工质量和温控效果,掌握温控信息,以便及时调整和改进温控措施,做到信息化施工,需对混凝土进行温度监测,检验不同时期的温度特性和温控指标。当温控措施效果不佳,达不到温控标准时,可及时采取补救措施;当混凝土温度远低于温控标准限值时,可减少温控措施,以免浪费。

18.4.1 温度监测流程

在混凝土浇筑前完成传感器的选购及铺设工作,并将屏蔽信号线连接到测试棚,各项测试工作在混凝土浇筑后立即进行,连续不断。

18.4.2 温度监测元件

(1)监测元件选择

仪器选择依据使用可靠和经济的原则,在满足监测要求的前提下,选择操作方便、价格适宜的仪器。

温度监测仪拟采用 HNTT-D 温度自动检测系统。该仪器可以进行实时温度采集和定时温度采集,把所有采集到的温度信息保存到 Excel 数据库内,对数据进行现场跟踪、分析及处理,并能及时进行数据的图表生成和各采集点温度曲线的分析和比较。

主要技术指标:①测量范围为 -50 ~ 120℃;②分辨率为 0.1℃;③测量精度为 0.5℃;④测

温点数为32路;⑤液晶显示分辨率为124×64;⑥测量有效长度为50m;⑦终端工作电压为220V/AC,无线主机为DC5V,2A。

(2)监测元件的布置及埋设

大体积混凝土施工过程中应监测混凝土拌合物的出机温度、入模温度、浇筑温度、内部温度、冷却水进出水温度以及环境温度,同时监控混凝土内表温差和降温速率,并及时调整和优化温控措施。其中内部温度测点的布置原则如下:

①根据构件对称性的特点,选取构件一半范围布置测点。

②根据温度场的分布规律,对高度方向的温度测点间距做适当调整,距离需大于或等于25cm。

③充分考虑温控指标的测评。温度测点包括表面温度测点(在构件中心部位短边与长边中心线表面以下5cm处布置),内部测温点(布置在构件中心处)。

参照《混凝土坝安全监测技术规范》(DL/T 5178—2003),并根据桥梁大体积混凝土的特点加以改进,由具有埋设技术和经验的专业人员操作。为保护测温导线和测点不受混凝土振捣的影响,应焊接L36以上的等边角钢进行保护,避免混凝土直接砸落在测温线上。监测元件埋设示意图见图18-3,监测元件埋设大样图见图18-4。

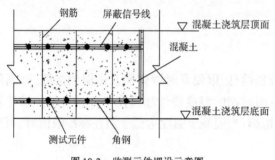

图18-3 监测元件埋设示意图

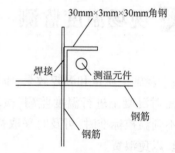

图18-4 监测元件埋设大样图

18.4.3 现场温度监测

(1)现场温度监测内容

对大体积混凝土进行温度计算,是从理论上掌握大体积混凝土内部温度和温度应力的发展变化情况,实际施工中将会存在一定的差异,主要原因是计算所取用的相关参数及计算模型与大体积混凝土实际施工状态不可能完全一致,这就需要对施工过程进行监测,并将监测结果随时与理论计算及其结果进行比较、分析,及时调整参数取值、修正计算模型并采取相应的温控措施,只有这样才能保证计算、分析结果的准确性及可靠性,并依据计算、分析结果完善温控措施,确保温度应力不超过混凝土的抗拉强度,避免出现温度裂缝。

温度监测主要内容包括混凝土温度场监测和环境体系温度监测。

①混凝土温度场监测。

构件混凝土的温度场是指现场各种环境因素的影响下,已浇筑构件各部位的实际温度及温度分布。温度场监测是大体积混凝土温控工作最为重要的内容之一。需要结合温度场的分布特征,合理布置一定数量的温度传感器。温度测点的布置应具有代表性,做到既突出重点又兼顾全局,可监测大体积混凝土内部的温度场变化情况,以指导温控措施的实施或调整,使温控指标满足要求。

②环境体系温度监测。

环境体系温度监测包括环境气温,冷却水进水、出水温度。选取具有代表性的冷却水管,在水管进水口、出水口安装温度传感器,测量冷却水的温度。

(2)温度监测频率及要求

混凝土温度监测频率和要求如下:

①混凝土入模温度监测:每台班不少于2次。

②浇筑块体温度场监测:升温期间,环境温度,冷却水进水、出水温度和内部温度每2h测量1次;降温期间,第一周每4h监测1次,一周后每天选取气温典型变化时段进行监测,每天监测2~4次。特殊情况下,如大风或气温骤降期间,适当加密监测次数。

③温度监测持续时间:当混凝土的内部最高温度与环境温度之差连续3d小于25℃,且降温速率小于或等于2℃/d、内表温差小于或等于25℃时,即可终止温度监测。温度监测持续时间一般不宜少于14d。

④每次监测完成后及时填写温度监测记录表。

⑤温度监测结束后,绘制各测点的温度变化曲线,编制温度监测报告。

(3)超温应对措施

如果现场监测温度超出温控标准,可采取下列应对措施:

①混凝土入模温度超过表18-1容许的30℃的目标值:需及时对原材料采取有效的降温措施,保证混凝土入模温度在可控范围内。

②混凝土内部最高温度偏高:可以采取加大冷却水通水流量、降低冷却水温度的措施,但注意冷却水温度控制在比混凝土中心温度低10~25℃。

③内表温差偏高:可以加大通水流量、降低进水温度以加强内部降温,或加强外部保温,增加保温层厚度,做到外保内散。

18.4.4 温控事项分工安排

温控事项分工安排如表18-9所示。

温控事项分工安排　　　　　　　　　　　　　　　　　表18-9

	事项	布设冷却水管、制作分水器	试通水	焊接角钢	布设温度测点
浇筑前	责任单位	项目部	项目部	项目部	监测单位为主,项目部配合
浇筑过程中	事项	混凝土入模温度监测	混凝土内部温度监测	冷却水控制	—
	责任单位	监测、项目部、监理等单位	监测单位	项目部(监测单位发指令)	—
浇筑完成后	事项	混凝土内部温度监测	冷却水控制	养护	
	责任单位	监测单位	项目部(监测单位发指令)	项目部(监测单位发指令)	

19 索鞍及索夹制造

19.1 主索鞍制造

主索鞍毛坯铸造工艺流程见图 19-1,主索鞍生产制作工艺流程见图 19-2。

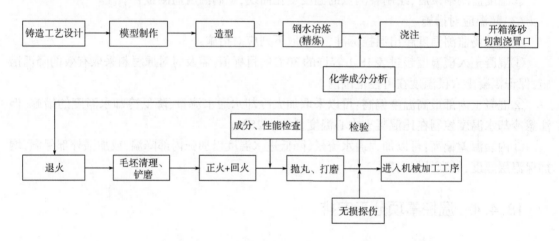

图 19-1 主索鞍毛坯铸造工艺流程图

19.1.1 主索鞍鞍头铸造工艺

(1)浇注方案

根据本项目主索鞍鞍头设计结构形式,结合几十座悬索桥索鞍毛坯生产制作的经验与计算机模拟浇注生产的分析,确定本项目主索鞍鞍头铸造时采用鞍槽口朝上的浇注方案。采用这种浇注方案,索鞍鞍槽的底部易取得致密组织,从而可以更好地保证底面焊接部位的毛坯质量。

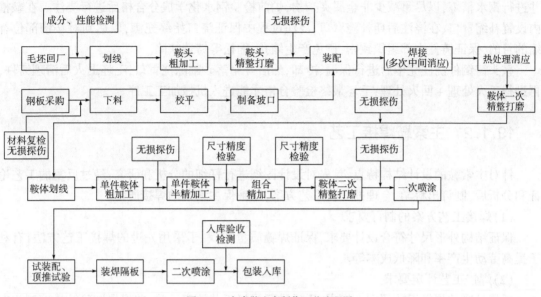

图 19-2　主索鞍生产制作工艺流程图

(2) 主要工艺参数确定

考虑铸件在凝固收缩过程中受铸型的机械阻碍和铸件自身结构影响,选择模样收缩率为1.8%。

为保证加工面精度和有足够的加工余量,确定主索鞍鞍槽内单面加工余量为20mm,其他加工面的单面加工余量为15mm。铸钢件的出品率保持在60%~62%之间。主索鞍鞍头设计采用腰形冒口,冒口根据比例法、钢水的凝固收缩值和冒口的补缩效率进行设计,即根据铸件热节的大小以一定的比例确定出冒口的大小后,再根据钢水的凝固收缩值及冒口的补缩效率确认冒口内的金属液量是否大于冒口所补缩区域的金属液量,然后利用CAE进行凝固模拟验证确认。

(3) 辅材选择及浇注系统确定

铸造生产用原材料主要包括硅砂、铬铁矿砂、水玻璃、固化剂、涂料、保温覆盖剂、金属和非金属炉料、木材、陶瓷浇口管等。面砂、型砂采用优质砂,型腔表面刷锆英粉快干涂料,以防黏砂,所有圆角适当增敷铬铁矿砂。硅砂应符合《铸造用硅砂》(GB/T 9442—2010)要求,铬铁矿砂应符合《铸造用铬铁矿砂》(JB/T 6984—2013)要求,涂料应符合《砂型铸造用涂料》(JB/T 9226—2008)要求。

选用优质木材作模型材料,模型制作充分考虑铸件收缩量。采用组芯地坑造型、双层浇道双浇口浇注系统的铸造工艺方案,采取索鞍鞍槽口朝上的浇注方式,浇注系统设计为底注式浇注,钢水由浇口经浇道先进入铸件底部,再由底部向上平稳升高,滑动水口规格为$\phi80mm$和$\phi100mm$,直浇口$\phi120mm/\phi140mm$,横浇口$\phi120mm/\phi140mm$,内浇口$\phi80mm$。

浇注系统设计原则如下:保证钢水在型腔内有适宜的上升速度。合理选择钢水进入铸型的位置和方向,有利于铸件按顺序凝固,避免铸件局部过热。保证钢水连续均匀地充满型腔,为排除气体和非金属夹杂物创造良好的条件。避免钢水直接冲击型腔壁和泥芯,不妨碍铸件的收缩。铸件均采用漏包进行浇注,故浇注系统的各部分尺寸应和钢水包的包孔尺寸相适应,即和钢水的流量相适应,以保证浇注时钢水不会自浇口杯外溢。在造型的同时,开始钢水冶炼并进行钢水精炼,以尽量减少非金属夹杂物,炉前检验钢水化学成分合格后进行浇注。在鞍槽内设置补缩冒口、在浇注后期补浇冒口,浇注过程中保证浇口始终充满,以达到对鞍槽部位补缩的目的,保证铸件内部组织致密,避免产生缩孔、缩松等铸造缺陷。

鞍头铸钢件浇注完毕后进行保温、冷却,然后开箱落砂割除浇冒口,毛坯退火后清理铸件,再进行正火处理+回火处理;毛坯最终检验合格才能进入机械加工工序。

19.1.2 主索鞍焊接工艺

针对主索鞍的设计结构特点,首先对设计图纸进行仔细的分析和研究,经过反复的工艺论证和分析后,制订出科学、合理的焊接工艺方案,以确保主索鞍的焊接质量。

(1)焊接工艺方案的制订要求

保证结构外形尺寸符合设计要求,保证焊缝质量,有利于采用先进的焊接工艺方法,有利于提高劳动生产率和降低成本等。

(2)焊接工艺评定要求

根据批准的焊接工艺评定方案书,逐项进行焊接工艺评定试验,并根据试验结果编制相应的试验报告,将全部评定资料汇总成完整的评定材料存档,上报监理工程师审查、批准,作为编制焊接工艺规程的依据;根据焊接工艺评定结果编制的焊接工艺规程报监理工程师审查批准后实施。焊接工艺评定试验按《钢、镍及镍合金的焊接工艺评定试验》(GB/T 19869.1—2005)的规定进行,焊接工艺评定试验应有阶段性报告及最终报告,报告应经监理工程师审查、批准方可生效,如生产过程中某焊接工艺不稳定,不符合《钢、镍及镍合金的焊接工艺评定试验》(GB/T 19869.1—2005)要求,应立即中止。

焊接工艺评定的施焊对象应包括钢板与钢板的对接焊缝的焊接工艺评定,钢板与钢板的T形接头和角接接头焊缝的工艺评定,铸钢件与钢板的对接焊缝的焊接工艺评定。

钢板间焊缝的焊接工艺评定,应保证焊缝的力学性能达到《锅炉和压力容器用钢板》(GB 713—2014)的规定,并提供接头试验报告和化学分析结果。

铸钢件与钢板间焊缝的焊接工艺评定,应保证焊缝的力学性能达到《焊接结构用铸钢件》(GB/T 7659—2010)的规定,并提供接头试验报告和化学分析结果。

(3)焊接方法及设备的选择

考虑主要选用 CO_2 气体保护焊进行焊接。CO_2 气体保护焊具有焊接时电弧穿透能力强、抗氢气孔能力强、熔敷率较高、焊缝成形美观、易进行全位置焊接等优点,相对于手工电弧焊,其焊接质量更容易得到控制和保证。焊接设备使用松下 YD-500FR1 型数字逆变焊机等。

(4)焊接材料的选择

主索鞍鞍体焊接件的材料采用 Q345R 钢板,选用与母材强度相当的焊接材料,并综合考虑焊缝金属的强度、韧性等性能,选择 ER55-G 焊丝,以符合标准要求,选用的焊丝中含有足够的脱氧元素 Si 和 Mn,且含碳量较低,焊接过程中可有效防止 CO_2 气孔的产生。

(5)焊接坡口的制备

采用数控切割机和半自动切割机作为下料设备,以确保钢板切割后的外观质量。

根据产品结构,设计合理的焊接坡口,焊接坡口采用刨边机、铣边机、镗床或火焰切割进行加工,以使焊接坡口角度准确,坡口面光整,为焊接创造条件。

(6) 焊接预热温度的控制

在各部件装配好并定位焊后,采用天然气管道对焊接坡口及周边区域进行预热,预热的目的在于减缓焊接接头加热时温度梯度及冷却速度,适当延长在 500～800℃ 区间的冷却时间,从而减少或避免产生淬硬组织,减小焊接应力,减少变形,有利于氢的逸出,防止裂纹的产生。

焊接过程中随时采用红外测温仪监测焊接坡口及周边的预热温度,当发现温度下降至低于要求温度时,立即采用天然气将其加热到规定的预热温度,然后继续施焊。

(7) 装焊方案的选择

本桥的主索鞍结构尺寸大、质量大,主筋板、端板、侧筋板、边筋板分别与鞍头、底板形成焊接结构,各件之间的主要焊缝分别为钢板+钢板的熔透焊缝,钢板+铸钢的熔透焊缝,接头形式主要为T形接头和对接接头;钢板件数量多,焊缝比较集中,且各主要焊缝均为熔透焊缝,钢板厚度最大达100mm,焊接时接头的焊接应力大、构件的内应力和焊接收缩都较大,导致保证构件焊后的尺寸存在一定难度,如果装焊方案选择不妥当,将难以保证焊后的构件尺寸,也难以保证焊接接头的质量。在充分考虑和分析了主索鞍结构后,决定采用图 19-3 所示的装焊方案进行主索鞍的装配和焊接,此种装焊方案既能保证鞍体各钢板间焊缝的焊接可操作性,又能很好地保证焊缝质量。

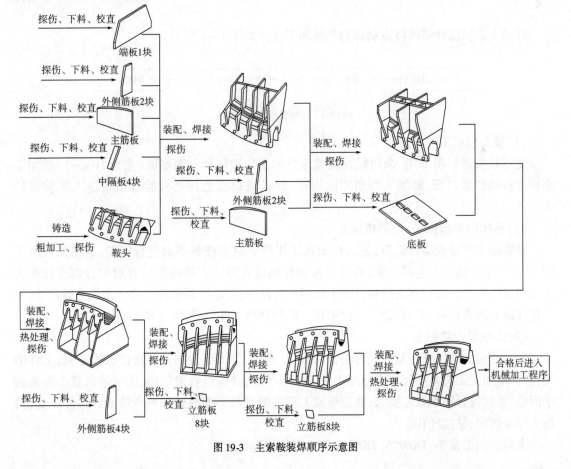

图 19-3 主索鞍装焊顺序示意图

(8) 焊接顺序的选择

焊接时按焊接工艺规程确定的焊接顺序进行施工,在焊接过程中,采用多人对称施焊、多次翻面焊接、锤击消应,以减少焊接变形;要求焊接工人必须是取得相应焊接资格证和上岗证的人员,必须严格按照监理工程师审查批准的焊接工艺规程施焊。

(9) 焊后冷却方式及消应处理

焊接完后工件进行保温缓冷,防止产生冷裂纹,整个焊接过程中采取分阶段数次中间消应退火处理以消除焊接应力,焊接完成后再整体进行焊后退火消应热处理。工件进行焊后热处理的目的:降低或消除焊接残余应力;软化焊接热影响区的淬硬组织,提高焊接接头韧性;促使残余氢逸出;提高结构的几何稳定性,增强接头抵抗应力腐蚀的能力。

(10) 焊缝质量检测及质量问题的处理

焊缝经无损探伤检测合格并进行消应热处理后,再进行无损探伤复查检测。如果无损探伤检测发现有超标的缺陷,清除干净后重新进行焊接,对焊接部位探伤复查,合格后根据处理部位面积、深度,进行消应处理。焊接过程中加强过程质量控制和质量检验,以确保焊接质量。

19.1.3 主索鞍机械加工

针对主索鞍设计结构特点制订的机械加工方案如图 19-4 所示。

图 19-4 主索鞍机械加工方案

(1) 鞍头粗加工

先对鞍头进行粗加工,采用数控铣镗床粗加工索鞍鞍槽和两端面(余量 10mm)、精加工底部焊接部位坡口面,经加工面超声波探伤、焊接坡口渗透探伤检验合格后进入组装焊接工序。

(2) 鞍体的半精加工、局部精加工

索鞍鞍体焊接检验合格后,进入机械加工工序。对索鞍各平面进行加工:半精加工底平面,精加工中分面及工艺基准面(在连接端面外侧设置有工艺基准块),并对中分面进行渗透或磁粉探伤检查。按计算出的连接面上的螺栓孔的坐标尺寸,用数控铣镗床定位坐标尺寸,钻出连接面上的螺栓孔,并钻、铰出定位销孔。旋转回转工作台,精加工尾部端面。

(3) 索鞍组合精加工

配对使用的两件索鞍鞍体成对组合,找正对齐后,打入定位销并将连接螺栓拧紧,工件侧放,按已精加工工艺基准面和半精加工的底平面找正,精铣组合索鞍面,保证索鞍整个底面的平面度、垂度符合图纸技术要求;数控精加工鞍槽两侧壁平面及鞍槽各台阶面。工件正放,精加工宽度侧面、钻拉杆孔。

主索鞍加工设备:TK6926、TK6920 等大型数控镗铣床。

19.1.4 主索鞍表面处理

主索鞍表面处理方法见表19-1。

主索鞍表面处理方法　　　　　　　　　　　表19-1

部位	涂装	技术要求(最低干膜厚度)	场地
主索鞍各外露部分	喷砂	Sa2.5级,Ra30~70μm	工厂
	环氧富锌底漆(2道)	2×40μm	工厂
	环氧厚浆漆(1道)	120μm	工厂
	聚氨酯面漆(2道)	2×40μm	工厂
	聚氨酯面漆(1道)	40μm	工地
鞍槽内表面、隔板表面	喷砂	Sa3.0级	工厂
	电弧喷锌	200μm	工厂
	有色金属环氧封闭漆	—	工厂
螺杆、螺母	达克罗处理	10μm	工厂

(1)喷砂

筛选钢砂,控制金属磨粒直径在0.5~1.5mm之间,磨粒无油污、杂物等。压缩空气须经过油水分离和过滤。

喷枪与工件的夹角为65°~75°,喷枪与工件的间距为150~200mm,喷砂速度为10min/m²。喷砂轨迹应有20%以上的重合,喷砂处理时必须对非防腐表面进行保护。喷砂后存放时间不大于4h,否则须重新喷砂。

(2)喷锌

采用电弧喷枪,对鞍槽内表面及各隔板表面进行喷锌处理,锌层厚度为200μm,符合标准《热喷涂 金属和其他无机覆盖层 锌、铝及其合金》(GB/T 9793—2012)的要求。喷枪与工件的夹角为70°~90°,喷枪与工件的间距为150~200mm,喷锌速度为100~150mm/s,喷锌轨迹应有20%以上的重合,分三次喷涂以使锌层厚度达到相关标准要求。热喷涂处理时必须对非防腐表面进行保护。用磁性测厚仪检测锌层厚度,用划格法检查结合力。喷锌后在搬运、存放过程中应防止污染和碰伤,与下一工序施工间隔大于24h,需对喷锌面用塑料薄膜遮封保护。

(3)喷涂料

底漆搅拌均匀后取出所需用量,加入稀释剂搅匀至桶底无沉积物,加入固化剂,充分搅拌10~15min,配置后的使用期限小于或等于4h。严禁将配后未用完涂料与基料混合。喷枪与工件的夹角为70°~90°,喷枪与工件的间距为150~200mm,喷漆速度为100~150mm/s,喷漆轨迹应有20%以上的重合,分三次喷涂以使漆膜厚度达到相关标准要求。除防腐喷涂面外,其余各加工表面去除油污,涂硬膜防锈脂,硬膜防锈脂厚度不大于10μm。涂层均匀,无脱落、起泡、堆积等缺陷,颜色符合色板或色卡,不得覆盖漆膜或锌层。必要时再贴上包装纸或薄膜。

(4)修补

①对修补部位的清洁处理:必须清除表面的油、水、脂等污物。

②小面积油、脂的去除方法：用蘸有溶剂的擦机布擦拭受污表面，使油、脂充分溶解，然后用干净的擦机布擦拭2~3次，直到干净为止。大面积油、脂的去除方法：在受污表面喷淋工业清洁剂（如溶剂汽油、碳氢清洗剂、稀释剂等），数分钟后，用硬毛刷或拖布刷洗表面，使油、脂充分溶解，并用淡水冲净，再用干净的擦机布擦拭干净。

③对于漆膜受损但底材金属未裸露的情况：用砂纸或合适的打磨工具轻柔地打磨以形成致密的油漆层，并用合适的清洁剂擦拭干净。砂磨、修补区域需超过受损区域边缘25mm。

④对于漆膜受损且底材金属裸露的情况：受损表面视同未经表面处理的表面，在修补前须进行表面处理。采用动力砂磨工具进行处理，使其达到ISO 8501-1标准规定的St3级，打磨出图19-5所示的坡口，砂磨、修补区域需超过受损区域边缘50mm。待受损区域表面处理好之后，应使用与原始涂层相对应的油漆，采用适合的施工方式，对受损区域进行修补，见图19-5。采用刷涂方式时，应按涂敷、抹平、修饰三步进行，并按照规定的涂层体系进行修补，补涂部位的颜色、厚度应基本一致，修补的形状尽量规则；若修补面积较大宜采用喷涂，喷涂前应注意油漆混合均匀、彻底，补喷涂层的颜色、厚度应基本一致，修补的形状尽量规则。修补时必须使用和原涂层体系相配套的油漆品种，并按照涂料供应厂家说明书的要求进行油漆调配。

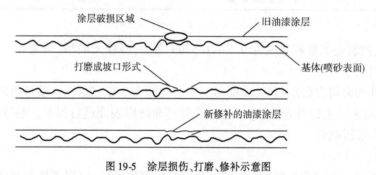

图19-5　涂层损伤、打磨、修补示意图

⑤喷涂设备：电弧喷涂设备、高压无气喷涂机、喷砂设备等。

19.1.5　主索鞍试装配工艺

主索鞍各零部件（包括鞍体、上下承板、格栅等）制作完成后，进行厂内试装配和索鞍顶推试验，检查各零部件的装配尺寸和位置是否符合图纸要求，可动部件是否能活动自如，同时检查各零部件的防护层有无破损，有损部分应及时修补。检查合格后，对各零部件的相对位置即格栅的中心线位置、鞍体的中线位置、TP点和IP点位置做出永久性定位标记；试装配过程中请驻厂监理工程师旁站监督检查。

在车间装配平台上，通过支垫调整主索鞍格栅上平面水平，吊装下承板，装入定位销；将安装板安装到下承板上，吊装上承板，然后将单件索鞍鞍体按边跨和中跨位置吊放在上承板面上，结合面贴拢，装入定位销，用工艺螺栓连接两件索鞍；检查鞍体、承板、格栅的相互位置关系和尺寸关系，然后试装拉杆螺栓。装配检查合格后进行索鞍的顶推试验，检测索鞍摩擦副的滑移系数，为索鞍现场安装顶推提供参考数据。

19.2 散索鞍制造

散索鞍毛坯铸造工艺流程见图 19-6,散索鞍生产制作工艺流程见图 19-7。

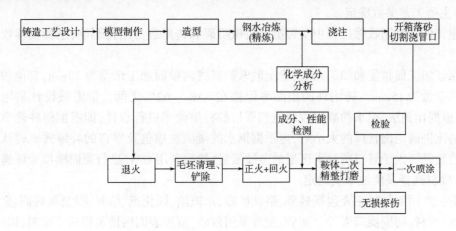

图 19-6 散索鞍毛坯铸造工艺流程图

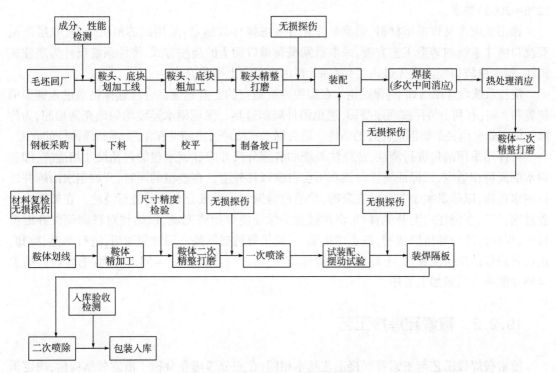

图 19-7 散索鞍生产制作工艺流程图

19.2.1 散索鞍鞍头铸造工艺

(1)浇注方案

根据散索鞍鞍头设计结构形式,结合几十座悬索桥散索鞍毛坯生产制作的经验与计算机浇注、凝固模拟分析,确定本项目散索鞍鞍头铸造时采用鞍槽口朝上的浇注方案。

(2)主要工艺参数确定

考虑铸件在凝固收缩过程中受铸型的机械阻碍和铸件自身结构影响,选择模样收缩率为1.8%。

为保证加工面精度和加工余量,确定散索鞍鞍槽内单面加工余量为20mm,其他加工面的单面加工余量为15mm。铸钢件的出品率保持在60%~62%之间。散索鞍设计采用腰形冒口,冒口根据比例法、钢水的凝固收缩值和冒口的补缩效率进行设计,即根据铸件热节的大小以一定的比例确定出冒口的大小后,再根据钢水的凝固收缩值及冒口的补缩效率确认冒口内的金属液量是否大于冒口所补缩区域的金属液量,然后利用CAE进行凝固模拟验证确认。

(3)辅材选择及浇注系统确定

铸造生产用原材料主要包括硅砂、铬铁矿砂、水玻璃、固化剂、涂料、保温覆盖剂、金属和非金属炉料、木材、陶瓷浇口管等。面砂、型砂采用硅砂,型腔表面刷锆英粉快干涂料,以防黏砂,所有圆角适当增敷铬铁矿砂。硅砂应符合《铸造用硅砂》(GB/T 9442—2010)要求,铬铁矿砂应符合《铸造用铬铁矿砂》(JB/T 6984—2013)要求,涂料应符合《砂型铸造用涂料》(JB/T 9226—2008)要求。

选用优质木材作模型材料,模型制作充分考虑铸件收缩量;采用组芯地坑造型、双层浇道双浇口浇注系统的铸造工艺方案,采取散索鞍鞍槽口朝上的浇注方式,浇注系统设计为底注式浇注,钢水由浇口经浇道先进入铸件底部,再由底部向上平稳升高。

浇注系统设计原则如下:保证钢水在型腔内有适宜的上升速度。合理选择钢水进入铸型的位置和方向,有利于铸件按顺序凝固,避免铸件局部过热。保证钢水连续均匀地充满型腔,为排除气体和非金属夹杂物创造良好的条件。避免钢水直接冲击型腔壁和泥芯,不妨碍铸件的收缩。

铸件均采用漏包进行浇注,故浇注系统的各部分尺寸应和钢水包的包孔尺寸相适应,即和钢水的流量相适应,以保证浇注时钢水不会自浇口杯外溢。在造型的同时,开始钢水冶炼并进行钢水精炼,以尽量减少非金属夹杂物,炉前检验钢水化学成分合格后进行浇注。在鞍槽内设置补缩冒口、在浇注后期补浇冒口,浇注过程中保证浇口始终充满,以达到对鞍槽部位补缩的目的,保证铸件内部组织致密,避免产生缩孔、缩松等铸造缺陷。浇注完毕后,进行保温、冷却,然后开箱落砂割除浇冒口,毛坯退火后清理铸件,再进行正火处理+回火处理;毛坯最终检验合格才能进入机械加工工序。

19.2.2 散索鞍焊接工艺

散索鞍焊接工艺与主索鞍焊接工艺基本相同,在充分考虑和分析了散索鞍结构后,决定采用图19-8所示方案进行散索鞍的装配和焊接。

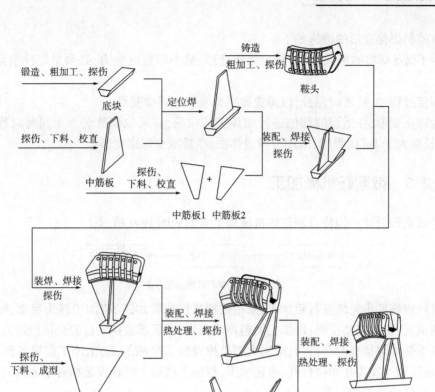

图 19-8　散索鞍的装配和焊接顺序示意图

在各部件装配好并定位焊后,采用天然气管道对焊接坡口及周边区域进行预热。预热区域为以焊缝为中心,单边宽度不小于2倍板厚且不小于75mm的区域,预热温度应达到100~150℃。预热的目的在于减缓焊接接头加热时温度梯度及冷却速度,适当延长在500~800℃区间的冷却时间,从而减少或避免产生淬硬组织,减小焊接应力,减少变形,有利于氢的逸出,防止裂纹的产生。

保证焊接质量的措施如下:

①所有焊工必须持有资格证书,并在上岗前进行实际操作培训。

②正式实施前进行焊接工艺评定,并选用高质量的焊接材料;焊接过程中严格执行工艺文件中按焊接工艺评定确定的焊接参数,严格控制焊接线能量大小。

③焊前对坡口等进行严格检查和清理,使用低氢型焊丝及低氢型焊接方法即 CO_2 气体保护焊,控制焊缝中氢的含量。

④焊接过程中根据焊接工艺规程进行多次中间消应退火处理;焊前按焊接工艺规程要求进行预热,由于工件很大,采用天然气加热的方式预热,这样既可以保证预热温度、层间温度,又可以保证预热均匀。

⑤焊后将整个索鞍置于退火炉内按工艺规定进行整体退火热处理,以消除应力,并对焊缝进行100%探伤检查。

具体控制焊接变形的措施如下：

①为了满足焊接的可操作性、减少焊接变形、减小焊接内应力，必须制定科学合理的装焊顺序。

②焊接过程中，要适时翻身，以避免和减少鞍体的焊接变形。

③为防止变形，在适当的部位进行加焊工艺拉筋，并采取偶数名焊工同时对称焊接的方法，对于长度大于1m的焊缝，采用分段退焊法，尽量减少焊接变形。

19.2.3　散索鞍机械加工

针对散索鞍设计结构特点制订的机械加工方案如图19-9所示。

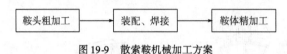

图19-9　散索鞍机械加工方案

先对散索鞍鞍头毛坯进行粗加工，采用数控镗铣床粗加工、精加工鞍头底面，粗加工索鞍鞍槽和两端面，铣工艺基准面；经加工面超声波探伤、底面渗透探伤检验合格后进入下道工序。

散索鞍鞍体焊接检验合格后，采用大型数控镗铣床半精加工、精加工鞍槽各面及两端面、顶圆弧、钻压紧梁安装孔和拉杆孔；半精加工、精加工底部上承板安装槽各平面及底面，注意控制尺寸和形位公差符合要求。

散索鞍加工设备：TK6926、TK6920等大型数控镗铣床。

19.2.4　散索鞍表面处理

散索鞍表面处理与主索鞍表面处理相同，散索鞍表面处理方法见表19-1。

19.2.5　散索鞍试装配工艺

散索鞍各零部件（包括鞍体、底座、上下承板、销）制作完成后，进行厂内试装配，检查装配尺寸和形状是否符合图纸要求，可动部件是否能活动自如，同时检查鞍体相对底座的转动是否达到设计规定的转动值。各零部件的相对位置、鞍体的中线位置、TP点和IP点位置须做出永久性定位标记，试装配过程中请驻厂监理工程师旁站监督检查。

19.3　索夹加工制造

索夹采用ZG20Mn铸钢件，材料必须符合《大型低合金钢铸件》（JB/T 6402—2006）相关要求，索夹须按照招标文件规定的探伤标准对相关部位进行无损探伤检验，直至达到规定的探伤级别要求，产品加工制造精度以及表面防护涂装须符合招标图纸以及招标文件技术规范的有关规定。索夹铸造工艺流程如图19-10所示，索夹加工工艺流程如图19-11所示。

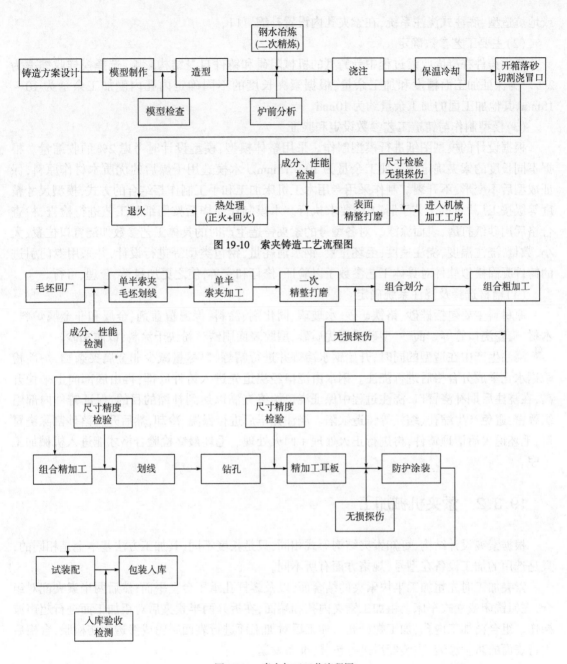

图 19-10　索夹铸造工艺流程图

图 19-11　索夹加工工艺流程图

19.3.1　索夹铸造工艺

(1) 浇注方案

根据对设计图纸给出的结构形式进行分析,结合几十座悬索桥索夹毛坯生产制作的经验以及计算机实体模拟,确定本项目索夹铸造时采用内孔朝上的浇注方案。铸造采用组芯砂箱或地坑造型、底注式浇注系统,在索夹孔内设置补缩冒口。

(2)主要工艺参数确定

考虑铸件在凝固收缩过程中受铸型的机械阻碍和铸件自身结构影响,选择模样收缩率为2%。为保证加工面精度和加工余量,根据索夹长度的不同确定内孔内侧加工余量为 10~15mm,其他加工面的加工余量约为 10mm。

(3)模型制作与铸造工艺参数设定和验证

根据设计的模型图纸进行模型制作。采用整体模型,模型设计时考虑2%的收缩量。根据不同长度的索夹确定预留加工余量为 10~15mm。木模选用干燥后的优质木材作原料,保证成型后不变形、不开裂。制作采用专用木工机床加工和手工制作相结合的方式,模型尺寸精度等级按工厂"木模工艺手册"1级要求执行。木模制作完毕后按图纸和工艺进行检查,检查合格后用砂纸打磨,表面涂漆。对各型号的索夹铸造生产时的具体工艺参数如浇冒口位置、大小、数量,浇注温度、浇注速度,毛坯重量、钢水消耗量,钢包类型等进行设计,并采用专门引进的铸件凝固模拟软件对具体工艺参数予以验证、修订和完善,使之更加科学、合理、可行。

(4)辅材选择及浇注系统确定

原材料主要包括硅砂、铬铁矿砂、水玻璃、固化剂、涂料、保温覆盖剂、金属和非金属炉料、木材、陶瓷浇口管等。面砂、型砂采用优质砂,型腔表面刷锆英粉快干涂料,以防黏砂。

浇注生产中在造型的同时,开始钢水冶炼并进行精炼,以尽量减少非金属夹杂物,炉前检验钢水化学成分合格后进行浇注。钢水由浇口经浇道先进入铸件底部,再由底部向上平稳升高,在浇注后期补浇冒口,浇注过程中保证浇口始终充满以达到补缩的目的,保证铸件内部组织致密,避免产生缩孔、缩松等铸造缺陷。浇注完毕后进行保温、冷却,然后开箱落砂割除浇冒口,毛坯退火后清理铸件,再进行正火处理+回火处理。毛坯最终检验合格才能进入机械加工工序。

19.3.2 索夹机械加工

根据索夹设计结构,可知索夹结构形式相同,只是长度不同,其加工方法基本上是相同的,只是选用的加工设备在型号、规格方面有所不同。

索夹加工时先粗加工半块索夹的结合面,以及螺杆孔承压台上平面,然后两半索夹配对组合,在镗铣床或立式车床上粗加工索夹内孔和端面,在拆开两半索夹后对粗加工面进行超声波探伤。组合精加工内孔,加工螺杆孔。加工后对加工面进行表面磁粉或渗透探伤检验,合格后进行表面的防护涂装,预装配后进行包装,准备发运。

半块索夹的结合面和螺杆孔承压台上平面采用普通镗铣床或台式重型镗铣床进行加工;索夹内孔采用 T150 数控落地镗铣床、重型立式车床、专用索夹镗孔机等设备进行加工。

19.3.3 索夹表面处理

索夹表面处理工艺同主索鞍、散索鞍表面处理。

主缆索股与吊索　20

20.1　相关技术参数

（1）制造加工要点

①总体要求。

悬索桥是以缆索系统为主要承重构件的桥梁,其强度和几何形状主要依靠缆索的强度和索长来保证。尤其是索长,除直接影响结构几何形状外,还影响结构受力,从而影响强度。因此,主缆必须在原材料选择、主缆的制造和安装三个环节满足设计要求。

②主缆索股的预制。

a.索股制造单位应编制"索股制作工艺细则",经审查后,根据该细则进行试生产。待试制索股通过质量评定后,方可申请开工,批量生产。

b.编股时应记录所使用钢丝的盘号,并从检验记录中查得抽检钢丝的线径和弹性模量,统计出钢丝的平均线径和弹性模量。编入同一索股的钢丝平均直径应为(5.3 ± 0.03)mm,编入同一根主缆的钢丝平均直径应为(5.3 ± 0.01)mm。

c.按设计确定的各索股无应力长度及各标记点间的距离,经过温度修正后,制作各股标准丝,然后在编索生产线上编制索股。索股断面呈六边形,六边形的左、右两个顶点分别设置标志丝和标准丝,安装索股时需通过标志丝检查索股是否扭绞。每根索股内的钢丝在全长范围内应保持平行,不允许出现交叉和扭绞现象;索股内127根钢丝的长度应尽量保持一致,以保证受力均匀。索股每隔1.5m用强力纤维带绑扎定型,主缆中相邻索股的绑扎带位置应错开设置,以减小主缆的空隙率。主索鞍、散索鞍鞍槽范围内的索股,要求预整为矩形,矩形的尺寸应符合鞍槽的设计要求。

d.每根通长索股沿长度方向均应有9个标记点,分别是主跨中心点、南北主索鞍标记点、南北边跨中心点、南北散索鞍标记点、索股两端标记点;北边跨背索索股有4个标记点,分别是边跨中心点、北散索鞍标记点、索股两端标记点。

各标记点在预制索股的相应位置处加以标记,具体要求是用两种颜色对比强烈的油漆,根据标准丝标记点位置,在索股整个周边涂刷标志,使标记点位于两种色漆的交界处。

e. 标记后的预制索股应及时浇注锚杯,制成成品索股,并于锚头侧面标明索股编号。然后卷入索盘,索盘直径须满足放索要求。在索股的制作、运输、存储过程中应保证钢丝的锌层不受损伤及有害物的污染,并做好防锈保护。

f. 为方便索股架设,索股在索鞍鞍槽范围内的部分,要求在工厂内预整为矩形,矩形宽度为59mm,高度为59.5mm,预整型工艺要求不得损伤索股钢丝并报监理及设计部门批准。

g. 主缆索股测长精度要求:标准丝1/15000,普通丝1/12000,标记点间距1/15000。

③吊索制作。

全桥吊索均采用热铸锚。

a. 吊索索股采用双层聚乙烯一次热挤压成型。吊索索股制作时先浇注下端锚头,然后在上端锚头附近设一标志点,精确量出下端锚头销孔至上端标志点之间的距离(无应力下测量)。待测得各项需要调整的误差后,对吊索长度进行修正,根据修正后的吊索长度浇注上端锚头。吊索上端锚头的浇注必须在主缆线形测量后方可进行,以保证桥面设计高程,因此,要求在索股下料时留有调整长度所需要的余量。

b. 吊索锚头浇注后,还应通过调整锚头叉形耳板来精确调整吊索两端锚头之间的距离,使吊索能满足设计规定的精度值。吊索两端锚头的耳板销孔距离调整准确后,用紧定螺钉定位,定位时除应保证长度准确外,还应确保两端耳板的方向一致。因此,在锚头附近除设长度标记点外,还应设方向标记点。

c. 吊索测长精度要求:应符合《公路悬索桥吊索》(JT/T 449—2001)的要求。

d. 吊索的索长是在设计理论恒载作用下计算得出的,吊索制作时应根据实际的主缆架设误差、恒载以及反馈的各种实际误差,重新确定索长,以进行有效的索长控制。

(2)主要技术要求

①主缆索股主要技术指标。

主缆索股主要技术指标见表20-1。

主缆索股主要技术指标　　　　　　　　　　　　　　　　　　表20-1

项目		技术要求
主缆索股规格		127φ5.3mm
同一根索股的钢丝平均直径		(5.3±0.03)mm
同一根主缆的钢丝平均直径		(5.3±0.01)mm
标准丝制作精度		不大于1/15000
标记点	全桥索股	主跨中心点、南北主索鞍标记点、南北边跨中心点、南北散索鞍标记点等9个位置
	长度	70mm/70mm
	颜色	两种不同颜色
索股制作精度		不大于1/12000
定型绑扎带间距		(1.5±0.1)m
绑扎带层数		8~10层
预成型要求		主索鞍、散索鞍部位在工厂内预成型
主缆索股的盘卷内径		≥2m
灌锚密实度		>92%

续上表

项目		技术要求
铸体回缩量		<5mm
静载性能	最大静荷载	≥95%标称断后荷载
	断后延伸率	≥2%
	索股弹性模量	≥95%钢丝弹性模量
其他性能		运输和存储过程中应保证索股不受损伤、污染和腐蚀,并采取通风、防水、防潮、防火措施
		索股放索过程中不出现呼啦圈现象,索股不出现散丝、断丝等现象

②吊索主要技术指标。

吊索主要技术指标见表20-2。

吊索主要技术指标 表20-2

项目		技术性能
调长后销孔间长度及容许误差		$L\leq10m, \Delta L\leq2mm$ $L>10m, \Delta L\leq2mm+L/20000$
合金浇注密实度		>92%
灌锚端面垂度		$(90\pm0.5)°$
顶压回缩值		<5mm
吊索盘卷内径		不小于20倍吊索外径,并不小于1.8m
静载破断性能	最小破断荷载	大于或等于吊索标称破断荷载的95%
	破坏形式	两端锚头间拉断,非锚具内拔出
疲劳性能	上限荷载	$0.35P_b$
	应力范围	150MPa
	循环脉冲次数	2×10^6次
	断丝率	≤5%

③主缆索股、吊索钢丝用盘条。

本项目钢丝采用经索氏体化处理后的优质盘条进行制作。盘条参考《桥梁缆索钢丝用热轧盘条》(YB/T 4264—2011)的要求进行检查验收。本项目盘条技术及验收要求如表20-3所示。

本项目盘条技术及验收要求 表20-3

序号	项目		技术指标	检测频率	检测依据
1	化学成分	C	0.75%~0.90%	1根/炉	"钢铁及合金化学分析方法"GB/T 223系列标准
		Si	0.12%~1.30%		
		Mn	0.30%~0.90%		
		P	≤0.025%		
		S	≤0.025%		
		Cr	≤0.35%		
		Cu	≤0.10%		

续上表

序号	项目	技术指标			检测频率	检测依据
2	拉伸试验	抗拉强度(MPa)	1670MPa 钢丝	≥1180	2根/炉	《金属材料 拉伸试验 第1部分:室温试验方法》(GB/T 228.1—2010)
			1860MPa 钢丝	≥1230		
		断面收缩率	≥30%			
3	脱碳层	≤0.10mm			2根/炉	《钢的脱碳层深度测定法》(GB/T 224—2008)
4	尺寸	公差(mm)	(11.0~13.0)±0.30		2根/炉	千分尺、游标卡尺
		不圆度(mm)	≤0.40			
5	表面质量	盘条表面应光滑,不得有裂纹、折叠、结疤、耳子等对使用有害的缺陷。允许有压痕及局部凸块、凹坑、划痕、麻面,但其深度或高度(从实际尺寸算起)不得大于0.10mm			逐盘	目测

④高强度镀锌铝钢丝。

主缆采用高强度镀锌铝钢丝,钢丝须满足《锌-5%铝-混合稀土合金镀层钢丝、钢绞线》(GB/T 20492—2006)要求,其他性能均应满足《锌铝合金镀层钢丝缆索》(GB/T 32963—2016)与《桥梁缆索用热镀锌钢丝》(GB/T 17101—2008)的规定及设计图纸中的要求。

a. 主缆索股用钢丝。

主缆索股用钢丝技术指标见表20-4。

主缆索股用钢丝技术指标 表20-4

项目	技术性能要求	试样数	备注
钢丝直径及公差	(5.30±0.06)mm	每盘钢丝的起始端、终端各取一段	用精度为1/100mm的量具,量测同一端面的最大和最小直径,两者的平均值为钢丝线径,两者之差为不圆度
不圆度	≤0.06mm		
抗拉强度	≥1860MPa	每盘钢丝的起始端、终端各取一段	将试件两端夹固,钳口间距350mm,启动拉伸试验机缓慢加载至试件破坏,如从夹固处破断或有异常时须重做试验。考虑钢丝直径影响,按下式求实测抗拉强度:实测抗拉强度=实测破断拉力/公称截面面积
屈服强度	≥1490MPa	每10盘钢丝取一段	将试件两端夹固,钳口间距350mm,启动拉伸试验机缓慢加载至试件破坏,按公称面积得到应力-应变图,在应力-应变图上与0.2%的残余应变对应的应力值即为屈服强度
松弛率	≤7.5%	每300t钢丝取一段	按《桥梁缆索用热镀锌钢丝》(GB/T 17101—2008)进行检查,初始应力相当于公称抗拉强度的70%,1000h后应力损失不大于7.5%
断后延伸率	≥2.0%	每盘钢丝取一段	试件及试验方法同上,标定间距为250mm,加载直至破坏。重新合拢破断后的试件,测定标定点间伸长量。断后延伸率=钢丝破断后标定点之间伸长量(mm)/250(mm)
弹性模量	$(2.0±0.1)×10^5$ MPa	每10盘钢丝取一段	试件及加载条件同上,在70%屈服强度内确定应力与应变的关系(低应力状态)
反复弯曲次数	≥4次	每10盘钢丝取一段	取一段试件做180°弯曲试验,弯曲圆弧半径为3d,反复弯曲4次后,试件表面不得产生任何折损现象

续上表

项目	技术性能要求	试样数	备注
缠绕性能	≥8 圈	每 10 盘钢丝取一段	将试件围绕在直径为 3d 的芯杆上密缠 8 圈后,不得产生任何折损现象
抗扭性能	≥14 转	每 10 盘钢丝取一段	将试件两端紧固,钳口间距为 100d,试件一端可沿试件轴线方向移动,另一端以小于 60 转/min 的速度转动,直至试件扭断,转动圈数应大于或等于 14 转。若在夹固处扭断,应重做试验
热镀锌铝合金钢丝镀层铝含量	4.2% ~7.2%	每 10 盘钢丝取一段	原子吸收分光光度法
热镀锌铝合金钢丝镀层附着量	≥300g/m²	每 10 盘钢丝取一段	取试件长 30~60cm,称其质量(精确到 0.01g),再泡入含锑(Sb)的盐酸液中,镀层溶化后再称其质量,两次质量之差即为镀层附着量;附着面积按镀层溶化后实测钢丝平均直径计算
硫酸铜试验	≥4 次	每 10 盘钢丝取一段	每次取一段试件,浸渍于硫酸铜溶液中 60s,迅速取出并立即用净水冲洗,以棉花擦干后钢丝表面不得发生挂铜现象
热镀锌铝合金钢丝镀层附着性能	≥8 圈	每 10 盘钢丝取一段	将试件按规定圈数紧密缠绕在直径为 5d 的试验芯杆上,缠绕后试件镀层应附着牢固,不发生用裸手指能够擦掉的开裂、起皮、剥落现象
表观直径	优良	肉眼检查全部成盘钢丝	钢丝表面应光滑、均匀,无疤点、裂纹、毛刺、机械损伤、油污、锈斑及有害附着物
钢丝自由翘头高度	≤15cm	每 10 盘钢丝取一段	5m 长的钢丝在自由状态下置于平面上时,端部的上翘值不得大于 15cm
自由弯曲直径	≥8m	每 10 盘钢丝取一段	取一定长度的钢丝,置于平面上,测量自由弯曲直径(也可通过测量矢高进行推算)
钢丝长度	每盘钢丝(含抽丝盘条)总长度应为 1808m(预制索股平均长度取整)的整数倍;北边跨背索索股用钢丝总长度应为 356m 的整数倍	全部成盘钢丝	每盘钢丝(含抽丝盘条)均不得存有任何形式的接头;每盘钢丝预留余量,用于检测取样

注:1. 表中最小取样数为每 10 盘钢丝取一段者,若交货盘数或剩余盘数不足 10 盘,则须在此交货盘或剩余盘中取一段钢丝进行检验。

2. 表中线径偏差指的是每根钢丝的要求,编入同一根主缆的钢丝平均直径应为(5.3±0.01)mm,编入同一索股的钢丝平均直径为(5.3±0.03)mm。

3. 除表中规定的技术标准外,尚应符合《桥梁缆索用热镀锌钢丝》(GB/T 17101—2008)、《锌铝合金镀层钢丝缆索》(GB/T 32963—2016)的要求。

4. 表中的检测频率针对钢丝制作厂家出厂检测,缆索制作厂家检测频率按照《钢丝验收、包装、标志及质量证明书的一般规定》(GB/T 2103—2008)取用。

b. 吊索用钢丝。

吊索用钢丝技术指标见表 20-5。

吊索用钢丝技术指标 表 20-5

项目	技术性能要求	试样数	备注
直径及公差	(5.0/5.2±0.06)mm	每盘钢丝的起始端、终端各取一段	用精度为 1/100mm 的量具,量测同一端面的最大和最小直径,两者的平均值为钢丝线径,两者之差为不圆度
不圆度	≤0.06mm		
抗拉强度	≥1670MPa	每盘钢丝的起始端、终端各取一段	将试件两端夹固,钳口间距为 350mm,启动拉伸试验机缓慢加载至试件破坏,如从夹固处破断或有异常时须重做试验。考虑钢丝直径影响,按下式求实测抗拉强度:实测抗拉强度=实测破断拉力/公称截面面积
屈服强度	≥1490MPa	每10盘钢丝取一段	将试件两端夹固,钳口间距为 350mm,启动拉伸试验机缓慢加载至试件破坏,按公称面积得到应力-应变图,在应力-应变图上与 0.2% 的残余应变对应的应力值即为屈服强度
松弛率	≤2.5%	每300t钢丝取一段	按《桥梁缆索用热镀锌钢丝》(GB/T 17101—2008)标准进行检查,初始应力相当于公称抗拉强度的 70%,1000h 后应力损失不大于 2.5%
断后延伸率	≥4.0%	每盘钢丝取一段	试件及试验方法同上,标定间距为 250mm,加载直至破坏。重新合拢破断后的试件,测定标定点间伸长量。断后延伸率=钢丝破断后标定点之间伸长量(mm)/250(mm)
弹性模量	(2.0±0.1)×10^{5}MPa	每10盘钢丝取一段	试件及加载条件同上,在70%屈服强度内确定应力与应变的关系(低应力状态)
反复弯曲次数	≥4次	每10盘钢丝取一段	取一段试件做180°弯曲试验,弯曲圆弧半径为3d,反复弯曲4次后,试件表面不得产生任何折损现象
缠绕性能	≥8圈	每10盘钢丝取一段	将试件围绕在直径为3d的芯杆上密缠8圈后,不得产生任何折损现象
抗扭性能	≥8转	每10盘钢丝取一段	将试件两端紧固,钳口间距为100d,试件一端可沿试件轴线方向移动,另一端以小于 60 转/min 的速度转动,直至试件扭断,转动圈数应大于或等于8转。若在夹固处扭断,应重做试验
应力疲劳	≥2.0×10^{6}次	每2000t钢丝取一段	在疲劳试验机上按上限荷载 0.45σ_b,应力幅 360MPa,反复拉伸 2.0×10^6 次不破坏
热镀锌铝合金钢丝镀层铝含量	4.2%~7.2%	每10盘钢丝取一段	原子吸收分光光度法
热镀锌铝合金钢丝镀层附着量	≥300g/m^2	每10盘钢丝取一段	取试件长 30~60cm,称其质量(精确到0.01g),再泡入含锑(Sb)的盐酸液中,镀层溶化后再称其质量,两次质量之差即为镀层附着量,附着面积按镀层溶化后实测钢丝平均直径计算

续上表

项目	技术性能要求	试样数	备注
硫酸铜试验	≥4 次	每 10 盘钢丝取一段	每次取一段试件,浸置于硫酸铜溶液中 60s,迅速取出并立即用净水冲洗,用棉花擦干后钢丝表面不得发生挂铜现象
热镀锌铝合金钢丝镀层附着性能	≥8 圈	每 10 盘钢丝取一段	将试件按规定圈数紧密缠绕在直径为 5d 的试验芯杆上,缠绕后试件镀层应附着牢固,不发生用裸手指能够擦掉的开裂、起皮、剥落现象
表观直径	优良	肉眼检查全部成盘钢丝	钢丝表面应光滑、均匀,无疤点、裂纹、毛刺、机械损伤、油污、锈斑及有害附着物
钢丝自由翘头高度	≤15cm	每 10 盘钢丝取一段	5m 长的钢丝在自由状态下置于平面上时,端部的上翘值不得大于 15cm
自由弯曲直径	≥8m	每 10 盘钢丝取一段	取一定长度的钢丝,置于平面上,测量自由弯曲直径(也可通过测量矢高进行推算)

注:1. 表中最小取样数为每 10 盘钢丝取一段者,若交货盘数或剩余盘数不足 10 盘,则须在此交货盘或剩余盘中取一段钢丝进行检验。
2. 除表中规定的技术标准外,尚应符合《桥梁缆索用热镀锌钢丝》(GB/T 17101—2008)、《锌铝合金镀层钢丝缆索》(GB/T 32963—2016)的要求。
3. 表中的检测频率针对钢丝制作厂家出厂检测,缆索制作厂家检测频率按照《钢丝验收、包装、标志及质量证明书的一般规定》(GB/T 2103—2008)取用。

⑤主缆、吊索用锚具。

a. 主缆用锚具。

锚杯及其配件的材料、尺寸及技术性能应符合图纸规定。锚杯材料采用牌号为 ZG20Mn 的铸钢,钢材的化学成分、机械性能应符合《大型低合金钢铸件》(JB/T 6402—2006)的规定。锚杯的化学成分和力学性能如表 20-6、表 20-7 所示。

锚杯化学成分(%) 表 20-6

牌号	C	Si	Mn	P	S	Ni
ZG20Mn	0.12~0.22	0.60~0.80	1.00~1.30	≤0.035		≤0.40

锚杯力学性能 表 20-7

牌号	热处理工艺	抗拉强度 σ_b (MPa)	屈服点 σ_s (MPa)	断后延伸率 δ_5 (%)	断面收缩率 ψ (%)	冲击吸收功 A_{ku} (J)	冲击吸收功 A_{kv} (J)
ZG20Mn	调质	500~650	≥300	≥24	—	—	≥45

锚杯铸造质量应按《铸钢件 超声检测 第 1 部分:一般用途铸钢件》(GB/T 7233.1—2009)和《铸钢件磁粉检测》(GB/T 9444—2007)的有关规定进行检验,保证合格。规格相同的锚具部件,应具有互换性。

主缆索股用锚具应细化上报并得到设计部门确认后方可进行加工。

b. 吊索用锚具。

吊索锚杯采用 ZG20Mn 铸钢铸造,应符合《大型低合金钢铸件》(JB/T 6402—2006)的规定。叉形耳板采用 40Cr,应符合《合金结构钢》(GB/T 3077—2015)的规定。锚杯和叉形耳板要按图纸有关规定进行检验,保证合格。规格相同的锚杯和叉形耳板应具有互换性。

销轴采用 40CrNiMoA 合金钢,应符合《合金结构钢》(GB/T 3077—2015)的规定。

锚杯、叉形耳板、销轴的化学成分和力学性能如表 20-8、表 20-9 所示。

锚杯、叉形耳板、销轴化学成分(%) 表 20-8

牌号	C	Si	Mn	P	S	Cr	Mo	Ni
ZG20Mn	0.12~0.22	0.60~0.80	1.00~1.30	≤0.035	—	—	—	≤0.40
40Cr	0.37~0.44	0.17~0.37	0.50~0.80	—	—	0.80~1.10	—	—
40CrNiMoA	0.37~0.44	0.17~0.37	0.50~0.80	—	—	0.60~0.90	0.15~0.25	1.25~1.65

锚杯、叉形耳板、销轴力学性能 表 20-9

牌号	热处理工艺	抗拉强度 σ_b (MPa)	屈服点 σ_s (MPa)	断后延伸率 δ_5 (%)	断面收缩率 ψ (%)	冲击吸收功 A_{ku} (J)	冲击吸收功 A_{kv} (J)
ZG20Mn	调质	500~650	≥300	≥24	—	—	≥45
40Cr	调质	≥980	≥785	≥9	≥45	≥47	—
40CrNiMoA	调质	≥980	≥835	≥12	≥55	≥77	—

锚头各部件的尺寸及加工精度均应符合图纸要求。吊索锚头防腐要求满足最终设计确认图纸要求。吊索减振架材料及产品尺寸、精度均应符合图纸要求。

吊索用锚具应细化上报并得到设计部门确认后方可进行加工。

⑥锚固材料。

本项目主缆、吊索锚固材料为锌铜合金,其中 Zn 为(98±0.2)%、Cu 为(2±0.2)%,锌铜合金应有合格证和检验证明,锌锭应采用《锌锭》(GB/T 470—2008)中的 Zn99.99 牌号,阴极铜采用《阴极铜》(GB/T 467—2010)中的一号铜。

⑦吊索用护套材料。

索体防护用 HDPE(高密度聚乙烯)护套材料的主要性能满足表 20-10 的技术参数要求,其他未明确的要求可见《桥梁缆索用高密度聚乙烯护套料》(CJ/T 297—2008)。

索体防护用 HDPE 护套材料参数信息 表 20-10

序号	项目	黑色 PE 指标	彩色 PE 指标
1	密度(g/cm³)	0.942~0.978	
2	熔融指数(g/10min)	≤0.45	
3	拉伸强度(MPa)	≥20	
4	拉伸屈服强度(MPa)	≥10	
5	断后延伸率(%)	≥600	
6	硬度	≥60	

续上表

序号	项目		黑色PE指标	彩色PE指标
7	拉伸弹性模量(MPa)		≥150	
8	抗冲击强度(kJ/m²)		≥25	
9	软化温度(℃)		≥115	≥110
10	耐环境应力开裂		≥5000h	
11	脆化温度(℃)		<-76	
12	炭黑分散性	分散度	≥6分	—
		吸收系数	≥400	—
13	耐热老化(100℃,168h)	拉伸强度变化率(%)	±20	±20
		断后延伸率变化率(%)	±20	±20
14	耐臭氧老化[温度:(24±8)℃;臭氧浓度:0.01~0.15mg/m³;暴露1h]		无异常变化	无异常变化
15	人工气候老化	老化时间:0~1008h 拉伸强度变化率(%)	±25	±25
		老化时间:0~1008h 断后延伸率变化率(%)	±25	±25
		老化时间:504~1008h 拉伸强度变化率(%)	±15	±15
		老化时间:504~1008h 断后延伸率变化率(%)	±15	±15
16	耐光色牢度		—	≥7级

⑧高强聚酯纤维带。

缠绕固定丝股正六边形状的定型绑扎带,采用聚酯与强力纤维复合制品,单面涂有不腐蚀镀锌铝合金钢丝的黏结剂。

⑨检修道用钢丝绳。

栏杆绳直径为18mm,扶手绳直径为32mm,采用钢结构型式为18ZAA6×31WS+IWR的优质镀锌钢丝绳,公称抗拉强度为1670MPa,相关技术指标应符合本项目设计文件及《重要用途钢丝绳》(GB/T 8918—2006)的规定及最终设计批复的要求。

20.2 主缆索股与吊索制造

为了保证主缆索股和吊索等的质量,使缆索制作标准化、规范化、程序化,达到任务明确、标准统一、程序合理的目的,本项目制定了详细的工艺流程,主要包括钢丝制作工艺,锚具制作工艺,主缆索股、吊索、检修道钢丝绳制作工艺。

20.2.1 钢丝制作工艺

锌铝合金镀层钢丝生产工艺流程见图20-1。

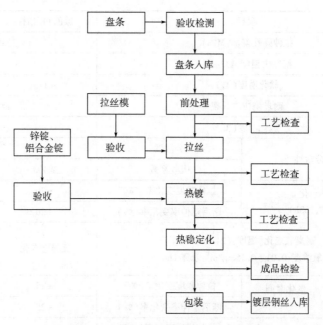

图 20-1 锌铝合金镀层钢丝生产工艺流程图

(1) 前处理

前处理流程：酸洗→水洗→表面磷化→水洗→中和。前处理过程如图 20-2 所示。

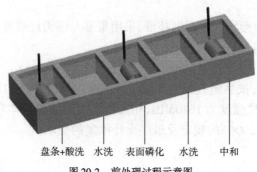

图 20-2 前处理过程示意图

前处理的具体操作如下：

①把盘条浸渍在酸液中，溶解除去表面的氧化层。

②经水洗将表面残留的酸液洗去。

③浸渍在磷酸处理液中，在表面生成磷化皮膜。磷化后的盘条表面应呈黑色结晶状，无发黄、发白和生锈迹象，磷化膜应光滑、均匀，厚度应不小于 $6g/m^2$。

④用热水清洗磷化后的盘条。

⑤浸渍在中和槽内，用复合碱性溶液中和盘条表面的残余酸。

(2) 拉丝

检验合格的盘条在 MFL-S1200/9 型拉丝机上经过拉丝模进行拉丝，其过程如图 20-3 所示。

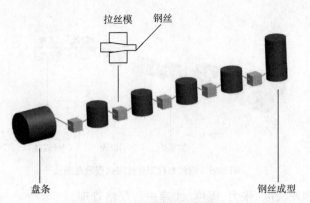

图 20-3　盘条拉丝过程示意图

拉丝后的钢丝质量先由生产人员自检,再由品质管理人员进行专检,专检人员要对钢丝直径、抗拉强度、扭转次数和表面质量进行检测。此外,还要对原料直径、拉丝道次、拉丝模尺寸参数、拉丝速度、长度、焊接、热镀锌铝合金进行检验。

(3)热镀

热镀锌铝合金流程:放线→铅炉脱脂→酸洗→助镀处理→热镀锌→热镀锌铝合金→抹拭→收线。热镀锌铝合金过程如图 20-4 所示。

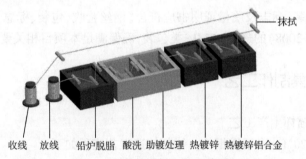

图 20-4　热镀锌铝合金过程示意图

热镀锌铝合金的具体操作如下:
①拉丝后的钢丝经过铅炉除去其表面油脂等杂质。
②从铅炉出来的钢丝再经过水冷槽,对钢丝进行冷却和洗净。
③浸渍在盐酸溶液中,再次净化钢丝的表面。
④通过水洗槽,以洗去钢丝表面的酸液。
⑤浸渍在助镀溶剂中,以利于钢丝的热镀。
⑥浸渍在熔融锌和熔融锌铝合金中,在表面形成均匀的锌铝合金镀层。镀层附着量根据锌铝合金镀层钢丝出口处的状态,通过调整锌铝合金镀层钢丝热镀线速来控制。

在热镀过程中,对铅炉温度、盐酸浓度、铁离子浓度、溶剂密度、镀液温度、热镀线速、表面进行严格管理。

(4)热稳定化

在这一流程中,可以对钢丝进行热稳定化处理加工,也就是进行矫直加工和加热处理。其处理过程如图 20-5 所示。

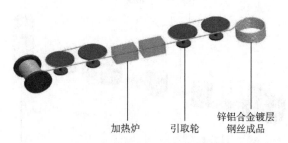

图20-5 钢丝热稳定化处理过程示意图

在该流程中对钢丝长度、张力、温度、线速进行严格管理。

(5)成品检验

成品钢丝的检验项目、检验方法,以及检验规则参照设计文件、相关标准及合同的规定。

(6)包装、标志及质量证明书

按照项目要求交货的产品包装应包含下列内容:锌铝合金镀层钢丝的公称直径、强度级别、松弛级别。

例如,锌铝合金镀层钢丝的公称直径为5.50mm、强度级别为1860MPa、Ⅰ级松弛的钢丝标记为 ZnAl-5.50-1860-Ⅰ。

钢丝的验收、包装、标志及质量证明书应符合《钢丝验收、包装、标志及质量证明书的一般规定》(GB/T 2103—2008)的规定,按Ⅱc类包装,确保满足本项目相关要求。

20.2.2 锚具制作工艺

(1)主缆、吊索锚杯生产工艺

锚杯材料为ZG20Mn,采用铸钢件。锚杯铸造工艺流程如下:

①制作模型。根据项目图纸要求制作铸造模具。

②造型。按照步骤①制作的铸造模具造型。

③熔炼及浇注。熔炼方式采用中频电炉熔炼,熔炼材料采用低碳低硫的优质钢材并进行成分分析。成分分析采用光谱分析仪。每炉熔炼前进行取样分析,其后配金属材料,待金属材料熔化后再取样分析,调整合格后才能浇注,留成品样备查。

④保温。浇注后需保温24h以上才能开箱,开箱后禁止采用榔头敲打铸件本体。

⑤清整气割。开箱后利用铸件余热及时割掉浇冒口,用碳弧气刨刨掉坡缝,后用风铲清理型砂。

⑥毛坯检验。待铸件清砂干净后检验铸件尺寸及外观,查询加工余量,检验铸件是否变形,检验合格后再进行喷丸打磨处理。

⑦热处理。合格零件喷丸打磨后先做退火消应处理,退火温度为650℃,出炉后应再次喷丸,以去除氧化皮。

当模型制作完成,铸件毛坯交付检验合格后进行化学分析,合格后进行粗加工,完成后连同铸造的试棒同炉进行时效调质处理,使硬度达到HB150~HB190。试棒机械性能检测合格后进行超声波探伤,合格后精加工,接着进行磁粉探伤,合格后进行防腐涂装。最后加工完成后进行总体检验。

主缆、吊索锚杯生产工艺流程如图 20-6 所示。

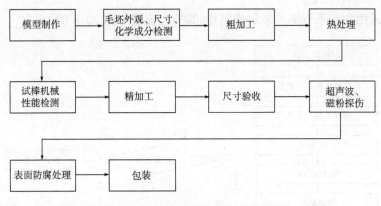

图 20-6　主缆、吊索锚杯生产工艺流程图

(2)叉形耳板、销轴制作工艺

叉形耳板、销轴制作工艺流程如图 20-7 所示。

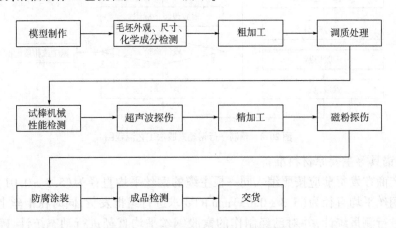

图 20-7　叉形耳板、销轴制作工艺流程图

叉形耳板:叉形耳板材质采用 40Cr。首先从合格供应锻件厂方采购符合图纸设计要求的锻件毛坯,毛坯进行尺寸检验和外观检验,合格后本体取样进行化学分析,合格后进行粗加工,随后同试棒同炉进行调质处理,试棒机械性能检测合格后进行超声波探伤,检测合格后进行精加工,之后进行磁粉探伤,叉形耳板全部加工完成后进行防腐涂装,最后进行成品检测,达标后交货。

销轴:销轴材质采用 40CrNiMoA。原材料进厂后进行尺寸检验和外观检验,合格后本体取样进行化学分析,检测合格后进行粗加工,随后连同试棒同炉进行调质处理,试棒机械性能检测合格后进行超声波探伤,检测合格后进行精加工,之后进行磁粉探伤,完成后进行防腐涂装,最后进行成品检测,达标后交货。

20.2.3 主缆索股、吊索、检修道钢丝绳制作工艺

(1) 主缆索股制作工艺

主缆索股采用预制平行钢丝索股法制作，其工艺流程如图20-8所示。

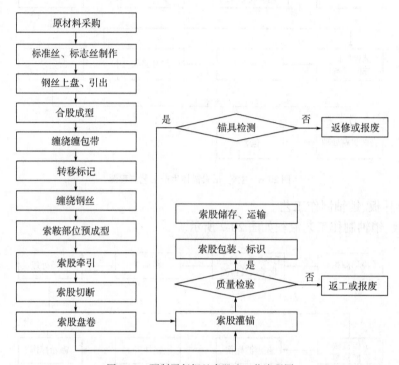

图20-8 预制平行钢丝索股法工艺流程图

①钢丝、锚具等主要原材料准备。

钢丝生产商在发货前应按照编入同一根主缆的钢丝平均直径为$(5.3±0.01)$mm、编入同一根索股的钢丝平均直径为$(5.3±0.03)$mm的要求进行组批发货，同时在钢丝上盘前对每盘钢丝的直径进行测量统计，并对已经制作的索股钢丝平均直径进行动态统计，确保满足验收要求。

锚杯与配件尺寸及所用钢材型号均应符合设计图纸规定，其他原材料包括缠包带和锌铜合金等，均应符合项目技术规范要求。

所有原材料均应进行进场验收，严格把关，经检验合格后方可使用，从原材料上保证索股的质量。

②标志丝制作。

标志丝位于127根钢丝制作成的正六边形索股截面的左上角，标志丝沿全长涂上附着力优良的红色涂层，作为架设时判别索股扭转的标志。

定位标志丝与索股中其他钢丝为同一规格、同一材料。

③标准丝制作。

在平行钢丝索股六边形截面右上角设一标准丝（即标准长度钢丝），该标准丝是保证主缆

索股制作精度的关键,是每股索股下料长度确定和标涂各标记点的依据,它是预先将钢丝展开伸直并通过精密测量刻记后制成的,测长精度应在 1/15000 以上。

④标记制作。

在标准丝上对应于主跨中心点、两主索鞍标记点、两边跨中心点、两散索鞍起弯点、索股两端标记点等9个位置,按照图纸要求做出明显的标记。在这些标记处沿主缆索股长度方向,涂上两种不同颜色油漆,各 60~80mm 宽,分界线为标记截面。

⑤平行钢丝索股成型。

将127根钢丝平行制作成六边形截面的主缆索股,主缆索股成型后,按各索股长度切断并浇注锚头。主缆索股应以标准丝为准切断,在基准温度(20℃)及零应力状态下,平行钢丝索股的测长精度应在 1/12000 以上。

⑥索鞍部位预成型。

预整型工艺要求不得损伤索股钢丝并报监理工程师批准后实施。

本项目在索股制作时,预先采用工装将索股的主索鞍、散索鞍点的索体截面进行预成型,即将六边形整为四边形。

本项目主索鞍鞍槽长度为 6.3m,散索鞍鞍槽长度为 2.9m,主索鞍、散索鞍鞍槽宽度均为 59mm;主索鞍、散索鞍预成型部位宽度均为 58.3mm,主索鞍预成型部位长度约为 9.5m,散索鞍预成型部位长度约为 6.0m。

⑦盘卷包装。

主缆索股采用方便运输、安装的脱胎盘卷包装方式,盘卷内径为 2m。索股两端的锚头亦进行运输包装且须牢固固定,但要便于拆卸。索股包装必须保证在收卷或放出索股时不能产生任何阻碍,同时不能损坏平行主缆索股。

⑧索股锚头制造与灌锚。

进行锚头安装的索体必须经检验合格,灌注料满足材料指标要求后方可进行灌锚工艺。

索股锚头的锚杯尺寸、锌铜合金原料必须按图纸要求进行严格检查,严格控制锚杯内灌注的锌铜合金配合比及纯度,合格后方可使用。

索股灌锚前应先消除索股可能已发生的转动,之后在适当的位置用钢丝缠绕固定,以防索股钢丝错动。

主缆索股端头和锚杯在浇注台垂直固定,将插入锚杯部分的索股钢丝呈同心圆散开,然后清除其油污、锈蚀,保持均匀间距,同时清洗锚杯内壁。

主缆索股插入锚杯后,应保持索股中心与锚杯中心完全一致,并保证钢丝的任何部位不与锚杯接触。在锚杯中设置分丝板以保证钢丝分散均匀,分丝板应不造成合金分层。

锚杯下口应用石棉或耐火泥充分密封,以保证注入的合金不从下口漏出。

锌铜合金的熔化温度不得高于 600℃,浇注锌铜合金前应将锚杯预热至 $(150±10)$℃,浇注容器预热至 200℃ 以上,以保证锌铜合金浇注温度为 $(460±10)$℃。

将合金注入锚杯时,应避免振动,浇注应一次完成,不得中断。

锚杯内合金浇注完成后,浇注量应为理论计算浇注量的 92% 以上。

索股与锚杯端面的垂度应控制在 $(90±0.5)$°。

锚头及浇注的合金完全冷却后,在锚铸体后端顶压,顶压力为 2387kN,持续 5min,卸压后测量索股的外移量,外移量不大于5mm。

所有锚头的浇注均须按上述规定检测,如发现缺陷,应报告监理工程师,确定是否有必要再熔合金并重新浇注。但只允许一次,超过一次其锚杯不得再使用。

为便于索股的架设,在锚头顶面用红色油漆标明主缆索股编号。

⑨质量检验。

a. 索股和锚头钢材的化学成分和力学性能必须符合图纸和有关技术规范的要求。

b. 索股的锚杯必须逐件进行无损探伤检测,合格后方可使用。

c. 索股必须按设计要求进行拉伸破坏试验,试验后对锚头进行剖面检查,合格后方可成批生产。

d. 索股钢丝应梳理顺直平行,长度一致,无交叉、鼓丝、扭转现象,严禁弯折;绑扎带应牢固,索股上的标志点应齐全、准确,防护应符合图纸要求。

e. 应对索股的上盘和放盘进行工艺试验。

f. 运输和存储过程中应保证索股不受损伤、污染和腐蚀。

g. 外观鉴定:缠包带完好,钢丝防护无损伤,表面洁净;锚头表面平滑,涂层完好,无锈迹。

索股检查项目及要求如表20-11所示。

索股检查项目及要求　　　　表20-11

序号	检查项目	规定值或允许偏差	检查方法和频率
1	索股标准丝长度精度(mm)	≤标准丝长/15000	钢尺,测量每丝
2	成品索股测长精度(mm)	≤索股长/12000	标准丝,每件检查
3	热铸锚合金灌注率(%)	≥92	量测计算,每件检查
4	锚头顶压索股外移量(按规定顶压力,持荷5min)(mm)	≤5	百分表,每件检查
5	索股轴线与锚头端面垂度(°)	90±0.5	仪器量测,每件检查
6	锚头表面涂层厚度(μm)	符合设计要求	测厚仪,每件检查

注:外移量允许偏差应在扣除初始外移量之后进行测量。

⑩主缆索股标志、包装、运输和储存。

主缆索股标志、包装、运输和储存方式须经过监理工程师的书面批准,经检查验收合格后才能运往工地。

a. 标志。

在每根主缆索股的两端锚具上,用红色油漆标明PPWS索股的编号和规格型号。

每根主缆索股应有合格标牌,合格标牌和质量保证单相对应,标牌应牢固可靠地系于包装层外的两端锚具上,并确保在运输过程中不丢失,标牌上注明主缆索股编号、规格型号、长度、质量、制造厂名、工程名称、生产日期等,字迹应清晰。

b. 包装。

主缆索股成盘(成圈)存放,应采用专用防水油布包装。

主缆索股应整齐卷绕,两端的锚具应可靠地固定。

c. 运输和储存。

主缆索股运输可采用汽车或货船等交通工具,具体运输方式需预先与架设单位协商,并申报监理工程师和业主批准。

主缆索股不论采用何种运输工具,车厢或船舱内应垫防水材料。运输过程中应采取防水、防火措施。在运输和装卸过程中,应采取措施防止腐蚀或机械损伤。

按要求包装后的成品索股应平稳、整齐堆垛,并有可靠支垫以使索股脱离地面,两端的锚具须有保护和固定措施。

(2)吊索制作工艺

吊索制作工艺流程如图20-9所示。

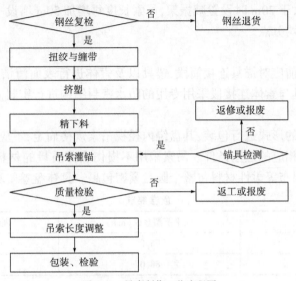

图20-9　吊索制作工艺流程图

①钢丝上盘。

根据吊索规格和长度,将检验合格的钢丝上盘,并对钢丝直径、外观等进行记录。

②扭绞。

将排列好的钢丝束进行同心左向扭绞,最外层钢丝的扭角为$(3\pm0.5)°$,并右向缠绕高强聚酯纤维带,其单层重叠宽度不小于带宽的1/3,且重叠层数不多于3层。

③挤塑。

在扭绞后的钢丝束外表面热挤双层高密度聚乙烯形成防护套,内层护套为黑色,外层护套为彩色(由业主指定)。挤塑过程中,按《斜拉桥热挤聚乙烯高强钢丝拉索技术条件》(GB/T 18365—2001)的规定检查挤塑外观和厚度尺寸。

④下料分丝。

测量吊索索体长度,复核无误后进行切割下料。

索体端头的钢丝散开后清除油污、灰尘,用分丝板均匀分开钢丝,保持适当的间距。

⑤锚具灌注。

锚杯必须按设计要求进行严格检验,合格后方可使用。锚杯内灌注的锌铜合金应严格控制纯度及配合比。合金灌注温度为$(460\pm10)℃$,灌注合金前应将锚杯预热至$(150\pm10)℃$。

保证吊索索股中心与锚杯端面的垂度为$(90\pm0.5)°$,合金注入率为92%以上。

每根吊索灌锚后均须对锚固铸体进行工艺顶压,持荷5min。5-115规格吊索的顶压力为1570kN;5-133规格吊索的顶压力为1850kN。顶压后检查铸体压缩量和索股顶出量。

⑥预张拉和长度复测。

在标距精确的台架上将吊索张拉至要求的荷载(根据监控指令要求)进行吊索长度测量。上端锚头叉形耳板应与下端锚头叉形耳板的开口面平行,转动叉形耳板(上、下端同时转动)可调节整个吊索总成长度,吊索调整后长度 L(销孔之间)偏差 ΔL 满足以下条件:

当 $L \leqslant 10\mathrm{m}$ 时,$\Delta L \leqslant 2\mathrm{mm}$;

当 $L > 10\mathrm{m}$ 时,$\Delta L \leqslant 2\mathrm{mm} + L/20000$。

此外,吊索长度大于 20m 时设置减振架,吊索长度每增加 50m 增设一道减振架,减振架的位置处于吊索长度的均分点。

⑦索端密封。

在吊索索端密封前应对锚具连接筒段、锚具以及索体进行表面清洁处理,清除水、油污等残留杂质,然后在锚具与索体连接段采用专用的防水密封结构进行密封。

⑧盘卷。

吊索以脱胎成盘的形式进行包装,其盘绕内径视吊索规格而定,不应小于 20 倍拉索外径,最大外形尺寸应符合相应的运输条件。吊索采用不损伤表面质量的材料捆扎结实,捆扎道数不少于 6 道,然后用棉布等柔性材料将整个圆盘紧密包裹。具体盘卷要求如表 20-12 所示。

盘卷要求 　　表 20-12

吊索规格	理论挤塑直径(mm)	理论盘卷内径(mm)
5-115	75.0	1800
5-133	88.0	1800

(3)检修道钢丝绳制作工艺

检修道钢丝绳制作工艺流程如图 20-10 所示。

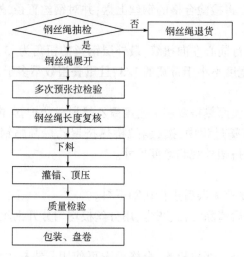

图 20-10　检修道钢丝绳制作工艺流程图

①钢丝绳抽检。

本项目检修道用钢丝绳采购将严格按照进货检验程序执行,确保进入生产现场的钢丝绳 100% 合格。

②钢丝绳展开。

将盘卷好的钢丝绳展开,检查有无损伤、断丝情况,注意保护好钢丝绳,不得与地面、硬物刮擦。

③多次预张拉检验。

钢丝绳下料前必须进行预张拉。预张拉力为钢丝绳公称破断荷载的55%,持续1h,以消除非弹性变形。预张拉合格的判定标准:最后两次预张拉的非弹性变形之差不大于预张拉长度的0.15‰。

④钢丝绳长度复核。

预张拉检验合格后,将钢丝绳拉力调整至下料长度所需的荷载,进行钢丝绳长度的测量和复核,并做好标记,标识线采用红黑颜色,宽度(50±10)mm。

标识完成后,将钢丝绳卸载至零荷载状态,在两端标识上索号后,继续进行下一段的操作。

⑤下料。

下料必须用缠包带捆扎端头并采用砂轮机切割,不得采用火焰切割。

⑥灌锚、顶压。

锚杯必须按设计要求进行严格检验,合格后方可使用。锚杯内灌注锌铜合金,应严格控制其配合比。合金灌注温度为(460±10)℃,灌注合金前应将锚杯预热至(150±10)℃。

锚杯和钢丝绳在浇注台上垂直固定,将插入锚杯部分的钢丝绳的钢丝呈同心圆散开,保证钢丝绳中心与锚杯中心完全一致,并保证钢丝的任何部位不与锚杯接触。合金灌注后钢丝绳与锚头端面垂度应控制在(90±0.5)°。

合金灌注应密实,内无气孔,实际灌入量应为理论灌入量的92%以上。

锚杯及灌注的合金冷却后,对灌注的合金进行顶压:将锚杯固定在顶压台上,在出口端的吊索上做标记。顶压头顶在合金上,扶手绳顶压力为190kN(栏杆绳顶压力为60kN),持荷5min,卸压后测量索股外移量,以不大于3mm为合格。否则,应将注入的合金熔化,重新进行浇注,但重注只允许一次。

⑦包装、盘卷。

以脱胎成盘的形式包装运输,外形参数应满足运输要求,每盘采用不损伤钢丝绳表面质量的材料捆扎结实,捆扎道数不少于6道,然后用麻布条紧密包裹。将螺杆、螺母等安装到锚杯上。

成品经最终检验合格后进行包装,包装共三层:内层为聚乙烯薄膜、中层为棉布、外层为塑料纤维编织布。两端锚具螺纹处涂上防锈油脂,用聚丙烯薄膜及塑料纤维编织布双层包装后,再用三合一塑料编织袋整体包裹。每根钢丝绳均挂有合格证,注明制造厂名、工程名称、编号、规格、长度、质量及制造日期等。

包装好的成品宜在仓库内平稳、整齐架空堆垛,若露天存放应加遮盖布,但要保证通风、排水良好。

21 钢箱梁制造及现场施工

21.1 下料施工

21.1.1 下料

①先核对钢板的牌号、规格,检查表面质量,再进行号料。

②号料时严格按工艺套料图进行,保证钢材轧制方向与构件受力方向一致。钢板及大型零件的起吊、转运采用磁力吊具,保证钢板及下料后零件的平整度。

③钢板采用等离子或火焰切割,零件下料时采用澳大利亚FABRICATOR3500型门式数控钻割机、德国梅塞尔6500型数控等离子-氧乙炔多头切割机、CNC-4A门式数控切割机、LC-2.2.0-8门式自动多头切割机、激光切割机、半自动切割机等进行精密切割,切口表面粗糙度达到$Ra25\mu m$。

④各零件下料设备的配置如表21-1所示。

下料设备配置表　　　　　　　　　　　　　　　表21-1

设备	零件			
	矩形零件	扁钢加劲板	异形零件	部分焊接坡口
FABRICATOR3500型门式数控钻割机			√	
梅塞尔6500型数控等离子-氧乙炔多头切割机			√	
CNC-4A门式数控切割机			√	
LC-2.2.0-8门式自动多头切割机	√	√		
半自动切割机(带板边自动跟踪器)	√	√		√
激光切割机	√		√	

⑤焊缝坡口采用机械加工和切割加工,直至达到工艺文件的技术要求。

⑥对零件自由边经半自动打磨机进行倒角、打磨处理,确保外观质量达到美观要求和满足

涂装工艺要求。

⑦精密切割零部件边缘允许偏差为±1.0mm。精密切割零部件表面质量要求如表21-2所示。

精密切割零部件表面质量要求　　　　　　表21-2

项目	主要零部件	次要零部件	附注
表面粗糙度	25μm	50μm	《产品几何技术规范(GPS)表面结构 轮廓法 表面粗糙度参数及其数值》(GB/T 1031—2009),用样板检测
崩坑	不允许	1m长度内,允许有一处1mm	超限修补,按焊接修补规定处理
塌角	圆角半径小于或等于0.5mm		
切割面垂度	小于或等于0.05t且小于或等于2.0mm		t为钢板厚度

21.1.2 零件加工

零件加工选用合适的专业加工设备加工,如人孔加强圈采用三芯辊床加工,冷弯加工采用油压机加工等。所有零件的机械加工均要按工艺规定执行。

21.1.3 肋加工

本项目所有U肋均采用无坡口形式加工。
制作要点：
①拉条后,通过矫平机消除钢板应力。
②下料后直边进行二次铣边,保证板条尺寸。
③栓接U肋在折弯前用磁力钻开制孔群。
④U肋采用折弯机一次折弯成型。

21.2 单元件制作

21.2.1 单元件制作要点

板单元件制作按照钢板辊平及预处理→数控机精确下料→零件加工(含U肋加工)→反变形焊接→板单元件矫正的顺序进行,且均在专业板单元件生产流水线上进行装焊。
（1）面、底板单元件制作(以面板单元件为例)
面板单元件采用16/18mm板厚+8mmU肋进行全熔透焊接。底板单元件采用10/12mm板厚+6mmU肋进行无坡口角焊缝焊接。
制作要点：
①U肋板单元件组装采用定位机床进行板单元无马装配。

②面板 U 肋板单元件,采用内外双面埋弧焊技术,达到全熔透要求,提高 U 肋桥面板抗疲劳强度;底板 U 肋板单元件,采用不开制坡口角焊缝焊接,减小了焊接量及焊接变形。

③采用船型焊接+多头龙门焊机,保证焊缝成型。

④采用机械滚压矫正机进行板单元件矫正。

(2)腹板吊索锚固单元件制作

腹板吊索锚固单元件制作要点:

①吊索锚固零件采用计算机放样,下料时,采用数控机床下料切割,保证外形尺寸,吊耳孔下料尺寸留有加工余量,保证最后加工尺寸。

②吊耳加强圈零件采用厚钢板下料,比实际厚度厚,预留加工量。加强圈周圈采用机械加工方式,机械加工后利用工装对加工孔进行保护,加工出坡口后与锚固板焊接。

③锚固板与吊耳加强圈零件焊接后整体机械加工并刻划纵横向定位线,用于整个锚固耳板的定位。

(3)隔板单元件制作

隔板单元件制作要点:

①采用数控切割机进行下料,下料时预留焊接收缩量。

②由于本项目横隔板采用三段式结构,上下齿形结构与中间隔板均采用横向加劲肋搭接,制造时,采用合理工装保证焊后变形较小。

③分散对称焊接横向、竖向加劲板与横隔板的角焊缝,减小焊接变形。

21.2.2 钢箱梁附属设施施工

本工程钢箱梁附属设施主要包括桥面系、检修小车。

桥面系施工包括防撞护栏、路缘石、泄水管及路灯底座的制造与安装。桥面系施工分为零部件制造阶段、钢箱梁内场制造阶段及成桥安装阶段。各部分可先制造成零部件;路缘石、防撞护栏底座及泄水管在钢箱梁内场制造阶段安装在梁段上,随梁段一起整体涂装;防撞护栏栏杆及路灯底座在成桥安装阶段根据成桥线形进行安装。

检修小车轨道及连接支座均在钢箱梁内场制造阶段安装在梁段上。检修小车单独制造,经试验合格后运至梁段成桥工地进行现场安装调试。

21.3 匹配预拼一体化总成工艺

21.3.1 总体思路

主梁现场拼装流程:地标放样→匹配胎架制造→单元件匹配定位→环口匹配切割→梁段匹配制造→附属构件预埋件安装→梁段存放、转运。主梁采用正装法进行拼装,拼装胎架以底板外形为胎架线形,以横隔板为内胎进行匹配制造。

21.3.2 梁段匹配制造

(1)根据线形数据,综合梁段间夹角、梁段压缩量、梁段收缩量、标记点里程和高程等因素进行放样分析,确定和调整钢箱梁长度,修正对接端口。

(2)梁段单元件总成按照定位线定位板单元件,按装焊顺序依次焊接,完成梁段制造。

(3)修正梁段总长度:测量梁段总长度,并将该长度与理论长度比较,其差值在下一个预拼装单元加以修正,避免产生累积误差。

(4)按设计图纸对梁段进行切割,修整端口,开制坡口。

(5)匹配件的安装:梁段预拼时已确定了相邻梁段的相对位置,此时,将相邻两梁段的匹配件按图纸规定的位置成对安装在焊缝两侧,先定位、焊接一侧的构件,再焊接另一侧的构件,在高空吊装时只要将匹配件定位连接,即可恢复到预拼装状态。

(6)附属设施预埋件的安装。

(7)梁段标记、标识的制作。

21.3.3 制造难点

(1)预拼装线形控制

在本桥钢梁制造工程中,全桥钢梁预拼装线形控制的好坏将直接影响现场吊装质量及成桥线形,因此钢梁预拼装线形的控制是钢梁制造的一个关键环节。

①预拼装场地及胎架。

A.预拼装施工场地的选择。

a.用于预拼装的施工场地选择60m跨,具有足够的刚度,且地面平整,可以保证梁段在预拼过程中不发生变形,造成拼装误差。

b.60m跨、起重能力为20t可以满足本桥梁段拼装要求。

B.预拼胎架设置。

a.制作的胎架采用立柱+横梁结构,具有足够刚度,在钢梁重力作用下,不会产生变形。制作胎架模板具有±1.5mm的精度。

b.胎架模板应设置在梁段结构较强处,以免造成梁段变形,但同时应考虑到支撑点不宜太近,以尽量减小因支撑模板的定位误差造成的对梁段两端高程的影响。

c.胎架的设置应考虑梁段的摆放,以便测量。

②预拼装过程控制。

a.根据预拼装胎架及地标图绘制分段预拼装地标线,包括分段纵横向定位线及端口检查线;采用激光经纬仪检测胎架线形。

b.在整个组拼过程中应进行胎架线形观测,如果胎架出现向下变形,需及时调节胎架以修正拼装几何线形。每一轮次组拼前后胎架的线形测量数据应报送监理及监控单位。

c.预拼装过程中的几何控制包括几何控制点的坐标测量和必要的尺寸测量。预拼装过程中使用的几何控制点和架设测量时的几何控制点相同。

(2)桥面横坡保证措施

①零件放样控制。

综合考虑本桥钢梁结构形式、制造工艺、桥面预制桥面板重量、温度因素、附属设施安装后的工况及工地安装斜拉索张拉后的受力状态等因素,通过三维模型进行计算分析,结合以往类似桥梁的施工经验,在监控线形的基础上,设置反变形量。按照调整好预拱度的三维模型和施工工艺参数进行零件放样。

②横隔板单元件控制。

通过工艺性试验确定最优的横隔板装焊作业顺序,减小单元件因焊接收缩带来的变形。

采用性能优越的机械化横隔板生产线进行装配、焊接、矫正,保障施工质量的稳定性。

严格进行过程检验控制,发现偏差及时修正,避免单元件制造完成后构件达到一定刚度而偏差累计无法修正。

③胎架设置要求。

胎架设置在坚实可靠的地面上,胎架地标、高程由三维模型结合反变形转化而确定,胎架刚度及承载强度需满足要求。胎架制造后进行预压,严格检验。

21.4 桥位现场施工

21.4.1 梁段装配

梁段装配主要包括以下步骤:环缝装配、缝口修磨、缝口错边量马平、顶板U肋连接板栓接。

全桥钢箱梁吊装完成后再进行环缝的焊接与栓接施工。环缝连接施工顺序与吊装顺序相同,从主跨中间向两侧设置两个作业平台依次推进。

21.4.2 环缝焊接

全桥焊接顺序为从跨中梁段开始,往两边进行,每个环口的焊接顺序为腹板→底板→斜底板→顶板,后由于现场施工工况改变,调整为腹板→顶板→底板→斜底板。

21.4.3 顶板U肋、I肋栓接

顶板U肋、I肋连接板高强度螺栓的栓接拧紧方法为扭矩法,拧紧分为初拧和终拧,高强度螺栓连接副的拧紧应在螺母上施行。

21.4.4 底板U肋、I肋嵌补段焊接

底板焊缝经超声波探伤合格后即可进行底板U肋嵌补段装焊。U肋、I肋嵌补件安装前,所

有U肋端口以及U肋、I肋与底板接触部位约50mm范围要打磨出金属光泽,且该处环缝余高要磨平,U肋、I肋嵌补段点焊要离嵌补端头30mm以上,定位焊焊脚高约3mm,长度约为30mm。

21.5 焊接工艺

21.5.1 焊材复验及保管

焊接材料除应有生产厂家提供的出厂质量证明外,还需对所有不同批号进行首批抽样复验,其机械性能及化学成分应达到相关标准的规定,并做好复验检查记录。国产新型焊接材料或进口焊接材料应按厂家材质证明书的要求并参考标准《碳钢药芯焊丝》(GB/T 10045—2001)进行复验,并另行研究相适应的焊接工艺,工艺经监理工程师批准后投入使用。实际生产中根据一定的批量,由质量检验部门随机进行抽查复验,以保证焊接材料质量可靠。焊条和CO_2焊丝的复验主要考察熔敷金属的力学性能是否满足标准的要求;其中对低温冲击试验的结果要求有一定的富余量,以保证产品焊缝有良好的韧性。埋弧焊丝化学成分必须满足相关标准的规定,同时结合埋弧焊剂进行焊接试验,考查焊接工艺性能以及熔敷金属的力学性能是否满足标准的规定;其中对低温冲击试验的结果仍然要求有一定的富余量,以保证产品焊缝有良好的韧性。

焊接材料由专用仓库储存,按规定烘干、登记领用。领用量不得多于4h用量,当焊条、焊剂未用完时,应交回焊条房重新烘干。烘干后的焊条应放在专用的保温筒内备用。

21.5.2 焊接方法

大桥钢箱梁制造分成单元件(部件)制造、节段制造、工地吊装三个阶段。在产品制造中针对各工艺阶段制订单元件制造、节段制造、节段间拼装、桥上焊接等焊接工艺。产品焊接完成后对焊缝检测、焊缝缺陷修补等制订具体的工艺要求。钢箱梁焊接信息如表21-3所示。

钢箱梁焊接信息 表21-3

序号	评定项目	接头形式(尺寸单位:mm)	试板材质	焊接材料牌号及规格	焊接方法	适用部位	备注
1	M12	0~1间隙,板厚12	Q345qD	H10Mn2 ϕ4.0mm、SJ101q	双面埋弧自动焊	$\delta = 10 \sim 12$mm 钢板拼接焊缝	翻身清根
2	M16	60°坡口,钝边6,板厚16,清根侧0~1	Q345qD	H10Mn2 ϕ4.0mm、SJ101q	双面埋弧自动焊	$\delta = 12 \sim 24$mm 钢板拼接焊缝	翻身清根(引用石首桥)

续上表

序号	评定项目	接头形式（尺寸单位：mm）	试板材质	焊接材料牌号及规格	焊接方法	适用部位	备注
3	E16LC	50°, 6, 16	Q345qD	E501T-1 ϕ1.2mm	CO_2气体保护焊	内腹板立对接焊缝，加劲嵌补立对接焊缝	陶质衬垫（引用石首桥）
4	E16C	50°, 6, 16	Q345qD	ER50-6 ϕ1.2mm、E501T-1 ϕ1.2mm	CO_2气体保护焊实心打底，药芯填充盖面	工地底板对接焊缝，加劲嵌补平对接焊缝	陶质衬垫
5	EM16C	50°, 6, 16	Q345qD	ER50-6 ϕ1.2mm、H10Mn2 ϕ4.0mm、SJ101q	CO_2气体保护焊打底，埋弧自动焊填充盖面	面底板对接焊缝	陶质衬垫
6	E16C-K	50°, 30, 16	Q345qD	ER50-6 ϕ1.2mm、E501T-1 ϕ1.2mm	CO_2气体保护焊实心打底，药芯填充盖面	面底板宽间隙对接焊缝	陶质衬垫
7	E16LC-K	50°, 30, 16	Q345qD	E501T-1 ϕ1.2mm	CO_2气体保护焊	横隔板、外腹板宽间隙对接立焊缝	陶质衬垫（引用石首桥）
8	E6R	30°, 6, 6	Q345qD	E501T-1 ϕ1.2mm	CO_2气体保护焊	底板U肋工地嵌补对接焊缝	钢衬垫
9	E6LR	30°, 6, 6	Q345qD	E501T-1 ϕ1.2mm	CO_2气体保护焊	底板U肋工地嵌补立对接焊缝	钢衬垫
10	MJ8/20N	8, 79°, 20, 25°	Q345qD	H10Mn2 ϕ1.6mm、H10Mn2 ϕ3.2mm、SJ101q	双面埋弧焊	面板U肋角焊缝	全熔透
11	EJ8/20	8, 79°, 20, 清根侧	Q345qD	E501T-1 ϕ1.2mm	CO_2气体保护焊	面板U肋端头手工围焊	清根

续上表

序号	评定项目	接头形式（尺寸单位:mm）	试板材质	焊接材料牌号及规格	焊接方法	适用部位	备注
12	EMJ 16/32C		Q345qD	ER50-6 ϕ1.2mm、H10Mn2 ϕ4.0mm、SJ101q	CO_2气体保护焊打底,埋弧自动焊填充盖面	面板与吊拉板角接焊缝	陶质衬垫
13	EMJ 16/20C		Q345qD	ER50-6 ϕ1.2mm、H10Mn2 ϕ4.0mm、SJ101q	CO_2气体保护焊打底,埋弧自动焊填充盖面	面板与外腹板角接焊缝	90°陶质衬垫
14	EJ12/20C		Q345qD	ER50-6 ϕ1.2mm、E501T-1 ϕ1.2mm	CO_2气体保护焊实心打底,药芯填充盖面	斜底板与外腹板角接焊缝	102°陶质衬垫
15	EJ20R		Q345qD	E501T-1 ϕ1.2mm	CO_2气体保护焊	支座加劲熔透角焊缝,适用于单面焊接	钢衬垫
16	EJ20LR		Q345qD	E501T-1 ϕ1.2mm	CO_2气体保护焊	支座加劲熔透立角焊缝,适用于单面焊接	钢衬垫
17	EJ20YR		Q345qD	E501T-1 ϕ1.2mm	CO_2气体保护焊	支座加劲熔透仰角焊缝,适用于单面焊接	钢衬垫

续上表

序号	评定项目	接头形式（尺寸单位:mm）	试板材质	焊接材料牌号及规格	焊接方法	适用部位	备注
18	EJ32/36	坡口角度45°/50°，钝边2，板厚36，开口20/32，清根侧	Q345qD	E501T-1 ϕ1.2mm	CO_2气体保护焊	箱梁内阻尼支座加劲与底板熔透角焊缝	清根（引用石首桥）
19	EJ32/20L	坡口角度45°/50°，钝边2，板厚20，开口20/32，清根侧	Q345qD	E501T-1 ϕ1.2mm	CO_2气体保护焊	箱梁内阻尼支座加劲与腹板熔透角焊缝	清根（引用石首桥）
20	EJ16	坡口角度45°，钝边2，立板16，底板16，清根侧	Q345qD	E501T-1 ϕ1.2mm	CO_2气体保护焊	内腹板和底板熔透角焊缝	清根（引用石首桥）
21	EJ16L	坡口角度45°，钝边2，立板16，底板16，清根侧	Q345qD	E501T-1 ϕ1.2mm	CO_2气体保护焊	横隔板与腹板熔透立角焊缝	清根（引用石首桥）
22	EJ16Y	坡口角度45°，钝边2，顶板16，立板16，清根侧	Q345qD	E501T-1 ϕ1.2mm	CO_2气体保护焊	内腹板和面板熔透仰角焊缝	清根（引用石首桥）
23	EJ20P	坡口角度45°/45°，钝边2，开口20，底板9，板厚20	Q345qD	E501T-1 ϕ1.2mm	CO_2气体保护焊	横隔板与底板角焊缝	80%熔透（引用石首桥）

续上表

序号	评定项目	接头形式（尺寸单位：mm）	试板材质	焊接材料牌号及规格	焊接方法	适用部位	备注
24	EJ20LP		Q345qD	E501T-1 φ1.2mm	CO_2 气体保护焊	支座加劲间部分熔透角焊缝	80%熔透（引用石首桥）
25	EJ6/12T		Q345qD	E501T-1 φ1.2mm	CO_2 气体保护焊	底板U肋单元件角焊缝	无熔透要求
26	EJ6/12T-1		Q345qD	E501T-1 φ1.2mm	CO_2 气体保护焊	底板U肋嵌补角焊缝	无熔透要求
27	EJ14/16T		Q345qD	E501T-1 φ1.2mm	CO_2 气体保护焊	平贴角焊缝，包括防撞护栏角焊缝	无熔透要求（引用石首桥）
28	EJ14/16LT		Q345qD	E501T-1 φ1.2mm	CO_2 气体保护焊	立贴角焊缝，包括防撞护栏角焊缝	无熔透要求（引用石首桥）
29	EJ14/16YT		Q345qD	E501T-1 φ1.2mm	CO_2 气体保护焊	仰贴角焊缝	无熔透要求

21.5.3 单元件焊接

根据单元件焊缝分布规律,可知其易于实现自动化焊接,单元件焊接质量控制的关键是通过合理采用自动化焊接技术,达到稳定焊接质量、控制焊接变形的目的。同时,该技术方便施工,可以提高生产效率。根据本桥的特点,可以分以下几个单元件进行焊接:面、底板单元件焊接;横隔板单元件焊接;风嘴单元件焊接;钢箱梁总成及工地焊接。

21.5.4 产品试板

(1)产品试板的要求

产品试板应与其所代表的焊接接头同材质、同板厚、同坡口形式、同焊接方法、同施焊人员、同时进行焊接。产品试板要求与产品接头装焊在一起,若不能装焊在一起,则在监理工程师的监督下按上述要求进行焊接。埋弧自动焊的产品试板长度为600mm,手工焊、CO_2气体保护焊的产品试板长度为500mm。产品试板的标记和其所代表的焊接接头的标记对应,以便追溯。

(2)产品试板的数量

对于横向受拉的对接焊缝,焊缝长度不大于1000mm的,每32条对接焊缝做1组产品试板;焊缝长度大于1000mm的,每24条对接焊缝做1组产品试板。桥面板纵向对接焊缝,每30条对接焊缝做1组产品试板。全断面对接焊缝,每10个断面平、立、仰焊缝各做1组产品试板。如监理工程师认为有必要,可适量增减抽检数量。

(3)产品试板的检测

每块产品试板均要求进行100%超声波探伤和射线探伤,超声波探伤要求B级检验,Ⅰ级合格。

(4)产品试板的试验

每块产品试板均要求进行接头拉伸试验、接头侧弯试验、焊缝金属的低温冲击试验。其中接头拉伸试验和接头侧弯试验各一件,焊缝金属的低温冲击试验三件,冲击温度为-20℃,采用V形缺口。

(5)产品试板的评定

产品试板的评定执行《铁路钢桥制造规范》(Q/CR 9211—2015)附录C的规定。当评定结果不能满足要求时,由监理工程师决定该焊接接头是否验收合格。否则,应研究通过不同工艺手段改进产品质量,若仍不能满足要求,则应分段解体,重新焊接,并再次重复产品试板的试验过程,直到满足要求为止。

21.5.5 焊缝检验及焊后处理

(1)焊缝外观检验

所有焊缝在焊接材料冷却后须进行外观检验,不得有裂纹、未熔合、焊瘤、夹渣、未填满弧坑及漏焊等缺陷。

(2)焊缝无损检验

焊缝施焊24h,经外观检验合格后,再进行无损检验。对于厚度大于30mm的高强度钢板焊接接头应在施焊48h后进行无损检验。

焊缝无损检验方法包括超声波探伤、射线探伤、磁粉探伤。

焊缝外观检验超出允许偏差及无损检验发现存在超出允许范围的缺陷,必须进行磨修及返修。不合格的工地焊缝,报监理工程师,经同意后才能修补。

(3)焊后处理

按设计文件要求,本工程焊后处理重点在需要做焊后超声波冲击消应的部位,钢箱梁其他部位为焊后打磨、修整等常规施工处理。

本工程施工中须做焊后超声波冲击消应处理的部位如下:

①桥面板U肋与横隔板焊缝端头80mm长焊缝。

②吊耳补强板与吊拉板耳板角焊缝。

③拉板圆弧端点处100mm长焊缝。

22 上部结构安装

22.1 上部结构安装总体施工流程

(1)索鞍吊装:主索鞍通过塔顶门架悬臂起吊系统在主跨侧起吊,散索鞍通过大型汽车起重机进行吊装。

(2)猫道系统架设:采用无人机架设先导索并将其牵引过江,由单线往复式牵引系统架设猫道索,通过塔顶卷扬机和牵引系统架设猫道面层、横向通道及其他构件。

(3)主缆索股安装:主缆采用单向往复门架拽拉式牵引系统架设,从南岸向北岸进行牵引,索股调整采用相对基准索法。放索采用被动放索机构、鱼雷夹、拽拉器、握索器等机具,以保证长距离索股架设质量。

(4)主缆紧缆:采用4台紧缆机进行主缆紧缆。紧缆顺序:先主跨后边跨,主跨从跨中向塔方向进行,边跨从锚碇向塔方向进行。

(5)索夹安装:采用缆索天车从跨中向塔方向进行索夹安装,边跨从散索鞍向塔方向进行安装,施工过程中分三次补足索夹紧固螺栓轴力。

(6)吊索安装:采用缆索天车从跨中向两侧塔顶方向进行安装。

(7)钢箱梁安装:采用全液压跨缆起重机小节段吊装方案,全桥共65个吊装梁段,安装顺序为从主跨跨中开始对称向索塔方向进行,在索塔附近各设一个合龙段。浅滩岸坡区部分梁段采用支架和荡移方式安装。

(8)主缆缠丝:缠丝机在索塔附近用塔吊进行安装,缠好的储丝轮经塔式起重机运输至猫道上,由人工运至缠丝地点。按照先缠主跨再缠南北边跨的顺序进行,缠丝总体施工方向为由高处向低处进行,两索夹之间为由低处向高处进行。

22.2 索鞍安装

塔顶门架加工及安装：塔顶门架杆件在钢结构加工场内制作，运输到现场后在地面分片拼装，利用塔式起重机分片起吊至塔顶进行安装。

主索鞍格栅及反力架安装：格栅及反力架利用塔顶门架、卷扬机、滑车组配合起吊至塔顶，通过倒链配合在塔顶门架上横移安装到位。

主索鞍格栅混凝土浇筑：格栅安装并调整到位后，立模浇筑格栅混凝土。

主索鞍安装：主索鞍采用分块安装方式，待格栅混凝土浇筑并达到设计强度后，利用塔顶门架、卷扬机、滑车组配合起吊至塔顶，通过倒链配合在塔顶门架上横移安装到位。

散索鞍安装：支墩顶层浇筑完成后，安装散索鞍临时支撑架，用于调整散索鞍在空缆工况下的倾斜角度。待顶层混凝土达到设计强度后，利用大型汽车起重机进行底座、上下承板和鞍体的起吊安装。

散索鞍支墩顶门架加工及安装：散索鞍支墩顶门架杆件在钢结构加工场内制作，运输到现场后在地面分片拼装，利用汽车起重机分片起吊至支墩顶进行安装。

22.2.1 主索鞍安装

拟采用塔顶门架 + 10t 卷扬机（配 $\phi24mm$ 钢丝绳）+ 80t 滑车组 + 平车 + $\phi36mm$ 起吊钢丝绳 + 50t 卸扣进行吊装，单件最大吊重约为 42.9t。

（1）门架设计

①门架结构。

根据主索鞍门架在悬索桥上部结构施工过程中的主要用途，主索鞍门架设计成刚架形式，主梁采用截面为 600mm × 450mm 的钢箱梁，桁架支腿、大斜撑、大横撑采用 HW400mm × 400mm 型钢，小斜撑采用 HN400mm × 200mm 型钢。主索鞍门架高 12.0m，宽 5.5m，上弦杆长 21.0m，悬臂长度为 10.5m；前后横梁采用截面为 600mm × 450mm 的钢箱梁，中间横梁采用 HW400mm × 400mm 型钢，通过型钢法兰与左右侧主梁上预留接头连接。在前端横梁上焊接定位板安装 $\phi24mm$ 楔套作起吊钢丝绳固结端，后端横梁布设定滑轮作起吊钢丝绳转向轮。

②起吊、平移系统。

主索鞍吊装系统由 10t 卷扬机、起吊滑轮组、平车、牵引装置等组成。平车采用锚碇基坑出土门架平车，平车顶部中间设置单根 700mm（高）× 500mm（宽）× 6600mm（长）钢箱梁作为起吊梁，平车可在门架纵梁顶的轨道上行走。

主索鞍起吊采用 6 轮 80t 定滑轮，通过 $\phi24mm$ 起吊钢丝绳与下端 6 轮 80t 动滑轮形成起吊滑轮组。$\phi24mm$ 起吊钢丝绳从门架顶部设置的 10t 卷扬机引出，尾端固定在门架前端横梁的楔套中。

门架纵梁顶钢轨两端设置牵引（限位）装置，通过 10t 手拉葫芦，使桁车在门架顶部前后平移。

（2）门架制作

门架型钢构件在钢结构加工场内加工，验收合格后运往施工现场，分片焊接或用高强螺栓栓接。

①门架所使用的钢材、焊接材料、涂装材料和紧固件等必须符合设计要求和现行标准的规定。

②门架各构件在钢结构加工场内下料平台上用自动切割机下料，号料所画的切割线必须准确、清晰，号料尺寸偏差不大于1mm，制成的孔应呈正圆柱形，孔壁光滑，孔缘无损伤。

③门架构件加工完成后在场内试拼，合格后方可投入使用。

④为满足门架使用耐久性要求及防止门架锈蚀而污染索塔和锚碇，门架需进行防腐涂装。

（3）门架安装

①门架杆件拼装划分。

主索鞍门架在钢结构加工场内加工完成并通过验收后，将杆件及其零部件运往工地，分别存放在索塔塔周施工平台上。将塔顶门架桁架拆分为4部分，在地面上进行拼装。

拼装前对门架构件的数量及质量进行全面清查（表22-1），对装运过程中产生缺陷和变形的杆件，按有关规定予以矫正、处理，符合要求后，方可使用。经矫正、处理后仍不符合要求的，予以更换。

门架构件参数表　　表22-1

序号	名称	长(m)×高(m)	质量(t)	数量	备注
1	主桁架片架1-1	7.0×9.38	6.7	2	无斜撑
2	主桁架片架1-2	7.0×9.38	6.8	2	含斜撑
3	主桁架片架2	9.0×5.566	6.55	4	
4	主桁架片架3	7.856×10.212	4.8	4	
5	主桁架片架4	12.0×2.92	5.4	4	
6	门架横联	5.5×2.53	2.8	4	
7	斜撑	10.25×2.95	2.5	4	

②塔顶门架安装。

主桁架安装的最大吊重为6.8t，塔式起重机可以满足吊重要求，如表22-2所示。

塔式起重机吊重参数表　　表22-2

塔式起重机型号	最大吊距(m)	额定吊重(t)	构件最大质量(t)	备注
TC7035B-16 TC7525-16	20.0	8.0	6.8	主桁架片架1-2
ZX7030-12	18.5	8.0	6.8	主桁架片架2
T6013A-6A	20.0	6.0	5.4	主桁架片架4

吊具采用2根钢丝绳，两点起吊，每根钢丝绳长度为12m，每个吊点承受重量为3.4t，钢丝绳与水平面夹角为60°，则每根钢丝绳拉力：

$$T = \frac{3.4}{\sin 60°} = 4.0(\text{t})$$

查《重型设备吊装手册》，钢丝绳规格采用 $6 \times 36\text{WS} + \text{IWR}$（钢芯），直径采用 24mm，公称抗拉强度 1960MPa，钢丝绳最小破断拉力 41.0t，则钢丝绳许用拉力：$[T] = \frac{41.0}{6.0} = 6.8(\text{t}) > 4.0\text{t}$，满足吊装要求。

采用 GD7.5 卸扣，卸扣横销直径 $d_1 = 46\text{mm}$，安全荷重：

$$Q = 40 \times 46 \times 46 = 84.64(\text{kN})(=8.6\text{t})$$

门架吊具参数如表 22-3 所示。

门架吊具参数　　　　表 22-3

钢丝绳（$6 \times 36\text{WS} + \text{IWR}$）			卸扣
直径（mm）	公称抗拉强度（MPa）	许用拉力（t）	安全负荷（t）
24	1960	6.8	8.6

塔顶门架在地面拼装完成后，采用塔式起重机吊装，依据塔式起重机的起吊能力（8t/6t），吊装顺序如下：

a. 在地面将塔顶门架桁架、横联及斜撑分片拼装。

b. 安装主桁架片架 1-1 和主桁架片架 1-2，再通过倒链将桁架调整到位，将立杆底端与塔顶预埋件焊接牢固，并设置侧向临时支撑。

c. 安装主桁架片架 2（与片架 1 安装步骤一致），通过倒链调整到位后将其与主桁架片架 1 通过螺栓连接成整体。

d. 安装两片主桁架之间尾端横联，将两片主桁架连接成整体。

e. 安装主桁架片架 3，通过倒链调整到位后将其与主桁架片架 1 通过螺栓连接成整体，并设置侧向临时支撑。

f. 安装主桁架片架 4，通过倒链调整到位后将其与主桁架片架 1 及主桁架片架 2 通过螺栓连接成整体，并设置侧向临时支撑。

g. 安装两片主桁架之间前端横联，将两片主桁架连接成整体。

h. 安装斜撑、轨道及起吊桁车。

③塔顶门架安装注意事项。

a. 塔顶门架拼装时应注意保证结构的整体稳定性，且先安装的构件不能妨碍后安装构件的运输和吊装。

b. 为保证支架座板均匀受力，预埋件顶面必须抄平顶紧、焊接牢靠。

c. 现场焊接必须由专业人员完成，保证焊接质量。

d. 安装过程中，测量人员必须在场，控制安装精度。

e. 塔顶门架连接螺栓必须全部安装到位并用扳手拧紧，螺栓尾部外露 1~2 个丝扣，安装完毕后对螺栓进行全面检查。

f. 吊装塔顶门架时，需在桁片两侧主桁上设缆风绳，以便在塔顶处调整对位。

g. 塔顶门架安装完成后，在顶部安装好施工防护平台及栏杆。

④卷扬机、滑车组及转向导轮安装。

a.卷扬机安装。在塔顶门架顶横联上安装 1 台 10t 卷扬机,卷扬机底座与门架焊接牢固,安装时注意出绳口位置。

b.滑车组安装。利用塔式起重机将定滑轮吊至主索鞍的起吊位置进行安装,滑车组与吊装分配梁用 50tS6 级 D 型卸扣连接,定滑轮与门架顶部横杆用反拉钢丝绳连接,然后安装滑车组。

c.转向导轮安装。在塔顶门架顶面靠近中跨位置安装转向导轮。

⑤塔顶门架检查验收与维护。

塔顶门架安装完成后进行检查验收,验收内容包括焊接质量、螺栓安装质量、吊装系统等。

塔顶门架因使用时间长,需要定期进行检查维护;每月组织对塔顶门架进行一次全面检查,检查重点包括螺栓是否松动、焊缝是否有裂纹、杆件是否有损伤、杆件是否锈蚀等,检查中发现的问题应及时维修处理。

⑥塔顶门架试吊试验。

为检验塔顶门架承载力及加工质量,门架验收完成后,在主索鞍安装前进行试吊动载试验。主索鞍最大吊重 42.9t,荷载试验系数取最大吊重的 1.1 倍,即 $1.1 \times 42.9t = 47.2t$。试验配重采用格栅及反力架(30t) + 型钢(17.2t)组合。

A.试吊试验准备工作。

a.测量人员在塔顶门架上做好观测标记;

b.吊装系统(卷扬机、滑车组等)检查调试完成,吊具检查完好;

c.信号指挥员、安全员到位。

B.试吊试验步骤。

a.将吊装分配梁调整至主跨侧距离塔柱边缘不大于 6.25m 位置,安装钢丝绳吊绳、卡环,利用滑车组将试验配重组吊起约 20cm,静置 5min,观测门架变形并做好记录,检查其他系统有无异常情况。

b.待稳定后,将起吊钢丝绳在滑车组处临时打梢,向主跨方向同时收紧两侧门架顶倒链,门架顶卷扬机配合收绳,将试验配重组沿门架顶端横移 1.5m 后停止,静置 5min,观测门架变形并做好记录,检查提升系统及门架结构有无异常情况。

c.在各项系统均正常的情况下,利用门架顶倒链向边跨侧拉拽吊装分配梁,门架顶卷扬机配合放绳,将试验配重组横移回原起吊位置后停止,静置 5min,观测门架变形并做好记录,检查提升系统及门架结构有无异常情况。

d.按照上述方法往复横移试验配重组 2 次,每次横移到位后静置 5min,做好门架变形观测记录,检查提升系统及门架结构有无异常情况。

试吊试验完成后,提升系统及门架结构、变形都正常的情况下,即可认定门架可投入正常使用。

(4)格栅及反力架安装

塔顶格栅及反力架为整体制作,安装采用塔顶门架、卷扬机、滑车组配合起吊至塔顶,通过 2 台 5t 倒链横移安装就位。

①施工准备。

格栅及反力架进场后组织人员进行验收,重点检查格栅平面度,检查工具采用靠尺及塞尺,经检查符合要求后再安装。

格栅及反力架平面度精度要求：<0.08mm/m 且 <0.5mm/全长。

格栅及反力架安装前,对塔顶后浇段预留槽混凝土进行凿毛处理,将残渣清理干净,将预埋钢筋调直。

测量人员放样出格栅及反力架中心线位置及边线位置,并做好标记,利用型钢设置限位块,同时测量预留槽高程。

根据预留槽高程情况,安装格栅及反力架底面钢垫块。

准备4台10t螺旋千斤顶。

在塔底地面上布置1台5t卷扬机,卷入钢丝绳,用作缆风绳。

②正式安装。

格栅及反力架质量达30t,起吊时采用2根φ32mm钢丝绳,4点起吊,每个吊点承受重量为7.5t,钢丝绳与水平面夹角为45°,则每根钢丝绳拉力：

$$T = \frac{7.5}{\sin 45°} = 10.6(t)$$

查《重型设备吊装手册》,钢丝绳规格采用 $6 \times 36WS + IWR$(钢芯),直径采用36mm,钢丝绳最小破断拉力92.2t,则钢丝绳许用拉力：$[T] = \frac{92.2}{6} = 15.37(t) > 10.6t$,满足吊装要求。

采用GD21卸扣,卸扣横销直径 $d_1 = 71mm$,安全荷重：

$$Q = 40 \times 71 \times 71 = 201.64(kN)(\approx 20.5t)$$

格栅及反力架吊具参数如表22-4所示。

格栅及反力架吊具参数 表22-4

钢丝绳($6 \times 36WS + IWR$)			卸扣
直径(mm)	公称抗拉强度(MPa)	许用拉力(t)	安全负荷(t)
36	1960	15.37	20.5

塔顶格栅及反力架安装步骤：

a. 格栅及反力架运输至索塔主跨侧塔底正对塔顶门架处,通过卷扬机放绳将滑车组降至地面,在滑车组下端安装起重钢丝绳;塔底5t卷扬机吐出钢丝绳,与格栅角部捆绑作缆风绳;在门架顶吊装分配梁后端设置反拉钢丝绳。

b. 缓慢启动卷扬机,按每米增加一挡的加速度提升,从第5m开始,按5m/min的速度匀速向上提升。提升过程中,塔底卷扬机同步配合放绳,但要保证缆风绳始终带力,防止格栅及反力架因钢丝绳的盘旋而打转。

c. 当格栅及反力架稍高于索塔顶时,停止卷扬机提升,起吊钢丝绳在滑车组处临时打梢,解除反拉钢丝绳,同时收紧门架顶2台倒链,调整速度,始终保持吊装分配梁在门架的中心位置,将格栅及反力架缓慢横移至塔顶大致安装位置(横移过程中塔顶卷扬机配合缓慢收绳),下放格栅及反力架至距安装槽口30cm左右处停放。

d. 拉线对格栅及反力架平面位置进行测量,通过小倒链进行微调对位后,下放到塔顶预留槽内四角的4个螺旋千斤顶上。

e. 通过四角的螺旋千斤顶调整格栅及反力架高程、四角高差,调整到位后,检查格栅及反力架底部抄垫情况,对抄垫不严实位置重新抄垫。

f. 确认格栅及反力架底部抄垫稳定后,卸下格栅及反力架四角的螺旋千斤顶,测量人员对格栅及反力架高程、平面位置再次复核(表22-5),确认无误后拆除吊装钢丝绳。

塔顶格栅及反力架安装检查项目及质量标准　　　　表22-5

项次	检查项目		允许偏差	检查方法
1	最终偏位(mm)	顺桥向	符合设计要求	经纬仪或全站仪检查
		横桥向	5	
2	高程(mm)		10,0	全站仪检查
3	四角高差(mm)		1	水准仪或全站仪检查

③混凝土浇筑。

安装格栅模板,浇筑塔顶预留槽内C50混凝土,混凝土采用微膨胀细石混凝土,石子粒径不得大于25mm。

混凝土浇筑注意事项:

a. 混凝土必须振捣密实。

b. 振捣过程中,振捣棒严禁触碰格栅,防止格栅移位。

c. 混凝土浇筑完成后,立即将格栅顶面残留的混凝土清理干净。

d. 混凝土浇筑顶面略低于格栅板顶面2cm。

(5)上、下承板吊装

①待格栅混凝土强度达到设计要求,格栅上表面清洁后方可吊装上、下承板。

②吊装前,根据场内顶推试验情况,在滑动面上涂刷二硫化钼润滑脂,涂抹量为$1.5kg/m^2$,然后对上、下承板进行临时固定,防止吊装过程中产生滑移。

③上、下承板吊装方法及注意事项与底座格栅吊装相同。吊装完成后使用销轴将下承板与格栅连接固定。

④承板定位后,根据监控单位提供的主索鞍预偏量,先将上承板预偏至设计位置附近并临时固定,端头安装板外露部分加临时盖板,防止聚四氟乙烯板损坏。

(6)主索鞍安装步骤

主索鞍安装按照生产厂家说明书要求的顺序进行,安装时采用塔顶门架、卷扬机、滑车组配合起吊至塔顶,通过2台10t倒链横移安装就位。

①施工准备。

主索鞍安装前,测量人员对格栅顶面高程进行复测,并根据设计位置放样出各组件安装中心线,做好标记。

根据设计要求,主索鞍安装时需要进行预偏,理论预偏值见表22-6,实际预偏量根据监控单位指令进行调整。

主索鞍安装理论预偏值 表22-6

项次	部位	预偏值(mm)	预偏方向
1	黄冈侧主索鞍	1651.19	边跨侧
2	黄石侧主索鞍	1945.17	边跨侧

②主索鞍组件安装。

主索鞍各部件安装过程中最大吊重为黄冈侧中跨鞍体，重量达42.9t。

鞍体起吊时采用4根ϕ36mm钢丝绳，4点起吊，每根钢丝绳采用双股，每个吊点承受重量为10.8t，钢丝绳与水平面夹角为60°，则每股钢丝绳拉力：

$$T = \frac{0.5 \times 10.8}{\sin 60°} = 6.2(t)$$

查《重型设备吊装手册》，钢丝绳规格采用$6 \times 36WS + IWR$（钢芯），直径采用36mm，钢丝绳最小破断拉力92.2t，则钢丝绳许用拉力：$[T] = \frac{92.2}{6} = 15.37(t) > 6.2t$，满足吊装要求。

采用GD21卸扣，卸扣横销直径$d_1 = 71$mm，安全荷重：

$$Q = 40 \times 71 \times 71 = 201.64(kN)(\approx 20.5t)$$

A. 主索鞍组件安装顺序。

a. 安装下承板：浇筑完成后将格栅的上表面清理干净，再安装下承板。

b. 安装安装板：根据配对号安装安装板。

c. 安装上承板。

d. 依次安装中跨鞍体、边跨鞍体，将两半中分面对正，然后用ϕ50mm×180mm定位销将鞍体对正，再用M30×240mm螺栓将两个半鞍体拧紧。然后根据施工图的要求调整好预偏量，在主索鞍的承压台上安装调节拉杆(共4根)，并套好垫圈、螺母，同时将螺母拧紧。

B. 主索鞍组件安装步骤。

a. 下承板安装。

构件运输至索塔主跨侧塔底正对塔顶门架处，距离塔柱边缘5.75m，塔顶卷扬机钢丝绳通过塔顶门架转向导轮后进入滑车组，通过卷扬机放绳将滑车组降至地面，在滑车组下端安装起重钢丝绳；塔底8t卷扬机吐出钢丝绳，与下承板角部捆绑作缆风绳；在门架顶吊装分配梁后端设置反拉钢丝绳。

缓慢启动卷扬机，按每米增加一挡的加速度提升，从第5m开始，按9m/min的速度匀速向上提升。提升过程中，塔底卷扬机同步配合放绳，但要保证缆风绳始终带力，防止下承板因钢丝绳的盘旋而打转。

当下承板稍高于索塔顶时，停止卷扬机提升，起吊钢丝绳在滑车组处临时打梢，解除反拉钢丝绳，同时收紧门架顶2台倒链，调整速度，始终保持吊装分配梁在门架的中心位置，缓慢横移组件至塔顶安装位置(横移过程中塔顶卷扬机配合收绳)，下放至格栅顶面停放。

拉线对下承板平面位置进行检查，通过小倒链进行微调对位。

测量人员对下承板高程、平面位置再次复核，确认无误后，在下承板与格栅之间安装钢销进行锁定，拆除吊装钢丝绳。

b. 安装板、上承板安装。

安装板、上承板安装方式与下承板安装方式相同,此处不再重述。

c. 边跨鞍体安装。

构件运输至索塔中跨侧塔底正对塔顶门架处,距离塔柱边缘不大于5.75m,塔顶卷扬机钢丝绳通过塔顶门架转向导轮后进入滑车组,通过卷扬机放绳将滑车组降至地面,在滑车组下端安装起重钢丝绳;塔底8t卷扬机吐出钢丝绳,与鞍体捆绑作缆风绳;在门架顶吊装分配梁后端设置反拉钢丝绳。

缓慢启动卷扬机,按每米增加一挡的加速度提升,从第5m开始,按9m/min的速度匀速向上提升。提升过程中,塔底卷扬机同步配合放绳,但要保证缆风绳始终带力,防止鞍体因钢丝绳的盘旋而打转。

当鞍体稍高于索塔顶时,停止卷扬机提升,解除反拉钢丝绳,同时收紧门架顶2台倒链,调整速度,始终保持吊装分配梁在门架的中心位置,缓慢横移组件至塔顶大致安装位置(横移过程中塔顶卷扬机配合收绳),下放至上承板顶面停放。

拉线对鞍体平面位置进行检查,通过小倒链进行微调对位。

测量人员对鞍体高程、平面位置再次复核,确认无误后,将鞍体与底板临时锁定,拆除吊装钢丝绳。

d. 中跨鞍体安装。

中跨鞍体安装与边跨鞍体安装方法相同。

e. 鞍体对位连接。

边跨鞍体就位后,将两半鞍体拼接面对齐,然后用$\phi 50mm \times 180mm$定位销将鞍体对正,再用$M30 \times 240mm$螺栓将两个半鞍体锁紧。

根据监控指令要求调整好预偏量,在主索鞍的承压台上安装调节拉杆,并套好垫圈、螺母,同时将螺母拧紧。

C. 主索鞍组件安装要求。

a. 主索鞍必须在制造厂技术人员的指导下进行安装,以确保主索鞍各部件配合正确,安装精度满足设计要求。

b. 产品的搬动、运输和储存,均不得使任何部件受到永久性损伤和散失。

c. 各部件吊装就位后要及时连接固定。

d. 提升过程中,必须设置缆风绳以防索鞍过度摆动。

e. 提升应在上午开始,使全部工序能在白天完成。

f. 在作业区域设置警戒线,避免无关人员进入。

g. 起吊必须缓慢、匀速进行。起吊时先将鞍体提离地面1~2m,持荷3~5min,检查各部位受力状况、挠度;在离地面1~3m范围内起降两次,检验卷扬机性能;确认所有部件正常后才能正式起吊。鞍体要缓慢、匀速地移动,避免急停急动,造成鞍体的摆动。

h. 吊装时严禁歪拉斜吊,要求滑车组与近端立柱之间距离不得大于9m。

i. 主索鞍吊装过程中,在塔顶设置观测点,对塔顶门架进行变形观测,如变形过大,需及时提醒现场施工人员停止作业,待检查完成后方能重新开始作业。

主索鞍安装检查项目及质量标准如表22-7所示。

主索鞍安装检查项目及质量标准　　　　表22-7

项次	检查项目		规定值或允许偏差	检查方法
1	最终偏位(mm)	横桥向	10	全站仪或经纬仪检查
		顺桥向	符合设计要求	
2	高程(mm)		20,0	全站仪检查
3	四角高程(mm)		2	水准仪或全站仪检查

22.2.2 散索鞍安装

散索鞍主要由底板、底座、鞍体等组成，拟采用260t汽车起重机 + ϕ36mm 起吊钢丝绳 + 50t 卸扣进行吊装，单件最大吊重约为39.2t。

(1)安装工艺流程

散索鞍安装工艺流程如图22-1所示。

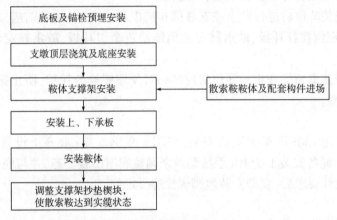

图22-1　散索鞍安装工艺流程图

(2)散索鞍的验收与进场

散索鞍的预拼装和防腐涂装均在场内进行，并对各部位的相对位置进行永久性定位标记。散索鞍经验收合格后方可运至工地现场。

散索鞍应根据现场安装的条件，经有关各方协商确定准确的进场时间，以便大型起重机械进场起吊安装，避免发生工地二次倒运。

散索鞍进场后，应由业主、设计、监理、制造、施工五方人员再次共同检查验收，确认进场运输过程中结构件是否有变形、碰撞损伤、涂装破坏等，以便采取相应的处理方案。施工方还应核对鞍体运输状态、吊点实际布置情况能否满足已制定的安装方案的要求，否则应对安装方案做出相应调整，以保证施工质量和安全。

(3)起重机械配置

①260t 汽车起重机参数。

鞍体理论起吊重量为39.3t，考虑吊具质量及鞍体质量偏差，安全系数取10%，则最大吊重按43.23t 考虑。260t 汽车起重机起重时机臂伸长27.0m，工作半径14m 时的额定起吊重量为51.3t,大于最大吊重43.23t。

260t汽车起重机长16.15m,宽3m,高4m,自重72t。前、后支腿距离为8.8m,支腿宽度为8.7m。

②起吊平面布置。

散索鞍鞍体吊装时,260t汽车起重机布置在散索鞍支墩侧面中间场地内,整个场地须平整、夯实,并采用20cm厚C25混凝土进行场地硬化。起重吊装工况下,四个支腿下采用2.5m×3.0m垫板,地基承载力须达到180kPa。

(4)底板与底座安装

①底板安装。

a.在浇筑散索鞍支墩第5层时,埋设底板定位支架预埋钢板,混凝土浇筑完成后,安装定位支架。

b.由于格栅底板和地脚螺栓连接在一起,同时采用汽车起重机安装,吊装前调整底板倾斜角度,安装时确保螺栓外露长度满足设计要求。安装过程中通过4个5t手拉葫芦进行位置调整,缓慢下放,按图纸设计位置安放,精确定位。

c.格栅底板安装就位后进行散索鞍支墩第6层混凝土浇筑,浇筑前应按要求安装后续施工预埋板(散索鞍定位拉杆耳板、散索鞍定位倒链葫芦牵引耳板、散索鞍定位支架、散索鞍门架、转索鞍等)。

d.浇筑过程中注意格栅底板平面位置控制和对预埋螺栓的保护,防止振捣棒与定位架或底座、地脚螺栓接触。

②底座安装。

散索鞍底座采用130t汽车起重机安装,采用4根钢丝绳(底座上设置专门的吊耳螺栓孔),其中两根钢丝绳各安装1个10t手拉葫芦来调整底座吊装姿态,并与底板表面标志对齐,高程和坐标符合设计要求后,立刻安装地脚螺栓螺母定位。

③注意事项。

a.散索鞍底座安装的质量控制主要在于底板的安装。在散索鞍支墩顶层混凝土浇筑前,应按图纸规定的里程桩号、高程、倾斜角度等将底板准确安装,并采用型钢支撑架进行牢固定位,支撑架的刚度必须满足底板的质量荷载要求,以保证安装的精度。

b.底板下混凝土浇筑时应严格按要求进行振捣,确保其下混凝土密实。混凝土浇筑时应注意不得碰撞支撑架和底板预埋件。

c.散索鞍支墩顶层混凝土浇筑前,应对底座顶面包裹覆盖,防止槽口污染。浇筑完成后应及时将底板和底座其他外露处污染物清除干净。

d.由于底板底部钢筋较密集,应先安装底板,保证其安装精度。钢筋绑扎定位时应适当挪动位置,以避让预埋件。

(5)散索鞍鞍体安装

本次大型吊装共有2件,其特点就是鞍体质量大、起吊时倾斜角度精度要求高,稍有偏差就难以对位。本项目通过设置长短钢丝绳来调整起吊时鞍体的倾斜角度,使用辅助吊绳+倒链方式微调角度。

散索鞍底座安装前,焊接临时支撑架,支撑架采用双拼I25a型钢。

①鞍体吊点布置及计算。

鞍体共设置 2 个主吊点,1 个辅助对位调整吊点。吊点对称布置,由于中间主吊绳与重力线夹角较小,分配荷载较大,采用双绳起吊;边主吊绳采用双绳起吊。鞍体吊点布置如图 22-2 所示。

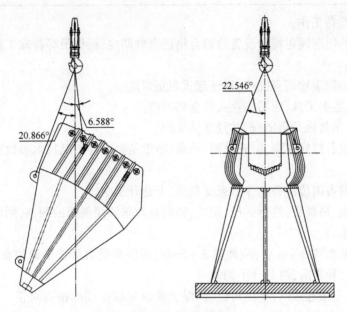

图 22-2 鞍体吊点布置图

受力分析如下:

力的平衡条件:

$$T_1\cos20.866° + 2T_2\cos22.546° \times \cos6.588° = G$$

$$T_1\sin20.866° = 2T_2\cos22.546° \times \sin6.588°$$

将 $G = 43.23$t 代入上式得

$$T_1 = 10.8\text{t}, T_2 = 18.2\text{t}$$

式中:T_1——图 22-2 中左边绳拉力;

T_2——图 22-2 中右边绳拉力。

②吊具选择及计算。

a. 吊具。

吊具由钢丝绳、卸扣组成,主吊钢丝绳及辅助钢丝绳均采用 ϕ36mm 钢丝绳,每个吊点均采用双绳;卸扣采用 50t 卸扣。

b. 吊具受力验算。

ϕ36mm 钢丝绳采用 6×36WS + IWR(钢芯),最小破断拉力为 92.2t,则钢丝绳许用拉力:

$[T] = \dfrac{92.2}{6} = 15.37(\text{t}) > \dfrac{T_2}{2}(9.1\text{t})$,满足吊装要求。

散索鞍鞍体吊具参数如表 22-8 所示。

散索鞍鞍体吊具参数　　　　　　　　　　表22-8

钢丝绳(6×36WS+IWR)			卸扣
直径(mm)	公称抗拉强度(MPa)	许用拉力(t)	安全负荷(t)
36	1960	15.37	50

③吊装前的准备工作。

a. 起重机械的使用须在特种设备检验合格证有效期内,操作员等特殊工种须持证上岗,且证件在有效期内。

b. 吊装现场的障碍物清理完毕,保证起重机正常就位。

c. 起重机械、各类工具、现场作业人员全部到位。

d. 各种工具、吊具做最后清查,并经确认无误。

e. 起重机就位后打好支腿,检查吊距、吊高、吊重是否符合工况技术参数要求。

④鞍体安装。

现场负责人对各岗位准备工作检查复核后,下达开工令。

在安装好吊索、吊具后,进行试吊、调整,特别是对鞍体倾斜面的调整,须反复检查调试,确认准确后方可起吊。

鞍体在吊离地面约30cm后,应静置3~5min,对所有受力部位全面检查一遍,确认吊索、吊耳、卸扣、支腿无异常后,再起升吊钩。

起吊到位后,应缓起缓落,平稳对位,确保上承板与鞍体底部槽口对正。安装过程中鞍体生产厂家人员必须在现场指导。鞍体吊装接近底座时,利用两根辅助吊绳悬挂2个5t倒链,利用倒链收或放钢丝绳调整鞍体倾斜度,使其下端槽孔和底座上安装的支承板对位。经测量放线,将散索鞍底座调至空缆设计位置,抄紧鞍体和临时支撑之间的楔块,固定好鞍体,最后封闭底座板和鞍体底部间缝隙。

⑤注意事项。

a. 鞍体起吊时,倾斜角度尽量和底座倾斜度一致,在起吊过程中拉好缆风绳。在精密对位前,安装好相应的倒链,确保对位准确。

b. 支撑系统焊接牢固,鞍体安装到位后,楔块必须顶紧。

施工前,须进行全桥联测,根据联测数据最终确定鞍体的具体位置。鞍体安装时,测量人员需要跟踪测量,确保鞍体安装准确。

⑥散索鞍安装质量要求。

散索鞍安装的检查项目及质量标准详见表22-9。

散索鞍安装的检查项目及质量标准　　　　　　表22-9

项次	检查项目	允许偏差	检查方法
1	底板轴线纵、横向偏位(mm)	5	全站仪检查
2	底板中心高程(mm)	±5	全站仪检查
3	底板扭转(mm)	2	全站仪检查
4	安装基线扭转(mm)	1	全站仪检查
5	散索鞍竖向倾斜角(°)	符合设计规定	全站仪检查

(6)散索鞍门架安装

①门架设计。

为满足上部结构安装工程施工需要,专门设计了适用于棋盘洲长江公路大桥上部猫道架设施工、索股牵引的锚碇门架,南岸、北岸各1套。

根据门架的用途,本着安全、经济、适用、方便的原则,将门架设计成钢桁架形式,各构件之间主要采用高强螺栓法兰对接以简化施工安装。门架设计时,根据不同工况,按最不利的荷载组合进行门架结构索股横移时受力分析和计算,以确定门架材料的规格、结构节点的处理方式等。散索鞍门架各主要构件参数如表22-10所示。

散索鞍门架各主要构件参数表 表22-10

序号	部位		质量(kg)	件数	备注
1	黄石岸锚碇门架	外侧桁架片	2358.18	4	塔式起重机吊装
2		内侧桁架片	4387.46	4	塔式起重机吊装
3		顶部桁架片	3835.1	2	塔式起重机吊装
4	黄冈岸锚碇门架	侧面桁架片	3760.55	4	汽车起重机吊装
5		顶部桁架片	4333.4	2	汽车起重机吊装
6	其他杆件				汽车起重机/塔式起重机吊装

②门架制作与安装。

锚碇门架由项目部进行专项设计,钢结构加工场定制加工,场内预拼后陆运至现场。

门架加工完成并通过验收后,将杆件及其零部件运往工地,存放在散索鞍支墩前准备拼装。拼装前对门架构件的数量及质量进行全面清查,对装运过程中产生缺陷和变形的杆件,按有关规定予以矫正、处理,符合要求后,方可使用。经矫正、处理后仍不符合要求的,予以更换。

锚碇门架采用塔式起重机配合汽车起重机拼装,拼装方法与主索鞍门架拼装方法相同,先在地面上将侧面桁架片吊装完成,再进行整体吊装。

③门架安装质量标准。

a. 门腿任意方向垂度不超过5.0mm,门腿跨距不大于±5.0mm,对角线相对差不大于5.0mm。

b. 门架顶面高程相对差不大于3.0mm,门架中心偏差不大于5.0mm。

c. 门架钢主梁中心与小车轨道偏差不大于10mm,且不大于钢主梁腹板厚度的50%。

d. 轨道底面与钢主梁顶面贴紧,当有间隙且其长度超过200mm时,应加垫板垫实,垫板长度不应小于100mm,宽度应大于轨道底面10~20mm,每组垫板不应超过3层,垫好后与钢梁焊接固定。

e. 轨道跨距允许偏差为±3.0mm。

f. 轨道顶面基准点的高程相对于设计高程的允许偏差,对于通用门式起重机为±10mm。同一截面两平行轨道的高程相对差,对于通用门式起重机为±10mm。

g. 高强螺栓安装质量控制见表22-11、表22-12。

高强螺栓连接构件制孔允许偏差　　　　表 22-11

名称		直径及允许偏差(mm)						
螺栓	直径	12	16	20	22	24	27	30
	允许偏差	±0.43		±0.52			±0.84	
螺栓孔	直径	13.5	17.5	22	24	26	30	33
	允许偏差	+0.430		+0.520			+0.840	
圆度(最大和最小直径之差)		1.00			1.50			
中心线倾斜度		应不大于板厚的3%,且单层板不得大于2.0mm,多板迭组合不得大于3.0mm						

高强螺栓结构件制孔孔距允许偏差　　　　表 22-12

项次	项目		螺栓孔距(mm)			
			<500	500~1200	1200~3000	>3000
1	允许偏差	同一组内任意两孔间	±1.0	±1.2	—	—
2		相邻两组的端孔间	±1.2	±1.5	±2.0	±3.0

22.3 牵引系统

棋盘洲长江公路大桥每条主缆位置各设置一套牵引系统,全桥共设置2套。牵引系统主要包括猫道架设阶段牵引系统及主缆架设阶段牵引系统,两者的牵引索均为 $\phi 38mm$ 钢丝绳。其中,猫道架设阶段采用单线往复式牵引系统,猫道形成后,通过对猫道架设阶段牵引系统的改造完善,形成主缆架设阶段牵引系统。

22.3.1 牵引系统布置

(1)猫道架设阶段牵引系统

猫道架设阶段采用单线往复式牵引系统,沿主缆中心线布置,主要用于托架承重索、托架定位索、猫道承重索、猫道门架承重索、猫道扶手索的架设及猫道面网铺设下滑时的拽拉,由两岸的牵引卷扬机、散索鞍支墩门架导轮组、塔顶门架导轮组、转向支架、牵引索、拽拉器等组成。在猫道架设完毕后,将猫道架设阶段的单线往复式牵引系统分别往内侧(桥轴线)方向平移90cm。

①牵引卷扬机。

猫道架设阶段,项目部在黄石岸及黄冈岸各设置2台25t卷扬机,在卷扬机出绳后退方向12.5m处设置储绳筒,储绳筒容绳量不少于3000m。牵引卷扬机地锚基础尺寸为 $4.5m \times 3m \times 1.7m$,储绳筒地锚基础尺寸为 $4m \times 2.4m \times 1m$。

②牵引索。

牵引索为 $\phi 38mm$ 钢丝绳,通过拽拉器连接,形成单线往复牵引方式。

③导轮组。

在塔顶门架和散索鞍支墩门架上各安装一个导轮组,此时导轮组布置于主缆中心线上。

(2)主缆架设阶段牵引系统

主缆架设阶段牵引系统用于主缆索股的架设牵引,采用单线往复式。由2台牵引卷扬机(南北两岸各1台)、放索区、转向支架、散索鞍支墩门架导轮组、塔顶锚体鞍部托辊组、猫道门架导轮组、猫道面层托辊、牵引索、拽拉器、转向轮等组成。

①牵引卷扬机。

主缆架设阶段牵引卷扬机布置与猫道架设阶段相同,转向轮、牵引索均分别往外侧方向偏移90cm布置。

②存、放索区。

根据现场施工条件,放索区设置在黄石侧锚后,布置$27m \times 51m = 1377m^2$场地作为索股存放区域,能同时满足44盘(约22%索股量)索股的存放,配置一台100t履带式起重机,以满足场内装卸的需要;并在上、下游各设置1套放索架,以满足索盘放索需要。

③放索架及转向支架。

在黄石侧放索区正前方地面上沿上下游主缆中心线各布置1个立式放索架,放索架前方布置主缆索股牵引施工通道。通道跨越东湖路,连接至锚碇上锚块顶面。在通道前后布置2个转向支架,上设牵引索和转向轮。索股架设时,将索股锚头固定在小车上,利用设置在通道上的5t卷扬机牵引小车,将索股锚头拽拉至施工通道平台上,再与牵引索上的拽拉器相连。

沿通道设置拖轮,在斜通道上拖轮间距设置为5m,平通道上拖轮间距为6m,可根据实际情况适当加密。拖轮距离主缆90cm。具体布置见图22-3。

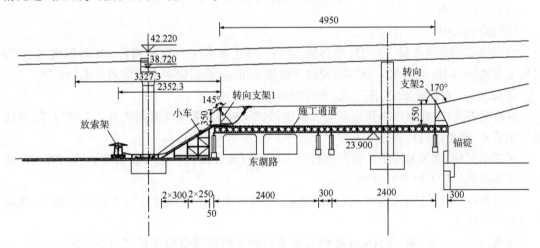

图22-3 放索架及转向支架立面布置图(高程单位:m;尺寸单位:cm)

水平托辊滚轴两侧端头采用[10槽钢设置小车行走轨道,轨道左侧设置1m宽人行通道。

④牵引索。

牵引索及牵引方式与猫道架设阶段相同,仅将牵引索往外侧方向偏移90cm。

⑤导轮组和托辊。

在每根主缆中心线外侧0.9m处,布置散索鞍支墩门架导轮组、主索鞍门架导轮组、猫道

门架导轮组、猫道面层托辊、散索鞍托辊和塔顶锚体鞍部托辊,主缆中心位置与牵引索位置相一致,均在同一垂直面上。

22.3.2 牵引系统施工

(1)先导索架设

根据棋盘洲长江公路大桥现场实际情况,先导索采用无人机架设牵引过江。选择无风的良好天气进行先导索过江施工。先导索架设施工工期 1~2h。

(2)绳索参数选择

牵引系统绳索参数如表 22-13 所示。

牵引系统绳索参数表　　　　表 22-13

序号	绳索名称	直径(mm)	破断拉力(kN)	质量(kg/100m)	长度(m)	使用安全系数	备注
1	韩国丝	2	2.5	0.28	1400	3	先导索
2	迪尼玛高强绳	4	16.9	1.3	1400	3	二级牵引绳
3	迪尼玛高强绳	16	215	17.7	2800	3	三级牵引绳
4	镀锌钢丝绳	26	372	257	6800	3	四级牵引绳
5	镀锌钢丝绳	38	843	549	13200	3	主牵引索

(3)施工步骤

①锚跨侧牵引。

两岸锚碇处分别布置一台 25t 卷扬机,索塔门架上布置两台 5t 和两台 10t 卷扬机,散索鞍门架上布置一台 10t 卷扬机。分别将两岸下游侧 $\phi36mm$ 牵引索牵引至塔顶并临时锚固。

②$\phi2.0mm$ 杜邦丝架设(南→北,预计时间 150min)。

选定晴好天气,在南岸塔顶启动无人机进行试飞确认,同时与无人机生产厂家联系,确认如发生意外,有备用机可以随时发货。

正式牵引前,通知航道维护部门进行航道管制以及观察员就位。航道维护部门管制完成以及观察员到位后及时进行反馈。

现场指挥收到反馈后,即可进行 $\phi2.0mm$ 杜邦丝牵引。将绳盘放置在小放线架上,将绳头与无人机相连。

缓慢启动无人机,将 $\phi2.0mm$ 绳绳头由黄石侧下游塔顶牵引至黄冈侧下游塔顶附近,将绳头抛掷在北岸塔顶上。

北岸施工人员将绳头牵至北岸下游塔顶门架上并连接在收线盘上。

全线通知 $\phi2.0mm$ 先导索架设完毕。航道维护部门解除航道管制,恢复通航。

正式施工前配 $\phi2.5mm$ 韩国丝备用。

③$\phi3.5mm$ 杜邦丝架设(北→南,预计时间 150min)。

在北岸塔顶将 $\phi3.5mm$ 杜邦丝放置在放线架上,将绳头引出并与 $\phi2.0mm$ 韩国丝绳头相连接。

全线通知即将进行二级索牵引。收到通知后,各点位需进行反馈确认。

现场指挥收到反馈后,即可开始二级索人工牵引。两岸统一指挥,北岸塔顶放索,南岸塔顶同步收索。观察员对绳索垂度进行观察。

当二级索索头到达南岸塔顶时停止牵引,将二级索临时固定,解除一、二级索接头。

全线通知二级索架设完毕。

④ϕ6mm 杜邦丝架设(北→南,预计时间150min)。

在北岸塔顶将 ϕ6mm 杜邦丝盘入卷扬机,将绳头引出并与 ϕ3.5mm 杜邦丝相连接。

全线通知即将进行三级索牵引。收到通知后,各点位需进行反馈确认。

现场指挥收到反馈后,即可开始三级索卷扬机牵引。两岸统一指挥,北岸塔顶放索,南岸塔顶同步收索。观察员对绳索垂度进行观察。

当三级索索头到达南岸塔顶时停止牵引,将三级索临时固定,解除二、三级索接头。

全线通知三级索架设完毕。

⑤ϕ12mm 杜邦丝架设(南→北,预计时间150min)。

在南岸塔顶将 ϕ12mm 杜邦丝盘入卷扬机,将绳头引出并与 ϕ6mm 杜邦丝相连接。

全线通知即将进行四级索牵引。收到通知后,各点位需进行反馈确认。

现场指挥收到反馈后,即可开始四级索卷扬机牵引。两岸统一指挥,南岸塔顶放索,北岸塔顶同步收索。观察员对绳索垂度进行观察。

当四级索索头到达北岸塔顶时停止牵引,将四级索临时固定,解除三、四级索接头。

全线通知四级索架设完毕。

⑥ϕ16mm 杜邦丝架设(北→南,预计时间150min)。

在北岸塔顶将 ϕ16mm 杜邦丝盘入卷扬机,将绳头引出并与 ϕ12mm 杜邦丝相连接。

全线通知即将进行五级索牵引。收到通知后,各点位需进行反馈确认。

现场指挥收到反馈后,即可开始五级索卷扬机牵引。两岸统一指挥,北岸塔顶放索,南岸塔顶同步收索。观察员对绳索垂度进行观察。

当五级索索头到达南岸塔顶时停止牵引,将五级索临时固定,解除四、五级索接头。

全线通知五级索架设完毕。

⑦ϕ16mm 钢丝绳架设(南→北,预计时间150min)。

在南岸塔顶将 ϕ16mm 钢丝绳盘入卷扬机,将绳头引出并与 ϕ16mm 杜邦丝相连接。

全线通知即将进行六级索牵引。收到通知后,各点位需进行反馈确认。

现场指挥收到反馈后,即可开始六级索卷扬机牵引。两岸统一指挥,南岸塔顶放索,北岸塔顶同步收索。观察员对绳索垂度进行观察。

当六级索索头到达北岸塔顶时停止牵引,将六级索临时固定在塔顶门架端梁上,解除五、六级索接头。

南岸塔顶同样将六级索临时固定在塔顶门架端梁上,剩余的尾绳盘好放置在下游塔顶门架上。

全线通知六级索架设完毕。

⑧$\phi24mm$ 钢丝绳架设(北→南,预计时间150min)。

在北岸塔顶将 $\phi24mm$ 钢丝绳盘入卷扬机,将绳头引出并与 $\phi16mm$ 钢丝绳相连接。

全线通知即将进行钢丝绳牵引。收到通知后,各点位需进行反馈确认。

现场指挥收到反馈后,即可开始钢丝绳卷扬机牵引。两岸统一指挥,北岸塔顶放索,南岸塔顶同步收索。观察员对绳索垂度进行观察。

当钢丝绳绳头到达南岸塔顶时停止牵引,将钢丝绳临时固定在塔顶门架端梁上,解除钢丝绳接头。

南岸塔顶同样将钢丝绳临时固定在塔顶门架端梁上,剩余的尾绳盘好放置在下游塔顶门架上。

全线通知钢丝绳架设完毕。

⑨$\phi36mm$ 钢丝绳架设(北→南,预计时间150min)。

利用南岸塔顶门架10t卷扬机作为主牵引动力,通过已架设好的 $\phi24mm$ 牵引索,将锚固于北岸塔顶的2号 $\phi36mm$ 牵引索由北岸牵引至南岸塔顶,并临时锚固。

在南岸塔顶通过拽拉器将1号牵引索与2号牵引索连接,连接时注意拽拉器前进方向为北岸→南岸。启动两岸25t卷扬机,解除临时保险索,形成右幅(下游侧)单线往复式牵引系统。经垂度、拉力测定调整牵引系统的线形,确保牵引系统的线形符合设计线形。试运行符合要求后即形成下游侧猫道架设阶段的单线往复式牵引系统。

利用塔顶卷扬机,分别将两岸上游侧 $\phi36mm$ 牵引索从25t卷扬机中牵引至塔顶并临时锚固。将北岸上游侧牵引索与下游侧拽拉器相连接,启动下游侧25t卷扬机,将上游侧牵引索牵引至南岸塔顶,通过拽拉器将两岸上游侧 $\phi36mm$ 牵引索连接,利用塔顶10t卷扬机进行上游侧 $\phi36mm$ 牵引索平移。经垂度、拉力测定调整牵引系统的线形,确保牵引系统的线形符合设计线形。试运行符合要求后即形成上游侧猫道架设阶段的单线往复式牵引系统。

(4)注意事项

①一级索牵引过程中,无人机应匀速缓慢行进。

②绳索在牵引过程中,测量员进行观测,应保持绳索的垂度在110~140m(下横梁顶高程上)之间,这样既减小了施工过程中的牵引力,也不影响下方航道。

③卷扬机在运行过程中,应避免卷扬机大转轮边缘与杜邦丝接触,防止丝被切断。

④先导索架设过程中,任意点位的施工人员喊停,全线均应先停止施工并问清楚情况,待问题解决后,由现场指挥人员通知全线继续牵引施工。观察员或施工员反馈需要停止的请求后,由现场执行总指挥根据实际情况判断采取在空中停留或返航措施。

⑤六级索架设完成后,分别固定在两岸塔顶门架上。由于与后续绳索牵引时间间隔较长,因此六级索牵引时,可在1/4点、跨中、3/4点等位置悬挂红绸,以便日常观测。

22.3.3 牵引系统试验

(1)牵引系统试运行

同时启动两岸牵引卷扬机(注意:一岸卷扬机为收绳,另一岸卷扬机就必须是放绳),让牵引索在空中试运行3~4个循环,并检查拽拉器过塔顶门架导轮组及散索鞍支墩门架导轮组情况,如果拽拉器过导轮组不正常或者摩阻力较大,可调整导轮组或转向轮位置,直至牵引索能顺利通过各处导轮组。

(2)牵引系统试抗拉试验

由于牵引系统钢丝绳需通过多个转向轮,为验证其安全性,需要对牵引系统体系进行试抗拉试验。

22.4 猫道架设

22.4.1 猫道设计

(1)猫道承重索及扶手索

每条猫道设 8 根 $\phi 48mm$($6 \times 37S + IWR$-$1960MPa$)钢芯镀锌钢丝绳猫道承重索,采用三跨连续的布置形式,在塔顶、锚碇散索鞍支墩分别设置转索鞍,在塔顶两侧、锚碇中跨侧附近设置变位刚架,并在塔顶两侧设置下拉装置,使猫道线形与主缆空缆线形保持一致,并满足主缆紧缆与缠丝的设备空间需要。

猫道每 6m 设置一对栏杆立柱,用以固定上下 1 根扶手索和 1 根踢脚索。扶手索采用 $\phi 24mm$($6 \times 36WS + IWR$-$1960MPa$)镀锌钢丝绳,踢脚索采用 $\phi 16mm$($6 \times 36WS + IWR$-$1960MPa$)镀锌钢丝绳。在猫道内侧每 6~9m 设置一处滚轮,以方便后期主缆牵引施工。

(2)猫道锚固体系

两岸猫道承重索均通过在锚碇锚体前锚面底部设置预埋型钢锚固系统进行锚固。

型钢锚固系统均通过钢板进行焊接,锚固系统直接锚固于锚体上锚块混凝土内。猫道调整系统采用"精轧螺纹钢+锚梁"组合结构。每幅猫道两岸各设置 2 根锚固横梁,并在其上开设槽孔。

每根锚梁上设置 8 根精轧螺纹钢,穿过锚固横梁的槽孔后依靠锚箱进行猫道承重索锚固,用以整体调整猫道线形。

(3)塔顶平台、转索鞍、变位刚架

对于三跨连续式猫道结构,为了确保猫道线形与主缆空缆线形一致,主缆中心与猫道承重索基本平行,猫道承重索连续穿越塔顶时,需在塔顶两侧、锚碇中跨侧附近设置猫道承重索变位刚架及在塔顶两侧设置下拉装置。

由于两岸边跨主缆存在一定水平角度,猫道绳通过变位下压架调整后水平进入塔顶转索鞍。变位下压架整体垂直于边跨主缆,猫道线形通过变位下压架上夹板进行调整。根据猫道线形计算,仅需在中跨设置下压装置。

为确保后续猫道面层的顺利安装,塔顶两侧需各设置一个操作平台。

①塔顶平台。

主索鞍吊装完成后,为进行后续猫道架设及调整施工,先进行塔顶施工平台安装。塔顶施工平台主要由贝雷架、[14b 槽钢、6mm 厚钢板组成。贝雷架前端销接在塔壁牛腿上,贝雷架之间通过900mm支撑架连接固定,槽钢同贝雷架之间通过骑马螺栓连接。

②塔顶转索鞍。

本项目猫道为三跨连续式猫道,为确保猫道承重索顺利通过塔顶,在塔顶设置转索鞍,转索鞍预埋板同门架预埋板并列。扶手索、踢脚索同样在塔顶门架立柱上设置转向鞍座。

根据结构设计,塔顶主索鞍及猫道转索鞍安装前,应先安装转索鞍预埋件,然后吊装主索鞍,随后进行转索鞍其余构件的焊接工作。

③塔顶变位刚架。

塔顶变位刚架主要采用[40a槽钢与[20a槽钢作为主体,拼装成桁架片,再通过螺栓连接2个桁架片,将猫道承重索夹在中间,形成整体刚架并引导承重索变位。随后进行扶手索、踢脚索安装变位。

(4)塔顶下拉装置

在塔顶中跨变位刚架内侧猫道承重索上,反压一根双[40b槽钢主梁,猫道下拉时采用精轧螺纹钢进行张拉调整。调整完成后采用钢板固定。

(5)锚碇转索鞍、变位刚架

根据结构设计,猫道锚固在前锚面底部,猫道承重索经过散索鞍同样需设置变位刚架及转索鞍。锚碇变位刚架主体结构形式、安装方式均与塔顶变位刚架相同,仅承重索偏移距离不同。锚碇转索鞍安装前,应先安装转索鞍支架预埋件,然后焊接拼装支架,随后进行转索鞍其余构件的焊接工作。

(6)猫道面层

猫道面层由两层镀锌钢丝网构成,钢丝直径为5mm、网格为70mm×50mm钢丝网作为承重网,钢丝直径为2mm、网格为25mm×25mm钢丝网作为步行网,侧网采用单层镀锌钢丝网、钢丝直径为5mm、网格为50mm×100mm。

步行网上每隔0.5m铺设防滑方木,每隔3m设置一根通长木方,木方与猫道面层、承重索之间采用14号铁丝绑扎连接,相邻面层、相邻栏杆网之间搭接并采用14号铁丝缠绕及焊接,面层与栏杆之间采用14号铁丝缠绕连接。横向天桥及门架底板构件、中间底板构件与猫道承重索间采用U形螺栓固定。

(7)横向通道

根据初步抗风稳定性非线性计算分析,同时考虑施工需要,猫道共设置9道横向通道,其中主跨设7道,水平间距为69m+6×150m+69m,两岸边跨分别在跨中(空缆中心线)设置1道。横向通道除能满足左右幅猫道之间人员的通行需求外,还能提高猫道自身的整体稳定性,使猫道具备足够的抗风能力。

(8)猫道门架及门架承重索

猫道门架是主缆索股架设的关键构件,猫道门架立柱设计为固定式,上下销孔中心距为6.245m。每50m水平间距设置一道门架(详见图22-4)。猫道门架由2根门架承重索固定。全桥共设置68道门架。

门架承重索采用$\phi 48mm(6\times 36WS+IWR-1960MPa)$钢芯镀锌钢丝绳,门架承重索通过散索鞍支墩门架转向后锚固于锚碇前锚面上。

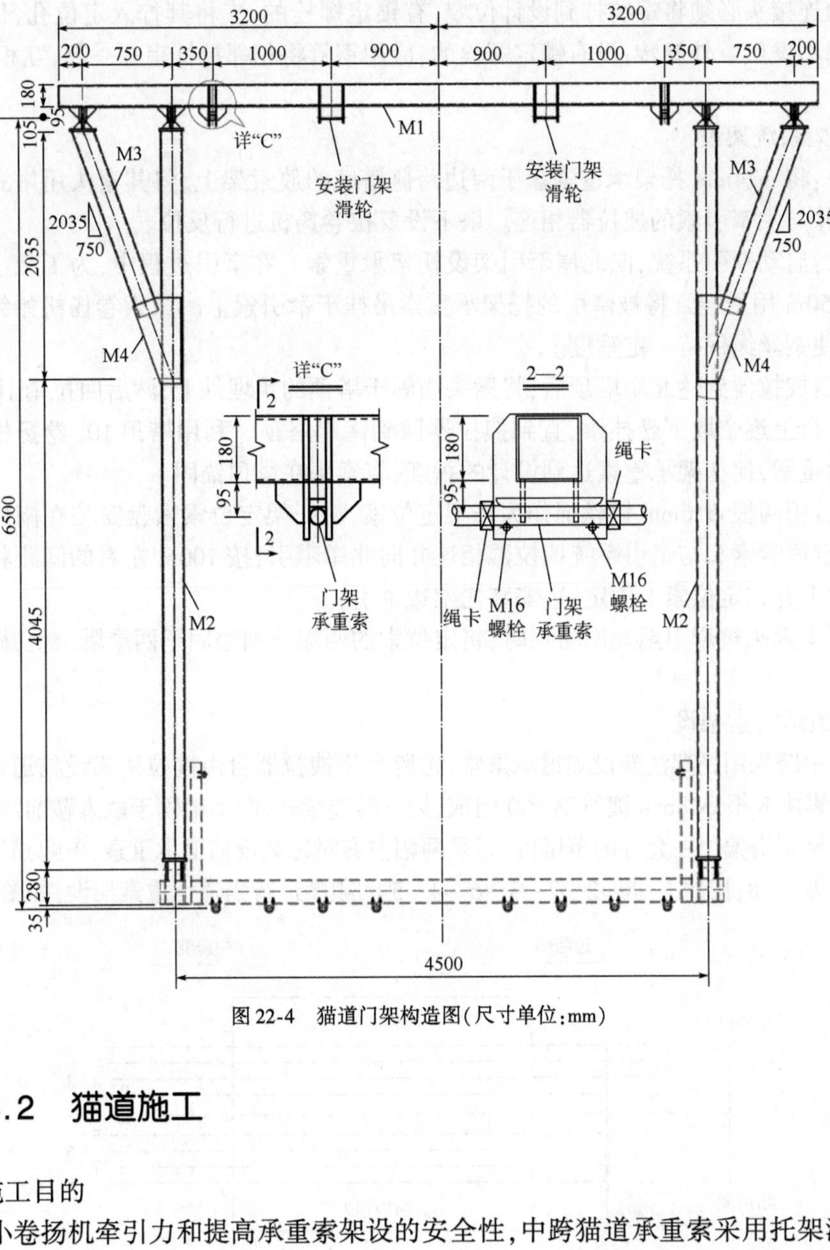

图 22-4 猫道门架构造图(尺寸单位:mm)

22.4.2 猫道施工

(1) 施工目的

为减小卷扬机牵引力和提高承重索架设的安全性,中跨猫道承重索采用托架法架设。单幅猫道托架承重索由 2 根 $\phi24mm$ 钢丝绳组成,由于托架承重索架设过程中无任何支撑,因此是整个猫道架设过程中最危险的阶段。托架承重索架设采用自由拽拉的方式进行。

(2) 施工准备

在猫道承重索架设前,必须将拉杆、锚梁、转索鞍等按照设计位置安装好,包括拉杆伸出的长度和角度。

拉杆伸出的长度可较设计位置尽量放长,以其张拉端留有足够的工作长度为限,这样可有效降低猫道承重索在牵引过程中的拉力,降低滑轮组的实际荷载。拉杆的张拉工作长度应包含撑脚高度、千斤顶高度、垫板厚度、锁紧螺母的长度,并留有 10cm 的余量。

拉杆的连接头必须将螺纹拧到设计位置，有锁定螺栓的，应将其拧入定位孔，保证连接头与拉杆之间不发生意外旋转；没有锁定螺栓的，应用钢管将相邻拉杆串在一起，互相约束，防止意外旋转。

(3) 托架系统架设

步骤一：将 φ24mm 托架承重索盘于南边跨侧塔底的放索架上，将其索头用塔式起重机提升至塔顶，并与主牵引索的拽拉器相连。塔下设反拉卷扬机进行反拉。

步骤二：启动牵引系统，向北岸牵引架设托架承重索。在牵引过程中，为了减小钢丝绳的垂度，每隔 50m 用悬挂索将被牵引的托架承重索吊挂于牵引索上。放索卷扬机始终提供适当的反张力，使钢丝绳保持一定垂度。

步骤三：拽拉器到达北岸塔顶后，将索头锚固于塔顶的预埋件上，然后回拉牵引索，在南岸塔顶操作平台上逐个取下悬挂索，直到拽拉器回到南岸塔顶。利用塔顶 10t 卷扬机配滑轮组调整托架承重索，使托架承重索达到设计的垂度，将索头在塔顶锚固。

步骤四：用两根 φ16mm 钢丝绳作为托架定位索，将托架定位索索盘安装在南岸塔顶的放索架上，将定位索索头与牵引系统拽拉器相连并向北岸牵引，按 100m 左右的间距将托架挂在托架承重索上并在定位索上固定，边安装托架边牵引。

当定位索索头被牵引至北岸塔顶时，将定位索的两端分别锚固于两岸塔顶上，即形成托架系统。

(4) 猫道承重索架设

本项目中跨采用托架法架设猫道承重索，边跨采用拽拉器自由拽拉法架设猫道承重索。单幅猫道承重索由 8 根 φ48mm 镀锌钢丝绳组成，为三跨连续式，两岸锚固于散索鞍前锚面上。

为了控制索塔偏位在允许的范围内，必须两幅左右对称架设猫道承重索，单幅猫道承重索从外向内编号为 1~8，按照 1→8→2→7→3→6→4→5 的顺序进行猫道承重索架设，如图 22-5 所示。

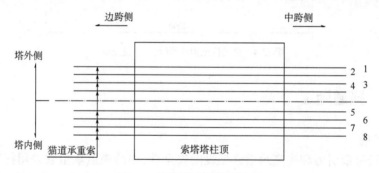

图 22-5 猫道承重索架设顺序图

猫道承重索架设施工步骤如下：

第一步：南岸边跨承重索采用拽拉器自由拽拉法架设。将 φ48mm 的猫道承重索索盘置于南岸锚旁的放索架上，用装载机将索头从放索架拉至锚碇前方位置，再用塔式起重机上提，与牵引系统拽拉器连接，完成后启动两岸 25t 牵引卷扬机，将承重索牵引至南岸塔顶。

第二步：继续牵引猫道承重索，跨越南岸塔顶后向北岸塔顶方向前行。当承重索牵出 100m 后，会与第一个托架相遇，此时托架给承重索提供一个支撑，以减小承重索垂度。

承重索索头到达北岸塔顶时，主牵引卷扬机牵引力达到最大。所以在索头接近北岸塔顶时，必须密切观测主牵引卷扬机的运行状况,如有异常应立即停止牵引,待检查无误后再继续牵引。

第三步:北岸边跨承重索同样采用拽拉器自由拽拉法架设,待承重索索头到达锚碇前锚面锚固处后,将其与猫道型钢锚固系统锚固。此时南岸放索架上的承重索已全部放出,利用塔式起重机将南岸索头与型钢锚固系统连接,完成猫道承重索的初步架设。

第四步:由两岸塔顶10t卷扬机将猫道承重索提升并横移至塔顶转索鞍中,进行垂度调整。即完成一根猫道承重索的架设。利用同样的方法架设其他的猫道承重索,直至全部架设完成。

(5)线形调整

猫道承重索横移就位后,对其高程进行测量和调整。调整方法如下:

①初调。利用塔顶、散索鞍支墩顶门架上卷扬机将猫道承重索的标志点调整到相应标志点位置。

②精调。调整顺序为先中跨后边跨。

首先进行中跨猫道承重索调整,用全站仪测量中跨跨中垂度及中跨跨径,并测量环境温度,计算出实际需要的调整量(计入变位刚架及下压装置对垂度的影响),利用塔顶卷扬机进行调整,直至满足要求,在塔顶转索鞍处做好标记。

边跨调整通过散索鞍基础的猫道锚固端线形调整,调整时临时锚固中跨承重索,调整方法同中跨。

猫道承重索高程调整允许偏差控制在30mm以内,使10根猫道承重索高程基本一致,以利于猫道面层和横向通道的下滑工作。

猫道承重索调整选在6~8点或者18~20点无风的时间段内进行。

(6)托架及托架承重索拆除

猫道承重索架设完成后,进行托架及托架承重索的拆除。

托架承重索的拆除在黄冈岸索塔塔顶平台上进行,利用塔顶门架卷扬机把托架承重索一端索头缠绕在塔顶门架10t卷扬机上,黄石岸索塔塔顶另一端索头从锚固点解除并与拽拉器连接。利用牵引系统与塔顶卷扬机,回收托架承重索,逐个拆除托架。

利用黄冈岸塔顶门架卷扬机,解除托架承重索与黄冈岸索塔的临时锚固,黄石岸索塔塔顶另一端索头也从锚固点解除并与拽拉器连接。在黄冈岸索塔塔底处将托架承重索索头自索盘放出,缠绕在塔底卷扬机上,逐根回收托架承重索。

(7)变位刚架和下拉装置安装

变位刚架安装:根据猫道设计图纸,在两岸塔顶两侧、锚碇中跨侧均需安装变位刚架,对猫道承重索进行变位,以达到猫道的设计宽度。

对于塔顶,先将变位刚架吊至塔顶平台,用手拉葫芦和卷扬机对称调整猫道承重索至相应位置,安装变位刚架并固定。对于锚碇,采用汽车起重机吊装变位刚架,再通过手拉葫芦和卷扬机进行安装并固定。

下拉装置安装:为确保猫道线形与主缆空缆线形一致,在塔顶两侧设置猫道承重索下拉装置。在猫道变位刚架安装完成之后,将下拉装置的承重梁与猫道承重索相连并予以固定,通过调整拉杆和穿心式千斤顶拉力安装下拉杆。

(8)猫道面层及横向通道铺设

猫道面层和横向通道主要采用滑移法铺设。分别自塔顶两侧向跨中、边跨方向铺设。猫道面层由粗细面层钢丝网、防滑木条、角钢、槽钢及紧固"U"形卡组成。具体施工方法如下：

①在地面将组成猫道面层的各种材料按设计位置绑扎好，用塔式起重机将面层吊至塔顶工作平台上的面层临时存放台架上，再将面层铺设所用的型钢、U 形螺栓等吊放到塔顶工作平台上。

②铺设时在两岸索塔跨中侧前端增设一道有滚轮装置的型钢配重横梁(一侧可采用横向通道)，横梁在自重作用下带动面层下滑。用 U 形螺栓将面层与型钢卡在猫道承重索上，螺栓卡得不宜过紧，以确保面层能在承重索上自由滑动，并将 U 形螺栓螺母外侧销孔插上开口销，防止在面层滑动过程中螺母脱落。

③跨中横向通道在两岸承台处拼装，利用索塔两侧塔式起重机提升安装。

④当面层下滑至坡度平缓地段时，利用拽拉器牵拉绳头对横向通道进行牵拉，直至跨中合龙。

⑤猫道面层下滑铺设时，同时装上栏杆、扶手索、踢脚索、侧面网，其中侧面网向内倒放，同面层一起下滑。面层铺装至跨中对接处后，从塔顶往下紧固 U 形螺栓，固定面层，将栏杆立柱扶正，拧紧大横梁端部的螺栓，初步形成可行走的一段猫道。

(9) 门架承重索及门架安装

面层及横向通道铺设完成后，在面层上每隔 6m 设置一个托辊，用于门架承重索以及索股架设施工。在两岸塔顶处应加密托辊数量，保证门架承重索在塔顶的转弯半径，以免承重索受损。

托辊安装完成后，将门架承重索安放在锚碇处放索架内，利用 $\phi36mm$ 牵引绳，将门架承重索从南岸锚碇往北岸锚碇牵引，当门架承重索两端均锚固在两岸锚碇前锚面时，在塔顶处上提门架承重索并安装至塔顶门架承重索槽内，用同样的方式完成另一根门架承重索的架设。

门架承重索架设完成后，在两岸索塔处，利用塔式起重机将猫道门架吊至塔顶，悬挂在两根门架承重索上，由塔顶分别向跨中与边跨下放，单幅猫道共安装 34 个门架。

(10) 猫道附属构件安装

猫道构件全部安装完成后，安装猫道照明警示系统，张拉下拉装置到位，完成猫道架设。

(11) 猫道改吊

猫道改吊在索夹安装完毕后，钢箱梁吊装之前进行。在钢箱梁的吊装过程中，随着钢箱梁荷载加入，中跨主缆的中点要下降，边跨主缆的中点要上升，主缆的线形随着钢箱梁吊装不断地变化。为了使猫道线形适应主缆线形变化，需进行猫道改吊，即将猫道每隔一定间距悬挂于主缆之上，使其保持与主缆线形一致，并在吊装过程中放松猫道锚固系统调整装置，控制猫道与主缆间的距离相对不变，满足高空作业需要。

猫道改吊是在猫道上每隔约 8m 有猫道横梁型钢的地方，用一道 $\phi15.0mm$ 钢丝绳按图 22-6 所示方法交替将猫道悬挂于主缆上。猫道悬挂的顺序：中跨由跨中开始，同时由跨中往南北塔方向进行；边跨由中点开始，同时往塔顶和锚碇方向进行。

(12) 施工注意事项

①为保持中、边跨面层铺设相对平衡，先从塔顶向中跨铺设 100～150m 后，再从塔顶向中、边跨对称铺设，两岸同时进行面层铺设，尽量使面层铺设速度保持一致。铺设时定期观测索塔的扭转和偏位，将之控制在允许的范围之内。

②由于靠近塔顶两侧坡度较陡，面层依靠自重便能下滑，为防止面层下滑太快，利用塔顶门架上的 10t 卷扬机反拉，反拉卷扬机钢丝绳依次连接在面层型钢上，控制整个面层下滑速

度,直至面层滑到跨中对接处。

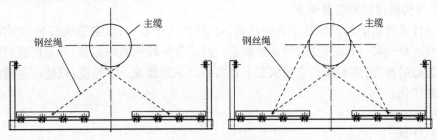

图 22-6　猫道悬挂示意图

③为了减小猫道下滑的摩阻力以及减少猫道下滑时对猫道承重索的磨损,横向通道与猫道承重索之间设置滚轮。

④采用相同的方法铺设边跨猫道面层。为了减小索塔所受猫道的不平衡拉力,猫道的下滑为中跨及两个边跨,即两岸索塔的两边四个方向对称下滑,在中跨猫道面层铺设适当长度之后,再铺设两个边跨的猫道面层。铺设时定期观测索塔的扭转和偏位,将扭转和偏位控制在允许范围内。

⑤横向通道的主体结构在地面进行拼装,在猫道面层铺设过程中,根据横向通道在猫道上的具体位置适时利用塔式起重机起吊安装。

22.5　主缆索股架设

22.5.1　概述

主缆共2根,单根主缆通长索股101股,北岸边跨另设2根背索,在北岸主索鞍上锚固。每根索股由127根直径为5.3mm的高强度镀锌铝钢丝组成,单根重约40t。主缆以近似正六边形从下至上安装,紧缆后为圆形。

通长索股平均无应力长度为1811m,重约39.8t,全桥主缆总质量为8458.79t。

22.5.2　索股架设施工

(1)牵引系统横移及试运行

牵引系统架设完成后,在塔顶、散索鞍门架处分别配置1t、3t、5t、10t手拉葫芦及50t张拉千斤顶,供索股横移、整型、入鞍、垂度调整及收紧放松,配备六边形、四边形整型器,插片及一定宽度硬木楔块,用于索股横移后整型、固定。锚室内配置两台穿心式千斤顶,分别用于调整索股垂度和入锚锚固。

在正式牵引索股之前,对整个牵引系统进行全面检查,并试运行,调整导轮组角度,保证拽拉器的顺利进入;在索股牵引中定期进行试验,确认最优化的牵引力和放索时的后张力等,保持对放索架制动装置的监测,必要时进行调节。

(2)索鞍初始位置调整及固定

由于设计成桥状态的目标是主索鞍在塔顶的顺桥向中心,所以空缆状态下,主索鞍的位置必须预先向边跨偏移一定的距离,待加劲梁架设时再分阶段向跨中推移,直至回到塔顶中心。

基于类似的原理,散索鞍在空缆状态下也需要向锚跨预偏一个角度,以适应主缆由空缆到成桥的状态变化。

(3)测量准备

①线形计算。

牵引系统、猫道架设完毕,主缆索股架设之前,首先进行原始数据测量工作,主要测量塔柱平面位置、鞍部平面位置、高程、跨径,主索鞍、散索鞍理论顶点的高程、实际预偏位置等,供后续调索使用。

在架设前,施工监控单位根据所测量的原始数据,并结合如下资料,准确计算主缆实际线形,并以此为依据架设主缆索股。

a. 施工猫道的实际质量及垂度。

b. 由主缆和猫道承重的施工设备的质量和位置。

c. 主缆各索股实测钢丝平均线径及弹性模量。

d. 各施工阶段中的实测主缆温度、气候情况及主缆各跨垂度和缆径。

e. 上部结构各构件实际质量及安装偏差。

f. 成桥时主缆及加劲梁的线形。

g. 桥面的实际容重。

②南北两岸控制网联测。

由于下部结构施工时两岸结构物相对独立、互相影响较小,两岸施工测量各自使用独立的控制网。进入上部结构施工后,全桥两塔两锚必须统一坐标系统以便精确控制,达到施工所需各项精度要求,所以在上部结构开工前需对两岸控制网进行联测。控制网的联测包括平面测量和水准测量。

③控制网加密。

控制网的加密分两岸进行,由于届时索塔和锚碇支墩都将安装门架系统,通视条件将非常恶劣,所以加密网选点加密只有等门架安装完成后根据实时通视情况再进行。

④主缆施工测量。

A. 主缆测量的总体任务。

主缆架设阶段测量工作的总体任务主要围绕索股垂度的调整来进行,同时观测与主缆索股垂度直接关联的结构变位,具体内容如下。

a. 索塔偏位、沉降、塔顶高程、两岸跨径。

b. 锚碇基础沉降、结构变形、整体位移。

c. 主、散索鞍 IP 点位置。

d. 基准索股的测量(半幅索股中跨1/2、边跨1/2绝对高程测量,左、右幅索股间的相对高程测量)。

e. 一般索股的测量。

f. 紧缆完成后,主缆在空缆状态下的线形测量,主缆各跨跨径、跨中点高程,索塔顶的坐标。

g. 气温对主缆跨中点高程及索塔顶水平位移影响规律的观测。

B. 主缆测量的特点。

主缆测量是悬索桥测量控制的关键,其测量工作面广,测量精度要求高,高空作业危险性大,测量时间及周期长,协作人员及部门多。再者主缆是柔性体系,受力复杂,其垂度受温度影响很大。影响主缆测量精度的环境因素很多,主要有风速、温度、气压、测量视线障碍物等。

C. 主缆测量的方法。

a. 基准索股测量。

基准索股测量的基本方法为单向三角高程法。基准索股的测量需选择通视良好、温度稳定、无风或微风的晚间进行,测量前需先测定实时折光系数 K 值及实时塔偏数据。于两岸三点同时架设仪器,分别测量北岸边跨觇站、跨中觇站、南岸边跨觇站,分别测量基准索股与站的距离及竖直角。通过距离及竖直角进行高差计算时需用实时折光系数 K 值进行修正。通过实测高程与监控提供设计高程的比较进行调整,直至达到规范要求精度即可。基准索股调整到位后还需进行连续三天的稳定观测,确认稳定后方可进入一般索股的调整。

b. 一般索股测量。

一般索股采用相对高差法进行测量调整,即使用自加工的专用卡尺量取待调一般索股与基准索股的高差,然后根据监控单位提供的根据实时温度进行修正后的设计值进行调整,直至达到设计要求精度。

D. 主缆测量精度控制指标。

主缆索股架设垂度误差允许范围一般原则:

a. 基准索股:中跨跨中垂度 $\leqslant \pm L/20000$,边跨跨中垂度 $\leqslant \pm L/10000$。

b. 上、下游基准索股相对误差: $\leqslant 10mm$。

c. 一般索股相对垂度(相对于基准索股):$(0,+5mm)$。

(4)索股架设

主缆索股架设分为基准索股架设和一般索股架设。设计编号为 1 号的索股为基准索股,其余均为一般索股。通长索股架设按编号从 1~101 号依次进行,然后架设边跨背索。

每根主缆各设有一根基准索股,两根主缆对称进行牵引施工。基准索股架设方法与一般索股相同,主要区别在于垂度的调整。

①索股牵引。

a. 索盘准备。

索股牵引是从南岸向北岸方向进行。先将放索架固定在存索区,利用 100t 履带式起重机将索盘安装在放索架上,将索股锚头从索盘解开,做好放索准备。

b. 锚头上提连接。

根据现场施工情况,在施工通道上布置 5t 卷扬机,通过转向轮及通道支架,将索股锚头短距离牵引至施工通道上与拽拉器连接,再将索股牵引至锚块顶部。

c. 南岸锚跨牵引。

在南岸锚碇前锚面至散索鞍门架间左右幅各设置 1 条托架通道,使索股能顺利通过南岸锚跨,继续牵引。

d. 中、边跨牵引。

在牵引过程中同一牵引系统中的两台卷扬机应保持同步，收索、放索速度一致，牵引被动卷扬机始终要保持一定的反拉力，索股牵引速度一般控制在24m/min，但在塔顶、散索鞍、门架小导轮的位置，为了不使牵引索从导轮上脱离，牵引速度宜放慢至4m/min。

索股在经过主索鞍时，要经历一个弯曲的过程，为避免主缆索股产生急弯索而发生缠包带断裂、鼓丝、散丝等不良情况，应设置足够密度的托辊，保证索股在塔顶的转弯半径。在散索鞍支墩顶、塔顶、猫道上，均安排人员监视索股牵引情况，若发现索股扭转、散丝、鼓丝、缠包带断裂等情况，应采取措施及时纠正或处理。

e. 北岸锚跨牵引。

在北岸锚碇前锚面至散索鞍门架间上下游各设置1条托架通道，使索股能顺利通过黄冈岸锚跨，当索股前锚头到达黄冈岸锚碇前锚面时，停止牵引。

f. 锚头牵引。

当索股前锚头接近北岸锚碇时，后锚头已经从放索架脱出，利用南岸锚后放索区的10t卷扬机挂住锚头，并降低牵引速度。在黄冈侧锚跨内利用塔式起重机或卷扬机辅助，解除索股前锚头与拽拉器的连接，牵拉前锚头缓慢放入锚室内。

②索股上提、横移、整型入鞍。

a. 索股上提、横移。

牵引完的索股放在猫道托辊上，在索股提升前，先沿全线检查其扭转情况，并将检查出来的扭转纠正，使索股的每一根钢丝均处在完全平行状态，保证成缆后的受力均匀。再利用锚碇门架和塔顶门架上的10t卷扬机及50t滑轮组进行索股的上提、横移和整型入鞍作业。

在距离主索鞍前后各20m，散索鞍前20m、后10m位置处，将特制握索器安装在索股上，分次拧紧握索器上的紧固螺栓，使索股与握索器不发生相对滑移。将塔顶门架、锚碇门架上的卷扬机经动、定滑轮组绕线后与握索器相连，组成各自的提升系统，待全部握索器提升系统安装完毕后，启动各提升卷扬机，注意提离索股的时间要一致，防止索股摆动过大及受到竖向限位影响而造成单根钢丝鼓丝。将整根索股提离猫道托辊后，再由锚顶、塔顶横移装置，将索股横移到设定位置。

b. 索股整型入鞍。

整根索股提离猫道托辊后，此时主、散索鞍前后两握索器之间的索股呈无应力状态，在此状态下先进行整型，再放入鞍座内设定位置。因索鞍鞍槽内竖向隔板为矩形，而索股断面为正六边形，所以入鞍前必须将该部分索股断面整为矩形，再放入鞍座内设定位置。

索股整型入鞍顺序：在主索鞍处由边跨向中跨方向进行，在散索鞍处由锚跨向边跨方向进行。索股置入鞍槽时，要取掉四边形夹具，填塞木楔，以保持索股形状。

施工时，在主、散索鞍位置分别配置手拉葫芦、六边形整型器、四边形整型器、插片及一定宽度硬木楔块，在距离索鞍前后约3m的地方，分别安装六边形夹具将索股夹紧，解除两夹具间索股缠包带，开始整型。用钢片梳进行索股断面整理，使其断面由六边形变成四边形，再用专用四边形夹具夹紧，缠上缠包带，整型过程中人工用木锤敲打索股。钢片梳继续延伸整理索股断面成四边形。每隔1m左右缠上缠包带。

利用塔式起重机及手拉葫芦(或5t卷扬机)配合将索股引入锚杆内，安装80t张拉千斤顶。放松塔顶及锚碇处的提升系统,初步调整各跨高程,中跨预抬高 30~40cm,边跨预抬高 10~20cm,以便夜间进行垂度调整。

③索股排列保形。

因温度影响,白天上层索股伸长,索股排列会发生缠绕、错位;大风天气时,自由状态下索股若不采取措施,猫道会碰到主缆,损伤主缆。为便于中、边跨各索股的排列和形状保持,每隔 100m 设置 V 形保持器及竖向插片保持器。

④背索架设。

北岸边跨背索的牵引方法与通长索股不同。当通长索股架设完成后,在主索鞍处先进行必要的防护,然后安装锚梁,再进行边跨背索架设。

背索牵引从北岸塔底中跨侧放索,由塔顶门架卷扬机将锚头上提至塔顶与拽拉器连接,通过牵引系统向北岸锚碇方向牵引,后续牵引方式同通长索股一致。

(5)索股调整

为使已整型入鞍的索股达到设计线形,在夜间气温、风速比较稳定时对其进行测量和垂度调整。调索包括基准索股的调整和一般索股的调整,一般情况下,在中跨和边跨跨中进行垂度调整,而在锚跨因长度较短,无法进行垂度的调整,通过预先设置于锚头处的千斤顶进行拉力调整。基准索股调整完绝对垂度后,一般索股将根据相对于基准索股的高差进行相对垂度调整。

①调索顺序及方法。

索股入鞍后,在一侧塔顶使索股标志与主索鞍中心线吻合并固定,确保调整过程中不出现滑移,由此将索股分为两个单元,分别调整。测量和调整顺序为先中跨、后边跨、再锚跨。

基准索股高程必须连续 3d 在夜间温度稳定时进行测量,三次测量结果误差在容许范围内时取三次的平均值作为该基准索股的高程。

为了便于索股的调整,在制索时,在索股上对应于散索鞍处、边跨跨中、主索鞍处、中跨跨中设置了相应的标志点,作为索股垂度调整参考值,并用特定标记标好。

索股调整基本方法和步骤如下:

a.将索股黄石岸塔顶标志点对准主索鞍上相应的标志点,并用千斤顶和木楔固定。

b.调整索股在黄冈岸主索鞍中的位置,直至中跨垂度符合要求,并用千斤顶和木楔固定。

c.调整两边跨的垂度,达到要求后,在散索鞍中固定。

d.用千斤顶张拉调整两锚跨索股至设计拉力。线形调整好后在索鞍口处用彩色油笔做好标记,方便后续索股架设前检查该索股是否有滑移。

e.已调整好的索股在各鞍槽内必须及时采用硬木块填压,并在鞍槽上部施以千斤顶反压索股进行固定,防止已调整索股在后续索股架设和调整过程中发生移动。一旦发生此类情况,查明原因,并采取相应的措施处理好后,才能进行后续索股的架设。

②温度测量。

温度测量为基准索股的调整提供温度条件,施工过程中,需沿跨度方向布置温度测点,以监测各点的温度,从而提供高程调整的控制数据。在非基准索股架设施工时,必须考虑前后索股施工的温度差异的影响,因此需要测试索股不同断面、不同位置的温度。温度测点布置在散索鞍附近、边跨跨中、塔顶、中跨跨中等共 7 个位置;由于上下游方向较近,所以温度测点主要布置在上下游的一侧。

在每一个索股测试断面上布设 4 个温度测点(上、下、左、右),取其测量结果的平均值作为该断面的温度值。如发现沿索股长度方向的温差大于 2℃,或同一断面不同位置的温差大于 1℃就不能进行垂度调整。实际操作中,以点接触温度计读取的温度平均值作为计算垂度的温度修正值。

③基准索股调整。

基准索股垂度调整是一般索股垂度调整的基准,是主缆架设最重要的一道工序。为了减小温度和风的影响,垂度测量选在不下雨、不起雾、能见度良好、温度相对稳定、风速较小的夜间进行。基准索股垂度调整好后,还要在夜间气温稳定时进行连续 3d 的稳定观测,连续 3d 的测量结果均符合监控指令的要求,则表示基准索股垂度调整成功。

a. 中跨垂度调整。

基准索股采用绝对高程法进行调索,利用三台全站仪分别从三个不同的方向同时观测,进行三角高程测量。在跨中悬挂反光棱镜测出基准索股跨中点水平距离、垂直距离,反算主缆跨中实际高程,并与理论高程进行比较,依据垂度调整图表中调节比(无应力长度变化/跨中水平高程的变化),计算出索股需移动调整长度,同时进行跨度与温度修正,通过塔顶或锚碇处的 100t 千斤顶将索股向所调跨放回所需调整值。该操作分数次进行,直至跨中高程与理论高程误差在 20mm 以内。

先在北岸主索鞍处将索股固定在鞍槽内,再在南岸主索鞍位置采用 100t 千斤顶调整中跨垂度至误差内,在南岸主索鞍固定索股,并做好索股固定标志,方便后续索股架设前检查该索股是否有滑移。

b. 边跨垂度调整。

基准索股中跨跨中垂度调整完毕后,开始进行边跨跨中垂度调整。边跨的垂度测量和调整与中跨原理相同。边跨调索采用锚室内用于锚头定位的 2 个 100t 千斤顶。多次调整直至边跨高程误差控制在 25mm 以内。

④一般索股调整。

一般索股的调整同样要求在风速较小、温度稳定的夜间进行。考虑到本项目主缆直径大,索股数量多,拟采用相对基准索股法进行主缆一般索股垂度调整。

为了保证一般索股垂度调整时所用的基准索股始终处于自由飘浮状态,采用主缆各层外侧一根一般索股作为相对基准索股,其垂度依靠 1 号基准索股进行传递,然后利用各层相对基准索股调整其同一排一般索股和上一排相对基准索股的垂度,以达到主缆线形调整的目的。

另外,为了消除调整误差的积累,每根相对基准索股的调整误差均进行传递,即调整下一根相对基准索股时,它们之间的理论相对垂度值要减去当前相对基准索股的调整误差值,以确保每一根索股相对于 1 号基准索股的调整误差均为 0 ~ 5mm;当索股架设到一定数量时,还要用全站仪对少数相对基准索股进行绝对垂度的检测,具体需要测量的索股根据现场情况再定。

监控组计算出各相对基准索股与 1 号基准索股的理论垂度值。测定相对基准索股与待调索股的温度(索股断面上四个点温度平均值)并进行温度修正。采用特制的游标卡尺按图 22-7 所示两种方法测定索股垂度调整量:

左边: $\Delta h = h_1 - d_0/2 - d_1$

右边: $\Delta h = h_1 + d_0/2 - d_1$

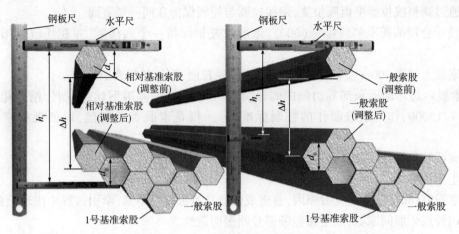

图 22-7　一般索股调整测量示意图

⑤锚跨索股张力调整。

为了使索股受力均衡,在每根索股架设完成且垂度调整好后,进行锚跨索股张力调整。锚跨索股张力调整采用 2 台 100t 专用千斤顶(拉伸器),通过反力架顶推锚头上的螺母,使锚跨索股张力达到设计要求。监控组在每个锚跨设定了 8 根索股,可用智能型索力仪进行索力校核。

⑥索股锚固区固定。

本桥主缆锚固系统预应力采用无黏结钢绞线形式,由索股锚固连接构造和预应力钢绞线锚固构造组成。索股锚固连接构造通过拉杆与索股锚头相连接。

(6)索股架设质量控制

①索盘"呼啦圈"现象。

产生原因:

主缆索股在放索过程中,因牵引力与放索速度不协调、牵引与放索产生时间差、放索盘的转动惯性、索股上盘力与牵引系统牵引力等因素,引起索股在索盘上松弛,进而有可能出现"呼啦圈"等现象。

控制措施:

对于竖直方向放索系统,采用性能良好的组合式被动放索机具(包括放索架、力矩电机、制动器、减速器、齿轮副、电磁制动器等设备),确保索股架设质量。

②索股扭转。

产生原因:

a.索股平行钢丝在制作过程中残留扭转应力。

b.平行钢丝索股在装盘卷绕过程中需要扭转,放索时再从钢盘中反向扭转展开,但这个扭转不可能完全释放,索股中残留了部分扭转应力。

c.猫道托辊设有侧向锥角,当锥角设计不合理时,牵引过程中,索股至托辊锥角部位会产生侧翻造成扭转。

控制措施:

a.选取优质盘条,优化钢丝制造工艺。

b.优化索股制造工艺和装盘工艺。

c.通过调整拽拉器平衡锤位置,使拽拉器与托辊保持在同一竖直面。

d.设计合理的托辊侧向锥角(60°),索股与托辊保持一个面接触,并在托辊上增设竖向转轴。

e.索股上每隔300m安装一鱼雷夹,人工跟踪控制,不让单根索股扭转。

f.索股六边形断面顶部靠边侧的两根,其中一根为索股基准钢丝,其制作精度相对误差应小于1/15000,作为索股制作的控制标准,另一根是索股着色钢丝,以便观察索股是否扭转。

③索股缠包带断裂散丝。

产生原因:

a.索股制作时,由于上盘力原因,易造成索股在盘上缠绕不紧,牵引过程中出现松弛现象,增大了内外层索股间摩擦,致使缠包带部分断裂而散丝。

b.索股制作与索股架设间隔时间较长,温度变化引起缠包带老化,降低了握裹力,引起断带散丝。

c.索股牵引过程中,通过锚、塔等处时因竖向弯曲半径较小,索股径向反力较大,易造成断带散丝。

d.支承托辊表面材料硬度对索股缠包带产生磨损,造成断带散丝。

控制措施:

a.工厂制索时,采用合理的上盘力及高质量的缠包带。

b.索股牵引过程中,始终保持合理张力,避免索盘上索股松弛下垂导致磨损。

c.调整并适当减小锚、塔等处托辊间距,并增大此区段竖向弯曲半径。

d.采用尼龙托辊,加强对缠包带及索股镀锌层的保护。

④索股鼓丝弯折。

产生原因:

a.标准丝与一般丝制作误差、同一索股内钢丝长度误差、长距离牵引引起鼓丝。

b.索股受托辊的摩擦力影响,下部钢丝产生拉应力而发生拉应变。因长距离牵引至锚、塔顶曲率半径变化较大处,应变逐渐积累造成后移限制,产生索股鼓丝。

c.索股整型入鞍顺序是由边跨向中跨、锚跨向边跨进行,索股在鞍槽内摩擦力远大于索股牵引时在托辊的摩擦力,索股上下层的相对位移不一致,易在主索鞍边跨、散索鞍锚跨中产生鼓丝。

d.牵引中因索股散丝,单根或数根钢丝被挂拉易产生鼓丝。

控制措施:

a.确定合理的整型入鞍工艺和顺序。

b.索股牵引过程中,严密监控,杜绝钢丝被挂拉。

c.确定适当的索股预抬高量,减少或消除索股调整时产生的鼓丝。

d.调整索股时,采用木锤在调整部位附近反复敲打,并用手拉葫芦适当上提索股,以减小鞍槽摩擦影响。

e.对于锚跨的鼓丝,必须赶至边跨,并远离散索鞍,当后期恒载增加时,鼓丝会自然消除。

⑤索股表面镀锌层保护。

a. 握索器内表面应采用高强软质材料；握索器及小型夹具边角应打磨成圆角，并增大握索器与索股的接触面积，使握索器既能夹紧索股又不会造成索股夹痕及损伤。

b. 钢丝绳与索股接触部位采用隔离方式，防止摩擦造成镀锌层损伤。

c. 在塔顶、锚顶门架处，采用尼龙吊带吊挂索股整型入鞍，保护索股镀锌层。

d. 索股表面局部镀锌层出现损伤时，应按要求涂抹环氧富锌漆进行修复。

22.6 主缆紧缆

悬索桥全部索股的垂度调整结束后，由于索股之间、索股内部都存在空隙，主缆断面呈正六边形，表观直径比设计要求的直径大得多。为了能够顺利地进行索夹安装及缠丝作业，需要把主缆截面紧固为圆形，并达到设计要求的空隙率，即索夹内空隙率为18%，索夹外空隙率为20%。主缆以近似正六边形从下至上安装，紧缆后为圆形。

紧缆施工顺序：先中跨，后边跨，由跨中或锚碇向塔顶进行紧缆。紧缆施工主要分为施工准备、初紧缆、紧缆机安装就位、正式紧缆等几个步骤。主缆正式紧缆使用紧缆机进行施工，紧缆机的行走通过塔顶卷扬机牵引或采用本机自带卷扬机牵引来实现。

22.6.1 紧缆施工流程

紧缆施工流程如图22-8所示。

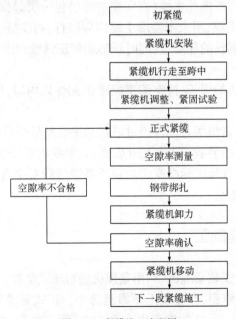

图22-8 紧缆施工流程图

22.6.2 紧缆施工准备

(1)将猫道上托辊、牵引系统及猫道门架全部拆除,同时对锚跨索股索力进行最后一次全面调试使其符合设计要求,并且仔细检查主缆索股是否有错位现象,主、散索鞍有无移位现象。验收合格后,再在主、散索鞍处将主缆索股填好锌块后用拉杆将其紧固压牢,主、散索鞍的紧固拉杆采用100t液压千斤顶进行调试和紧固。

(2)主缆索股架设完成后,拆除猫道门架,留下门架承重索作为天车支承索。同塔顶门架上的卷扬机、专用起吊跑车组成简易缆索天车。收紧承重索保证紧缆机的工作高度。天吊滑车设一组牵引系统,滑车上设两台5t手拉葫芦,以调节紧缆机的工作高度。

(3)在塔顶门架顶部安装2台10t的卷扬机(绳长大于600m)作为紧缆机的牵引卷扬机。

(4)检查主缆在边跨跨中、中跨1/4跨、1/2跨、3/4跨各断面索股排列顺序是否正确。若索股排列正确,即准备进行初紧缆,若有问题则及时调整。

22.6.3 初紧缆施工

初紧缆是把架设完成的主缆断面六边形初步紧成近似圆形,空隙率控制在28%~30%左右。

初紧缆在温度比较稳定的夜间进行,主缆内外索股温度基本保持平衡,索股排列整齐有序,拆除主缆索股形状保持器,立即进行初紧缆作业。初紧缆作业使用手拉葫芦及手扳葫芦。具体步骤如下:

①将预紧点6~7m范围内的主缆外层索股绑扎带解除,索股绑扎带要边预紧边拆除,不要一下子拆光。

②用千斤顶配合手拉葫芦捆扎主缆(在主缆的外层包一层起保护作用的麻袋或塑料布等其他软质物品),人工收紧主缆,用大木锤沿主缆四周敲打,初步挤成圆形后用钢带绑扎,在挤圆时应尽量减少表层索股钢丝的移动量,同时正确地校正索股和钢丝的排列顺序,避免出现绞丝、串丝和鼓丝现象。

③同时测量紧缆处主缆的周长,待空隙率控制在30%以内时,用软钢带将主缆捆扎紧,使主缆截面接近为圆形。

④初紧缆完成后,两岸紧缆机各部件通过塔式起重机起吊至塔顶,先分两部分安装移动辅助系统,再分三部分安装紧固装置(包括液压系统)。紧缆机在安装前,应对液压系统和机械系统进行检修调试,用主缆直径的标准模子对顶压系统进行对中调试。利用塔顶卷扬机和牵引系统将紧缆机纵移至紧缆点。

22.6.4 正式紧缆施工

完成初紧缆后,便开始安装紧缆机,利用紧缆机进行正式紧缆。紧缆机在靠近塔顶处猫道上拼装,利用塔顶卷扬机反牵引,在主缆上下滑至跨中。正式紧缆要求:缆径索夹内为663~669mm、索夹外为671~678mm;空隙率索夹内为18%、索夹外为20%。正式紧缆时,每隔1m

左右紧固一次。当紧缆机紧固到预紧缆时所捆扎的软钢带的位置时,要将其拆除,以免影响紧固效果。

(1) 紧缆机安装

为便于紧缆机上缆后一次顺利组装成功,需预先在地面进行试组装。试组装完成后,重新拆卸各总成件并正式上缆组装。具体组装步骤如下:

①将紧缆机各总成件运至塔脚处。

②将紧缆机各构件吊至塔顶中跨侧主缆上临时固定。

③将紧缆机各构件拼装成整体。

④将天顶小车与紧缆机连接,保持紧缆机平衡。

⑤塔顶一台10t卷扬机与紧缆机连接,并使紧缆机行走至跨中处。

(2) 正式紧缆

①主缆回弹率试验。

正式紧缆前的现场试验在中跨跨中进行,以此检验紧缆机的工作性能和测定主缆紧缆后的回弹率,并根据试验情况对紧缆机进行调整和制定相应的紧缆工艺,确定工作压力,然后转入正式紧缆。

②紧缆方法及顺序。

正式紧缆可在白天进行。每根主缆由2台紧缆机进行紧缆施工,根据施工工艺要求,正式紧缆时中跨由跨中向主索塔方向紧缆,边跨由锚碇向主索塔方向紧缆。

③紧固蹄的操作(液压千斤顶加载、保压)。

这是紧缆作业中的一个关键工序。在初期加压阶段,以低压进行,使各紧固蹄轻轻地接触主缆表面,且互相重叠,然后升高压力,加载(同步)。首先启动紧缆机左右2台液压千斤顶,调整紧缆机轴线与主缆中心线重合,再启动其他4台液压千斤顶,协调好4台液压千斤顶的顶进速度,当6台液压千斤顶达到一样的行程后,一起施压。注意以近乎相同的压力同时挤压主缆;紧固蹄行程达到设计位置时或压力达到规定时保压,油泵自动停止工作,起保护作用。当紧缆机紧固到初紧缆时所捆扎的软钢带的位置时,要将其拆除,以免影响紧固效果。

紧缆时,注意保持主缆钢丝平行,不能有交叉及外窜现象,否则要及时处理。在初加压阶段,如果以高压进行作业时6个紧固蹄的动作不协调,那么紧固蹄接触主缆表面时,各个紧固蹄之间会参差不齐,钢丝容易钻入紧固蹄之间的缝隙中,从而造成切断或变形,因此,初加压阶段,必须严格保持6个紧固蹄的同步性。

④打捆扎带。

打捆扎带的目的是保证当液压千斤顶卸载后,紧固后的主缆截面仍保持近似圆形,并保持要求的空隙率。当紧固蹄处主缆直径经测量符合要求后,将不锈钢带绕在主缆上捆扎,并用带扣固定。紧缆点间距为1.0m,带扣布置在主缆的侧下方,钢带间距1.0m,每个紧缆点捆扎2道,间距10cm。

⑤液压千斤顶卸载。

当打捆扎带完成后,液压千斤顶卸载,通过操作换向阀使紧固蹄回程,紧缆机则移向下一个紧固位置。

主缆紧缆机行走依靠自带卷扬机及塔顶卷扬机牵引。在中跨跨中附近,利用间距为50m

的猫道门架横梁作为牵引的反拉点。当紧缆机到达1/4跨径附近时,可借助塔顶卷扬机牵引。紧缆机行走或操作时,应系好保险绳,防止牵引钢丝绳意外绷断。

⑥主缆直径的测定。

为了确定紧缆后主缆的截面形状,紧固蹄挤压结束后(处于保压位置时)和液压千斤顶卸载后,分别用专用量具在紧缆机压块15~20cm的地方,测定主缆直径和周长,使主缆横径和竖径差值控制在规范要求范围内。主缆的平均直径可用下式计算:

$$主缆平均直径 = (竖径 + 横径)/2$$

或

$$主缆平均直径 = 主缆截面周长/\pi$$

空隙率由下式确定:

$$k = 1 - \frac{nd^2}{D^2}$$

式中:n——钢丝总数;

d——钢丝直径(mm);

D——紧缆后主缆直径(mm)。

为方便现场对紧缆空隙率进行检查,提前按上式制作主缆空隙率、直径、周长的对照表。主缆全部紧固完成后,测定捆扎带旁边的主缆直径及周长,确定实际的空隙率。

紧缆完成以后,由于钢丝的自重作用,主缆的横向尺寸往往大于竖向尺寸。横径与竖径的比称为不圆度,如果不圆度太大,将会对索夹安装造成影响,因此需要加以限制。本大桥的不圆度不宜超过主缆设计直径的2%。

22.6.5 紧缆施工注意事项

①初紧缆之前,要检查主缆1/4跨、1/2跨、3/4跨等特征断面索股排列顺序,确认其是否符合设计位置要求。

②初紧缆要在夜间气温稳定且无风时进行,在解除缠包带时,要注意防止乱丝。

③加强索股保护,防止紧缆时施工工具碰伤主缆。

④紧缆机在紧缆施工时,注意观察各液压千斤顶行程,避免行程相差较多,同时注意各紧固蹄块之间的空隙,避免夹断钢丝。

⑤紧缆机行走或操作时,应系好保险绳,防止牵引钢丝绳意外绷断。

⑥靠近散索鞍和主索鞍端部3m处进行最后一道紧缆。

⑦散索鞍和主索鞍处第一个索夹,其作用是把索鞍处六边形主缆变成圆形,由于很难一次紧到位,根据现场需要可进行二次紧缆,以便顺利进行索夹安装。

⑧紧缆钢带接头设置在主缆侧下方。

⑨在各索夹安装位置附近,根据设计要求,紧缆时主缆空隙率控制在(18±2)%以内,其余处在(20±2)%以内,以便后续索夹安装;而主缆不圆度应控制在主缆设计直径的2%以内。

⑩主缆空隙率控制值指的是紧缆机移开至少5m后所测的结果,按照要求做好相应记录。

⑪在紧缆过程中应避免液压千斤顶油污污染主缆而影响主缆索夹的抗滑力。

22.7 索夹、吊索安装

索夹、吊索是悬索桥上部构造悬吊系统的重要构件,索夹是紧箍主缆索股并连接主缆与吊索的构件,吊索是连接主缆与加劲梁的构件。吊索通过索夹把加劲梁悬挂于主缆上;主缆通过索夹、吊索将加劲梁结构重力、桥面铺装及其相关重力传递给主缆。共计6类索夹,共计98对,最大质量约为3.26t。

本桥为单跨钢箱梁悬索桥,仅中间跨设置吊索,每侧吊点设2根吊索,吊索中心距均为16m,吊索采用预制平行钢丝吊索,分为5-115、5-133两类,5-133吊索是受力较大和变形有特殊要求的索塔附近长吊索,定义为特殊吊索;5-115吊索是除特殊吊索外的吊索,定义为一般吊索,最大质量约为3.16t。

22.7.1 索夹安装

在索夹正式安装前,在中跨靠近索塔部位的主缆上做索夹的螺栓紧固试验和索夹抗滑试验,观察索夹安装和螺栓轴力导入时可能出现的情况及螺栓轴力随时间的变化规律,同时测定索夹与主缆间的摩擦系数,以指导施工。

不同型号的索夹尺寸、质量差异较大,安装过程中应根据型号分别采取不同的方法。离塔柱较近的索夹,可以利用塔式起重机结合小型缆索吊安装,其余各类索夹利用两台小型缆索吊依次安装。

(1)索夹安装步骤

①索夹放样。

主缆施工完成后,实测出主缆线形、南北索塔的实际里程,以及两塔顶的间距(即跨径),为索夹放样提供一个准确的初始依据。

索夹放样要考虑因主缆空缆线形和成桥线形不一致而需进行坐标换算。测量放样时应一次将全跨放样完成,并进行误差调整。

索夹定位测量选择在温度稳定的夜间(凌晨1:00—6:00)进行。

索夹放样坐标计算内容:一是吊索中心线与主缆中心线交点在空缆状态下的坐标计算,吊索中心线与主缆天顶线交点的坐标计算;二是吊索中心线与主缆天顶线交点到索夹两端的距离计算。

观测各监控点,取得计算索夹放样点的原始数据,包括塔柱、散索鞍位移,主缆中、边跨跨中高程和实时索温,得出空缆线形,计算出每个索夹在不同的索温条件下的位置参数。

采用全站仪进行放样,先放出初样,并找出中心点,然后在主缆顶精确放样并做好标记。中跨索夹放样时,每隔1h测量一次主缆的表面温度,以表面温度加上当夜监控单位测出的内外温差为主缆温度,再按照该温度条件下的理论数据放样。

在主缆上对索夹安装位置做出标记,索夹放样完成后,再对每一个索夹放样点进行复核,梁吊点和主缆形心对中误差控制在±3mm,纵向位置偏差不大于10mm,相邻索夹距离用钢尺复核。

②索夹轴力导入。

索夹螺栓的轴力是通过螺栓沿轴力方向的伸长量来控制的,同时螺栓使用之前都要测定其无应力长度。随着加劲梁的架设以及后续荷载的增加,主缆缆径将发生微量变化,为保证主缆与索夹间产生足够的摩擦力,索夹螺栓应分次预紧,拟采用三次紧固方案:索夹安装时的第一次紧固,加劲梁吊装完毕进行第二次紧固,桥面铺装及永久设施施工完毕进行第三次紧固。

索夹螺栓第一次紧固时,首先用电动扳手预紧,然后用千斤顶正式导入轴力,导入轴力时首先根据油表读数初步确认导入的轴力,根据螺栓伸长量计算出螺栓的轴力,与设计值进行比较后再确定是否需要增加或减少千斤顶的拉力。

螺栓轴力计算公式如下:

$$P = E_A \times \frac{\Delta L}{L}$$

式中:P——螺栓轴力(N);

E_A——螺栓抗拉刚度(N/mm^2);

ΔL——螺栓伸长量(mm);

L——螺栓有效长度(mm)。

具体操作时,单个索夹紧固顺序为由内往外、左右同步对称张拉。螺栓第一次紧固力控制在设计紧固力的70%左右,然后按照同一张拉顺序重复紧固直至所有索夹螺栓轴力达到安装夹紧力。

(2)索夹安装注意事项

索夹安装时应仔细检查其编号,使索夹安装位置与编号对应,中跨是从跨中向塔顶进行,边跨是从散索鞍向塔顶进行,如索夹位置有紧缆扁钢带,应予以拆除。安装前应清除索夹内表面及索夹位置处主缆表面油污及灰尘,涂上防锈漆。

索夹安装时,两岸安排现场技术人员,对索夹安装的位置、螺栓紧固力等进行检查,待索夹全部安装完毕后,组织人员进行全面检查,以保证安装质量。

索夹放样时注意根据吊索中点位置计算出索夹两端边线位置,使用红油漆在主缆上标记出索夹两边线位置及天顶线位置。

索夹安装前,先解除索夹位置处主缆打包钢带,索夹安装时注意保护主缆成品,注意防止索夹夹伤或夹乱主缆索股。

注意保护索夹成品,严禁使用铁锤等坚硬物品直接敲击索夹表面,造成索夹表面油漆和镀锌层的破坏。

两岸使用同一套运输系统运输索夹,在运输及卸载过程中应注意两岸互相配合,一方索夹起吊行走或卸载时要注意通知对方作业班组,防止因一方突然卸载造成另一方索夹下坠。

使用拉伸器紧固索夹螺栓时,注意按操作规程进行操作,操作人员必须经过培训,做好安全防护。

边跨主缆倾斜度较大,索夹安装时注意操作人员的人身安全,做好安全防护工作。

索夹安装时,在索夹下方猫道上铺塑料布或麻袋,防止螺栓、垫片或其他杂物坠落。

22.7.2 吊索安装

(1) 吊索安装工艺流程

吊索安装工艺流程如图 22-9 所示。

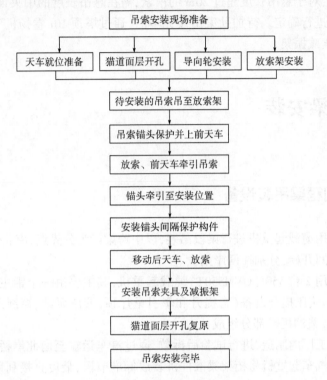

图 22-9 吊索安装工艺流程图

(2) 吊索安装步骤

①吊索运输。

a. 用载重汽车把吊索从制索厂搬运到塔根部。

b. 在塔底将吊索从索盘中抽出,使锚头外露,并重新逐根捆绑好。

c. 用塔式起重机把吊索吊至猫道上。

d. 将锚头与天车上手拉葫芦相连,并将反拉卷扬机与天车相连。

e. 控制反拉卷扬机,使锚头端缓慢下滑,当吊索全部拉直后,反拉卷扬机制动,将吊索锥形铸块与两后移运天车相连,并将两后移运天车与反拉卷扬机相连,使前后移运天车在移动过程中始终保持相同距离。当吊索因为长度较大而中间垂度较大时,在缆索承重绳上设置临时吊点,使吊索不致因为垂度过大而与主缆和猫道接触。

②吊索安装施工。

吊索安装顺序:从跨中向两侧塔顶方向进行安装,并与加劲梁的吊装平行交叉进行。

吊索运输到位后,放松左右两反拉卷扬机,使吊索整体向下一起滑移,当吊索不能依靠自重向下滑移时,用人工牵拉的方式移动吊索。当吊索锚头移运至吊索安装位置,且放下过程中超过安装位置时,将锚头吊索放下,使吊索落在滚筒槽中。

在吊索位置的猫道面层上开孔,将吊索锚头放至猫道面层下,后移运天车继续向前移动,直至吊索安装位置正上方,将吊索放至索夹上,确定无扭转现象时,安装吊索夹具,最后将猫道面层补好。

根据设计要求,对于悬吊长度超过20m的吊索,需在悬吊长度的中央设置减振架,具体位置可以通过全站仪进行确定。待加劲梁吊装完毕后,通过塔顶10t卷扬机下放吊篮作为人员操作平台,安装吊索减振架。

22.8 钢箱梁安装

22.8.1 钢箱梁吊装设备

本桥钢箱梁采用缆载起重机进行梁段吊装,以中跨梁段为分界点,南北侧各布置一台缆载起重机。从中跨中间开始,分别往两岸架设。

钢箱梁吊装采用2台550t(OVM550T)缆载起重机,其主要由一个钢主桁梁、两个在主缆上的行走机构、两套液压提升设备(含提升和牵引千斤顶、液压泵站、控制系统及钢绞线收线装置)、吊具扁担梁、柴油机等部分组成。

缆载起重机在工厂内制造,进行试验后拆散,通过汽车运输至南北岸桥塔靠江侧附近,再通过塔式起重机和汽车起重机将桁架梁散件拼装成标准节段,最后直接利用改造的门架进行吊装和拼装。

(1)性能参数

缆载起重机主要性能参数如表22-14所示。

缆载起重机主要性能参数表 表22-14

序号	项目	性能参数
1	型式	液压千斤顶牵引滚轮行走,液压千斤顶提升
2	整体提升能力(含吊具)	550t
3	提升千斤顶	2×360t
4	牵引千斤顶	2×100t
5	负载转换千斤顶	8×80t
6	主缆中心距	36m
7	临时吊点中心线与主缆中心线间距	3.56m
8	平均提升速度	30m/h
9	平均行走速度	30m/h

续上表

序号	项目	性能参数
10	动力收线装置容绳量	200m
11	最大自重(不含吊具)	146t
12	最大主缆倾斜角	25°
13	最大荡移角度	20°
14	行走机构最大跨索夹能力	3800mm×220mm(索夹长度×主缆到索夹顶点高度)
15	动力源总功率	2×97kW
16	最低工作温度	-10℃
17	工作状态最大风速	25m/s(起重机平面处于3s阵风风速)
18	非工作状态最大风速	55m/s(起重机平面处于3s阵风风速)
19	防护等级	IP55

(2)组成机构

①钢主桁梁。

钢主桁梁为缆载起重机主要承重构件,主要用于将左右两侧行走机构连成整体。钢桁梁由两段箱形负重梁及中间桁架梁构成。承重节段通过销轴与行走机构连接,使得缆载起重机空载时能适应一定的坡度,且缆载起重机负载时主桁梁能始终保持水平。中间节段采用桁架结构,每段均通过高强螺栓相互连接。

②行走机构。

行走机构主要由钢结构主体、牵引千斤顶、抱箍、行走滚轮和负载转换千斤顶组成。各部件之间采用销轴连接。每台缆载起重机配备2个行走机构。

③吊具。

吊具主要包括圆柱筒、扁担梁、扁担梁滑箱、提升锚固支座和吊装钢绞线等部分。每台缆载起重机配备2个吊具。

④液压提升设备。

LSD型钢索式液压提升设备有承重系、动力系及控制系三大部分。其承重系包括提升千斤顶、构件夹持器及高强、低松弛钢绞线。动力系为带有各式液压阀的泵站,它接收控制系统给出的指令开关电磁阀控制油路,驱使千斤顶油缸、活塞动作。它以液压油为动力,推动油缸、活塞往复运动,通过上夹持器和下夹持器的荷载转换,实现垂直提升(或下降)重物。一台缆载起重机配备2台提升设备,分别安装在上、下游,单台提升设备额定提升力为360t。

a.液压泵站。

本液压泵站是为500t缆载起重机设备设计、制造的专用液压系统。系统由4个独立的回路系统组成,分别为提升系统、牵引系统、夹持系统及行走系统。提升系统和牵引系统的压力油可以合流到一起为提升工况供油,以提高提升效率。其余两个系统均由独立的泵头输出液压油,由独立的液压阀及相关液压元件控制液压油的压力及流向,独成一路,互不干扰,简化液压回路,便于控制。

液压泵站为缆载起重机的提升系统及行走系统提供动力源,通过泵站输出的液压动力驱动提升系统及行走系统的各种执行元件,从而实现重物的提升及缆载起重机在钢梁上的移动。

b. 控制系统。

缆载起重机控制系统是基于工业 PLC 控制技术,集人机界面、传感器技术、通信技术于一体的多功能控制装置。控制系统的多功能可以通过旋钮、按钮操作来实现,方便简单,也可以通过触摸屏界面上的功能键实现远程操控,并能将设备当前的运行状态及实时数据直观地显示在界面上,让操作者能掌控全局。

系统的远程操作在主控台上进行。主控台的硬件系统采用了 PLC + 触摸屏的组合方式,其特性主要是提高了系统的稳定性及可操控性能。电源系统不仅基于外接电源,且采用不间断电源(UPS),保证在断电情况下,主控台内的各单元组件也能正常工作。各现场控制器之间采用通信单元连接,所有检测及控制信号通过数据线传送至主控台,主控台内部的单元模块根据采集到的位置信号、压力信号、反馈信号,按照一定的转换和算法,以数值的形式显示在触摸屏界面上,并通过程序控制,由主控单元发出逻辑控制信号驱动相应的电磁阀动作,实现多台千斤顶协调动作,完成千斤顶的同步控制。主控台上可显示每台千斤顶的实时压力值及位移值(负载转换千斤顶只显示压力值),可设定千斤顶的最高压力值及夹持器的预松锚时间,可远程手动调整或控制,可远程执行自动运行程序,可显示当前系统的运行状态。系统还具有数据保存功能和故障报警功能,在达到预先设定的压力或负载限制时自动停机报警,从而对整个系统及构件的安全进行保护。

(3)缆载起重机安装

缆载起重机可利用塔顶门架进行安装,在门架上安装提升横梁与滑轮组,在上横梁上布置两台卷扬机,在塔顶将钢丝绳穿入定、动滑轮组,即可进行缆载起重机吊装。

缆载起重机安装顺序:行走机构→桁架边梁(7 字梁)→桁架中段→桁架中段与边梁拼接→液压控制起吊系统安装。

①门架改造。

在索塔塔顶门架悬臂端适当位置悬挑两根横向轨道梁,上面布置手拉葫芦、起重梁、滑轮组等,通过门架上 10t 卷扬机进行缆载起重机安装。

②行走机构安装。

行走机构在塔顶左右各设置 1 套,首先在悬挑轨道梁上安装两套提升梁及起吊滑车组,同时在塔顶门架布置 2 台 10t 卷扬机(单侧),将外侧一套滑车组下放至塔底靠江边侧,滑车组吊钩连接行走机构,利用一台 10t 卷扬机将行走机构缓慢提升,超过主缆高度后,利用另一台 10t 卷扬机与内侧滑车组(20t 手拉葫芦辅助)进行空中交换(内侧提升量及起吊滑车组基本位于主缆正上方),两套提升系统一收一放,将行走机构移至主缆正上方,缓慢下放行走机构,使用手拉葫芦、钢丝绳将行走机构与门架固定,并将抱脚与门架固定。

③钢主桁梁安装。

采用同样的方法,并使用塔式起重机配合,将箱形承重梁提升至塔顶与行走机构连接,固定在塔顶门架上,采用两个 20t 手拉葫芦调节两个箱形承重梁的间距,以便钢桁梁中间节段梁的安装。

主梁承重梁安装完成并调整后,在地面上拼装主梁中间节段梁,利用左右幅两个门架塔顶提升系统整体提升中间节段梁至塔顶,通过高强螺栓与主梁承重梁进行连接。之后用塔式起重机吊装缆载起重机提升系统、控制系统、电力系统等各个部件,完成缆载起重机的安装。

(4)缆载起重机工厂及现场试验

①缆载起重机厂内试验。

缆载起重机在厂内加工改装完成后,需进行厂内试验,以便发现加工及改装阶段的问题,在提交现场之前进行必要的修改和调整,同时通过试验来验证设计的准确性。

厂内试验的主要内容:

a. 额定荷载试验:检验缆载起重机在额定荷载下的变形和应力;

b. 超载试验:检验缆载起重机在125%荷载下的结构承受能力;

c. 空载行走试验:检验缆载起重机的起升、行走动作的准确性。

②缆载起重机现场试验。

A. 试验目的。

a. 通过现场试验,检验缆载起重机结构的可靠性和安全性,保证加劲梁吊装作业的安全。

b. 通过现场试验,实际测试缆载起重机的行走速度、加载后吊具的提升速度,从而为测算加劲梁吊装时间提供依据。

c. 通过现场试验,找出吊装过程中存在的不足,并予以纠正。

d. 通过现场试验,使广大技术管理人员和工人熟悉吊装技术,为正式吊装提供经验。

B. 试验内容。

缆载起重机现场试验的内容包括行走试验、空载试验、荷载试验(包括动载和静载试验),以检测液压系统运转性能、钢结构承受能力、吊具同步性、控制系统运转性能等。

C. 试验工况。

a. 缆载起重机安装完成后进行试吊,荷载按照1.25倍吊装质量选取。

b. 缆载起重机利用水箱作为加载对象,通过在水箱内加水达到配重要求。

(5)整机调试及负载转换

按照使用说明书调试系统,整机调试结束并正常后,将钢绞线收入收线盘,在未与吊具连接前,安装好牵引锚固点,缆载起重机往桥塔位置上行一小段,放松所有保险钢丝绳,缆载起重机抱紧主缆,拆除所有保险绳,缆载起重机自重荷载完全转换至主缆上,完成整机调试及负载转换。

(6)缆载起重机拆除

起重机在完成加劲梁装配后拆除。拆除顺序为安装的逆过程,拆除方法与安装一致,将起重机分解为各单元构件后依次拆除至地面。

当加劲梁段全部吊装完成后,开始准备两台缆载起重机的拆卸工作。根据项目施工的实际条件及要求,两台缆载起重机拆卸工作分别在两岸塔顶门架处完成。两台缆载起重机行走至塔顶门架下方指定位置,锁紧抱箍将起重机固定,然后利用钢丝绳、手拉葫芦通过门架上的挂点及锚固段将缆载起重机二次固定。具体拆除步骤如下:

a. 缆载起重机行走到拆卸位置并固定,为起重机拆卸做好准备。

b. 吊具拆除。

c. 使用收放线装置自动下放吊具至钢箱梁顶面,并卸力。

d. 钢绞线与吊具解除连接。

e. 使用收放线装置自动收放系统将钢绞线收到收绳盘内。

f. 用塔式起重机将吊具吊装至平车上,运走。

g. 拆除液压及电气设备。

h. 按照说明书拆除油管。

i. 利用塔式起重机分别吊装控制室、油泵、提升千斤顶、行走千斤顶、油管到平车上,运走。

j. 拆除钢绞线收放装置,利用塔式起重机吊装到平车上,运走。

k. 拆除中间钢桁架梁。使用上下游门架滑轮组提升中间钢桁架梁,门架受力后,解除中间钢桁架梁与箱形负重梁的连接,下放中间钢桁架梁至梁顶面,将中间钢桁架梁拆除为5个节段,分别利用塔式起重机吊装到平车上,运走。

l. 拆除箱形负重梁。分别使用上下游门架滑轮组提升箱形负重梁,当门架受力后,解除箱形负重梁与行走机构、门架的连接,下放箱形负重梁至平车上,运走。

m. 拆除行走机构主体。分别使用上下游门架滑轮组提升行走机构主体,当门架受力后,解除行走机构主体与门架、主缆的连接,下放行走机构主体至平车上,运走。

n. 装车发运、退离现场。

22.8.2 浅滩岸区滑移、存梁支架

根据施工总体进度计划,钢箱梁安装时间为2019年11—12月,为满足吊装时运输钢箱梁船舶吃水和存梁要求,结合南北桥位处地形、水文情况,南北岸均需设置支架。

(1)浅滩岸区滑移、存梁支架设计

对岸坡区船舶无法运输到位的钢箱梁,通过在南北岸岸坡区设置滑移支架将其平移至安装位置下方,然后采用缆载起重机起吊和安装。

南岸浅滩区高低支架由跨堤桥顶推支架改制、扩建而成,由浅滩区底支架、岸区场地轨道、塔侧高支架组成。浅滩区底支架设置在场地既有码头护岸桩上,桩顶设置2m厚钢筋混凝土承台,支架下部结构采用P820mm×10mm钢管,呈倒八字形布置,管桩顶设置2HN700mm×300mm轨道梁;岸区场地轨道连接浅滩区底支架及塔侧高支架,由2NH700mm×300mm轨道梁直接布设于索塔施工场区硬化地面上。

北岸浅滩滑移支架和塔旁存梁支架的立柱均采用钢管桩,规格为P820mm×10mm,连接系均采用P325mm×10mm钢管。其中北岸浅滩滑移支架的滑道梁1为3×I40c钢,横梁1采用3×I20b钢,纵梁为贝雷梁,横梁2为2HN700mm×300mm型钢;塔旁存梁支架的滑道梁2为3×I40c钢,横梁2为2HN700mm×300mm型钢。

南岸合龙顶推支架体系采用"钢管立柱+型钢贝雷梁结构"布置形式,共设2排12根临时墩。基础采用$\phi 630mm \times 10mm$钢管柱的形式,立柱钢管之间采用[25槽钢连接,焊缝高8mm。桩顶采用4×I32枕梁,枕梁上设置贝雷片,最上层的滑道梁采用2HN700mm×300mm,在其上设置滑块与钢箱梁连接,并设置纵向、横向、竖向顶推调整系统。

北岸合龙顶推支架体系采用"钢管立柱+型钢桁梁结构"布置形式,共设2排8根临时墩。基础采用$\phi 800mm \times 10mm$钢管柱的形式,立柱钢管之间采用$\phi 351mm \times 10mm$钢管连接,焊缝高8mm。桩顶采用2HN700mm×300mm分配梁,最上层的滑道梁采用2HN700mm×300mm,在其上设置滑块与钢箱梁连接,并设置纵向、横向、竖向顶推调整系统。

(2)浅滩岸区滑移、存梁支架施工

墩旁存梁支架利用塔式起重机结合汽车起重机进行构件的起吊安装。

浅滩滑移支架采用钓鱼法进行施工,钢管桩采用80t履带式起重机配合150型液压振动锤沉桩施工,上部结构采用钓鱼法拼装(单跨两片一组进行拼装)。

22.8.3　钢箱梁吊装航道布置

桥梁位置紧邻长江,跨中水域宽度约为950m,来往船舶通行较频繁,钢箱梁吊装期间对通航航道进行分节段调整:双向通航航道宽度不小于300m,单向通航航道宽度不小于120m,运梁船舶上下游200m及左右50m为禁航区,按湖北省水上施工要求进行警示牌设置以确保施工安全。

(1)中部钢箱梁吊装施工期间航道调整布置方案

中部钢箱梁吊装安排在中、枯水期进行,为了满足过往船舶的航宽需要,考虑到过往船舶与浮标最小安全航行距离为50m,将现有航道左右各预留(120+50)m的水域作为中部钢箱梁吊装施工时的过往船舶上下行航道(可满足船舶单向通航需求),中部剩余约656m(中、枯水期现有航道宽度)-340m=316m的水域范围作为中部钢箱梁吊装施工时的整体施工水域。

(2)两侧钢箱梁吊装施工期间航道调整布置方案

两侧钢箱梁吊装在中、枯水期进行,将现有航道中部预留240m+50m+50m=340m的水域作为两侧钢箱梁吊装施工时的过往船舶航道(可满足船舶双向通航需求),剩余水域为两侧钢箱梁吊装整体施工水域。

工程施工前,提前向海事部门提出申请,发布航行通告。同时配合海事部门加强现场维护管理。

22.8.4　钢箱梁运输

本项目钢箱梁共65个节段,最大质量为282.5t,总体运输周期为2019年11—12月,运输方式为船运,运输节奏为1天2节;从滚装码头沿长江运至桥址,约120km。

检修车共2套,在加工厂制作调试合格后,随梁段一起发运。

22.8.5　钢箱梁临时连接

钢箱梁吊装就位后,梁段和梁段间通过临时连接件相连接。

在梁段吊装时,考虑主缆线形、索夹尺寸的影响,为了方便钢箱梁和吊索连接,将钢箱梁略微提高至超出已吊装梁段20~30cm的安全距离,连接好吊索之后,缆载起重机缓慢下放钢绞线,同时利用连接在已架设梁段上的手拉葫芦,水平牵拉吊装梁段向已安装梁段靠拢,最后用临时连接件将两相邻梁段相连。

手拉葫芦一端连接在已安装梁段的临时吊点上,另一端连接在吊装梁段的吊具上。手拉葫芦收紧时配合缆载起重机慢速下放钢绞线,慢速牵拉吊装梁段纵移向已安装梁段靠拢。

临时连接注意事项:

①钢箱梁吊装初期,梁段下部呈开放状态,随着钢箱梁节段吊装的进行,相邻梁段的下部间隙开始闭合,连接件上顶板顶紧,可开始梁段底板临时连接件的螺杆连接;

②随着梁段继续吊装,闭合梁段数量增加,钢箱梁线形基本形成,即可进行钢箱梁现场焊接作业,如不进行钢箱梁焊接则将临时连接件连接拉杆螺栓紧固。

22.8.6 钢箱梁焊接

钢箱梁采用分节段厂内加工,现场安装焊接的方式。

(1)钢箱梁焊接顺序

①梁段吊装就位后,与相邻梁段进行临时连接,利用销钉调平板件错边,并拧紧顶板临时连接对拉螺杆至设计缝宽后固定。此时,底板临时连接对拉螺杆的螺母处于放松状态,以适应全桥梁段吊装过程中梁段接缝张角的变化。

②待全桥所有梁段吊装完毕并临时连接后,方可进行梁段接缝的焊接工作。

③梁段间连接应先进行横向环焊缝施焊,然后进行底板的 U 肋嵌补段施工,最后施拧顶板 U 肋和板肋的高强螺栓。

(2)钢箱梁焊接注意事项

①加劲梁架设过程中不得临时使用永久吊耳销孔。

②当空气相对湿度超过 80%、环境温度低于 5℃ 或风力超过 5 级时应停止梁段焊接作业。

③制定工地横向环焊缝的焊接工艺时,应能保证容许的焊缝间隙可在一定范围内调整,以帮助消除部分制造、安装误差。

④梁段架设过程中控制测量必须在日落 4h(夏天)后开始并于次日日出前完成。

(3)焊接施工要求

根据设计要求和结构特点,本桥施工以《公路桥涵施工技术规范》(JTG/T F50—2011)为主要规范并参照 AASHTO/AWS D1.5M/D1.5:2010《桥梁焊接规范》。

①焊接方法。

本工程加劲梁环焊缝除顶板 U 肋和板肋采用栓接外,其余部分均为焊接连接。加劲梁桥位环焊缝选用的焊接方法见表 22-15。

拟定的桥位钢主梁焊接方法 表22-15

区域	焊缝位置	焊接方法
加劲梁	梁段间顶板横向对接焊缝	CO_2 气体保护焊 + 埋弧自动焊
	梁段间底板、斜底板对接焊缝	CO_2 气体保护焊
	梁段间腹板对接焊缝	CO_2 气体保护焊
	梁段间纵肋嵌补段焊缝	CO_2 气体保护焊

②焊前坡口检查。

梁段组装前,零部件焊接坡口须提前提交质量部检查,合格后方允许焊接,未经检验并合格的焊缝不准进行焊接。

③焊接工艺评定。

制订焊接工艺评定方案,获得监理工程师同意后进行焊接工艺评定试验,合格后方可在产品上使用。

(4) 焊接工艺要求

①焊接材料的保管和使用应符合工厂有关规定。

②焊接前,所有焊接件的焊缝端面及两侧、焊接坡口切割面、焊接钢材表面均应打磨,并将规定范围内的氧化皮、铁锈、水分、油漆等妨碍焊接的杂质清除干净,要求露出金属光泽,焊接区域清理范围为焊接区域及两侧 30~50mm 范围。

③焊接过程中焊剂可能接触到的部位的杂质、水分、油污均应清除干净,以防混入回收的焊剂内。

④板厚大于 25mm 的 Q345qD 钢板正式焊接前应预热,预热方法有电加热与火焰加热两种。

⑤应在焊缝的始终端安装引熄弧板,确保焊缝质量。引熄弧板应与母材等级相同;引熄弧板的长度,手工焊应大于 35mm,埋弧焊应在 100~150mm,视板厚增大而加长。

⑥焊接时采用短弧操作;当电弧中断,重新引弧时,应注意将断弧处的弧坑填满;焊缝终端收弧时,应注意填满弧坑,避免产生弧坑裂纹。

⑦焊接前进行严格的焊条、焊剂烘焙和钢板焊前预热,减少焊缝中含氢量。

⑧多层焊时,接头应错开,每道焊缝都必须将所有的焊渣清除干净,并检查确认无焊接缺陷后,方可焊接下一道焊缝。

⑨焊接结束后,应把飞溅焊渣清除干净,仔细检查焊缝是否符合标准要求,对不符合技术要求的焊缝及时修正。

(5) 变形控制与矫正

最大限度地控制焊接收缩和变形,需采取以下措施:

①编制正确的装配焊接程序,使结构在焊接过程中收缩和变形最小;

②设计合适的焊接胎架,尽量使焊缝成船型焊或平焊;

③采取对称焊接程序,尽量使焊接所产生的热量均匀分布;

④采用工装设备进行加强,使构件变形最小;

⑤构件矫正时不得损坏母材的材质;

⑥火焰矫正的加热温度应控制在 600~800℃,不宜在同一部位多次重复加热。

(6) 缺陷修补

典型缺陷及修补方式如下:

①焊瘤或焊缝过凸:打磨过多的焊缝金属;

②超差的气孔、夹渣和未融合:去除缺陷,重新补焊;

③焊缝过凹、弧坑、尺寸不足、咬边:焊接填满。

修补时注意事项:

①焊接修补应用碳刨或砂轮除去缺陷,形成的槽应光顺和缓,并用砂轮打磨平滑过渡,露出金属光泽;

②焊前按预热要求进行预热;

③同一部位的返修次数不宜超过两次;

④返修后的焊缝应按原焊缝质量要求进行检验。

(7)焊缝检验

①所有焊缝焊接结束后,均应按《公路桥涵施工技术规范》(JTG/T F50—2011)进行外观检查,不得有裂纹、未融合、夹渣、未填满弧坑和焊瘤等缺陷,并应符合图纸的要求。

②无损探伤按《公路桥涵施工技术规范》(JTG/T F50—2011)规定进行。

③焊缝完成24h后,进行无损探伤检查。

④无损探伤部位由工厂与监理工程师协商确定。

22.8.7 主鞍座顶推

吊装期间,为保持桥塔受力平衡,根据监测计算结果,对桥塔主索鞍鞍座进行分次顶推,以控制塔顶偏位在允许范围内。鞍座顶推采用YSD5000型千斤顶进行,顶推时间、次数和顶推量按监控单位的要求执行。

在钢箱梁吊装开始后,定期松开索鞍固定拉杆的螺母,预留紧固空间,每次预留空间按1~2cm控制,防止塔顶偏位未达到监测控制范围而致主缆水平力差过大,造成索鞍固定拉杆被拉断或螺母无法松开。

在钢箱梁吊装前期,主索鞍顶推采用固定拉杆预留空间、依靠主缆水平力差的方法使索鞍自动向主跨相对塔顶移动。

在梁段吊装后期,当索鞍无法依靠固定拉杆预留空间自动滑移以后,采用安放在格栅边跨侧的2台YSD5000型千斤顶进行索鞍顶推。

22.8.8 加劲梁约束系统安装

加劲梁约束系统包括索塔竖向支撑、横向支撑、纵向限位装置、纵向阻尼装置、梁段伸缩装置等。约束系统按照设计图纸及相关规范要求进行安装。

22.9 附属结构安装及猫道拆除

22.9.1 附属结构安装

棋盘洲长江公路大桥桥面系及附属工程包括桥面铺装及防撞护栏、主缆附属设施安装等。

(1)桥面铺装及防撞护栏

本桥桥面铺装组成为表层橡胶系列沥青黏结材料+4cm厚浇筑式沥青混合料+SBS改性沥青黏结材料+3.5cm厚高弹性改性沥青混合料,具体铺装如图22-10、图22-11所示。桥面排水采用集中排水,桥面水通过每隔6m设置的横向泄水管排入纵向排水槽,排水槽的水集中引至两岸桥台承台处沉淀池。

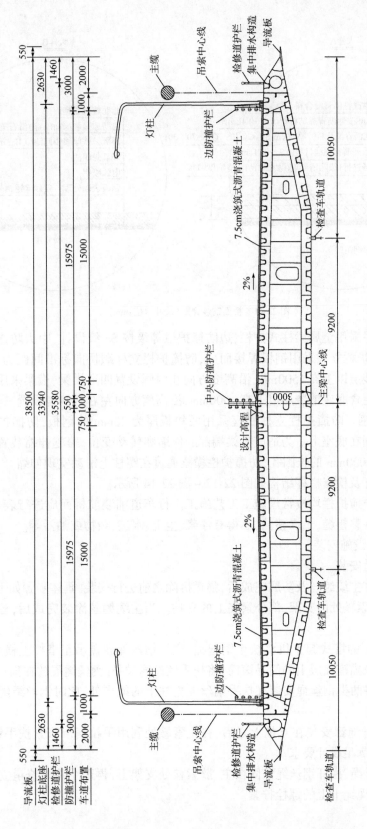

图 22-10 桥面总体断面布置图（尺寸单位：mm）

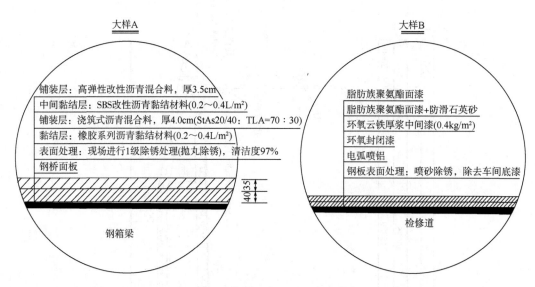

图 22-11 桥面铺装详图(尺寸单位:mm)

桥面防撞护栏采用金属梁柱式护栏,边防撞护栏等级按 SS 级设计,中央防撞护栏等级按 SA 级设计。防撞护栏立柱采用钢板焊接而成,防撞护栏立柱顺桥向标准间距为 1.5m。边防撞护栏含底座铺装层以上高 1500mm,沿高度方向在内侧设置四道横梁,横梁采用冷弯空心方钢。中央防撞护栏含底座铺装层以上高 1000mm,沿高度方向左右两侧各设置三道横梁,横梁采用冷弯空心方钢。防撞护栏立柱底座采用两块板厚为 20mm 的钢板,防撞护栏立柱采用 M30 地脚螺栓锚固在底座上。为适应桥梁端部的伸缩和转动变位,跨越伸缩装置的护栏横梁两端各设一个长 1000mm 的长圆孔,防撞护栏横梁通过在螺柱上滑动实现伸缩。

桥面防撞栏杆及检修栏杆结构如图 22-12～图 22-14 所示。

桥面铺装及防撞护栏均按常规施工工艺施工。行车道铺装前桥面应进行表面喷砂处理,混凝土桥面板应平整粗糙,干燥整洁,不得有浮浆、尘土、水迹、杂物或油污等。

(2)主缆附属设施安装

①主缆检修道安装。

主缆检修道在主缆缠丝及防腐完成后,猫道拆除之前进行安装,具体步骤如下。

a. 安装主、散索鞍处的支架,部分索夹上的立柱。当主缆缠丝涂装完成后,检修道的立柱基本安装完成。

b. 利用索塔上的塔式起重机将扶手钢丝绳、栏杆钢丝绳卷盘吊至塔柱上横梁处,利用两塔顶辅助卷扬机及猫道面层上的简易滚筒,将扶手钢丝绳、栏杆钢丝绳展放在猫道面层上。

c. 利用人工将两类钢丝绳安装在扶手钢丝绳立柱上的绳卡处,此时钢丝绳绳卡固定螺栓不拧紧。

d. 所有的钢丝绳都安装在立柱上之后,在主索鞍处利用手拉葫芦张紧扶手钢丝绳、栏杆钢丝绳,张紧力需满足设计要求。

e. 将扶手钢丝绳、栏杆钢丝绳锚固在主、散索鞍处支架上,再逐个将检修道立柱上的扶手钢丝绳、栏杆钢丝绳绳卡上的螺栓拧紧。

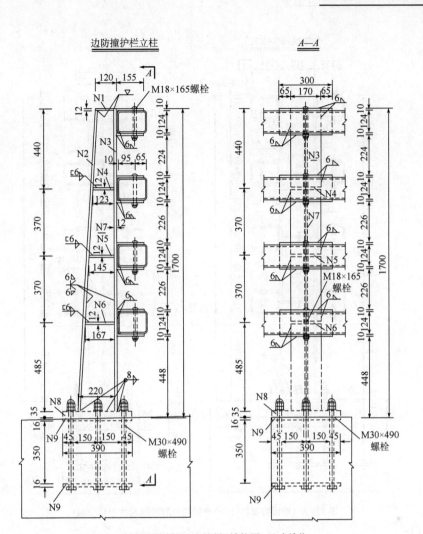

图 22-12 桥面防撞栏杆(边护栏)结构图(尺寸单位:mm)

f. 在主、散索鞍附近扶手钢丝绳、栏杆钢丝绳处安装防水套并密封,完成主缆检修道安装工作。

② 主索鞍鞍罩安装。

主缆检修道安装完成后,拆除塔顶门架,准备安装主索鞍鞍罩;主索鞍鞍罩的安装采用塔式起重机配合。

安装主索鞍鞍罩时,首先将侧壁及端壁骨架焊接于塔顶预埋钢板上,然后安装侧壁与端壁,并焊接加劲板,再在两壁之间焊接临时拉条;最后安装罩顶并加焊加劲板,拆除临时拉条及临时连接板,再依次安装补板及踏梯。

③ 主缆缆套的安装。

缆套在主缆防护工作全部结束,主索鞍鞍罩及锚碇后室前墙施工结束后进行安装。

缆套分为上、下两半,分别用塔式起重机吊放安装,安装完成后,上紧缆套上、下两半的紧固螺栓。

当边跨主缆缠丝全部结束后,再安装散索鞍处的缆套,安装方法与主索鞍处的缆套相同。

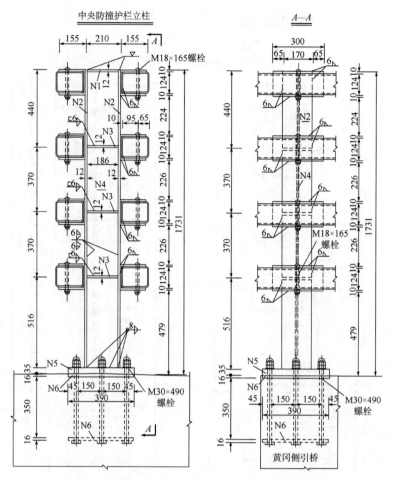

图 22-13　桥面防撞栏杆(中央护栏)结构图(尺寸单位:mm)

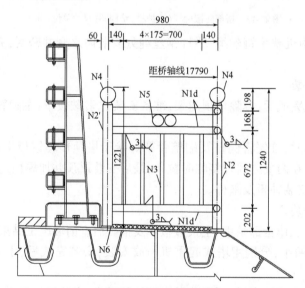

图 22-14　桥面检修栏杆结构图(尺寸单位:mm)

④除湿系统安装。

主缆除湿系统预留件分为空气处理设备、上横梁、鞍室、主缆4部分,分别在不同施工期制作和预留。其安装要求如下:

a. 设备安装前须认真核对到货设备及其型号、规格及随机资料是否齐全,确认资料齐全且型号、尺寸无误后再施工,按设计要求进行隔声、减震处理。

b. 除湿系统风管采用耐腐蚀材料加工制作,调节阀安装前必须检验其灵活性和可靠性,安装位置须保证不影响阀杆和阀柄的动作。

c. 风管支吊架标准间距为2~3m,在弯头、阀门、过滤器等局部需增加支吊架;在防火阀、消声器处单独设置支吊架。

d. 除湿系统必须按设计图要求进行防腐处理和保温施工。

e. 所有除湿设备均应按设计要求进行单机试运转及调试,在验收阶段必须按设计要求进行联合试运转。

22.9.2 猫道拆除

猫道拆除的工作内容包括猫道门架、横向通道、猫道面层(含改吊绳、侧网、扶手索、猫道面网、横梁等结构物)、猫道索的拆除。

(1)猫道门架拆除

主缆架设完成后,先进行主缆牵引系统和索股托架滚轮拆除,再通过塔顶卷扬机,将猫道门架沿门架承重索向塔顶(或锚碇)方向牵引(或下放),在塔顶或锚碇前方平台上的起重机作业区域内拆除猫道门架,集中分解转运至后场(仅跨中两侧各预留一个门架作为支撑点,如需拆除可将四根门架承重索跨中处用钢丝绳与手拉葫芦临时固定于猫道底梁上)。

(2)横向通道拆除

索夹安装完成后,在安装吊索之前,拆除中跨横向通道。在横向通道上方主缆上悬挂两个转向滑轮,利用2台塔顶10t卷扬机抬吊下放到水中运输船上。边跨横向通道用同样的方法下放到引桥桥面上。

(3)猫道面层拆除

在主缆防护涂装及检修道安装完成后开始猫道面层拆除。从塔顶向跨中和锚碇方向逐步拆除猫道侧网、扶手索、立柱及底网。猫道拆除之前,必须沿猫道检查以确保所有的猫道绑扎绳在其位置上捆紧。

①猫道门架底梁用塔顶卷扬机提前拆除下放至桥面。

②猫道网片塔侧用塔式起重机拆除,跨中用吊车拆除,中间位置采用人工拆除,在索夹位置挂2t滑车,用吊绳由人工下放。

③人工归类清理,用装卸设备运至后场指定位置集中堆放。

④猫道面层拆除时,猫道改吊绳须与面层拆除配合,同步进行。不可先拆掉全部(或大部分)改吊绳,再拆面层等,否则极易发生翻转,导致安全事故发生。

⑤边跨面层拆除之前,首先利用手拉葫芦放松猫道改吊绳,使其呈自由悬垂状态,方可进行面层拆除。

(4)猫道索拆除

猫道索包含猫道承重索、门架承重索、扶手索、踢脚索等。猫道索的拆除分为两部分,一为主缆外侧部分,二为主缆内侧部分。拆除顺序为主缆内侧猫道承重索、扶手索、踢脚索→主缆外侧猫道承重索、扶手索、踢脚索→门架承重索。

主缆内侧部分:将待拆承重索与塔、锚卷扬机连接,分中跨和两个边跨各自放松锚固,将索下放到桥面,装盘。

主缆外侧部分:利用塔顶卷扬机提升,待最低点承重索高于主缆检修道3m左右时,利用内侧荡移滑车组,荡移至内侧拆除,下放至桥面,装盘。

为了防止损坏已铺装好的桥面,猫道索在下放至桥面之前,必须在桥面上以每6~10m的间隔布置托辊,猫道索缓慢下放至托辊上,回收时每200m安排1人,防止承重索跳出托辊。

23 桥面铺装

23.1 桥面铺装施工顺序

根据工程进度,合理安排工期、工序,现拟定施工顺序如下:在箱梁桥面上进行 EA10、SMA13 等工程项目试验段桥面铺装。由上游开展正式施工,围绕主桥桥面大循环 2 圈完成所有行车道项目施工。行车道施工完成后进行检修道工程项目施工。上下游施工换向通过主桥两端中央分隔带预留开口来实现,待施工完成后再统一封闭预留开口。所有机械设备通过专业拖车进行调运。桥面铺装施工工序划分见表 23-1。

桥面铺装施工工序划分表 表 23-1

序号	施工位置	工序
1	—	EA10、SMA13 等工程项目试验段桥面铺装
2	主桥桥面	环氧沥青防水黏结层涂布
3		环氧沥青混合料的拌和生产
4		环氧沥青混合料的运输
5		环氧沥青混合料的摊铺
6		环氧沥青混合料的碾压
7		成品养护
8		改性沥青混合料 SMA 生产
9		SMA 沥青混合料运输
10		SMA 沥青混合料摊铺
11		SMA 沥青混合料碾压
12		养护及清理
13		热沥青灌缝
14	检修道	检修道施工

23.2 试验段

根据要求,在正式铺装前必须进行试验段铺筑,以便施工队伍熟悉施工工艺,及时发现问题。试验段是通过在指定工作段内实验性地组织施工、检测,总结得出所有必需的工作参数和施工经验,用以指导正式生产。在混凝土桥面上施工每一种结构层之前,都要进行试验段施工,包括高弹性改性沥青混合料 SMA13、环氧沥青混合料 EA10 等的施工,下面以环氧沥青混合料 EA10 的施工为例。

23.2.1 施工拟检验的主要内容

通过试验段的实施,要确定以下内容:
①检验有关人员各司其职的能力和效果;
②检验施工机具是否完备和有效;
③检验控制黏结剂喷洒量和洒布范围的方法及有效性;
④检验和改善防止车轮粘料污染未洒黏结剂区域的方法;
⑤试探究喷洒黏结剂后遇雨的处理方法;
⑥检验和修正计算的摊铺速度;
⑦求得松铺系数;
⑧检验防止摊铺机打滑的方法和效果;
⑨试探究处理"死料"的途径;
⑩寻找控制碾压遍数的有效方法;
⑪检验振动夯板和小型压路机压实的效果;
⑫碾压终了温度的检测与控制;
⑬寻求消除压路机粘轮的途径;
⑭检验 EA10 碾压所用隔离剂(植物油)残留物对层间黏结性能的影响及采取的防范措施;
⑮检验清洗剂的使用方法与效果;
⑯检验焊缝高度对沥青混凝土铺装的影响;
⑰检验后场拌和站混合料的生产参数、混合料的性能、热筛分重油污染、后场与前场的车辆衔接。

23.2.2 试验段总结

通过试验段的铺筑,检验和完善施工技术细则、施工组织设计,检验和调试施工机械与设备,确定施工中需要的各种参数,使全体人员明确各自的职责,熟练掌握业务等。主要从以下几个方面进行分析、总结。

(1)人员

①现场人员是否配置合理,岗位分工是否明确;

②操作人员是否熟悉岗位内容,技术交底是否全面掌握;

③各工序之间人员沟通是否顺畅;

④防水层施工人员配备与工程量是否匹配。

(2)机械设备

①摊铺机工作是否正常,配备是否充足,摊铺速度是否均匀、连续;

②压路机工作是否正常,配备是否充足,碾压速度是否能与摊铺速度匹配;

③运输车辆时间与摊铺速度的衔接是否得当。

(3)施工工艺

①防水层施工能否满足设计要求,用量是否均匀、连续;

②生产出的沥青混合料与生产配合比是否吻合,沥青混合料的温度及性能是否满足要求;

③混合料运输、摊铺是否按计划实施,有无阻碍因素;

④摊铺过程中发现的缺陷是否能够得到及时处置;

⑤确定碾压工艺、碾压遍数及松铺系数。

(4)质量控制

①工程所需原材料是否按规范进行各项指标的检测,数据是否符合要求;

②施工中是否及时对防水层、混合料性能指标进行全过程监控;

③施工结束后是否对成品进行相关检测,指标是否合格。

试验段铺筑后,经检测各项技术指标均符合规定后,应立即提出试验段铺筑总结报告,由监理工程师审核,经业主批准后,作为申报路面正式开工的依据。

23.3 主桥桥面铺装及界面处理

23.3.1 施工工艺流程及界面处理

(1)施工工艺流程

桥面铺装施工工艺流程如图23-1所示。

(2)施工界面处理及施工其他事项

①工作界面划分。

各单位工作界面划分如表23-2所示。

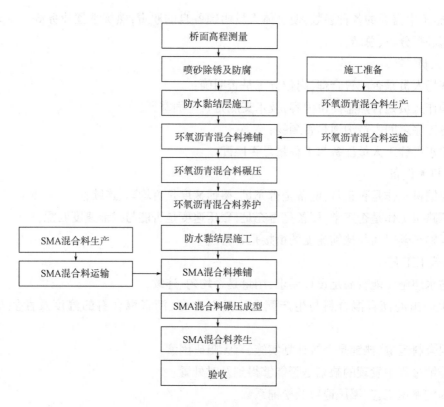

图 23-1 桥面铺装施工工艺流程图

工作界面划分表 表 23-2

序号	工序名称	负责单位
1	钢箱梁打磨焊缝	××
2	钢箱梁喷砂除锈及防腐	××
3	钢箱梁桥面铺装（防水黏结层、EA10、SMA13）	××
4	交叉施工协调	业主及相关单位

②工作面交接验收。

在进行环氧沥青防水黏结层涂布前应对钢板焊缝的打磨及钢箱梁防腐涂装层的质量进行交接验收，经交接验收合格，交出方出具验收合格报告或监理工程师、业主签字，方能进行环氧沥青防水黏结层涂布的施工。

在施工过程中重点关注表 23-3 所示的关键控制点，积极采取应对措施，并对有关工序严格进行检测验收，如未能达到表 23-4 所示的检测要求，不予接收。

焊缝打磨、喷砂除锈及环氧富锌漆施工关键控制点及应对措施 表 23-3

序号	关键控制点	应对措施（由前期施工单位处理）
1	桥面板污染物及缺陷处理	采用清洁剂清洗桥面油污及其他污染物； 采用手持式砂轮机对焊疤、毛刺等部位进行处理； 桥面凹陷或漏焊应立即通知相关施工单位处理，并跟踪处理进度； 用放大镜对缺陷部位处理状况进行检查

续上表

序号	关键控制点	应对措施(由前期施工单位处理)
2	施工均匀性与质量控制	使用仪器随时检测喷涂厚度,厚度若变化及时查找原因,待解决后再开始喷涂作业; 施工过程中注意观察漆膜均匀性; 漆膜厚度采用"双控指标",即单次检测控范围、多次检测控合格率
3	防污染措施	附属结构采用塑料薄膜覆盖防护; 在四面围蔽式风雨棚里面进行喷涂作业,避免油漆四处飞溅污染其他界面; 工作界面安排专人及时清理污染物; 工作人员必须戴手套、穿鞋套,防止二次污染; 喷涂完的界面及时围闭,避免成品遭受污染
4	施工时间衔接	与抛丸涂装单位经常沟通,就EA施工时间进行协调,使涂装时间与施工时间有效衔接

防腐除锈质量标准 表 23-4

序号	工序	检测项目	检测手段	检测要求
1	表面清理	油污及杂质	目测	无油污及杂质
2	喷砂	清洁度 Sa	对照图谱	Sa2.5
		粗糙度 Ra	粗糙度仪	Ra50~100μm
3	喷漆	漆膜表观质量	目测	表观质量良好
		干膜厚度	干膜测厚仪	50~100μm

③全桥护栏:根据施工特点,需与前期施工单位在护栏安装方面进行协商,具体要求如表23-5所示。

全桥护栏安装要求 表 23-5

序号	位置	要求
1	北岸引桥	中央墙式护栏安装留有通道口
2	主桥	检修道护栏安装;边缘护栏安装底座、立柱及最上一根横梁;中央护栏只安装底座

④伸缩缝:经与业主、监理单位、设计单位、前期施工单位协商,钢箱梁伸缩缝在铺装施工前安装,北引桥伸缩缝均在钢箱梁铺装施工后安装。其伸缩缝情况及处理措施如表23-6所示。

伸缩缝情况及处理措施 表 23-6

序号	缝隙情况	措施(由前期施工单位处理)
1	窄缝	用沙袋填充缝隙,洁净的大粒径碎石封面
2	宽缝	用沙袋加木方混合加固,洁净的大粒径碎石封面

⑤桥面。
桥面关键点及控制措施见表23-7。

桥面关键点及控制措施 表23-7

序号	关键点	控制措施（由前期施工单位处理）
1	桥面突起、凹陷部位、吊装孔	联系前期施工单位处理
2	焊缝冗余高度不超过桥面0.5mm	使用手砂轮清理
3	临时孔洞	施工前所有临时孔洞封堵完成

⑥施工设备通行。

施工设备位置及通行方案见表23-8。

施工设备位置及通行方案 表23-8

序号	设备位置	通行方案
1	运输通道	借用现有路面（现有路面已完成基层施工）
2	铺装完成区域	禁止打死轮拐弯、掉头
3	北引桥未连续梁段	铺设钢板保证通行安全

⑦交叉施工：由于前期施工进度的不确定性，交叉施工程度密集、复杂，积极与指挥部、驻地办、相关单位沟通、协调，及时调整施工计划，尽量避免交叉作业相互干扰。

23.3.2 防水黏结层涂布

铺装层与钢板之间的良好结合是桥面铺装与钢箱梁桥面板协同作用的关键，它直接影响到铺装的使用耐久性。环氧树脂黏结剂Ⅱ型无论在黏结能力、变形能力，还是在热稳定性方面都具有明显优势。

用非离子型生物可降解清洁剂将待铺装区域清洗干净，然后用扫帚彻底扫刷表面。应注意扫除油分油脂、氧化锌和所有松散的锌漆，扫除结束后立即用净水冲洗干净，废液集中统一处理。在喷涂环氧树脂黏结剂前应让表面彻底干燥。

环氧树脂黏结剂要经过业主、监理单位以及项目部试验室的检测，检测合格后才能用于施工。

(1)施工前准备

①对施工段防撞护栏、中央护栏底座、已安装的立柱等附属设施进行防护，安排专人用防油毡布对邻近施工面可能造成污染部位进行防护。

②泄水孔防护：由于钢箱梁泄水孔为侧面排水，与钢壳路缘石结合在一起，施工前对钢壳路缘石使用防水苫布或彩条布和胶粘带进行防护时，同时对泄水孔完成防护，侧面底边留30mm涂刷防水黏结剂。

③与气象局达成意向获得气象服务，并安排专人提前了解施工期间天气情况，以便合理安排工期，确保施工期间不出现雨、雾天气，且环境温度和行车道表面温度不低于10℃。

④组织工人对施工段桥面进行清扫，确保涂布防水黏结层前桥面干燥、洁净、无油污、无异物、无灰尘。

⑤施工前每人配备毛巾，防止汗水滴落，禁止携带水杯、油桶进入施工现场，施工机械提前用防水彩条布兜底，防止滴油，加油需在施工区域以外进行。

(2) 施工设备

施工设备如表23-9所示。

施工设备表　　　　　　　　表23-9

序号	设备名称	数量
1	50m钢尺	2个
2	10m卷尺	4个
3	石笔	若干
4	滚筒	若干
5	鞋套	若干
6	小型厢式货车	1辆
7	遮阳棚	2个
8	桶	若干
9	搅拌器	8台
10	丙酮清洗剂	若干

(3) 防水黏结层施工

结合本项目施工特点，选用自动喷涂系统结合人工涂刷的施工方式，按照自动喷涂的长度、宽度及设备移动速度控制喷涂量，保证防水黏结层涂布量为 $0.45\sim0.55kg/m^2$（层间黏结层为 $0.55\sim0.65kg/m^2$），喷涂后由人工采用滚筒对所喷涂一个断面长度范围进行均匀涂刷。涂刷范围只在本次自动喷涂的范围内，不得超出涂刷范围。

施工步骤如下：

①对自动喷涂设备按半幅桥面宽、一次喷涂长度设定喷涂量。

②自动喷涂设备后在桥梁横断面方向平均布置8人，穿圆头钉鞋，做好防护措施，穿好防护服，戴防护眼镜、手套等。

③主剂和固化剂每桶15kg，每次配成环氧树脂黏结剂30kg，配制操作员应注意安全、卫生，戴好风镜、防尘面罩、围巾、橡胶手套等，保证皮肤不直接与环氧树脂黏结剂接触。

④施工采用自动喷涂及人工滚筒涂刷方式，必须严格按照自动喷涂范围均匀涂刷，以防多涂或漏涂情况发生。

⑤主剂和固化剂采用小型厢式货车转运，并将桥面作为主剂和固化剂的临时存放区。

⑥主剂和固化剂从混合到涂刷结束的时间，必须在可使用时间范围内。特别是夏季高温时，主剂、固化剂的液温可上升到30℃左右，此时就必须在20min内完成涂刷工作（表23-10）。主剂、固化剂的保管场所乃至涂刷现场，应视现场情况进行一定的遮光处理，如现场增设遮阳棚、对运输车辆车厢进行遮盖等，以防液温过度上升。

环氧树脂黏结剂施工时间表　　　　　　　　表23-10

温度（℃）	20	30	40
可涂布时间（min）	45	20	5

(4) 防水黏结层养生

防水黏结层涂布施工完成后，需对其进行养生，直到环氧树脂黏结剂已达到所需固化程度

(用手指按压黏结层,不粘手指)。如果养生状态达到要求,按照通常的施工方法进行下面层的铺装;如果还没有达到要求,要继续养生。固化后的黏层油会被摊铺上去的热混合料融化,通过碾压使钢板和下面层、上面层之间牢固黏结。如果养生时间过长会导致黏结力下降,所以应在有效期限内进行铺设。一旦超过有效期限,应该重新涂布黏层油,环氧树脂黏结层养生时间参考值见表23-11。如预测施工当日,或养生过程中有下雨的可能,应停止施工。

环氧树脂黏结层养生时间参考值　　　　　　　　　　表23-11

温度条件(℃)	养生时间(d)	黏结有效期(d)
40~50	0.5	1.5
30~40	1	2
20~30	1	3
10~20	2	6

(5)施工质量控制要点

①涂布必须均匀、连续,用量准确;超量或少涂的地方应予以纠正,因故超量的黏结剂应使用适当的工具清除;因故漏涂或少涂的部位应使用适当的工具将黏结剂补足。

②涂布后必须在48h内进行铺装作业,因故不能按时铺装的,需在铺装施工前重新涂布。

③黏结剂喷洒后如遭雨淋,必须用吹风机吹干,经太阳暴晒,确认干燥后,对黏结剂进行检查。若有必要,可再适量喷洒一层黏结剂,次日进行铺装层施工。

④防水黏结层施工时,应保证桥面板干燥,确保桥面上的喷洒区及其邻近区域没有水迹。喷洒黏结剂前作业区内要保持绝对干燥,为此,应做到:

a. 不得将水源带进作业区;

b. 不得在作业区内喝水;

c. 不带擦汗毛巾不准进入作业区,要严格控制人体汗水滴入作业区;

d. 作业区内禁止吐痰和吸烟;

e. 设专人监督桥面水分,一旦发现异常立即采取有效措施(擦净、烘干等)加以处理。

⑤靠近护栏时注意安全,操作人员应穿防护衣、鞋套、戴防护面罩等。

⑥养护时,在环氧沥青混凝土铺筑之前,任何车辆和个人均不得进入已涂布好的环氧沥青黏结层区域。除摊铺机外,任何车辆均不得在黏结层上通行。

公路桥桥面铺装用防水黏结层及黏结层质量检验标准见表23-12。

公路桥桥面铺装用防水黏结层及黏结层质量检验标准　　　表23-12

黏结剂种类	项目		质量要求或允许偏差	检查方法	检查频率	备注
桥面铺装用环氧树脂黏结剂Ⅱ型	各组分加热温度(℃)		±3	表量记录	随时	即检即报
	混合比例(%)		±3	表量记录	随时	即检即报
	涂布量	防水黏结层(kg/m²)	0.45~0.55	接着法	每次喷涂取2处	当天报
		黏结层(kg/m²)	0.55~0.65			
	抗拉强度	拉伸强度(MPa)	≥3.0	拉伸试验	1次/d	4d内报
		断裂延伸率(%)	≥100			

续上表

黏结剂种类	项目	质量要求或允许偏差	检查方法	检查频率	备注
桥面铺装用环氧树脂黏结剂Ⅱ型	与钢板的黏结强度（正桥防水黏结层）（MPa）	≥3.0	拉拔法	3点/1000m²（仅限于试铺段）	3d内报固化
	与环氧沥青混合料的黏结强度（MPa）	≥3.0	拉拔法	3点/1000m²（仅限于试铺段）	3d内报固化

23.3.3 环氧沥青混合料 EA10 施工

（1）环氧沥青材料与技术准备

①环氧沥青材料准备。

a. 环氧沥青材料混合。

热拌环氧沥青混合料是一种三组分材料，由基质沥青、环氧树脂主剂和固化剂组成。主剂和固化剂按照56∶44比例进行混合形成混合物，再与基质沥青按照50∶50的比例混合，在一定的温度条件下固化成型，形成环氧沥青混合料。

b. 环氧沥青材料储存。

环氧树脂主剂与固化剂分别装在贴有不同标签的长方形铁桶内。要将两种桶装材料分别放置在仓库内，场内设置两间环氧树脂主剂与固化剂专用存放仓库，位于拌和机旁边，方便生产中运输、使用，并且环氧树脂成品材料的存放场地禁止明火，且应配备必要的消防器具。所有集料均放在场内设置的6个料仓内，仓内底部采用20cm厚C20混凝土硬化，设置向出口方向的4%反坡，集料下面为用砖砌成的30cm高防水台，上铺竹排和防水彩条布，并在集料上覆盖一层防水彩条布和防雨棚布。

②环氧沥青施工前准备。

a. 原材料的性能检验。

集料与矿粉的性能检验，由项目部实验室配合现场监理工程师在拌和场实验室进行，其质量应满足图纸规定的要求。在基质沥青、环氧树脂主剂和固化剂到场后，必须对各组分以及按比例混合后的环氧沥青混合料的性能进行检验，满足图纸中规定的技术要求。

b. 机具的检验。

所有的机械，在正式施工之前，都要认真、精心检验，使其处于良好的待命状态。运料车、摊铺机、压路机都不准出现漏油、漏水现象，运料车要特别检验车厢的顶起（每次装运混合料前，都必须进行一次检验）；摊铺机、运料车等机具的底部要用彩条布兜底，防止设备的油渍、水渍污染施工作业面。

各种量具（尤其是拌和楼、对接设备的计量系统）使用前都要重新校验，确保计量准确。

拌和楼控制室内的自动打印装置，应能打印日期、时刻、盘数、每盘的矿料质量及温度、每盘热拌环氧沥青混合料的质量及温度，以及拌和时间等。

c. 施工技术培训。

在环氧沥青混凝土试验段施工前,对施工人员进行桥面铺装施工培训,内容涉及环氧沥青混凝土施工的全过程。

后场:上料、温度控制、拌和、出料、测温、覆盖、填单、抽样及实验室检测等;

前场:测量、清扫、洒油、测温、料车调度、摊铺、碾压、切缝、养生、鼓包处理等。

d. 施工组织设计。

正式施工前,本工程项目部根据试验段的铺筑实践和修订的施工指导意见书,重新制订主桥面铺装工程施工组织设计,报请驻地办审查,经总监理工程师批准后,方可实施。

e. 混合料配合比设计。

在试验段施工前,进行目标配合比设计和生产配合比验证工作。热拌环氧沥青混合料配合比的设计与校验按《公路沥青路面施工技术规范》(JTG F40—2004)附录 B 规定的方法及设计要求进行。

矿料级配确定后,沥青混合料最佳沥青用量的确定采用马歇尔试验方法,并综合考虑其水稳定性、高温稳定性、低温抗裂性等路用性能。通过试验确定沥青混合料的相关参数,如沥青用量、空隙率,使混合料具有良好的结构特点,从而达到要求的性能指标,如表23-13、表23-14所示。

环氧沥青混凝土级配范围　　　　　表23-13

级配类型	通过下列筛孔(mm)的质量百分率(%)								
	13.2	9.5	4.75	2.36	1.18	0.6	0.3	0.15	0.075
EA10	100	95~100	65~85	50~70	39~55	28~40	21~32	14~23	7~14

环氧沥青混凝土设计指标　　　　　表23-14

技术指标	技术要求	试验方法
马歇尔稳定度(60℃,固化试件单位:kN)	≥40	《沥青混合料马歇尔稳定度试验》(T 0709—2011)
马歇尔流值(60℃,固化试件单位:mm)	1.5~5.0	
动稳定度(70℃,次/mm)	≥6000	《沥青混合料车辙试验》(T 0719—2011)
空隙率(%)	1~2	《压实沥青混合料密度试验(表干法)》(T 0705—2011)
冻融劈裂强度比(%)	≥80	《沥青混合料冻融劈裂试验》(T 0729—2000)
低温弯曲应变(-10℃,50mm/min)	$\geq 3 \times 10^{-3}$	《沥青混合料弯曲试验》(T 0715—2011)

通过马歇尔试验,确定热拌环氧沥青混合料中沥青的最佳用量,试件分为两组:一组固化,另一组不固化。固化的试件要求在成型后放入60℃的恒温箱中养生4d,未固化的试件不需要加热养护。未固化的试件用来模拟热拌环氧沥青混合料铺装层早期性能。由于热拌环氧沥青混合料的强度随养护时间增长而增大,所以固化试件可反映一定养护时间后混合料的力学性能。

(2)生产配合比设计

生产配合比设计的最终目的是给拌和站下达标准的生产指令,告知拌和站生产某一种沥青混合料时,各级分仓材料应按生成指令称重,以保证拌和站生产出的沥青混合料的质量。

①生产配合比调整阶段。

将不同规格的矿料分别装入不同的冷料仓,通过料仓下部运输皮带输送至干燥筒内进行烘干并加热到190~220℃,然后使用热提升机将矿料运到振动筛,通过不同筛孔的筛网分别储存到不同的热料仓室中,以便进行生产配合比调整,完成对"白料"的筛分、测定工作。

②冷料上料速度。

冷料的上料速度须反复调整,并确定出各料斗皮带转速与上料量的关系,以保证最终生产时,各级矿料在称量过程中不等料、不溢料。

③沥青供料温度。

拌和楼的沥青罐应具备快速加热功能,从而保证沥青供料温度。基质沥青混合料的施工关键是温度控制,加热温度为140~155℃。

④基质沥青的储存。

施工中基质沥青储存温度不超过155℃。每一施工日取样2次,进行针入度、软化点、延度等关键指标的试验检测。

(3)生产配合比验证

通过试验段施工,在拌和场对混合料进行取样,在施工现场进行钻芯取样,检测混合料各项技术指标,对生产配合比进行适当调整,所得全部数据资料作为施工标准,以指导后续施工任务。

(4)环氧沥青混合料的拌和生产

环氧沥青混合料的生产除了需投送环氧树脂(KD-BEP)至拌和缸里,其他过程和普通沥青混合料的生产基本相似。

①环氧树脂(KD-BEP)的投送。

选择易于投入的位置设置投入口,一般采用泵送法注入拌和缸。为了降低主剂和固化剂的黏度以利于充分拌和,先把主剂、固化剂加热到50~60℃。按照拌和楼每锅混凝土的拌和量,事先计量环氧沥青混合料各组分的使用量并倒入隔离的混合容器中,并安排专人监管,泵送提升后,用搅拌器搅拌120s以上再移动到投入口附近。确保投入基质沥青的同时投入环氧树脂。

每日生产完成后(或停机时间在0.5h以上),采用丙酮等材料进行清洗,防止堵塞。

②环氧沥青混合料拌和。

拌和站人员配备情况如表23-15所示。

拌和站人员配备情况 表23-15

项目	岗位	人员数	总计
环氧沥青混合料 EA10拌和	组长	1	55
	拌和楼操作员	4	
	装载机	3	
	割包挂包	6	
	环氧树脂搬运	10	

续上表

项目	岗位	人员数	总计
环氧沥青混合料 EA10 拌和	环氧树脂开桶及注入	8	55
	清理环氧树脂空桶	8	
	覆盖帆布	2	
	指挥装料	1	
	清理皮带	4	
	后场料车清理与涂刷植物油	5	
	试验检测	3	

集料须进行二次烘干,当矿料的出料温度稳定在规定范围内后,可将环氧沥青投入拌和楼里进行混凝土的拌和,正式生产。拌和技术要点如下：

a.袋装集料上料。

环氧沥青混合料 EA10 采用袋装集料生产,生产时安排 3 台 ZL-50 铲车将袋装集料提升至冷料仓料斗内,6 个料仓内安排 3 人进行挂包,冷料仓上安排 3 人进行破袋,上料效率应满足拌和站生产需要。冷料斗及皮带交接处应设置网片,以将编织袋碎片分离出,施工中随时清理；集料中细小碎片会在加热时通过燃烧清理干净。

b.集料加热温度确定。

设定沥青加热温度 140～155℃,环氧树脂温度 50～60℃,集料加热温度 190～200℃,可以根据现场气候条件适当调整。

对于满足要求的混合料,及时检测其温度,严格记录,并要求混合料拌制每盘打印数据,按每盘打印数据检查。

③拌和工艺。

a.先向搅拌缸投入集料、粉料,干拌 8～10s,再加入环氧树脂及沥青湿拌 35～55s。拌和完成后目测混合料均匀性一致,所有矿料颗粒全部裹附环氧沥青混合料,无"花白料""死料",无结团或粗集料离析等状况后方可进行下一道工序。

b.拌和楼拌和均匀后取混合料试样做马歇尔试验和抽提筛分试验,以检验油石比、矿料级配和 EA10 物理力学性能。

c.安排专人用红外温度仪动态监测移动小车内混合料热料温度,保证出料温度处于 170～185℃之间,不满足此要求的混合料不得使用,并及时查明原因,及时调整。

④拌和要求。

a.生产 EA10 环氧沥青混合料采用间歇式拌和楼,在施工过程中,应安排专人对拌和楼进行日常检查维护,确保施工过程中拌和楼正常出料。当天完工后须及时将沥青搅拌锅及环氧材料加入设备清理干净。

b.要严格控制油石比和矿料级配,避免因油石比不当而出现泛油和松散现象。

c.混合料生产过程中要注意检查混合料的均匀性,及时分析异常现象。

d.应安排专人观察沥青混合料出料情况,实时观察生产的沥青混合料是否搅拌均匀,有无色泽昏暗、结团、"花白料"、离析混合料出现,如出现上述混合料,应及时废弃,并通知拌和楼查找原因。

e. 逐批记录各热料仓的集料、矿料、沥青以及混合料总量的称重数据,并与设定的控制值比较,实时评定其是否超差。

f. 应安排专人负责添加环氧树脂,杜绝多加、漏加及未添加现象。

(5)环氧沥青混合料的运输

每辆运料车在出厂前由专人将温度计插入其货仓中的成品料中,一般从车厢侧壁插入三支金属杆插入式温度计[在运料车车厢的侧壁上留有插孔,这些小孔位于车厢底板以上(30 ± 5)cm,少于80cm,距车厢两端各(60 ± 10)cm以上及货仓中部位置处],严密监测每车温度。每辆运料车离开拌和站和到达施工现场时,均有人进行温度记录,合格后方可放行。

料车斗采用帆布进行遮盖,起到防水、保温的效果。在拌和站门口安排4人专门进行遮盖操作,到达现场后,桥头安排2人去除车辆上的帆布,并回收温度计;温度低于摊铺温度要求(170℃)的混合料或遭受雨淋的混合料都应废弃。

环氧沥青混合料从出料至摊铺碾压完成时间宜在1.5~2h内,标准容留时间应根据不同温度下环氧沥青黏-t曲线确定,具体容留时间则参考标准容留时间,并根据现场温度记录人员计算出的容留时间确定。

根据测温员检测温度的时间,桥头专门安排2人利用鼓风机、墩布、扫把等工具对运料车轮胎、挡泥板等易将杂质带入施工区域的部位进行清理,确保施工质量。

运料车在摊铺机前10~30cm处停住,不得撞击摊铺机。卸料过程中运料车应挂空挡,靠摊铺机推动前进。

运料车卸料结束后应放下车厢,通过预先确定的路线匀速驶离施工现场,回到拌和站进场前,对车厢内残留的废料进行清理,清理完成后由2人负责对车厢内涂刷隔离剂,一般使用植物油,以均匀涂布、无滴落为准。

为防止运料车轮胎污染路面,施工前必须在桥面上运料车驶离未固化的黏结层所走的路线上放置纤维板。

当天施工任务结束后,集中对所有运料车车厢进行清理,并将车厢顶起,防止存水。

拌和站实际生产能力192t/h,现场摊铺宽度16m,根据现场用料、运距及路况信息,计算出12辆运输车可满足现场摊铺要求,本项目准备15辆运输车辆,以防止有车辆不能正常工作而影响施工。一般每盘可拌4t环氧沥青混凝土,每车装载7盘,每辆运输车可运载28t。

从拌和机向运料车上放料时,分3次"前、后、中"挪动汽车位置,减少粗细集料的离析现象。

运料车应严格遵守操作规定驶入铺装施工范围内,所有其他无关车辆、无关人员及无关机械严禁进入铺装施工作业范围。

(6)环氧沥青混合料的摊铺

①摊铺前准备工作。

a. 人员准备。

摊铺管理、技术、操作、安全等相关人员就位。每个人必须佩戴毛巾,防止汗水滴落在施工面上,水杯不可带入施工区域,喝水要在施工区域外。

b. 机械设备准备。

在摊铺前,必须仔细检查所有机械的各个方面,备用机械要处于随时待命状态,以防止施工机械出现故障而无法完成混合料的摊铺。所有机械进入施工区域前要检查是否滴油,车底是否都用彩条布兜底,检查完成才可进入施工区域。

c. 技术准备。

密切注意气候情况,与气象部门及时联系,确切掌握施工当天及近期天气情况,制订相应紧急预案,以应对突发天气。当气温低于15℃、风速大于10m/s、有雾、下雨或是相对湿度大于90%时不允许施工。

测量人员对作业面进行打线标识;根据作业面积计算出该幅施工沥青混合料用量,提前向沥青拌和站下达生产任务,便于材料人员及时组织材料。

施工现场、拌和站各工序作业组配有报话机,以便随时沟通协调。

制定详细的人员岗位职责,便于工序管理及各工序之间沟通。

②摊铺作业。

a. 摊铺方式。

按照要求采用半幅全断面一次性摊铺,即双机摊铺,摊铺方向与行车方向相同。采用非接触式找平仪控制铺装厚度,起步摊铺机基准面根据试验段确定的松铺厚度设置,过程中随时用插针检查,如有偏差,可对松铺厚度进行微调。通过试验段确定压实系数,并定期予以校正。摊铺方向及顺序应能保证摊铺顺利进行,并尽可能减少运料车及其他机械在已铺的环氧沥青面层或黏结层上行驶。

b. 摊铺工艺。

摊铺机应停放在施工区域以外进行预热,待运料车就位后,工人用铲子铲动摊铺机料斗中的热料,再站在摊铺机履带前进方向洒料,保证摊铺机不打滑,同时避免履带对防水黏结层的破坏。

摊铺机驶入施工区域后,应立即在熨平板底部放置好垫块,设置好平衡梁各项技术参数,利用螺旋布料器将混合料均匀洒布于施工断面上,对于布料不足的地方采用人工进行补料处理。

摊铺过程中设专人(4人,一台摊铺机两侧各1人)对螺旋布料器及料斗中的"死料"进行清理,避免混入新料摊铺到铺装层中,从而造成质量隐患。清理出的废料、"死料"应集中放在小推车中,然后集中清理出施工现场。

应根据拌和站供料能力,精心计算并控制摊铺速度。以控制摊铺机不停机、不超时,匀速摊铺为原则,摊铺速度一般控制在2~3m/min,两台摊铺机的前后距离控制在5m以内,搭接宽度在20cm以内。同时应确保施工现场至少有1~2辆运料车处于等待状态。

机械摊铺过程中,尽量不用人工反复修整,但当出现断面不符合要求、局部缺料、局部混合料明显离析、表面明显不平整、"死料"等问题时,应在施工技术人员指导下认真调整、局部换料、仔细修补,同已铺混合料接顺,不留明显印迹。

③注意事项。

a. 每日施工前,必须在桥面范围以外将摊铺机注满油料,施工过程中不允许停机加油。

b. 熨平板的预热温度控制在130℃以上,加热温度均匀一致,为防止局部过热,采用断续加热的方式加热。

c. 备好两种至少三块熨平板垫木,一种厚度为摊铺层松厚,一种厚度为摊铺层松厚与压实厚度之差。

d. 因故超过规定卸料时间的矿料一律作废,把废料倒入指定的废料场。

e. 摊铺机无法摊铺的部位,由人工紧跟摊铺机摊铺。

f. 每天摊铺完毕,将摊铺机各处粘着的环氧沥青混合料擦拭干净。所有机械必须停放于彩条布上,避免对桥面造成污染,如遇雨季还应进行防雨遮盖。

g. 所有车辆不得在正桥上掉头。车辆必须驶离钢箱梁桥面后掉头。

h. 施工时若突然遇雨,现场立即停止摊铺,拌和场立即停机,将已摊铺但尚未碾压的混合料铲除,剩余未摊铺的混合料作废弃处理。

i. 大风、暴雨来临之前,桥面停止一切施工作业。机械驶离作业区域,并用防雨布覆盖好,在上面加以配重物品,防止风力过大将防雨布吹起。

(7)环氧沥青混合料的碾压

①碾压工艺。

根据试验段总结数据,为保证沥青混凝土压实度,压路机应紧跟摊铺机进行碾压,碾压全部为静压。压路机组合及碾压遍数如表23-16所示。

压路机组合及碾压遍数(根据试验段进行调整)　　　　表23-16

项目	初压	复压	终压
压路机数量	3台	3台	2台
压路机类型	轮胎压路机	钢轮压路机	钢轮压路机
碾压遍数	3遍	3遍	2遍

注:碾压一遍是指碾压范围内,摊铺层表面的任一点都通过了一次压路机(不含叠轮)。

碾压工艺流程如图23-2所示。

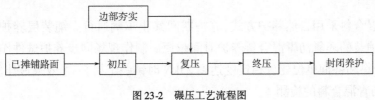

图23-2　碾压工艺流程图

②碾压要求。

a. 压路机操作员精神集中,彼此配合,协调碾压,否则易出现撞车等安全事故。

b. 碾压开始前,应在压路机上按要求涂刷最少量的植物油以防止压路机粘起混合料(具体涂刷量根据试验段确定)。若碾压过程中压路机粘起了混合料,应使用铲刀及时清除。每台压路机前后加装挂篮,安排专人对压路机及时进行植物油的补涂,保证不挂带环氧沥青混合料。

c. 碾压时,压路机驱动轮面向摊铺机,由低到高依次连续均匀碾压,相邻碾压带重叠1/3轮宽,不允许压路机在沥青混合料上转向、掉头,压路机起动时低速缓行,停止时必须减速缓行,不准紧急刹车制动。

d. 要对各碾压段落设置明显标志,便于司机辨认。对碾压顺序、压路机组合、碾压遍数、碾压速度及碾压温度应安排专人检查、记录,坚决杜绝漏压现象。

e.环氧沥青混合料碾压应严格控制温度,设专岗检查和记录。初压和终压都是在压完了3遍后,用红外线测温计测记表面温度。初压温度应不低于155℃,复压温度不低于110℃,终压温度不低于90℃,当表面温度不满足要求时,再用插入式温度计测记内部温度。内部温度不满足要求时,除补压两遍外,应查明原因,采取有效措施予以杜绝。

f.本工程不设横向施工缝,如遇特殊情况,横向施工缝按以下方法设置并施工:初压时先深入新铺装层15cm,然后备压一遍向新铺装混合料移动10~15cm,直至3/4轮宽在新铺装层上为止;再用振动压路机低频振动横向碾压两遍,最后与相邻新铺装层共同作为一个碾压作业带按正常碾压工艺碾压,如图23-3所示。

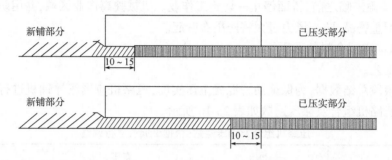

图23-3 横向施工缝处的碾压示意图(尺寸单位:cm)

g.对于压路机碾压不到的部位,如泄水孔周围及受护栏影响的边缘部位等,首先采用小型压路机进行碾压,碾压至最边缘,碾压不到的位置采用小型手扶振动压路机或手持式振动夯等小型机具反复振捣密实,直至与大碾压面一样平整、密实为止。

h.偶有风速过快时,初压压路机紧跟摊铺机进行碾压,提高压实效率,使其在许可的温度范围内将混合料压实,确保工程质量。

(8)成品养护

环氧沥青混合料采用自然养护方式,养护期间禁止车辆通行。铺装层养护期一般为5~10d,温度越高铺装的环氧沥青混合料养护时间越短。制作现场同步养护试件作为平行检测依据,根据有关资料和咨询单位建议稳定度达到25kN时铺装上层SMA效果最佳。

(9)环氧沥青混合料的检测

环氧沥青混合料按《公路工程沥青及沥青混合料试验规程》(JTG E20—2011)方法取样,以对相关项目进行检验。热拌环氧沥青混合料铺装质量检测标准见表23-17。

热拌环氧沥青混合料铺装质量检测标准　　　　　表23-17

项目		质量要求或允许偏差	检查方法	检查频率	备注
环氧沥青各组分	加热温度	±3℃	表量法	随时	即检即报
	混合比	±3%	称量法	每天1次	
混合料	抗拉强度	≥2.5MPa	拉伸试验	按批次抽检	3d内报
	断裂延伸率	≥100%			
混凝土出料温度		符合温度规定范围	激光温度计	每盘料	即检即报

续上表

项目		质量要求 或允许偏差	检查方法	检查频率	备注
混凝土拌和质量		无"花白料",无结团、成块及离析现象	目测	每盘料	即检即报
矿料级配	4.75mm	±4%	筛分法	每300t	当天报
	2.36mm	±3%			
	0.075mm	±2%			
油石比		−0.1%~0.2%	抽提法	每300t	
马歇尔稳定度		≥40kN(固化)	马歇尔试验	每天6次, 7个试件/次	隔天报
马歇尔流值		1.5~5.0mm			
空隙率		1.0%~3.0%			
碾压温度	初压终了	≥155℃	激光温度计	每30m	即检即报
	终压终了	≥90℃			
铺装外观		平整密实,无轮迹、裂纹、推挤、油包、离析或花料等缺陷	目测	随时	即检即报
接缝		紧密、平整、顺直	目测、4m直尺	随时	
黏结强度		≥3.0MPa(25℃)	拉拔法	仅限试验段	
铺装层厚度		+3mm	路面测厚仪	全桥	
横坡		±0.3%	水准仪	每100m 6处	

压实的环氧沥青混凝土铺装按《公路路基路面现场测试规程》(JTG E60—2008)要求的方法钻芯取样(仅限于试验段)以测定其压实度。

23.3.4 高弹性改性沥青混合料SMA13施工

(1)材料技术指标及技术准备

铺装上层采用高弹性改性沥青混合料SMA13的优点:一方面,保证表面磨耗层在高温重载条件下具有较好的高温抗裂变性能;另一方面,其优异的表面粗糙度确保了行车安全,特别是在潮湿多雨季节。此外,SMA13作为表面磨耗层也便于施工、维护。

①材料组成及其技术指标。

改性沥青玛琋脂碎石混凝土为高弹性改性沥青混合料SMA,其主要由粗集料、细集料、矿粉及高弹性改性沥青组成,可根据试验研究掺入合适的纤维稳定剂,纤维稳定剂的掺和比例,以占沥青混合料的质量百分率计算,一般为2‰~5‰,最终用量由试验确定。所需原材料尽量一次性采购,同时对全部原材料进行试验检测。

高弹性改性沥青混合料SMA13设计指标见表22-18。

高弹性改性沥青混合料 SMA13 设计指标　　　　　表 23-18

技术指标	技术要求	试验方法
空隙率 VV(%)	3~4.0	《公路工程沥青及沥青混合料试验规程》(JTG E20—2011)T 0705
矿料间隙率 VMA(%)	≥16.5	《公路工程沥青及沥青混合料试验规程》(JTG E20—2011)T 0705
沥青饱和度 VFA(%)	75~85	《公路工程沥青及沥青混合料试验规程》(JTG E20—2011)T 0705
马歇尔稳定度(kN)	≥6.0	《公路工程沥青及沥青混合料试验规程》(JTG E20—2011)T 0709
车辙试验动稳定度(mm^{-1})	≥4000(70℃)	《公路工程沥青及沥青混合料试验规程》(JTG E20—2011)T 0719
浸水马歇尔试验残留稳定度(%)	≥85	《公路工程沥青及沥青混合料试验规程》(JTG E20—2011)T 0709
冻融劈裂试验残留强度比(%)	≥85	《公路工程沥青及沥青混合料试验规程》(JTG E20—2011)T 0729
低温极限破坏应变($\mu\varepsilon$)	≥3500(−10℃)	《公路工程沥青及沥青混合料试验规程》(JTG E20—2011)T 0715
粗集料骨架间隙率 VCA_{mix}	≤VCA_{DRC}	《公路工程沥青及沥青混合料试验规程》(JTG E20—2011)T 0708
谢伦堡沥青析漏试验结合料损失(%)	≤0.1	《公路工程沥青及沥青混合料试验规程》(JTG E20—2011)T 0732
肯塔堡飞散试验的混合料损失(%)	≤15	《公路工程沥青及沥青混合料试验规程》(JTG E20—2011)T 0733
渗水系数(mL/min)	≤80	《公路工程沥青及沥青混合料试验规程》(JTG E20—2011)T 0730
构造深度(mm)	≥0.7	《公路工程沥青及沥青混合料试验规程》(JTG E20—2011)T 0731

②技术准备。

a. 确定材料配合比。

与目标配合比设计一样进行矿料级配计算,得出不同料仓及矿粉的用量,确定最佳油石比,以满足试拌需要。高弹性改性沥青混合料 SMA13 推荐级配如表 23-19 所示。

高弹性改性沥青混合料 SMA13 推荐级配　　　　　表 23-19

级配类型	通过下列筛孔(mm)的质量百分率(%)									
	16	13.2	9.5	4.75	2.36	1.18	0.6	0.3	0.15	0.075
高弹性改性沥青混合料 SMA13	100	90~100	50~75	20~34	15~26	14~24	12~20	10~16	9~15	8~12

采用拌和楼生产的热仓料,根据目标配合比确定的最佳油石比,正负变化 0.3%,拌制 3 种不同油石比的沥青混凝土,根据马歇尔试验结果确定最佳油石比,最佳油石比须达到相关技术要求,并进行试拌试铺以验证生产配合比。

b. 保证各原材料及时供应,加强对施工机械的检查以及人员的调配,防止因材料、人员或机械产生冷接缝。

c. 作业前对作业面重新进行清扫,确保表面干燥、洁净,不得再受污染。当气温低于 10℃、风速大于 10m/s、有雾、下雨或相对湿度大于 85% 时不得施工。

d. 涂布环氧树脂黏结层,具体施工工艺详见 23.3.2 节。

(2)高弹性改性沥青混合料 SMA13 生产

每一阶段 SMA 混合料拌和前,均需对拌和楼进行彻底检修与维护,避免发生导热油渗漏、沥青泵停机、矿粉掺加速度慢及掺加量不够等问题。同时,对所有计量设备进行检查。

混合料拌和温度控制:石料加热温度为 200~210℃,沥青加热温度不大于 185℃,混合料拌和后出料温度以 180~190℃ 为目标控制,不得超过 200℃。拌和时间为干拌 5~10s,湿拌 30~60s,上述工艺均需现场试拌后确定并根据气候条件调整。

对于满足要求的混合料,及时检测其温度,严格记录,并要求混合料拌制每盘打印数据,按每盘打印数据进行检查。

SMA混合料级配为间断级配,粗粒径多,细料少,矿粉多,这使得集料放料、排料时间长。SMA混合料生产和普通沥青混合料生产有几点不同,在SMA混合料生产过程中根据其特点注意以下几点:

①SMA混合料比普通沥青混合料的矿物填料用量大,储备时要保持干燥,并根据设计用量精确、均匀地添加。

②SMA混合料生产过程中聚合物纤维的添加,应根据拌和机每批生产能力计算出每批所需用量,预先将聚合物纤维分装成小包装,通过拌和机上方入口加入。

③SMA混合料沥青含量要严格控制,保证其坚硬的矿物骨架和合适的沥青用量。SMA混合料出料以混合料拌和均匀、纤维均匀分布在混合料中、所有矿料颗粒全部裹覆沥青结合料为度。

④逐批记录各热仓料的集料、矿料、沥青以及混合料总量的称量数据,并与设定的控制值比较,实时对质量进行监控。

⑤试验室人员应按规定抽样频率取样检验并密切观察拌制混合料的质量。

⑥拌和楼拌和工序必须采用自动控制。特殊情况下,经监理工程师同意,可少量采用人工控制(开始拌和及故障等特殊情况每次不超过5斗)。要求每盘打印数据,并按每盘打印数据检查。

⑦经过试拌、试验段施工确认并批准的混合料拌和工艺不得更改,如需更改,需取得监理工程师同意。

⑧如发现任何异常情况,立即停机处理,通知摊铺现场,在未找到发生异常的原因并解决前,不得恢复施工。

(3)高弹性改性沥青混合料SMA13运输

①采用自卸式运输车运至现场,按运距、产量、施工能力综合考虑运输车数量,以保证施工的连续。本项目组织20辆运输车进行运输,满足铺装要求,装料方式采用前、后、中的方式,尽量避免沥青混合料离析。

②沥青混合料装车前安排4人清扫车厢中的杂物,并在车厢侧板和底板内涂一薄层油水混合液以防沥青黏附。行驶路线采用规划好的运输路线,进入施工现场前安排2人将底盘和车轮清理干净,防止泥土、杂物掉落在摊铺施工范围内。

③为防止表面混合料遇空气结成硬壳,出厂前应加盖帆布保温,必要时需对运输车进行改装,设置自动覆盖装置,保证混合料温度稳定。

④运输车辆在摊铺机前挂空挡被推行时,不得紧踩刹车,运输车辆不得在摊铺机前急转弯及掉头。运输车辆必须按指定路线进入施工现场,听从现场管理人员指挥,在施工现场行驶速度不超过10km/h。

⑤运输到现场的混合料,如温度不符合要求或遭雨淋,作废弃处理。

(4)高弹性改性沥青混合料SMA13摊铺

采用两台摊铺机联合摊铺,摊铺机应在前一天基本就位,需通过防水黏结层时应在白天移动。到达摊铺起点附近,应放置在当日施工范围以外(不得停留在防水黏结层上过夜)。压路机等机械设备也应同样放置。

①摊铺前,在两侧路缘石处放置4m×2cm的木条或铝合金型材(具体材料根据试验段现场试验比较后确定),用于热灌浇筑沥青施工断面及排水槽。每侧设置50根木条(或铝合金型材),安排4人专门倒运,当终压完成后,温度降至70℃以下,通过人工的方式将木条(或铝合金型材)取出,运送到摊铺机前面,保证摊铺的持续性。

②摊铺机预热。在施工前仔细检查摊铺机运行状态,并提前30min进行预热,预热温度应达到130℃以上。

③采用双边传感器控制,平衡基准梁最大的优点是能够基本保证摊铺厚度一致,使沥青表面平顺,最大限度地保证行车舒适性及厚度,这也就保证了铺装的整体质量。

④梯队摊铺时两台摊铺机的距离控制在5m以内,前后两台摊铺机轨道重叠5~10cm,防止产生纵向冷接缝。开始摊铺前30min摊铺机就位于起点,摊铺机后端用垫木将熨平板垫至虚铺表面高程。准备好后,启动摊铺机加热系统,充分预热熨平板。

⑤摊铺机就位并准备就绪后,待现场等待卸料的运输车达到6辆以上时,指挥运输车倒行喂料,开动输料器,待两侧熨平板前喂足料后开动摊铺机,使其以2~3m/min的速度匀速摊铺。摊铺机料斗前设专人清理洒料,特别是清理摊铺机履带行走的区域。

⑥摊铺机铺筑的速度实际受拌和产量控制,同时又必须与前料仓相匹配。因此行走速度不宜过快,避免摊铺机停滞待料,确保铺装质量。

⑦卸料时,汽车应对准摊铺机料斗倒退至后轮离摊铺机20~50cm处停下,挂空挡。摊铺机前进时逐渐靠近自卸车,并推动自卸车一起前进,此时汽车边移动边卸料于摊铺机料斗内。

⑧摊铺机起步阶段须人工处理,适当增加部分细料,以利于接茬处的平整度控制,采用双钢轮振动压路机沿横茬碾压,人工进行衬补。

⑨检测找补。当摊铺机摊铺10m后在不影响连续摊铺的情况下,快速检测横坡度、高程以及接茬处的平整度,以便及时调整摊铺机的工作状态。对于局部混合料明显离析或摊铺后有明显拖痕的摊铺面,可由人工进行细料点补和消除拖痕。若缺陷较严重,应在技术人员指导下予以铲除补换。

⑩一旦出现降雨应及时停止施工。雨季施工须准备好数量充足的吹风机和拖把。SMA高弹性改性沥青混合料的摊铺温度宜控制在170℃以上,必要时可提高混合料出料温度,但最高温度应不超过195℃。

(5)高弹性改性沥青混合料SMA13碾压

①碾压高弹性改性沥青混合料SMA时,应遵循"紧跟、慢压、高频、低幅"的原则,即压路机必须紧跟在摊铺机后面碾压,碾压速度要慢、均匀,碾压温度越高越好,并采取高频率、低振幅的方式碾压。碾压按初压、复压、终压三阶段进行。

②碾压采用自重大于10t的振动压路机。初压压路机每次前进时,均应前行到接近摊铺机尾部位置。每次前进后均应在原轮迹上(重复)倒退,第二次前进应重复约2/3轮宽,往返一次为碾压一遍,需碾压2遍。铺装表面层施工时,初压压路机行驶速度应控制在3km/h范围内。初压必须在铺装温度150℃以上完成。

③复压应紧跟在初压后进行,复压采用水平振动压路机,振动碾压3~4遍,复压完成时铺

装温度应大于130℃。宜采用高频低幅方式进行,碾压速度为2~4km/h。

④终压紧跟在复压后进行,遍数通常为1~2遍,碾压速度为4~6km/h,到最后赶光阶段可适当加快,以消除轮迹,收迹碾压终了温度应大于90℃。

⑤在边缘、角落等难以用大型压路机压实的位置,需采用小型压路机或人工操作的机动夯锤夯实。

⑥SMA的压实度基本在初压、复压阶段完成,且一旦定型一般不得随意更改碾压程序,防止超压。压路机应停放在工作面以外加水,并不得在新铺的路面上刹车、掉头、转弯、中途停靠。

⑦采用2台摊铺机的纵向接缝应采用热接缝,即施工时将已铺混合料部分留下10~20cm宽暂不碾压,作为后铺部分的高程基准面,然后跨缝碾压以消除缝迹。

⑧横向接缝应先用压路机进行横向碾压,碾压时压路机位于已压实的面层上,错过新铺层15cm,然后每长一遍,向新铺层移动15~25cm,直至全部在新铺层上,再改为纵向碾压。

⑨在SMA路面碾压成型过程中,路面可能会出现油斑,当油斑直径大于5cm时,及时在油斑区域撒机制砂并及时碾压。

⑩质量控制人员在终压后随时检查压实度,发现压实度不足时及时补压。

(6)高弹性改性沥青混合料SMA13质量检测

沥青面层的主要材料必须留样备查。原材料采用不定时抽样检测,频率达到每月一次;沥青混合料按相关规范规定的步骤和频率对其生产过程进行质量控制。

沥青面层铺筑过程中必须随时对铺筑质量进行检查,检查的内容、频度按照现行公路沥青路面施工与质量检验的相关规范执行。

(7)养护及清理

SMA高弹性改性沥青混合料铺装施工完成后,对施工现场遗留的杂物、摊铺时暂时堆放在两旁的废料应及时清理,保持施工现场的清洁。待温度自然降至50℃以下方可允许作业车辆通行,摊铺完成的作业面安排专人进行成品保护,并跟踪桥面上各作业点,防止污染,防止划伤。

23.3.5　路缘接缝施工

桥面铺装,由于钢板的存在雨水无法下渗,铺装层间一旦积水,将直接加速防水黏结层性能衰变,铺装结构整体性容易被破坏。同时由于沥青铺装材料与钢结构材料在温度条件下,收缩变形特性相差较大,铺装层与边缘构造物间容易拉裂,形成水分下渗的通道。因此,在桥面铺装施工中,边缘细部防排水不容忽视。

(1)桥面铺装边缘与外侧钢壳路缘石

桥面高弹性改性SMA沥青混合料铺装边缘与外侧钢壳路缘石接触的部位在摊铺时设置预留缝形成集水边沟。在铺装前提前在该部位摆放4m×2cm的木条(或钢材),施工后取出形成集水边沟。

(2)沥青铺装与中央防撞护栏基座

桥面高弹性改性SMA沥青混合料铺装与中央防撞护栏基座之间浇筑热灌沥青,将SMA沥青混合料与中央防撞护栏基座间的缝隙完全填充,防水效果良好。

23.3.6 接缝处理

全桥采用全断面双机联铺,避免了纵向接缝的产生;此外,还要避免横向施工缝的产生,因故无法避免时,横向施工缝设置在钢箱梁相邻横隔板的中间附近,且相邻两幅及上下层的横缝应错开1m左右。

①切缝前要预先划好线,沿线切割。
②采用切缝机进行切割。
③切割时间应通过试切确定,即当铺装碾压完成1~2h后,用切缝机在划线外侧拟被切除的铺装上试切,当发现切缝平顺,不再拉料,切割面光洁平整时,即可开始正式切割。
④铺装上下层切缝深度分别为30mm与25mm。
⑤切缝后,应立即用适当的工具将铺装的多余部分清除,并用细铜丝刷刷除不稳定的颗粒,用较宽的鬃毛刷扫除灰尘,必要时用湿拖把擦拭,最后用吹风机将所有颗粒及灰尘吹出桥面以外。
⑥当邻幅涂布黏结料时,不但要同时喷涂缝壁,还应跨过接缝,超宽1~2cm。

23.4 检修道施工

检修道施工前与机电安装工程施工队对接,在相应线槽管线安装后进行施工,保证面层平整、美观。

(1)铺装结构

检修道所承受的竖向荷载与水平方向的作用力远小于行车道,对于检修道铺装,主要涉及防水保护功能,采用聚氨酯面漆+防滑石英砂铺装。

(2)施工工艺

清理现场→喷砂除锈→电弧喷铝→环氧封闭漆→环氧云铁中间漆→聚氨酯面漆+防滑石英砂→聚氨酯面漆→成品保护。

(3)场地准备

施工前对桥面进行检测,安排人员清扫,如有积水,把积水部分划出来重点清理。把配料及搅拌场地准备好,保持配料场地及周围干净。按工艺线画线,放施工线。

(4)施工方法

检修栏杆范围内的检修道桥面板通过聚氨酯面漆+防滑石英砂进行防滑处理。第一道面漆涂完后,在10min内,立即均匀撒20目石英砂,用量以砂粒不重叠并均匀密布为佳,为$1~1.2kg/m^2$,撒完石英砂后,8~24h内涂第二道面漆。由于两道面漆均须在桥位进行,为减少检修道涂层(除面漆外)厂内涂装后长期放置发生粉化现象,检修道桥面板全部涂层可于桥位完成。

23.5 特殊季节施工

本工程工期虽不在当地雨季,但施工中难免遇到雨水天气。为此,应采取一定的措施,既保证工程质量,又保证施工进度及工期,同时减少天气原因直接造成的损失。

①在总工期计划中每道工序增加自由工期以应对雨期对施工进度的影响,若出现极端天气影响进度,可增加设备投入,以确保工期进度。

②雨期来临前,可根据现场具体情况编制可行的雨期施工计划,提交监理工程师审查批准后实施。

③与气象部门签订服务合同,将每2h、每天、每周的气象信息提前发送到项目部、监理、建设单位相关人员的手机中,提前掌握桥址区域气象预报;同时项目部派专人接收气象信息,随时更新并通知相关人员。

④拌和站场地进行硬化,排水设施畅通,各种原材料包括沥青、集料、矿粉等底部垫高通风防潮,用仓库储存,做好防雨覆盖,以防雨淋。冷料仓上加苫盖,传送带上的雨水等雨停后清理干净。

⑤所有混合料运输车辆用防雨棚布覆盖。

⑥安排专人密切关注当地气象台的天气预报,以便对环氧沥青面层施工作出合理安排,做到对第二天天气无晴好把握时,绝不开机施工。

⑦针对环氧沥青严禁水分的苛刻条件,环氧结构层铺装前,使用高压吹风机对桥面进行处理,确保桥面干燥无水后再进行环氧沥青混合料铺装,确保在无雨条件下施工。

⑧施工突然遇雨,现场立即停止摊铺,拌和场立即停机,将已摊铺尚未碾压的混合料铲除,剩余未摊铺的混合料作废弃处理。

⑨大风、暴雨来临之前,桥面停止一切施工作业。桥面清理干净不得留有施工机械,设置临时排水设施,已完工的作业面用防雨棚布覆盖好,在上面加以配重物品,防止风力过大将棚布吹起。

⑩根据天气情况及时做好施工调查,加强路面施工现场与拌和站的联系、协调,做到各项工序紧密衔接。

23.6 桥面铺装施工总结

桥面铺装施工从筹备到实施,有三大控制难点:
①施工准备期间的原材料组织及主桥桥面EA10和SMA13配合比设计;
②施工生产过程中的流水生产组织及工序转换;
③桥面防水黏结层及环氧沥青混合料EA10施工质量控制。

23.6.1 施工准备期间的原材料组织及主桥桥面EA10和SMA13配合比设计

本项目为大型桥面铺装项目,施工准备期间需要扎实做好人员及设备组织、材料组织及备料、配合比设计及优化等相关工作,才能确保项目实施阶段工作的顺利开展。准备工作涵盖人、机、料、法、环等多个方面。结合施工准备期间工作难点,制定相应的应对方案,见表23-20。

施工准备期间难点应对方案　　表23-20

序号	难点	应对方案
1	原材料组织	按照材料准入制度备料,尤其是防水黏结材料、环氧树脂、沥青、集料;采用钢箱梁专用玄武岩集料;准备期间完成备料工作
2	EA10配合比设计	在施工准备期间,做好EA10环氧沥青混合料配合比设计工作并完成验证;配合比设计应重点考虑高温、疲劳性能;配合比设计应兼顾防水性能
3	SMA13配合比设计	在施工准备期间,做好SMA13沥青混合料配合比设计并完成验证工作;配合比设计应重点考虑高温、疲劳性能;配合比设计应考虑抗滑性能;配合比设计应兼顾防水性能
4	燃烧油对混合料的污染	使用轻质燃烧油;通过对采集到的滚筒热集料进行试验确定

23.6.2 施工生产过程中的流水生产组织及工序转换

本项目为大型桥梁工程的桥面铺装项目,拌和站设置在距离施工现场2km左右的管窑收费站旁,运输距离近。而对于桥面环氧沥青铺装项目而言,环氧树脂的材料特性使得施工流水组织及工序间的时间间隔,桥面左、右幅的施工转换成为施工组织方面的难点。对应施工生产组织方面的难点,制定相应的应对措施,见表23-21。

施工生产组织方面难点应对措施　　表23-21

序号	难点	应对措施
1	施工流水组织	动态掌握工作面及作业面提交计划,动态调整施工组织,做好施工准备期间各项工作;利用天气预报,动态掌握施工天气,科学组织施工
2	工序衔接	提前做好相关技术准备;提前做好相应的资源准备;合理、科学地做好施工生产方案;做好工序衔接时间安排;界面防污染
3	左、右幅施工转换	合理、科学地组织左、右幅施工,尽量减少转换;充分利用中央分隔带开口,方便左、右幅转换
4	产能匹配	根据实际施工速度计算用料需求量;计算车辆运输时间;控制拌和机生产效率,使之与现场摊铺匹配

23.6.3 桥面防水黏结层及环氧沥青混合料EA10施工质量控制

桥面铺装由于铺装层受力、受热状态及界面光滑等特殊性,一直以来是公路工程的技术难题之一。本项目采用了"下层EA+上层SMA"的铺装结构,桥面防水黏结层及下层环氧沥青混合料EA10的施工质量控制是本项目的难点。针对桥面防水黏结层施工质量控制难点,制定相应的应对措施,见表23-22。

桥面防水黏结层施工质量控制难点应对措施　　　　　　　表23-22

序号	影响因素	应对措施
1	材料仓储	材料仓储采用密闭厂房;施工过程中采用恒温房形式对材料进行恒温仓储
2	施工环境	严格按照温度、湿度、露天等作业条件控制;做好工作日施工气温统计,科学组织施工;充分应用桥位区天气预报等手段
3	基面状态	严格工作面的交接标准;采用先进仪器对作业基面及界面进行检测;合理组织,减少交叉施工,做好防护
4	搅拌参数	结合环境温度,制定搅拌参数;配置合理的搅拌机具
5	施工均匀性	完善设备及机具的配套;采用主体部位智能喷洒设备喷洒+边侧人工滚涂的施工工艺
6	养生条件	施工完成后进行封闭养生;养生时间严格按相关规定执行

桥面环氧沥青混合料EA10结构层是桥面铺装中最为关键的一个结构层,同时由于环氧沥青为高强度、高韧性路用材料,所拌制混合料性能与拌和温度、级配、运输、摊铺、碾压、养生等环节均有着密不可分的关系。针对桥面环氧沥青混合料EA10施工质量控制难点,制定应对措施,见表23-23。

桥面EA10施工质量控制难点应对措施　　　　　　　表23-23

序号	难点	应对措施
1	配合比设计	采用钢箱梁专用玄武岩集料;级配设计优先考虑混合料的高温性能及疲劳性能;引进国际上先进的评价指标进行混合料性能评价;混合料每盘出料采用专用小车接料,通过检测混合料质量及温度达到要求后再装入运输车,保证每盘料质量达到规范要求
2	运输及作业时间窗口	制定环氧沥青黏-温曲线,确保环氧沥青混合料摊铺、碾压时间节点的准确性;组织充足的运输车,标准化每车装载量;规划合理的运输路线以及运输速度;采取加厚帆布覆盖的保温措施,保证环氧沥青混合料符合到场温度要求;设专人对到场车辆进行清理,保证施工界面清洁度
3	摊铺工艺	合理、科学的分幅;结合产能,确定摊铺速度;保证连续、匀速摊铺
4	碾压工艺	通过试验段确定碾压组合;合理的碾压遍数及碾压功
5	养生	全封闭养生;保证足够的养生天数;制作同环境、同条件养生试件,确定开放交通时间

针对环氧沥青混合料,还有以下几方面需要进行单独控制:

(1)环氧沥青混凝土拌和机沥青计量系统的精度控制

以往拌和机沥青计量系统通常采用流量控制,在温度波动下,流量偏差较大,环氧沥青主剂和固化剂两种组分比例得不到有效的控制。

措施:环氧沥青主剂与固化剂采用固定质量桶装存放,可以通过添加固定质量的环氧剂,计算出石料的质量,将数据设置在拌和机石料称重系统中,并安排专职人员及监督人员进行投放。本方法可以保证混合料比例误差100%控制在设计范围内,已在工程施工中得到验证。

(2)环氧沥青混凝土摊铺中减少"死料"的控制

容留时间是环氧沥青混凝土不同于普通沥青混凝土的特性。在持续摊铺3～4h的情况下,虽然设专人对螺旋布料器及料斗中的"死料"进行清理,但难免有部分结团、结块的"死料"混入铺装层,导致铺装表面出现坑槽、麻面等影响铺装质量的现象。

由于本项目拌和站距离前场较近,需要控制混合料最早摊铺时间,一般为生产后40～150min内完成摊铺碾压,过早过晚都不行,因此车辆与摊铺的衔接需要重点考虑。

措施:

①安排专人对运输车辆进行清理,每次装料前将车厢内剩余混合料清除;

②车辆进入施工现场前进行清理,严禁车辆粘废料进入施工现场,影响施工质量;

③严格控制出料温度和容留时间,在规定时间内摊铺;

④摊铺机接料斗前安排专人随时对接料斗内的混合料进行清理,保证每车新料摊铺前,接料斗内没有剩余的混合料;

⑤通过计算(运料车从出场到开始摊铺时间含出料时间、盖帆布时间、运输到现场时间、测温清理料车时间、到摊铺机前时间、揭帆布时间、摊铺开始储备2辆料车时间、运输距离随摊铺机前进而节省的时间),得出运料车从出场到开始摊铺的时间为50～80min,满足40～150min内完成摊铺碾压时间要求,摊铺机在匀速前进的情况下,做到运料车随到随铺。

(3)伸缩缝边缘处与两侧护栏处碾压的控制

由于伸缩缝高于环氧沥青混合料碾压后的高度,加上两侧护栏对压路机的影响,正常碾压时会有碾压不到的环氧沥青混合料,从而造成压实度不足,导致日后雨水下渗,对后期正常使用产生质量影响。

措施:

①安排管理人员专盯边部碾压,并负责指导压实。

②备好小型人工振动夯紧跟摊铺机对不密实处进行夯实。

③在涂刷黏结层时,注意边部下渗情况,下渗较多部位再次补涂,直至获得良好封水效果。

④在沥青混凝土SMA13摊铺完成后,在中央分隔带两侧白色实线标线范围喷洒改性乳化沥青进行封水,喷洒遍数及用量通过现场做渗水试验确定。

对环氧沥青中央分隔带部位施工的建议:由于两基座间无限位钢板,中央分隔带边部EA10碾压后会出现塌肩,导致环氧沥青混合料EA10厚度及压实度受到影响。将铺装层EA10、SMA13统一施作预留缝,用槽钢或木条利用基座进行边侧限位,保证中央分隔带边部EA10的压实度及厚度。后期采用中央分隔带铺装材料对预留缝部位进行统一铺装,与行车道铺装材料结合成整体。

⑤为了避免环氧沥青混合料在碾压时粘轮,由专人对碾压设备轮胎涂刷隔离剂,隔离剂会不可避免地附着在混合料压实后的表面,对两层沥青混凝土间的黏结力产生一定的影响,从而影响施工质量。

本项目将在试验段中划分区域对隔离剂进行处理,取样进行黏结力的检测。对比打磨、冲刷及不处理对黏结力产生的影响,在主桥铺装时采取相应的处理措施,最大限度地避免隔离剂对黏结力的影响。

(4)拌和机粉尘污染控制

拌和机粉罐在生产过程中会产生粉尘,从而造成环境污染。本项目在拌和机粉罐上安装粉罐顶部除尘装置,粉尘会在粉罐内被布袋收集,通过除尘装置的定时振动,让布袋收集的粉尘重新掉下来,重复利用,并保证粉尘不会从罐内跑冒,避免粉尘对周边环境的污染。

(5)环氧沥青混合料温度控制

根据环氧沥青的特性,温度是环氧沥青混合料能否铺装成功的关键因素。在以往工程实践中,通常多盘料拌和完成后直接装入运输车,但往往每车料其中的一两盘料会出现温度及外观偏差导致摊铺完成的沥青混合料产生质量隐患,出现早期破坏。

为保障环氧沥青铺装质量,本项目将针对每盘环氧沥青混合料进行温度及外观控制,设计并安装出料口移动小车,移动小车安装在出料口下方,装载能力满足每盘混合料的下料质量及冲击力,由专人对移动小车内的混合料进行温度及外观检测,形成记录。混合料如满足施工要求,小车将沿导轨向前移动至运输车上方,将混合料装入车内;如不能满足设计及规范要求,将予以废弃。

通过以上步骤,细化了对环氧沥青混合料出料的质量控制,避免了因一盘料不合格而废弃整车料的情况发生;避免了摊铺完成混合料因出场温度(容留时间计算偏差造成的"死料")不符合要求而返工的情况发生。

第四篇

控制篇

悬索桥施工需要进行大量的施工测量和监测测量,悬索桥自身的结构特点和施工特点决定了其测量内容和方式也具有一定的特殊性,具体如下:

首先,悬索桥的桥型结构易受温度、风力、索塔偏位等因素影响,因此大量的测量工作需在夜间温度稳定、温差小、风力小的时段进行,并且悬索桥结构的敏感性导致施工过程中在观测的同时,还需要精确测量气压等环境参数,用以修正观测所得的测量数据。

其次,悬索桥通常具有跨径大、高差大的特点,因此所有的测量数据必须归算至同一水准面(大桥设计高程面)上。

再者,棋盘洲长江公路大桥建于长江上,测量条件恶劣,为了确保通视及测量精度,在两岸桥区应适当加密控制点;悬索桥结构特别是缆索部分随着施工的推进,有的部位的空间位置会发生很大的变化,因此,自布设控制网开始,应考虑其通视情况。

最后,监控测量是悬索桥施工的重要环节,并且在运营阶段仍然发挥着重要作用,因此建设初期就必须对棋盘洲长江公路大桥的监控测量提前策划设计,提出监测方案,方案必须具有系统性、连续性、实用性。

测量是工程建设的"眼睛",大规模、高要求的工程建设离不开高精度的测量工作,而测量工作的基准布设在地面稳定、高精度且方便施测的测量控制网上。

主桥测量控制系统　24

24.1 施工测量内容及方法

悬索桥施工测量主要包括索塔施工测量,锚碇施工测量,索塔、锚碇竣工测量及沉降监测,索鞍安装测量,猫道施工测量,主缆架设测量,索夹安装测量,钢箱梁架设测量,成桥线形测量等。重点是保证索塔塔柱、索鞍、主缆、吊索外形几何尺寸、平面位置、高程等。

测量方法:施工中平面位置主要采用全站仪,高程采用全站仪三角高程法和水准仪配钢尺测距法。

24.2 测量布控

24.2.1 施工控制网布设

施工控制网由平面控制网和高程控制网两大部分组成,控制点的选择主要取决于"适用性"和点位稳定、满足施工放样、通视较好和便于加密,根据施工地区环境条件进行点位选择。

(1)平面控制网布设

平面控制网采用 GNSS 卫星定位静态测量的作业模式,按《全球定位系统(GPS)测量规范》(GB/T 18314—2009)的主要技术要求进行首级施工控制网测量,并采用徕卡 TS50 全站仪三边测量检测 GNSS 测量成果。

GNSS 卫星定位外业观测选择 GDOP 值小且在时段内稳定、卫星方位分布合理、卫星数多的时间段进行,及时进行观测数据处理、质量分析以及 GNSS 控制网严密平差计算。

(2)高程控制网布设

为方便施工和考虑点位精度将水准点和平面控制点统一,组成一个高程控制网。二等高程控制网采用天宝 DINI03 数字精密水准仪,按《工程测量规范》(GB 50026—2007)二等水准的主要技术要求进行陆地高程控制网测量。跨江水准测量采用徕卡 TS50 全站仪,按《工程测量规范》(GB 50026—2007)、《国家一、二等水准测量规范》(GB/T 12897—2006)二等水准的主要技术标准进行测量。四等高程控制网采用苏州一光仪器有限公司 DSZ1 自动安平水准仪,按《工程测量规范》(GB 50026—2007)四等水准的主要技术要求进行陆地高程控制网测量。

24.2.2 控制网加密及加固措施

根据测量控制需要、施工工艺以及现场情况,按《工程测量规范》(GB 50026—2007)有关要求,分阶段合理布设控制网加密点。加密点布设按照与施工控制网相同的测量精度进行,加密控制点必须报监理工程师批准后方能投入使用。

为了保证控制网的整体质量,必须对控制点采取一套加固措施。对于加密点,在不影响精度的前提下,点位尽量远离可能干扰测量的物体。在选取的加密点开挖基坑,并对其位置进行仔细考虑,基坑的开挖尺寸为 $0.5m \times 0.5m \times 0.7m$,先将块石混凝土浇筑完成并振捣密实,再将观测标志埋入混凝土中。

24.2.3 控制网复测时机和频率

为了减少大气折光等不良因素对测量精度的影响,宜选择在目标成像清晰稳定的阴天时间作业,观测过程中严格遵守有关操作规程,严格控制观测限差。

施工过程中,应对控制网(点)进行不定期检测和定期复测,定期复测周期不应超过 6 个月,当发现控制点的稳定性有问题时,应立即进行局部或全面复测。

24.3 测量控制方案

自然环境对上部结构施工影响较大,上部结构施工期间,对施工精度造成影响的主要为江面折光及强光、热气流折光等。对于上述影响,施工测量尽量安排在 5:00—10:00,16:00—19:00 进行,避开强光、热气流。背光方向测设施工点位,减小江面折光,在选取测站点时,尽量安排在距离施测点较近的控制点上。

24.3.1 索塔施工测量

根据棋盘洲长江公路大桥主桥首级二等控制网、控制点的平面位置与南索塔的平面关系,进行局部施工测量和控制点加密。索塔基础平面位置控制可采用全站仪自由设站法加密。自由设站法的基本原理是将全站仪架设在加密控制点上,测量加密控制点至两已知控制点的距离,并测量加密控制点与两已知控制点的夹角,然后利用正弦定理计算三角形内角,最后计算加密控制点的坐标。其实质上是边角联合后方交会法测量,为保证精度,边角测量应按《工程测量规范》(GB 50026—2007)中二等平面控制测量边角网的技术要求进行(距离观测进行温度、气压改正,每条边进行对向观测),且要求测站点与两控制点夹角为45°~135°,三角形任一内角不小于30°。

塔柱施工放样前,要对两岸的放样成果进行联测,以确保两个索塔之间的跨径及平面位置误差满足规范及设计要求。

根据施工设计图纸以及索塔施工节段划分和塔柱倾斜角度,计算出不同施工节段塔柱断面的四个角点坐标和高程。计算结果需经两人以上复核确定无误后才能使用。

(1)索塔平面位置控制

平面位置控制采用徕卡TS09全站仪(精度1s)三维坐标法。具体操作:将全站仪架设在已知控制点上精确对中、整平、量取仪器高度后,在全站仪操作界面输入仪器高度。进入全站仪放样程序,输入测站点三维坐标,然后输入后视点三维坐标,仪器十字丝照准后视棱镜进行定向(其后视边长应大于放样边长),再利用相邻控制点进行复核,确认架设位置及控制点无误后输入待测点三维坐标,照准待测点棱镜,利用全站仪内部软件算出测站点与待测点距离和方位角,转动全站仪直到方位角为0°,对准棱镜实测距离,正号为后退,负号为前进,直到距离为2~3mm才可以确定待测点位置。

影响测点精度的因素主要有对中、目标偏心、目标照准、大气折光等。为了控制好测量精度,将选用一天内温度较为稳定的时间段进行索塔施工测量。如果是夏天施工,温度过高时测量时间为日出至9:00,16:00至天黑,阴雨天可进行全天测量,若冬季施工可全白天施工。选此时间段主要是为了避免温度过高带来的影响(根据具体情况对待)。在测量放样时要注意:仪器按周期进行检定,在安置仪器时检查四个方向的点位对中、水准器整平是否一致。经常校正棱镜对中杆、水准器。

(2)索塔高程控制

按设计及相应规范要求,在承台与塔座顶面分别埋设有多个沉降观测点,选取其中稳定的点作为塔柱施工测量的高程起算点,高程起算点通过二等跨河水准精密测定(高程起算点应定期复核);随着塔柱施工进展,应及时向上进行高程传递,塔柱高程传递采用全站仪三角高程法。

全站仪三角高程法具体操作:在距已知点和待求点相同距离的地面区域,选择稳定性良好且便于观测的地方架设全站仪,分别对地面已知点和待求点进行测角、测距,观测时要求正倒镜观测,距离观测四个测回,角度观测两个测回,同时使目标影像处于竖丝附近,且位于竖丝两侧对称的位置上,以减小横线不水平引起的误差影响。待求点和已知点棱镜应采用同型号等高对中杆(有刻度),因测站点至两水准点距离基本相等,外加对向观测,相互基本消除大气折光和地球曲率影响,且不用量测仪器高。两点间的高差由以下公式计算。

$$h = D_1\sin\alpha - D_2\sin\beta + v_2 - v_1 + \left(\frac{D_1^2\cos^2\alpha - D_2^2\cos^2\beta}{2R}\right)$$

式中:h——测站点至觇标点的高差(m);

D_1、D_2——测站点至觇标点的斜距(m);

α、β——观测的垂直角;

v_1、v_2——觇高程(m);

R——参考椭球平均曲率半径(m)。

(3)塔柱放样

塔柱第一节模板底口放样:当塔座施工完毕后,用水平仪按设计高程将第一节模板底与塔座接触面超平;用全站仪在塔座顶面上放出第一节模板底口四个角点的设计位置,四个角点放样后由现场技术人员用卷尺分别量出四个边距离并与设计距离对比,长度误差必须在规范范围内才能进行模板安装。

各节模板顶口放样:首先在模板角点对应位置处的劲性骨架外缘临时焊接水平角钢,角钢高出该节模板顶口约10cm,再根据仰角情况选择适当的索塔施工控制网点,用全站仪三维坐标法在角钢上放出该节点模板顶口四个角点设计位置。

根据模板底口的墨线边框和设计混凝土保护层的厚度,对钢筋采用尺量定位。

(4)塔柱模板检查及校正

塔柱模板平面位置检查校正方法:塔柱模板为定型模板,采用全站仪三维坐标法对塔柱模板四个角点进行放样,如果某个角点不能直接放样定位在模板上,可根据已测定好的点按照相对几何关系,使用钢尺按长边交会法测定。根据放样的角点定出塔柱的理论轴线,与模板的实际轴线进行比较,检查模板顶实测高程与设计高程,如果模板轴线、高程与设计值误差超出规范允许范围,需要调整模板,重复上述工作,直至将模板调到设计位置。塔柱模板检查只对外模板顶口的平面位置和高程进行检查,施工人员根据已定好的外模板位置进行内模板定位。

塔柱受日照、温度、风力等因素的影响会产生偏移,具体数值需要对塔顶进行连续不间断的观测,时间不少于48h。对所获取的数据进行分析,找出塔顶稳定性最好的时间段,确定后期测量工作的时间段。

24.3.2 锚碇施工测量

由于锚碇施工范围外都是民房,导致在首级控制点上架设仪器通视条件受限,因此对首级施工控制网进行加密处理。

南锚碇根据首级控制点的分布,利用测站及加密点,根据通视情况,平面位置采用GNSS测量,高程采用电子水准仪测量。加密网测量技术标准按二等控制网标准执行,经计算知加密点精度满足各项限差要求后方能使用。

锚碇施工放样采用全站仪三维坐标法进行,高程用吊钢尺法校核。需要注意的是,在锚碇基础施工期间,布设在基坑周围的控制点是不稳定的,将全站仪自由测站法和三维坐标法相结合进行施工测量放样,可以很好地解决这个问题(相当于在每一次施工测量放样前对所用测量控制点进行了一次快速检测)。整个锚碇施工测量的重点在于锚杆的安装调整,其施工顺序为支架安装→后背梁安装→锚杆安装,支架作为后背梁、锚杆的支撑体,其安装精度要求是很高的,中心线偏位限差为10mm,平联高程限差为−2mm、5mm。后背梁与锚杆之间用螺栓连接,因此,后背梁的安装直接决定了锚杆的精度。后背梁支承底座的位置、倾斜度和高程调整好后再安装后背梁,后背梁的各项几何参数必须经多次复核、检查无误后才能与支承底座焊接。锚杆的安装按照由下而上的顺序进行,每根锚杆的位置、高程、倾斜度都是不同的,一般根据设计资料计算出锚杆顶面中心线的空间线性方程,以锚杆顶端中心为基准进行调整。锚杆对其各相应主体座板偏差为5mm,锚杆顺直度为拼接处矢高小于5mm,无折线和扭曲现象。

24.3.3 索塔、锚碇竣工测量及沉降监测

索塔、锚碇竣工测量方法:
①采用精密全站仪以三维坐标法测量索塔和锚碇的里程、中线和高程。
②采用精密全站仪以直接测距法测量南北塔的跨径和间距。
沉降监测方法:
采用电子水准仪,按二等水准要求,对索塔、锚碇基础顶面的沉降监测点进行定期观测。

24.3.4 索鞍安装测量

(1)主索鞍安装测量
主索鞍位于索塔顶,主要由鞍座和鞍体两部分组成。
①索塔鞍座安装测量。
索塔空缆状态下北岸及南岸主索鞍需向边跨预偏,索塔鞍座安装前,采用天宝DINI03数字精密水准仪进行测量,精准校核鞍座底板四角高程,全站仪校核鞍座安装线。当索塔鞍座具备安装条件时,选择在天气好且气温稳定的夜间测量放线,以消除天气变化对塔位的影响。鞍座通过坐标和高程定位,平面位置采用全站仪三维坐标法测量,高程控制使用精密水准仪,以满足定位精度要求。将鞍座底板上的纵横轴线对准鞍座设计轴线,就位后进行平面和高程校核,发现偏差及时纠偏,直至满足精度要求,完成索塔鞍座定位。

在安装前、安装时、安装后需对索塔变形进行监控监测。由于鞍座底板安装精度直接影响主索鞍安装精度,且安装精度要求较高,故鞍座调平采用天宝DINI03数字精密水准仪进行测量,保证平整度控制在1.0mm。
②主索鞍安装测量。
每个鞍体分两部分安装。安装前对鞍座进行校核,安装后测量计算鞍座顶面高程并进行校核,最终高程计入索塔沉降和温差的影响。
主索鞍安装测量检查项目如表22-7所示。
(2)散索鞍安装测量
散索鞍安装包括鞍座安装、鞍体安装两部分。散索鞍安装前,需对锚碇进行位移观测,报送锚碇长期观测变化数据。
①散索鞍鞍座安装测量。
鞍座位于散索鞍墩斜顶面上,采用吊装门架安装。鞍座平面定位采用全站仪,先对底板的纵、横轴线精确测量放样(按制作厂家提供的轴线样冲眼为记),然后在斜面上精确测放出设计所定的理论底板轴线,并做好标记,最后在标记处焊上限位装置。采用精密水准仪进行高程控制,将其调到设计允许偏差位置,最终将鞍座的平面位置和高程调到设计允许偏差范围内。散索鞍鞍座及鞍体安装精度主要由鞍座安装精度来确定。

②散索鞍鞍体安装测量。

散索鞍鞍体呈狭长状,与底座相连后可纵向摆动,且空缆状态下向锚跨侧倾斜一定角度,吊装前在散索鞍墩侧面搭设吊装支架,使散索鞍呈空缆状态倾斜放置。正式吊装前,在散索鞍上以制作单位提供的测量标志点作引申测量点,吊装过程中,根据测量精确控制散索鞍的倾斜角,保证散索鞍重心位置满足吊具的技术要求。若悬挂鞍体与规定的倾斜角有较大偏差,调节卷扬机提升速度,使散索鞍倾斜角满足设计和吊装要求。当散索鞍底面达到设计要求位置时,停止起吊,并向内移至缆索中心线处。安装结束后,选择温度稳定的时段,采用全站仪测量鞍座顶面高程点引申线。保证散索鞍安装各项偏差均在规范范围以内,再进行加固。

散索鞍安装测量检查项目如表22-9所示。

③散索鞍约束解除测量。

散索鞍约束解除是指主缆架设到一定阶段后,将散索鞍的加固设施割除。经监控和设计计算,其解除后鞍体将向锚体方向偏位。采用百分表进行观测,方法为在散索鞍支墩平台上利用型钢搭设稳定基础,将百分表安置在基础上表面,一端固定,有探针的一端与散索鞍鞍体接触,约束解除后直接在百分表上读数。

在地面控制点上架设全站仪,采用三维坐标法对鞍体精确定位,控制好预偏角度。

24.3.5 猫道施工测量

在猫道施工前,收集锚碇、索塔和散索鞍、主索鞍竣工测量资料。包括各主索鞍、散索鞍的里程、中线和高差,并对索塔进行连续24h变形监测。收集索塔及锚碇的位移与沉降监测数据,并将此项监测贯穿上部结构施工全过程。以上数据,是上部构造施工监控计算和变形监测的重要依据和原始数据,必须在上部构造施工前准确采集。

(1)猫道架设测量

首先进行索塔偏位测量。观测方法:选择温度稳定,索塔受日照、风力影响很小的时间段,采用徕卡TS50全站仪正倒镜精确测出塔顶原固定测点的三维坐标(对索塔的变位观测,在猫道架设前、架设中、架设后都要进行)。

(2)调整方法

猫道调整顺序根据现场实施方案确定,先主跨后边跨。测量索塔、散索鞍支墩位置,确定各跨跨径,计算各跨各条猫道承重索高程,猫道承重索相对垂度控制在3~5cm。

24.3.6 主缆架设测量

(1)观测条件

索股垂度调整分为基准索股调整和一般索股调整两种。索股的垂度调整一般选择在温度稳定、风力较小、成像清晰的夜间进行,调整前须进行温度及索塔塔高、塔偏等的测量。观测时间段根据施工监控要求确定,索股温度由监控部门采集。

(2)温度测量

精确的索股架设离不开准确的温度测量。温度测点沿纵向布置,锚碇、边跨跨中、塔顶、主跨跨中共7个测点,每个测点测量上下左右四面温度,取平均值作为测量断面温度,温度测点布置见图24-1。

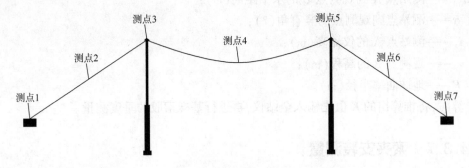

图24-1 温度测点布置图

(3)基准索股垂度测量

在具备观测条件后,采用EDM三角高程法测量基准索股垂度。主跨采用徕卡TS50全站仪,在控制点上观测索股测点上设置的棱镜,观测两测回,取其平均高程得上、下游单根基准索股的垂度。采用同样方法进行边跨上、下游基准索股垂度测量。为保证上、下游基准索股的相对高差符合设计要求,连续观测不少于3d,观测误差均在监控设计与规范允许范围内。取3d的测量数据的平均值作为基准索股的最终高程,如全部结果都未超过允许偏差的范围,第一根索股(基准索股)垂度即调整完成。

(4)基准索股的垂度监测

当一般索股架设到一定数量后,需要对第一根索股(基准索股)进行监测。因基准索股上表面已经无法再进行测量,故采用倒杆法对基准索股进行测量。倒杆法操作简便,其是将短对中杆的气泡由正向装配变为反向装配,使短对中杆气泡居中且保持垂直状态。在观测时将仪器中的棱镜高输入为负棱镜高,进行垂度测量,再加上对应的半径(半径要经过水平倾角改化)即可得出基准索股的垂度。

(5)提高基准索股垂度测量精度的方法

为了提高测量精度,需考虑大气折光系数 K 值。测量区域存在大面积水域时,K 值的方向性就更加明显,受气象及环境影响,同方向的 K 值在不同时段也存在较大差异。为了进一步提高基准索股垂度的测量精度,在每次垂度观测前,先进行观测方向的单向三角高程测量,反算出此方向的 K 值,再在后面的观测中对观测数据进行两差改正。

大气折光系数 K 值的计算如下:

例如在控制点A观测主跨跨中垂度B点,首先进行单向三角高程法测量,再利用单向三角高差公式:

$$h_{AB} = S_{AB}\tan\alpha + i_A - \nu_B + \frac{1-K}{2R}S_{AB}^2$$

反推出此方向的 K 值:

$$K = \left(S_{AB}\tan\alpha + i_A - \nu_B - h_{AB}\right)\frac{2R}{S_{AB}^2} + 1$$

式中：h_{AB}——测站点 A 到观测点 B 的高差(m)；
　　　S_{AB}——测站点 A 到观测点 B 的水平距离(m)；
　　　α——测站点到观测点的竖直角(°)；
　　　i_A——测站点 A 的仪器高(m)；
　　　ν_B——观测点 B 的高程(m)；
　　　R——地球曲率半径(m)。

计算时，将推算出的 K 值先输入全站仪，再进行基准索股的垂度测量。

24.3.7　索夹安装测量

索夹的定位在悬索桥施工中是相当重要的一个环节，索夹位置的准确度将影响结构的受力状态。因此，必须在施工过程中采取最佳的测量放样方法，精确放样出各个索夹的位置，以确保索夹位置满足设计要求。

(1) 索夹放样前数据收集

主缆施工完成后，收集主缆线形、各跨跨径、索鞍预偏量等数据。

(2) 索夹放样数据准备

主缆施工完成后，进行预紧缆、紧缆工作。待其完成后进行主缆线形、南北塔顶高程、主索鞍预偏量、塔偏等测量，并适时测量索温，为索夹位置的精确计算和测量放样提供依据。

索夹放样之前，必须进行坐标换算，为测量放样准备数据，索夹位置采用全站仪进行放样。索夹位置放样的数据计算主要包括两部分内容：一是由设计单位、监控部门提供在空缆状态下吊索中心线与主缆中心线的交点在不同温度下索夹中心位置坐标，内插计算天顶线索夹的中心坐标。二是根据监控单位、设计单位提供的每个索夹所在位置的水平倾斜角，计算每个索夹天顶线上对应温度下的距离。对于第一部分，根据实测的当前工况下主缆空缆线形计算得出。实际操作中，需考虑跨径、温度变化，对已计算的理论状态下的坐标进行修正。

(3) 索夹现场放样

因为夜间主缆顺桥向和横桥向温度差、主缆内外温度差以及左右幅主缆间温度差较小，主缆不发生扭转，故测量放样选择在风小和夜间温度稳定时段进行。由于索夹数量多，故白天沿主缆曲线把索夹的粗略位置在主缆上做临时标记，夜间在测量条件允许的情况下，进行精确放样。对中跨索夹放样时，每隔1h测量一次温度，再按此温度内插进行放样。根据内插计算的坐标和高程，沿天顶线量距，确定出索夹两端边缘位置，为了便于索夹安装，在边缘线外10cm的地方做参考标志。

(4) 索夹放样位置校核

在索夹放样完成后，采用钢卷尺量距校核相邻两索夹的间距。

24.3.8 钢箱梁架设测量

钢箱梁安装阶段必须对主梁线形、桥轴线、索塔变形以及基础沉降等进行测量,及时采集完整、可靠的数据,为施工控制提供决策依据,掌握结构实际状态,防止施工中的误差积累,保证成桥线形和结构安全。

(1)钢箱梁吊装过程中主索鞍鞍座顶推量的监控

主索鞍鞍座的顶推是随着钢箱梁吊装的进程而逐渐进行的,其每一次的顶推量都是由监控计算给出的,因而每一次顶推时,都必须对该次顶推量进行监控。监控的方法以设置在索塔顶面横桥向上的监测点为依据,通过量取索塔横桥向轴线(监测点)到主索鞍鞍座几何中心(主索鞍鞍座的接缝中心)的距离,确定主索鞍鞍座的偏移量,从而实现对顶推量的监控。

(2)钢箱梁架设过程中主梁线形的监测

主梁线形监测的目的,是观察已吊装梁段的线形是否与当前工况下的监控计算高程相吻合,以预测和调整主梁成桥后的线形。拟采用全站仪三角高程法进行测量,在风力较小和温度变化小的时间段内完成监测。

(3)主梁架设过程中梁段中线的监测

主梁架设阶段主要监测已吊装梁段的中线,观察钢箱梁的焊接是否引起钢箱梁中线的变化及钢箱梁焊接后的梁段中线是否与设计桥轴线方向相吻合。可通过在索塔横梁上设置的桥轴线方向点,采用全站仪视准线法,监测梁段中线的偏位情况。

(4)钢箱梁架设过程中索塔及散索鞍位移的监测

①索塔位移监测。

每段梁的吊装都会引起索塔发生较大的位移,每段梁吊装前后必须对索塔位移进行监测,为结构安全提供预警,以及为监控计算提供数据支持。

②散索鞍位移监测。

在每个散索鞍的顶面横桥向轴线上设置一个监测点,根据地面控制点,采用坐标法测量散索鞍的位移,此项变形监测的初始值,在上部构造施工前测定,此后根据施工进展,定期对散索鞍的位移进行监测。

(5)钢箱梁安装测量

钢箱梁安装阶段,定期测量主缆线形及两塔塔顶偏位,为后续钢箱梁安装提供依据。

在钢箱梁架设过程中,以索塔侧面高程点为高程基准。采用精密水准仪对每片钢箱梁上待测高程点进行监测,以全站仪三角高程法为复核手段。采用全站仪进行平面测量,并将测量结果上报监控及设计单位,为分阶段顶推主索鞍提供依据。

24.3.9 成桥线形测量

(1)主缆线形测量

在地面控制点使用全站仪对主跨1/4、1/2处以及两边跨1/2处位置主缆高程进行测量。

(2)主梁线形测量

每对吊索断面观测4个点,左右半幅各布设2个点,以便横坡和纵坡的计算。

将控制网高程转至索塔上,使用自动安平水准仪观测各测点高程,按四等水准测量的精度等级进行观测(或者在两岸地面控制点上架设全站仪进行三角高程测量),观测时每半小时记录空气温度和钢箱梁表面温度,并尽可能在夜间或阴天观测。

(3)索塔和主索鞍位置及跨径测量

测量两塔塔顶上主鞍座横桥向轴线的里程,并与设计里程比较,以预测主鞍座在成桥时顺桥向的偏位情况;测量各索塔顶几何中心的坐标,并与设计坐标比较,以预测成桥时索塔顶的偏位情况;用全站仪测量索塔左右幅和桥轴线的实际跨径,并与设计跨径比较,以预测成桥时跨径的偏差情况;采用三角高程法,测量索塔的高度,并与设计高度比较,以预测成桥时索塔高度的偏差情况。

(4)散索鞍位置测量

测量南北锚碇上散索鞍鞍座横桥向轴线的里程,并与设计里程比较,以预测散索鞍鞍座在成桥时顺桥向的偏位情况。

上部结构施工控制　25

大桥主桥是以钢结构为主体的钢箱梁悬索桥,其主要构件制作均在工厂内完成,所用材料特性和制作质量相对稳定,施工监控方法宜采用无应力构形控制法,即通过控制工厂制作构件的无应力尺寸,结合现场安装的局部无应力线形控制和连接尺寸控制来达到大桥几何构形控制的目标。

结合无应力构形控制思想,针对大桥施工中误差的修正控制采用自适应控制方法。自适应控制法中,自适应指施工工况下相关结构参数的识别与预测,以及后续施工工况控制的优化及调整。

自适应无应力构形控制法也需进行设计参数(或称计算参数)的识别、预测和控制参数的优化、调整。当结构阶段目标出现超出允许的偏差时,进行参数误差的识别与预测,并通过对后续节段无应力安装构形进行调整使结构的线形和内力达到设计目标。

25.1 监控目的、目标、内容与方案

25.1.1 监控目的

大桥主桥为单跨双铰简支钢箱梁悬索桥,采用先缆后梁,加劲梁从跨中向两侧铰接安装的传统施工工艺。

考虑到施工现场环境条件复杂,施工过程中桥跨结构体系不断发生变化,施工临时荷载和环境因素对桥跨结构体系的安装线形影响显著,在最终的加劲梁逐段刚接过程中,需要以调整线形为主要目标,同时兼顾施工临时荷载对加劲梁受力安全的影响。因此整个过程中,施工监控的难度较大。

本项目施工监控的目的:通过对关键工艺和重要工序的严格监测和控制,准确给定构件制作无应力长度、及时调整主缆无应力安装的控制线形和吊索的安装长度,优化施工方案和施工工艺,简化施工流程,确保主梁刚接精度,消除可能对结构安全和施工安全产生影响的不利因素,使成桥后的结构线形和内力满足设计要求。

25.1.2 监控目标

①主缆基准索股的架设精度宜控制在以下范围：中跨±40mm，边跨±30mm；空缆时主缆线形的高程误差±60mm。

②成桥后主缆主跨跨中高程逼近设计状态，矢高误差小于±L/10000（L为主跨跨径）。

③成桥后钢箱梁的线形平顺，纵坡误差不超过理论值的3‰。

④成桥后主缆索股锚跨张力均匀，单根索股索力最大偏差不超过平均值的10%，误差的均方根不超过均值的5%。

⑤成桥后吊索力逼近设计状态，单吊点吊索力最大误差不超过设计值的10%。

⑥成桥后索塔和钢箱梁应力分布合理，达到设计要求。

⑦架设阶段应确保主缆和钢箱梁线形、索塔偏位等与理论计算值相近，以保证施工过程中各结构构件的安全；施工过程中和竣工后结构内力状况满足设计要求，结构的整体变形、线形、位移达到设计要求。

⑧控制及监测精度达到施工控制技术的规定。

⑨精度控制和误差调整的措施不对施工工期产生实质性的不利影响。

25.1.3 监控内容与方案

悬索桥的主要受力部分是锚碇、塔、主缆及钢箱梁结构，每一部分的施工状态和应力、应变及沉降状态都可能对成桥受力和线形产生影响，故对于悬索桥的关键部位和可能产生重大影响的部位，必须进行严格的监测与控制。

根据大跨度悬索桥的特点和其他大桥监控的经验，大跨度悬索桥的监测与控制内容从总体上看包括三个方面：监控计算、监控测试（力学测试，如应力、应变等；物理测试，如时间、温度等）、监控测量（几何测量、位移测量）。这三个方面是施工监控体系中最重要的内容，三者相互关联。

监控计算是对施工过程的跟踪仿真计算，监控测试与监控测量是获得监控计算参数的直接手段，是在施工测试与测量基础上增加的工作。

1. 施工控制参数

（1）结构状态参数

施工监控的目的是使实际施工结构最大限度地逼近设计状态，表征这个状态的参数称为结构状态参数。结构状态参数是指通过施工将各构件安装架设形成结构后，该结构处于施工环境下的内力（应力、应变）和线形（位移）。不同的桥其值有所不同，不能根据规范取得理论值，而是要由监控计算获得数据。

由于成桥状态是设计的最终状态，因此必须选取成桥结构状态参数作为施工控制参数，包括内力状态参数和线形状态参数。监控的目的就是通过监控计算、监控测试和监控测量，使最终实际成桥结构状态参数逼近设计成桥结构状态参数，同时保证结构在施工过程中的安全和相关指标的精度,防止各种指标超限。考虑到监测的代价,一般的参数只需要施工测量并连同监理工程师检查验收即可,只有较重要且复杂的参数才进行监测,即除了施工测量外,还要监控或者由第三方验证测量;另外,根据参数的重要性和监测的复杂程度以及监测参数间的相互关系,不同的参数也要采用不同的监测频率。

①划分重要等级。

实际施工时,考虑到测试代价,并不需要对所有的结构状态参数进行监测,而只对重要的参数进行监测。根据结构状态参数的重要性、监控经验和分析结果,列出了各构件结构状态参数的重要等级(表25-1)。对于采用铰接法施工的钢箱梁,施工阶段的应力很小,没有安全问题,其重要等级赋予最低的1级;裸塔线形影响索塔的垂度,主要由浇筑确定,项目经理部准确的模板定位放样测量即是有力的保证,其重要等级赋予2级;本桥吊索纵向容许偏角较大,加之端部为长吊索,因此吊索的垂度显得不太重要,其重要等级赋予2级;其余参数作为施工控制最重要的指标,其重要等级是最高的,为3级。

结构状态参数及其重要等级 表25-1

结构构件	参数名称	重要等级	测试仪器或元件	监测方式
索塔	裸塔线形	2	全站仪	监理,施工测量
	应力	3	应变计、采集系统	监控测试
	塔顶偏位	3	全站仪	监理,施工测量,监控测量
	高程变化	3	全站仪或者钢尺	监理,施工测量,监控测量
吊索	索力	3	加速度传感器、弦振式索力仪	监控测试
	垂度	2	全站仪	其他指标判断
索夹	安装位置	3	全站仪、钢尺	监理,施工测量,监控测量
	滑移	3	钢尺	监理
散索鞍	预偏角	3	全站仪	监理,施工测量
	偏转角	3	全站仪	监理,施工测量,监控测量
鞍座	预偏量	3	全站仪	监理,施工测量
	顶推量	3	钢尺或者全站仪	监理,施工测量
主缆或索股	线形	3	全站仪	监理,施工测量,监控测量
	锚跨张力	3	加速度传感器、弦振式索力仪	监控测试
钢箱梁	线形	3	全站仪、水准仪	监理,施工测量,监控测量
	梁长	3	全站仪	监理,施工测量,监控测量,加工及环焊控制
	应力	1	表贴式弦式应变计、采集系统	监控测试
桥面	线形	3	全站仪	监理,施工测量,监控测量

②确定监测频率。

根据该桥的特点,给出了结构状态参数的监测频率。对于重要等级为1级的结构状态参数,将不再进行监测;吊索垂度是由索夹位置和钢箱梁累计长度确定的,只要索夹放样位置准确,钢箱梁各段梁长也满足要求,吊索垂度自然满足要求,因此也不进行监测。

钢箱梁梁长是确保伸缩缝伸缩量和端部支座活动量以及吊索垂度满足要求的重要指标,但是由于加工单位在厂内严格按总拼线形进行预拼,并在现场进行严格的环缝焊接收缩量控制,钢箱梁梁长参数就不必高频监测,只在钢箱梁焊接完成后测量一次并作为检验加工单位制造水平的指标和质检要求指标,监测频率为1;裸塔线形、鞍座预偏量和顶推量、散索鞍预偏角是一个放样指标,且其测量方法简单,精度也容易得到保证,监测频率为1;索夹滑移通过监理检查标记即可确认,监测频率为1;桥面线形是由钢箱梁线形决定的,是桥梁的最终状态,监测频率为1。

对于混凝土索塔,由于混凝土本身的力学特性,单靠索塔的应力监测很难反映索塔截面的应力水平,索塔应力的实测值与理论值的差异也不可能达到误差分析或参数识别的要求,实际操作时往往将索塔的计算控制应力所对应的控制弯矩换算为塔顶偏位,通过控制塔顶的偏位来保证索塔的安全性。基于上述原因,虽然索塔应力的重要等级很高,但由于其监测精度以及有塔顶偏位这一替代参数,所以高频监测也没必要;索塔高程变化量的影响因素除了弹性压缩、收缩徐变外,还有较难准确测量的温度影响,所以没必要直接测试高程变化量;散索鞍临时约束解除后,将在荷载作用下自由转动,偏转角监测的目的只是验证设计合理性;钢箱梁总体线形由主缆线形确定,局部不平顺在后期可调,因此也不必高频监测;由于在吊装阶段钢箱梁为铰接,吊索索力比较明确,除了部分吊索基于科学研究的目的外,同样不必高频监测。上述结构状态参数的监测频率为2,只在重大工况才进行监测。

主缆(索股)线形和锚跨张力、索塔塔顶偏位参数、索夹安装位置的重要等级是最高的,其监测频率也是最高的。

③施工控制参数选择。

为了使实际施工的结构状态参数逼近设计值,达到架设中结构的安全控制和施工精度控制要求,通过前述分析,本项目选取重要等级为3级的结构状态参数作为施工控制参数:索塔应力和塔顶偏位;吊索索力;索夹安装位置和滑移;散索鞍偏转角;鞍座顶推量;主缆线形和锚跨张力;钢箱梁线形、梁长;桥面线形。

(2)施工控制参数的影响因素和控制方法

①桥面线形。

使最终建成的桥面线形逼近设计成桥线形是监控目标之一。桥面线形是由钢箱梁线形决定的,而影响桥面线形的主要因素为主缆线形、吊索长度、一期恒载、二期恒载。为了得到高精度的桥面线形,除了需要较准确地采集一期恒载、二期恒载外,还需要加强对主缆线形、吊索长度的监控。桥面线形的监控方法:校核在设计荷载下,采用设计的施工过程是否可以达到设计成桥桥面线形;计算主缆架设空缆线形和预偏量,保证主缆的架设精度。

在主缆已经架设完毕的情况下对主缆进行复测,以桥面线形为目标,在恒载尽量准确的情况下重新对吊索下料长度和钢箱梁的安装线形进行计算,消除主缆架设线形误差对桥面线形的影响。

②主缆线形和锚跨张力。

主缆是悬索桥受力的重要构件,在几何上也是控制结构线形的主要因素。实际结构的主缆线形和设计线形越吻合,吊索力就越均匀,索鞍的复位状态就越好,索塔的弯矩(索鞍未复位的偏心压力或者强制复位引起的索塔偏位所致)也就越小,钢箱梁的受力也就越合理,钢箱梁的安装也就更容易实现。影响主缆线形的主要因素为索鞍位置、基准索股线形、普通索股线形、锚跨张力。控制方法:通过设计复核主缆索股无应力长度,保证主缆索股的制造精度;通过监控计算确定索鞍预偏量、基准索股的理论绝对高程、普通索股与基准索股的理论相对高程、理论锚跨张力;通过几何测量和反复调整使基准索股、普通索股的实际高程逼近理论高程;通过高精度校正的千斤顶张拉和张拉后的监控测试及调整使锚跨张力逼近理论值。最终使实际架设的空缆线形逼近理论空缆线形,结构施工完成后线形和内力与设计一致。

基准索股线形影响因素:温度变化、索塔偏位、索塔高程误差、散索鞍位置误差、锚固点施工误差及各跨的无应力长度。

成缆线形的影响因素:基准索股线形是一般索股的比尺,一般索股参照基准索股架设。在基准索股架设完成后,理论上成缆线形是确定的,但事实上受项目经理部的认真程度和技术水平的影响,成缆线形一般与基准索股线形有差别。成缆线形的确定是为了识别实际各跨架设的主缆无应力长度,最终确定成桥主缆线形误差,并以成桥桥面线形为目标确定吊索长度。影响成缆线形的因素有弹性模量、横断面面积、温度变化、索塔偏位、主缆高程、索塔高程误差、散索鞍位置误差、锚固点施工误差。

③吊索索力。

吊索索力反映了钢箱梁恒载的分配,吊索索力分布均匀是悬索桥监控目标之一。影响吊索索力的主要因素是吊索的长度,而决定吊索长度的因素为实际架设主缆线形、成桥桥面线形及钢箱梁恒载。因此必须在主缆架设完成后对实际架设主缆线形进行复测,以确保成桥桥面线形为目标,采用较准确的钢箱梁恒载数据,精确计算吊索长度并保证吊索的制造精度,尤其是吊索之间的相对长度。

④索塔应力和塔顶偏位。

确保塔顶索鞍能够复位,使主缆在索塔塔顶的恒载水平力达到设计值是悬索桥的监控目标之一。由于索塔较高,风载较大,为了保证索塔在施工过程中的安全,对索塔采用双控措施:塔顶偏位监测,塔身应力监测。对于混凝土索塔,由于混凝土本身的力学特性,单靠索塔的应力监测很难反映索塔截面的应力水平,实际操作时往往将索塔的计算控制应力所对应的控制弯矩换算为塔顶偏位,通过控制塔顶的偏位来控制索塔的应力。索塔的监控方法如下:获取合理的计算参数,计算索塔的抗推刚度,进行施工全过程的仿真分析,根据索塔的偏位情况,确定合理的索鞍顶推方案,释放索塔的弯矩,确保塔顶偏位不超限。

⑤钢箱梁线形、梁长。

对于采用铰接法安装钢箱梁的悬索桥,主梁内力并不是主要的控制指标,因为从施工开始直到成桥状态,钢箱梁的恒载内力都是很小的,而钢箱梁恒载内力本身也是不可调整的,因此主梁应力监测意义不大,线形平顺控制才是重点,钢箱梁线形决定了桥面线形。对于钢箱梁线形,一旦吊索长度确定,吊点位置的高程就不可调整,但由于采用铰接法施工,钢箱梁在理论上是可以绕吊点转动的,因此环缝位置的高程仍是未定的,这容易造成钢箱梁高程变化呈现波浪形,既有的桥梁监测也表明这一点;钢箱梁梁长是由厂内预拼和现场焊接收缩量控制确定的。钢箱梁线形控制方法如下:监控单位通过理论计算确定钢箱梁的制造线形,并提交给加工单位对环缝加以精确匹配;环焊单位在现场必须按匹配缝宽进行焊接,并进行焊接收缩量控制。

⑥索夹安装位置和滑移。

索夹是传递吊索索力到主缆的重要构件。索夹安装位置影响吊索的垂度、索力。索夹安装位置的影响因素包括索塔偏位、温度、缆形。索夹位置的监控方法：在主缆紧缆完成后，监控单位按实测的索塔偏位和温度计算索夹安装位置，项目经理部根据该位置进行精确放样。

索夹定位于主缆之后，滑移是绝对禁止的，索夹抗滑移是索夹设计中最重要的设计。索夹滑移的影响因素包括索夹与主缆摩擦系数、索夹高强螺栓的紧固力。而影响索夹与主缆摩擦系数的因素有索夹直径、不圆度、表面处理方法和主缆直径、不圆度、空隙率和镀层。对索夹高强螺栓的紧固力影响主要是紧固力损失，其影响因素包括索夹螺杆本身的失效松弛、主缆受力后的变形、索夹自身变形、荷载变化使主缆内钢丝排列变化等。索夹滑移控制方法如下：监控单位通过理论计算验算索夹的抗滑移安全系数，加工单位、项目经理部严格控制和施工，保证主缆和索夹的各项参数满足相关质量标准的要求。

⑦散索鞍偏转角。

散索鞍偏转角是表征散索鞍是否复位的参数。影响散索鞍偏转角的主要因素是恒载、预偏角和锚跨张力。预偏角控制方法如下：监控单位采用较精确的恒载精确计算预偏角和锚跨张力，项目部按照该预偏角精确放样，并在索股架设时高精度地调整锚跨张力。

⑧鞍座顶推量。

鞍座顶推是对索塔弯曲内力的释放，鞍座顶推量是保证索塔在吊梁过程中安全性的指标，也是表征鞍座是否复位的参数。影响鞍座顶推量的主要因素是恒载、预偏量、梁段吊装顺序。顶推量控制方法如下：监控单位采用较精确的恒载精确计算预偏量，项目经理部按照该预偏量精确放样，并在梁段吊装过程中按照监控要求进行顶推。鞍座顶推是一项较重要的施工工艺，为了使顶推施工容易准确实施，减小鞍底摩擦系数是设计和加工的一项重要工作。

2. 影响参数的确定

（1）影响参数

影响结构状态参数的因素称为影响参数。根据上一节，影响结构状态参数的因素包括构件基本参数和环境参数，下面加以介绍。

①构件基本参数。

大跨度悬索桥的构件基本参数可以分为几何参数、材料特性参数。构件一旦被设计，这些参数就可以根据相关规范取得理论值。几何参数是指结构或构件的几何尺寸；材料特性参数主要指与材料力学特性有关的参数，如弹性模量、重度、线膨胀系数等。在这些参数中，有些对施工监控是敏感的，有些是影响很小的，表25-2中列出了悬索桥上部结构施工需要监控的参数，根据对结构施工敏感性的影响，将其分为3级。敏感性为0级的参数是指该参数基本无影响，可以忽略不计；敏感性为1级的参数是指该参数有影响，但不突出，其参数变化对所涉及的影响范围（或影响对象）不敏感，即使该参数采用理论值，对控制目标的实现也是可接受的；敏感性为3级的参数是指该参数对所涉及的影响范围（或影响对象）很敏感，施工监控中必须获得实际的参数，监控工作必须以实际参数为准，否则监控目标很难实现；敏感性2级介于1级和3级之间，其参数至少应采用理论值加经验修正值。

构件基本参数及其敏感性　　　　表 25-2

结构构件	基本参数名称	影响范围(或影响对象)	敏感级别
锚碇、索塔	锚固面坐标	锚固点位置	1
	散索鞍中心坐标	主缆架设时跨径	3
	构造尺寸	变形量、应力大小	1
	弹性模量/强度	变形量	2
	收缩、徐变参数	变形量	3
猫道、索鞍、主缆	整桥重量	塔顶处水平力平衡	3
	矢高	猫道线形、塔顶平衡状态	3
	承重索弹性模量	承重索制作长度、变形量	3
	构造尺寸	承重索弹性模量	1
	高度	线形和成桥目标	2
	散索鞍质量	散索鞍自立阶段和锚跨张力控制	1
	摩擦副	摩擦系数	3
	钢丝直径	缆重量和面积	3
	主缆直径	缆与索夹摩擦	3
	钢丝弹性模量	无应力长度	3
	防腐部分自重	线形和内力	2
索夹与吊索	空隙率、不圆度	缆与索夹摩擦系数	3
	镀层方式	缆与索夹摩擦系数	2
	线膨胀系数	架设线形控制	2
	索股弹性模量	成桥线形	3
	主缆跨径	架设线形调整	3
	主缆垂度	无应力安装长度	3
	主缆制造长度	锚固调节量	3
	索夹加工尺寸	安装位置	1
	索夹直径、不圆度	缆与索夹摩擦系数	3
	索夹质量	成桥线形控制/索夹质量	1/3
	吊索面积	弹性变形量	3
	吊索弹性模量	弹性变形量	2
	吊索制作长度	钢箱梁线形、吊索力大小	3
	吊索截面尺寸	重量与长度	1
钢箱梁	梁段质量	线形和索塔顶纵向位置	3
	预拼变形	梁长、线形及环缝张口量	3
护栏、桥面铺装	铺装厚度	结构线形与内力	3
	铺装重度	结构线形与内力	3
	护栏质量	结构线形与内力	3

②环境参数。

环境参数是指与施工过程有关的温度变化、风作用、临时荷载、临时支撑与约束、边界位移等。风作用是随时间和空间而变化的,测试代价也极大,难以纳入确定性分析,一般只按规范的施工风速验算,确保永久结构和施工临时结构的安全性。实际施工中风的监测主要是确定现场是否具备施工条件及判断其他参数的测试精度是否可靠,该参数一般由项目经理部监测。温度变化对于悬索桥结构线形是极其敏感的,应当重点监测。由于悬索桥本身的空间尺寸较大,且由不同材料组成,受太阳照射及传热速度的影响,不同断面位置或者同一断面的不同测点其温度都可能不同,因此选择晚上温度较恒定状态下所测试的温度值用于分析才有意义。塔、锚发生沉降、滑移和基础转动,在施工监控系统中属于边界条件强迫变化。环境参数及其敏感性如表25-3所示。

环境参数及其敏感性 表25-3

结构构件	基本参数名称	影响范围(或影响对象)	敏感级别
锚碇	沉降	成桥线形、索塔内力	3
	纵向滑移	成桥线形、索塔内力	3
	基础转动	成桥线形、索塔内力	3
索塔	基础沉降	成桥线形、索塔内力	3
	基础转动	成桥线形、索塔内力	3
	温度	高程、纵向位移、横向位移、应力	3
	水平临时荷载	索塔偏移、索塔内力	3
	竖向临时荷载	索塔内力	1
吊索和主缆	吊索温度	无应力长度、线形判断	2
	索股与缆温度	无应力长度、线形判断	3
	水平临时荷载	位移、线形判断	1
	竖向临时荷载	位移、线形判断	3
	施工方案(连接方式)	变形与内力、局部应力	2
钢箱梁	温度	合龙与线形	1
	水平临时荷载	位移、线形判断	1
	竖向临时荷载	位移、线形判断	3
护栏、桥面铺装	施工方案	变形与内力、局部应力	1

(2)确定方法

悬索桥为柔性桥梁,线形与恒载一一对应,参数误差对结构的线形有着重要的影响。

为了使结构分析结果能更加切实地反映结构的受力特性,采用符合实际的构件基本参数及环境参数是非常必要的。根据影响参数对控制参数的敏感性,本项目对敏感性为1级的参数采用理论值或者设计值;敏感性为2级的参数若有实测值,则采用之,否则采用理论值加经验修正值;敏感性为3级的厂内参数必须实测或者试验,现场参数必须实测。

由于悬索桥构件制造与施工安装过程很多,而监控费用有限,单靠监控一家单位是无法完成的,也需要业主、设计、监理、施工等单位参与。对于影响参数的确定,同样需要各家单位的共同努力。

3. 各施工阶段异常情况的应对策略

根据上部结构单元施工和恒载加载顺序并考虑施工控制的特点，可将上部结构施工划分为如下 9 个阶段，各阶段施工内容和可能的异常情况的应对策略如下。

(1) 索塔立柱施工

索塔立柱的施工要预留恒载弹性压缩量，应注意修正温度对立模位置的影响。索塔施工时立模位置受温度影响大，如果不加以修正将直接导致索塔线形的误差，监控单位应通过对索塔温度场及索塔偏位的连续观测向项目经理部提供索塔立模的温度修正量。索塔施工误差表现为高程误差和纵横向水平位置误差。对于在允许范围内的误差可在主缆架设时调整，即通过考虑误差影响而调整主缆的成桥理论线形来达到设计要求。

(2) 猫道施工

猫道施工时要注意猫道线形与空缆线形之间的距离不宜过大，以免调索操作困难；也不宜过小，否则各索股可能接触猫道面层，也可能影响紧缆过程。猫道架设时要注意监测索塔偏位，如果发生超限，应调整相邻两跨的猫道的施工进度，减小塔处两跨承重索的索力差。

(3) 鞍座预偏就位

为消除前面工况误差的影响，采用独塔状态实测的索塔、主缆索股锚固点，散索鞍位置和高程，保证标准温度下成桥的主缆跨中高程仍为设计高程，由此计算出新的架设线形和鞍座预偏位置。由于猫道架设引起的偏位在后期要恢复，所以可在架索时将其作为索塔初始偏位考虑。

(4) 主缆索股架设

过去索股架设时采用基准索股按绝对高程控制、普通索股按相对高程控制、索股间高程按"若即若离"的原则架设，这种方法一般会造成普通索股上层压下层。新的控制方法是将索股与索股间的距离定量，架设时考虑调整索股与基准索股间的温度差的修正后，将调整索股安装在监控计算的位置。这种方法将索股间的间距量化，避免了"若即若离"方法的模糊控制。钢丝在架设时还存在非弹性变形，钢丝自身还具有蠕变或松弛效应，这些因素都将引起索股架设后下沉，因此索股架设时可以考虑一定的预抬高。

主缆的架设误差可通过实测主缆线形、温度来调整，以成桥设计线形为目标，反算出各跨各索段的无应力长度，从而重新计算出索夹位置和吊索长度，通过控制索夹安装位置和调整吊索长度消除主缆架设误差的影响。

(5) 索夹安装

索夹安装时需要控制的目标是保证吊索的中心在成桥后位于设计要求的位置，因此需要准确计算出索夹的安装位置和主缆的倾斜角，以及各点的放样位置；放样时应采用绝对距离测量法，以避免相对距离测量的误差累积。

(6) 猫道改挂

索夹放样完成后就可进行猫道改挂，此过程需要控制的是猫道承重索的放出量，以保证张拉吊索时承重索不影响主缆的变形。

(7) 梁段安装、顶推鞍座

梁段安装过程中要注意测量索塔的偏位情况，如果偏位超限，实测偏位与计算偏位相差过大,要检查计算参数取用的合理性;如果修正了计算参数,则要检查原梁段安装方案和鞍座顶推方案是否合理。

鞍座的顶推与梁段安装过程要配合进行,梁段安装方案需要通过反复的计算比较并结合现场的实际情况确定。

对于每一安装梁段,应计算其安装线形、吊索张拉力、已安装吊索张力的变化;安装完成后要通过测量钢箱梁的实际线形进行参数识别和修正,检验和测量结构杆件的内力,如果测试、测量结果与计算差异过大,应查明原因,找出问题并修正一致后再继续施工。

对于合龙段要制订良好的吊装和刚接方案,注意监测临时连接的平顺性。

(8)桥面铺装

桥面铺装时往往产生较大的局部温度,致使局部区域内应力很大。铺装过程中要注意桥面焊缝、局部连接情况,时刻关注结构应力变化情况,一旦发现构件断裂(往往是构造不合理)必须马上停止施工,设法降温。铺装过程中一旦发生应力超限或者竖向挠度变化太快必须马上停止施工。

桥面铺装的加载程序需要通过施工监控计算确定,以免钢箱梁和吊索中出现过大的应力和内力。

(9)成桥恒载状态

悬索桥结构非线性非常强烈,线形和内力一一对应。经过多个施工工况及不可调误差的积累,最后的实际成桥线形可能已经偏离设计状态,但与监控计算吻合,内力分布合理、线形平顺,这时可不再调整结构;如果实际成桥线形与监控计算相差较大,则表明实际二期恒载与计算采用值相差较大,这时要重新测试索力并结合实际成桥线形反算出二期恒载值,重新给出新的实际成桥线形。

25.2 监控计算模型

棋盘洲长江公路大桥监控计算模型采用 Midas Civil 空间杆系有限元进行仿真分析计算。

25.2.1 仿真分析方法

大桥施工监控仿真前期计算采用有限元分析与悬链线理论分析相结合的方法。其步骤如下:

①假定主缆自由悬挂状态的线形,通过有限元整体建模分析得到恒载状态下主梁的整体位移、索塔轴向压缩量和各吊杆的吊杆力。

②将得到的主梁整体位移、索塔轴向压缩量、各吊杆的吊杆力、主缆的线荷载集度代入悬链线理论分析程序中,以中跨成桥垂度及主索鞍坐标和散索鞍坐标为控制参数,通过反复迭代计算得到一个初始主缆自由悬挂状态的线形。

③将第②步得到的初始主缆自由悬挂状态的线形代入第①步中,进行考虑各施工阶段的

有限元建模计算,得到新的成桥时主梁的整体位移、索塔轴向压缩量和各吊杆的吊杆力。如果与上次计算得到的数据相差较大,则将本次有限元计算所得数据代入第②步计算。

④循环第②、③步,直到前后两次计算得到的数据及主缆自由悬挂状态的线形的差值在允许值以内,则认为计算收敛,所得到主缆自由悬挂状态的线形、主缆无应力长度及吊杆力等计算结果为最终结果。

25.2.2 建模坐标说明

大桥监控计算模型中整体坐标系按照右手螺旋法则定义为:黄石岸向黄冈岸为 X 正向,黄石岸右幅散索鞍 IP 点 Y 坐标(横断面方向)为 0mm,沿索塔高程方向为 Z 正向。Midas Civil 空间分析模型离散图如图 25-1 所示。

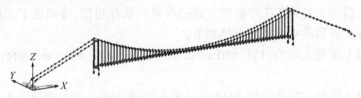

图 25-1　Midas Civil 空间分析模型离散图

25.2.3 单元模拟说明

①索塔塔柱及横梁采用变截面 Timoshenko 梁单元模拟。主梁采用 Timoshenko 梁单元模拟,全桥共 284 个梁单元,在吊杆、主梁节段分界及支承处设置节点。

②主缆及吊索采用索单元模拟,以吊杆和索套为分割主缆节点,节点间的主缆采用悬链线索单元,全桥一共 322 个索单元。

③散索鞍鞍座采用铰接杆单元模拟,地锚用固定支撑。

④吊索与主缆通过共节点连接,模拟主缆与吊索之间的作用;主梁形心与吊索通过刚臂连接,模拟吊杆与主梁的锚固连接。

⑤通过刚臂模拟主缆与主索鞍鞍座的切点,改变刚臂位置即可模拟切点的变化。

25.3 施工方案结构分析

25.3.1 主桥现场主体施工步骤

①开挖锚碇基坑,并进行边坡防护。
②分步浇筑锚体混凝土,进行主桥索塔施工。
③鞍座定位安装。

④架设主缆施工猫道。
⑤架设主缆、紧缆、安装索夹及吊杆。
⑥安装跨缆起重机。
⑦自跨中向两侧依次吊装梁段并与已吊装梁段临时连接。
⑧继续梁段吊装,采用荡移法安装浅水区梁段。
⑨完成合龙段吊装及临时连接。
⑩拆除猫道。
⑪二期恒载(附属设施、桥面铺装)上桥,达到恒载成桥状态。

25.3.2 各施工阶段分析结果

根据业主单位提供的各施工工序监控方通过有限元软件建模,按照施工工序对施工阶段进行模拟仿真计算。各阶段主要计算结果如下:

空缆架设阶段主缆最大应力:158.5MPa≤0.5[σ](930MPa,其中[σ]为允许最大应力),满足规范要求。

吊索安装阶段主缆最大应力:132.8MPa≤0.5[σ](930MPa),满足规范要求。

二期桥面铺装阶段主缆最大应力:649.5MPa≤0.5[σ](930MPa),满足规范要求。

二期桥面铺装阶段吊索最大应力:690.9MPa≤0.5[σ](835MPa),满足规范要求。

主索鞍第1次顶推阶段索塔最大应力:6.3MPa(≤22.4MPa),最大压应力位置在下横梁跨中附近,顶推前该点的最大压应力为6.3MPa,满足规范要求。

主索鞍第2次顶推阶段索塔最大应力:6.4MPa(≤22.4MPa),最大压应力位置在下塔柱(绝对高程25m)附近,顶推前该点的最大压应力为6.5MPa,满足规范要求。

主索鞍第3次顶推阶段索塔最大应力:6.6MPa(≤22.4MPa),最大压应力位置在下塔柱(绝对高程25m)附近,顶推前该点的最大压应力为6.6MPa,满足规范要求。

主索鞍第5次顶推阶段索塔最大应力:7.1MPa(≤22.4MPa),最大压应力位置在下塔柱(绝对高程25m)附近,顶推前该点的最大压应力为6.9MPa,满足规范要求。

主索鞍第6次顶推阶段索塔最大应力:7.5MPa(≤22.4MPa),最大压应力位置在下塔柱(绝对高程25m)附近,顶推前该点的最大压应力为7.1MPa,满足规范要求。

主索鞍第8次顶推阶段索塔最大应力:8.4MPa(≤22.4MPa),最大压应力位置在下塔柱(绝对高程25m)附近,顶推前该点的最大压应力为7.6MPa,满足规范要求。

主索鞍第9次顶推阶段索塔最大应力:9.1MPa(≤22.4MPa),最大压应力位置在下塔柱(绝对高程25m)附近,顶推前该点的最大压应力为7.8MPa,满足规范要求。

主索鞍第10次顶推阶段索塔最大应力:9.4MPa(≤22.4MPa),最大压应力位置在下塔柱(绝对高程25m)附近,顶推前该点的最大压应力为7.9MPa,满足规范要求。

主索鞍第11次顶推阶段索塔最大应力:9.7MPa(≤22.4MPa),最大压应力位置在下塔柱(绝对高程25m)附近,顶推前该点的最大压应力为8.0MPa,满足规范要求。

主索鞍第14次顶推阶段索塔最大应力:11.7MPa(≤22.4MPa),最大压应力位置在下塔柱(绝对高程25m)附近,顶推前该点的最大压应力为8.6MPa,满足规范要求。

主索鞍第 15 次顶推阶段索塔最大应力:12.3MPa(≤22.4MPa),最大压应力位置在下塔柱(绝对高程 25m)附近,顶推前该点的最大压应力为 8.8MPa,满足规范要求。

黄冈岸主索鞍顶推过程中,考虑索塔施工过程的最大压应力包络图数据如下:

主索鞍第 1 次顶推阶段索塔最大应力:7.5MPa(≤22.4MPa),最大压应力位置在下塔柱(绝对高程 33m)附近,顶推前该点的最大压应力为 6.5MPa,满足规范要求。

主索鞍第 2 次顶推阶段索塔最大应力:7.9MPa(≤22.4MPa),最大压应力位置在下塔柱(绝对高程 33m)附近,顶推前该点的最大压应力为 6.7MPa,满足规范要求。

主索鞍第 3 次顶推阶段索塔最大应力:8.1MPa(≤22.4MPa),最大压应力位置在下塔柱(绝对高程 33m)附近,顶推前该点的最大压应力为 6.8MPa,满足规范要求。

主索鞍第 5 次顶推阶段索塔最大应力:8.8MPa(≤22.4MPa),最大压应力位置在下塔柱(绝对高程 33m)附近,顶推前该点的最大压应力为 7.1MPa,满足规范要求。

主索鞍第 6 次顶推阶段索塔最大应力:9.2MPa(≤22.4MPa),最大压应力位置在下塔柱(绝对高程 33m)附近,顶推前该点的最大压应力为 7.3MPa,满足规范要求。

主索鞍第 8 次顶推阶段索塔最大应力:10.3MPa(≤22.4MPa),最大压应力位置在下塔柱(绝对高程 33m)附近,顶推前该点的最大压应力为 7.8MPa,满足规范要求。

主索鞍第 9 次顶推阶段索塔最大应力:10.8MPa(≤22.4MPa),最大压应力位置在下塔柱(绝对高程 33m)附近,顶推前该点的最大压应力为 8.0MPa,满足规范要求。

主索鞍第 11 次顶推阶段索塔最大应力:11.4MPa(≤22.4MPa),最大压应力位置在下塔柱(绝对高程 33m)附近,顶推前该点的最大压应力为 8.2MPa,满足规范要求。

主索鞍第 13 次顶推阶段索塔最大应力:12.1MPa(≤22.4MPa),最大压应力位置在下塔柱(绝对高程 33m)附近,顶推前该点最大压应力为 8.4MPa,满足规范要求。

主索鞍第 14 次顶推阶段索塔最大应力:12.6MPa(≤22.4MPa),最大压应力位置在下塔柱(绝对高程 33m)附近,顶推前该点的最大压应力为 8.8MPa,满足规范要求。

主索鞍第 15 次顶推阶段索塔最大应力:13.3MPa(≤22.4MPa),最大压应力位置在下塔柱(绝对高程 33m)附近,顶推前该点的最大压应力为 9.2MPa,满足规范要求。

主索鞍顶推施工中,索塔应力状态的控制是决定顶推安全的重要一环。主索鞍 15 次顶推施工过程中,考虑索塔施工过程的最大压应力及最大拉应力。

根据设计规范,C50 混凝土轴心抗压强度设计值为 22.4MPa;轴心抗拉强度设计值为 1.83MPa。

故索塔施工阶段的应力满足规范要求,在主索鞍顶推施工过程中,监控方应注意对黄冈岸索塔下塔柱拉应力的监控及施工过程中的应力风险控制。

25.4 施工架设控制与参数修正

25.4.1 桥塔计算允许控制值选取

在猫道架设过程中,黄石岸索允许纵向水平位移为 12cm;黄冈岸索允许纵向水平位移为

8cm。黄石岸塔及黄冈岸塔允许扭转位移为2.5cm。

25.4.2 主缆架设控制

主缆横断面索股编号排列如图25-2所示。

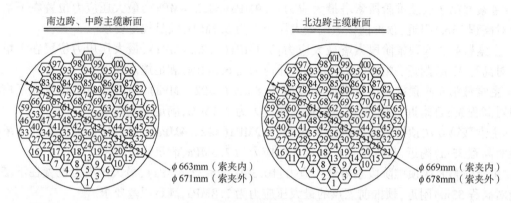

图25-2 主缆横断面索股编号排列

主缆索股标记点位置如图25-3所示。主缆通长索股：m_0-南侧锚头浇筑时锚杯口与索股相对位置的标记点（锚杯口前250mm），m_1-南散索鞍处标记点，m_2-南边跨跨中，m_3-南主索鞍处标记点，m_4-中跨跨中，m_5-北主索鞍处标记点，m_6-北边跨跨中，m_7-北散索鞍处标记点，m_8-北侧锚头浇筑时锚头与钢丝的相对位置标记点。北边跨背索索股：m_8-主索锚头浇筑时锚杯口与索股相对位置的标记点，m_7-北散索鞍处标记点，m_6-北边跨跨中，m_5-背索锚头浇筑时锚杯口与索股相对位置的标记点。加工单位应保证图示中各标记点精度，索股的制作精度控制按照设计要求进行。索股在锚杯内锚固长度按照0.435m取值。

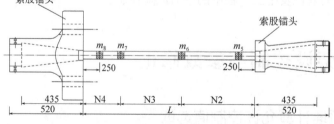

图25-3 主缆索股标记点位置示意图（尺寸单位：mm）
S-南方；N-北方

(1) 基准索股架设线形控制

选取主缆 1 号索股作为基准索股,理论状态下黄石岸边跨跨中基准索股标记点到黄石岸索塔轴线距离为 167.6775m,黄石岸边跨跨中基准索股标记点中心索股高程为 98.2851m;中跨跨中基准索股标记点到黄石岸索塔轴线距离为 518.8513m,中跨跨中基准索股标记点中心索股高程为 76.5185m;黄冈岸边跨跨中基准索股标记点到黄冈岸索塔轴线距离为 150.4016m,黄冈岸边跨跨中基准索股标记点中心索股高程为 100.9227m。

基准索股连续监测及线形调整一般在夜间温度稳定的时间段进行。索股调整顺序为先中跨,再边跨,最后锚跨,先使中跨垂度满足要求,再调整边跨垂度使边跨垂度也满足要求,将索股在索鞍内固定,然后张拉锚跨索股至理论控制值,张拉时需检查索股标记点在索鞍处是否滑动。同时调整索股时,应使索鞍保持在预偏、预转位置不动。基准索股线形调整成果需监理单位现场确认后方可进入下一道施工工序。

(2) 一般索股架设线形控制

一般索股架设的控制精度:一般索股相对高差测试断面偏离理论跨中位置不能超过 0.5m;一般索股相对于基准索股的相对高差的误差为 ±5mm,如表 25-4 所示。

一般索股与基准索股及下层索股的相对高差　　　　表 25-4

层号 i	i 层索股编号	i 层索股与基准索股相对高差 $\Delta H_{i,0}$ (mm)		
		黄石岸边跨	中跨	黄冈岸边跨
0	1	0	0	0
1	2,3	35.34	32.71	35.87
2	4,5,6	70.68	65.42	71.74
3	7,8,9,10	106.02	98.13	107.61
4	11,12,13,14,15	141.36	130.84	143.48
5	16,17,18,19,20,21	176.70	163.55	179.35
6	22,23,24,25,26	212.04	196.26	215.22
7	27,28,29,30,31,32	247.38	228.97	251.09
8	33,34,35,36,37,38,39	282.72	261.68	286.96
9	40,41,42,43,44,45	318.06	294.39	322.83
10	46,47,48,49,50,51,52	353.40	327.10	358.70
11	53,54,55,56,57,58	388.74	359.81	394.57
12	59,60,61,62,63,64,65	424.08	392.52	430.44
13	66,67,68,69,70,71	459.42	425.23	466.31
14	72,73,74,75,76	494.76	457.94	502.18
15	77,78,79,80,81,82	530.10	490.65	538.05
16	83,84,85,86,87	565.44	523.36	573.92
17	88,89,90,91	600.78	556.07	609.79
18	92,93,94,95,96	636.12	588.78	645.66
19	97,98,99,100	671.46	621.49	681.53
20	101	706.80	654.20	717.40
21	BS102,BS103	—	—	502.18

注:黄石岸边跨、中跨和黄冈岸边跨温差修正系数 K_T 分别为 23.34mm/℃、24.96mm/℃、22.66mm/℃。

在一般索股架设时可设置参考索股,但误差应换算为相对于一般索股的相对高差的误差并满足要求。参考索股的选择应方便测量,同时不应被上层索股压住,且不受V形保持器等装置或临时措施干扰。索股架设过程中需严格控制架设精度,以确保索股架设线形满足要求。一般索股架设期间要严格避免索股扭转。

调索过程中应满足环境条件要求:待调索股所在跨的顺向温差小于2℃,待调索股与参考索股之间的平均温差应小于1℃,待调索股所在的层与其下层索股之间的平均温差应小于0.5℃,待调索股所在跨桥塔顶及跨中风力应小于12m/s。

一般索股连续监测及线形调整一般在夜间温度稳定的时间段进行。索股调整顺序为先中跨,再边跨,最后锚跨,先使中跨垂度满足要求,再调整边跨垂度使边跨垂度也满足要求,将索股在索鞍内固定,然后张拉锚跨索股至理论控制值,张拉时需检查索股标记点在索鞍处是否滑动。同时调整索股时,应使索鞍保持在预偏、预转位置不动。一般索股线形调整成果需监理单位现场确认后方可进入下一道施工工序。

(3)跨中高程变化量与索长变化量的关系

经过计算,索股跨中高程变化量与索长变化量的关系式如下:

中跨:$\Delta S = \Delta h/1.95$;

黄石岸边跨:$\Delta S = \Delta h/6.14$;

黄冈岸边跨:$\Delta S = \Delta h/6.76$。

式中,ΔS 为索长变化量;Δh 为高程变化量。

在高程偏离理论高程±20mm范围内,上述关系式具有较高的精度。因此可用于索股的高程调整,应用如下:

①从中跨调出索长1cm,则中跨的控制点高程增加约1.95cm,调入1cm索长到中跨,则中跨的控制点高程减少约1.95cm;如果中跨实测高程与理论高程之差为 Δh = 实测高程 – 理论高程,则调整量为 $\Delta S = \Delta h/1.95$,其中 Δh 为正时索调入中跨,Δh 为负时从中跨调出。

②从黄石岸边跨调出索长1cm,则黄石岸边跨的控制点高程增加约6.14cm,调入1cm索长到黄石岸边跨,则黄石岸边跨的控制点高程减少约6.14cm;如果黄石岸边跨实测高程与理论高程之差为 Δh = 实测高程 – 理论高程,则调整量为 $\Delta S = \Delta h/6.14$,其中 Δh 为正时索调入边跨,Δh 为负时从边跨调出。

③从黄冈岸边跨调出索长1cm,则黄冈岸边跨的控制点高程增加约6.76cm,调入1cm索长到黄冈岸边跨,则黄冈岸边跨的控制点高程减少约6.76cm;如果黄冈岸边跨实测高程与理论高程之差为 Δh = 实测高程 – 理论高程,则调整量为 $\Delta S = \Delta h/6.76$,其中 Δh 为正时索调入边跨,Δh 为负时从边跨调出。

(4)索股锚跨张拉力控制

监控单位对索股架设空缆状态锚跨张拉力进行了计算,在基准温度20℃下,黄石岸及黄冈岸索股空缆状态锚跨张拉控制力见表25-5,施工单位应严格按照本指令要求进行索股锚跨张拉力控制。

施工中应做好索股压紧措施,同时在散索鞍进出口处做好索股标识,确保索股在鞍槽内不出现滑动,施工中应根据实际环境调整锚跨张拉控制力。黄石岸锚跨锚头位置调整近似公式:$\Delta L = \Delta F/28.74$,即实测张力值比实际温度理论张力值小28.74kN时,应使锚头沿锚固拉杆向锚面位置前进 1mm。黄冈岸锚跨锚头位置调整近似公式：$\Delta L = \Delta F/28.74$，即实测张力值比实际温度理论张力值小 28.74kN 时，应使锚头沿锚固拉杆向锚面位置前进 1mm。每根索股锚跨张拉成果需监理单位现场确认后方可进入下一道施工工序。索股锚跨张力的精度要求：3%（7.7kN）。

基准索股空缆状态锚跨张拉控制力表（kN）　　　　　　表 25-5

索股编号	黄石侧锚跨张拉力	黄冈侧锚跨张拉力
1	386.9	389.2
2	376.4	378.8
3	376.4	378.8
4	370.2	372.6
5	363.8	366.2
6	370.2	372.6
7	363.7	366.2
8	354.1	356.6
9	354.1	356.6
10	363.7	366.2
11	358.9	361.4
12	347.8	350.4
13	342.2	344.8
14	347.8	350.4
15	358.9	361.4
16	350.8	353.5
17	342.2	344.8
18	333.3	336.0
19	333.3	336.0
20	342.2	344.8
21	350.8	353.5
22	337.3	340.0
23	327.0	329.7
24	322.3	325.1
25	327.0	329.7
26	337.3	340.0
27	331.8	334.6
28	322.2	325.1
29	314.3	317.2
30	314.3	317.2
31	322.2	325.1
32	331.8	334.6
33	328.3	331.2

续上表

索股编号	黄石侧锚跨张拉力	黄冈侧锚跨张拉力
34	317.3	320.2
35	307.9	310.8
36	304.1	307.1
37	307.9	310.8
38	317.3	320.2
39	328.3	331.2
40	314.6	317.6
41	304.1	307.1
42	297.0	300.1
43	297.0	300.1
44	304.1	307.1
45	314.6	317.6
46	311.1	314.2
47	299.1	302.1
48	290.6	293.7
49	287.8	291.0
50	290.6	293.7
51	299.1	302.1
52	311.1	314.2
53	297.5	300.6
54	286.0	289.1
55	279.9	283.1
56	279.9	283.1
57	286.0	289.1
58	297.5	300.6
59	293.6	296.6
60	280.3	283.6
61	272.8	276.1
62	271.1	274.4
63	272.8	276.1
64	280.3	283.6
65	293.6	296.6
66	284.0	287.3
67	271.5	274.8
68	266.5	269.8

续上表

索股编号	黄石侧锚跨张拉力	黄冈侧锚跨张拉力
69	266.5	269.8
70	271.5	274.8
71	284.0	287.3
72	268.0	271.4
73	261.5	264.9
74	260.8	264.2
75	261.5	264.9
76	268.0	271.4
77	276.6	280.0
78	263.1	266.5
79	259.1	262.6
80	259.1	262.6
81	263.1	266.5
82	276.6	280.0
83	261.4	264.9
84	255.9	259.4
85	256.2	259.7
86	255.9	259.4
87	261.4	264.9
88	260.3	263.8
89	257.3	260.9
90	257.3	260.9
91	260.3	263.8
92	260.3	263.9
93	255.9	259.5
94	257.2	260.8
95	255.9	259.5
96	260.3	263.9
97	263.0	266.6
98	261.1	264.7
99	261.1	264.7
100	263.0	266.6
101	263.7	267.3
102	—	285.4
103	—	285.4

25.4.3 索夹及吊索控制

监控单位根据主缆紧缆后实测上下游空缆线形及主桥加劲梁称重等相关数据,对索夹安装数据进行了计算。

(1)索夹放样控制

①边跨索夹安装控制。

索夹编号与设计图相同。施工单位应根据空缆状态的索夹安装标记点到桥塔格栅中心的距离 X 和空缆状态切线角 A,结合索夹安装放样方法,计算放样相关参数。索夹安装时应注意索夹安装标记点的标记端方向,索夹安装位置的误差控制应按相关规范和设计要求执行。

索夹安装标记点的精确测量工作应在 23:00 至次日 5:00 进行,因为这一时间段内主缆平均温度和塔偏相对比较稳定。无吊索索夹安装位置如图 25-4 所示。

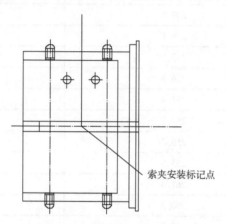

图 25-4 无吊索索夹安装位置示意图

②中跨索夹安装控制。

索夹编号与设计图相同。施工单位应根据空缆状态的索夹安装标记点到桥塔格栅中心的距离 X 和空缆状态切线角 A(索夹编号 0~32 号为距黄石索塔格栅中心的距离,索夹编号 32~64 号为距黄冈索塔格栅中心的距离,放样时应注意换算到全桥统一投影面),结合索夹安装放样方法,计算放样相关参数。安装时应注意索夹安装标记点的标记端方向,索夹安装位置的误差控制应按相关规范和设计要求执行。

索夹安装标记点的精确测量工作应在 23:00 至次日 5:00 进行,且应注意温度的测量,因为这一时间段内主缆平均温度和塔偏相对比较稳定。

在空缆状态下,中跨索夹安装标记点位置到桥塔格栅中心(预偏量设置的基点)的距离 X 和空缆状态切线角 A 的计算公式如下:

$$X = X_0 + (t - 20)K_{Xt} + dK_{Xd}$$

$$A = A_0 + (t - 20)K_{At} + dK_{Ad}$$

式中:X——索夹编号 0~32 号为距黄石索塔格栅中心的距离,索夹编号 32~64 号为距黄冈索

塔格栅中心的距离(m);

A——安装点切线角(°);

t——跨内平均温度(℃);

d——相对于裸塔状态(第一次塔锚联测的塔顶格栅间跨度)的跨度变化量,跨度增大为正,跨度减小为负(m);

K_{Xt}——温度影响 X 的系数(m/℃);

K_{At}——温度影响 A 的系数(°/℃);

K_{Xd}——跨度变化影响 X 的系数;

K_{Ad}——跨度变化影响 A 的系数(°/m)。

(2)吊索下料长度控制

监控单位根据主缆紧缆后实测上下游空缆线形及主桥加劲梁称重等相关数据,对吊索无应力下料长度进行计算。吊索制造单位在确定吊索尺寸时应注意应力及温度修正。

根据空缆线形测量结果,由于上下游的实测空缆线形有所不同,因此上下游的吊索长度也有所不同,同索点的吊索长度也稍有差异,加工单位应予以注意。由于吊索长度制作精度极其重要,驻厂监理工程师应严格检查应力及温度修正情况、测力传感器精度及标定情况。

25.4.4 加劲梁架设控制

(1)加劲梁制造线形

①设计基准温度为20℃,当现场温度与设计基准温度不一致时,钢箱梁制造厂家应进行温度修正。

②采用直角梯形法调整顶底板尺寸,其中跨中侧钢箱梁顶底板端面垂直,斜切口设置在远塔侧。

③钢箱梁制造厂家根据焊缝宽度及焊缝收缩量确定钢箱梁无应力制作尺寸。

④钢箱梁制造其他相关技术要求应遵守相关规范及设计要求。

⑤棋盘洲长江公路大桥横坡设计坡度是2%,考虑恒载对于横桥向横坡的影响,横桥向的制造坡度为2.25%。

(2)钢箱梁梁段间刚性环焊夹角

大桥主桥合龙段吊装完成后各梁段间处于临时铰接状态,下一步施工进入钢箱梁节段刚性环焊,节段刚性环焊关系到钢箱梁线形。为了保证成桥线形及内力,有以下监控控制要点:

①环焊前要保证南北两岸上下游主索鞍 IP 点里程误差控制在2mm以内,同时主索鞍处于锁定状态;

②监控单位对焊接梁段进行相对转角监测,武船重型工程股份有限公司负责对相对转角误差进行调整施工,待梁段间相对转角误差符合控制精度要求,监控方通知武船重型工程股份有限公司进行环焊缝码板固定施工;

③控制监测节段焊接转角前,武船重型工程股份有限公司应将调整梁段与上一个已调梁段顶板铰接,底板释放铰接约束,调整梁段与下一个待调梁段顶板及底板释放铰接约束;

④在打码环焊前的测量工作中停止其他施工作业并卸下本阶段测量梁段临时荷载。

(3)伸缩缝装置安装参考预留量

监控单位对伸缩缝装置安装所需要的桥端位移量进行计算,施工单位安装伸缩缝装置时,结合设计文件要求及具体施工情况进行安装施工。

①二期恒载施工引起的桥端参考位移量41mm(理论值;方向:锚跨侧);伸缩缝装置安装时,监控单位根据二期恒载施工情况给出桥端参考位移量实际值。

②伸缩缝装置安装宜在晚间温度稳定时段进行并考虑温度修正,两岸伸缩缝装置安装参考预留量修正公式为 $\Delta_{参考预留量}$ = 梁端位移量实际值 $-6.2\times$(实测主梁温度 -20)。

25.5 成桥监测成果分析

25.5.1 钢箱梁线形

2020年11月10日5:30—6:30,监控单位对钢箱梁线形进行全桥通测,测试环境为天气阴,平均温度9.0℃。

钢箱梁实测高程数据变化规律性较好,实测高程结果与计算结果误差值范围为 $-8\sim 61.2$mm,桥面高程误差值均小于主跨跨径的1/5000(± 1038m/5000 = ± 207.6mm),满足设计及规范要求。

同一梁段上下游吊点处的桥面高程差值在1cm以内占41%,同一梁段上下游吊点处的桥面高程差值在1~2cm范围内占28%,其他部位的高程差值都比较小,说明吊点高程差值控制得较好,成桥线形的精度较高,如图25-5所示。

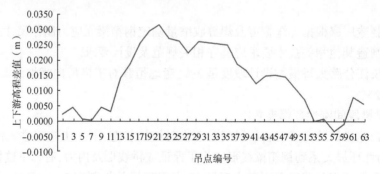

图25-5 钢箱梁各位置在上下游吊点处的相对高程差值

25.5.2 吊索索力

全桥共计252根吊索,由于短吊索测试精度较低,所以部分吊索无法准确测量。测试时间为2020年10月9日8:00—11:30,测试环境为天气阴,平均温度19.3℃。

将测试所得的各吊索索力与有限元模型计算的理论索力进行分析比较,可知成桥阶段吊索的索力误差控制在10%以内,满足规范要求。

25.5.3 锚跨张力

利用频率法测试索力是通过测试结构自振频率,分析其自振特性从而求出索力。将索力动测仪的拾振器附着于索股,拾取索股的振动信号,经过滤波、放大、谱分析,得到索股的自振频率,然后根据索力与索股频率间的固有关系来确定索力。考虑到锚跨索股长度较长,边界条件相对简单,测试结果也比较清晰。因此对于锚跨索股采用公式法简化处理。

根据监控单位对大桥锚跨索股张力的测试,黄石岸及黄冈岸实测锚跨索股张力相对于理论值误差整体控制在10%以内,锚跨张力分布均匀,整体误差比较小,满足规范要求。

25.5.4 索塔偏位

大桥成桥后对桥塔偏位进行了测量,测量时间为2020年11月10日8:00—8:30,测量环境为天气晴,温度14.5~14.8℃,平均温度14.7℃。黄石岸及黄冈岸成桥阶段索塔最大偏位值分别为 -12mm(锚跨方向)和 $+12\text{mm}$(锚跨方向),两岸索塔最大偏位值均小于《公路工程质量检验评定标准 第一册 土建工程》(JTG F80/1—2004)规范值($\pm30\text{mm}$),满足规范要求。

25.5.5 主缆线形

为了克服温度变化所引起的影响,固定观测时间十分重要,测量仪器均使用水准仪或全站仪。测量时间为2020年11月10日6:30—8:00,测量环境为天气晴,平均温度11.0℃。

主缆实测高程与理论高程误差值在 $-67.5 \sim -16.4\text{mm}$ 之间,主缆高程误差值均小于主跨跨径的1/10000($\pm1038\text{m}/10000 = \pm103.8\text{mm}$),满足设计精度要求。

26 主桥荷载试验

26.1 概述

26.1.1 试验目的

①通过桥梁荷载试验,检验桥梁结构的承载能力及其工作状态是否满足设计要求及有关规范要求,保证桥梁运营的可靠性;

②通过桥梁荷载试验,检验施工质量,对桥梁的受力状态及静动力刚度做出评价,为大桥的交竣工验收、质量评定和运营管养等提供技术依据;

③通过测试在荷载直接作用下桥梁各结构部位以及整体的响应参数,反映和揭示其桥跨结构的实际受力和工作状态,以检验其是否符合国家相关标准和设计要求;

④通过动载试验了解大桥结构的固有振动特性以及在不同状态下桥跨结构的动力反应,以检验桥梁结构运营阶段的受力特征是否满足要求,确定其运营使用条件和注意事项,为桥梁的养护和管理工作提供基础数据资料和管养规划方面的建议;

⑤通过桥梁荷载试验,将相关测试数据与施工监控单位、桥梁健康监测单位对接,建立桥梁运营健康监测的初始状态;

⑥通过桥梁荷载试验,可以得到理论分析与计算的相关参数,探索大桥结构受力行为的一般规律,为充实和发展桥梁设计计算理论提供实践资料。

26.1.2 检测依据

①《公路桥梁荷载试验规程》(JTG/T J21-01—2015);
②《公路桥梁承载能力检测评定规程》(JTG/T J21—2011);
③《工程测量规范》(GB 50026—2007);
④《公路桥涵设计通用规范》(JTG D60—2015);
⑤《公路悬索桥设计规范》(JTG/T D65-05—2015);

⑥《公路钢筋混凝土及预应力混凝土桥涵设计规范》(JTG D62—2004);
⑦《公路桥涵施工技术规范》(JTG/T F50—2011);
⑧《公路钢结构桥梁设计规范》(JTG D64—2015);
⑨《桥梁缆索用热镀锌钢丝》(GB/T 17101—2008);
⑩《公路桥涵养护规范》(JTG H11—2004);
⑪《锌铝合金镀层钢丝缆索》(GB/T 32963—2016);
⑫《悬索桥预制主缆丝股技术条件》(JT/T 395—1999);
⑬《公路悬索桥吊索》(JT/T 449—2001);
⑭《公路桥梁抗震设计细则》(JTG/T B02-01—2008);
⑮《公路桥梁抗风设计规范》(JTG/T D60-01—2004);
⑯《棋盘洲长江公路大桥两阶段施工图设计》(2018年4月);
⑰《公路工程竣(交)工验收办法》(交公路发〔2004〕446号);
⑱《关于进一步加强高速公路工程竣(交)工验收有关工作的通知》(鄂交建〔2014〕283号);
⑲《湖北省棋盘洲长江公路大桥项目桥梁荷载试验 QPZQLHZ-1 (HBZX-201801GL-004008001)招标公告》(2020年5月)。

26.1.3 试验内容

本次荷载试验对象为悬索桥主桥全幅(K16+362.042~K17+400.042)。

根据棋盘洲长江公路大桥主桥的结构特点和招标文件的有关要求,棋盘洲长江公路大桥主桥荷载试验内容包括外观检查及成桥状态测试、静载试验、动载试验等三方面的内容。

26.2 外观检查及成桥状态测试

26.2.1 桥梁外观检查

桥梁静载、动载试验前对试验桥跨结构主要构件及设施的外观质量进行检查,主要内容如下:

①钢箱梁外观检查,包括顶底板、加劲肋、横隔板等。
 a. 钢箱梁焊缝有无开裂、U肋有无变形;
 b. 钢箱梁拼接段有无错位;
 c. 钢结构有无掉漆、锈蚀等。
②索塔主要受力部位外观检查,包括表面缺陷情况及裂缝状况检查。

索塔主要受力部位混凝土表面是否出现裂缝、蜂窝、麻面、剥落、露筋、钢筋锈蚀,索塔是否发生沉降,索塔的爬梯、检查门、工作电梯是否安全可靠,塔内的照明系统是否完好。

③缆索系统外观检查,包括主缆、索夹、吊索、主索鞍、散索鞍等构件。

a. 主缆:检查主缆表面面漆是否有损坏、裂纹、变色起皮或剥落;局部位置是否出现破损;主缆线形是否正常,是否有不可恢复的变形或变形大于设计允许值。

b. 索夹:检查索夹是否有错位、滑动或位移超限现象;面漆是否起皮或锈蚀。

c. 吊索:检查吊索两端的锚固部位、热铸锚头等是否渗水;吊索钢丝是否有锈蚀等现象;吊索两端锚头是否有破损、松动。

d. 索鞍:检查索鞍上底板与下底板是否有相对位移;螺栓、锚栓是否存在连接松动、脱落;构件表面是否存在大面积锈蚀等。

④支撑系统外观检查,包括支座、垫石、黏滞阻尼器等。

a. 支座组件是否完好、清洁,有无断裂、错位、脱空;

b. 活动支座是否灵活,实际位移量是否正常;

c. 支座支撑垫石是否有裂缝;

d. 纵向阻尼器伸缩量是否正常,是否卡死;

e. 限位装置是否卡死。

⑤锚碇及锚固系统外观检查,包括锚体的表面缺陷情况及裂缝状况检查。

检查锚室内是否存在积水、锈蚀现象,温、湿度是否符合要求;顶板、侧墙混凝土是否存在剥落、裂缝、钢筋锈蚀等现象;锚碇是否有不均匀沉降和水平位移;锚碇是否存在表观缺陷如裂缝、剥落、露筋、钢筋锈蚀、空洞等;锚具是否有渗水、锈蚀,是否有锈水流出的痕迹;周围混凝土是否开裂,锚头、散索鞍有无锈蚀、破损。

⑥桥面系及附属设施外观检查,包括桥面铺装、护栏、伸缩缝等。

a. 桥面铺装是否完好,有无破损、开裂;桥面沥青混凝土是否存在波浪拥包,是否存在高低不平的现象,是否出现车辙;沥青是否发生泛油;沥青面层是否发生松散、露骨、坑槽;表面是否存在龟裂、局部块裂或纵横裂缝。

b. 护栏油漆涂刷是否均匀,有无褪色,表皮有无脱落现象;护栏构件是否出现锈蚀、裂缝、变形错位等现象。

c. 伸缩缝各部位的构件是否完好,是否存在堵塞、挤死、失效等现象,安装是否平顺,有无跳车现象;伸缩缝是否存在凹凸不平;锚固区构件是否松动,螺栓是否松脱,混凝土是否存在裂缝、剥落或破损现象;槽口是否堵塞、卡死等。

26.2.2 成桥状态测定

(1)主缆成桥线形

主缆成桥线形的测量主要为成桥状态下主缆的三维坐标测量,主缆变形情况是反映桥梁整体工作性能和刚度的重要指标。

①测点布置。

主缆成桥线形测点边跨按4等分点、中跨按8等分点沿吊索索夹中心对称布置;全桥共设34个测点,测点布置及横断面见图26-1、图26-2。测试结果与监控单位提供的主缆成桥线形数据进行对比。

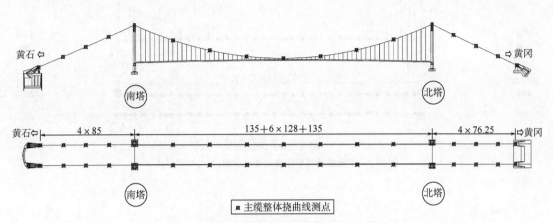

图 26-1 主缆成桥线形测点布置示意图(尺寸单位:m)

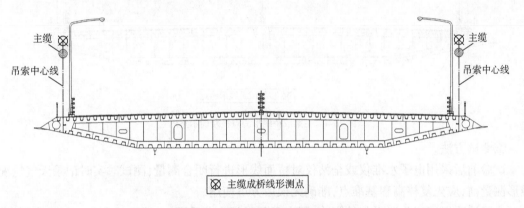

图 26-2 主缆成桥线形测点横断面示意图

②测试方法。

试验前后采用全站仪对主缆成桥线形进行三维坐标测量,测试时实时记录天气情况。线形测量前,应先复核基准点坐标,准确无误后方可使用。

为了消除温度变化所引起的影响,固定观测时间十分重要,一般选择在22:00至次日6:00之间完成测量。试验前后选取同一时间段进行测试,并与施工监控单位观测时间或温度保持一致。

(2)主梁成桥线形

主梁成桥线形的测量主要为成桥状态下桥面高程的测量,桥面变形情况是反映桥梁整体工作性能的重要指标。

①测点布置。

主梁成桥线形测点布置在奇数号吊点处,全桥共设68个测点,测点布置及横断面见图26-3、图26-4。测试结果与监控单位提供的主梁成桥线形数据进行对比,并作为运营期桥面线形监测的初始值,测点作为运营期的永久观测点。

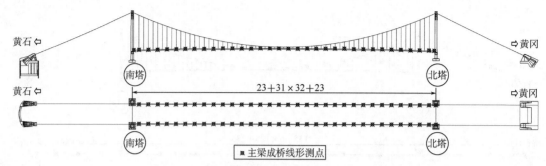

图 26-3　主梁成桥线形测点布置示意图(尺寸单位:m)

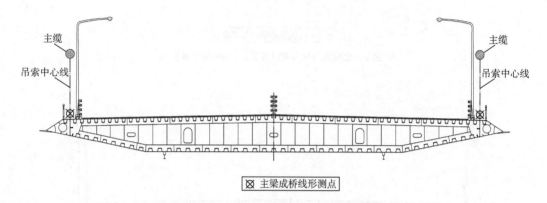

图 26-4　主梁成桥线形测点横断面示意图

②测试方法。

试验前后采用电子水准仪或全站仪对桥面线形进行闭合测量,测试时实时记录天气情况。线形测量前,应先复核高程基准点,准确无误后方可使用。

为了消除温度变化所引起的影响,固定观测时间十分重要,一般选择在22:00至次日6:00之间完成测量。试验前后选取同一时间段进行测试,并与施工监控单位观测时间或温度保持一致。

(3)索塔塔顶偏位

①测点布置。

索塔塔顶偏位主要测量成桥状态下塔顶的水平位移。在南塔和北塔塔顶沿上、下游布置塔顶偏位观测点2个,采用监控单位在施工期间预埋的塔顶棱镜观测,测点布置见图26-5。在试验前后测量塔顶偏位情况,同时将测试数据与监控单位测试的成桥塔偏状态进行对比分析。

②测试方法。

试验前后采用全站仪对塔顶偏位进行测量,测定索塔的空间位置,测试时实时记录天气情况。

为了消除温度变化所引起的影响,固定观测时间十分重要,一般选择在22:00至次日6:00之间完成测量。试验前后选取同一时间段进行测试,并与施工监控单位观测时间或温度保持一致。

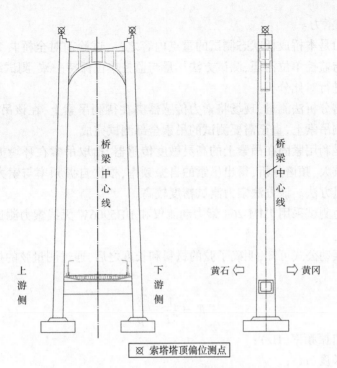

图 26-5 索塔塔顶偏位测点布置示意图

南北岸控制网基准点示意如图 26-6 所示,南北岸控制网部分基准点坐标值如表 26-1 所示。

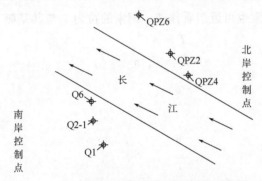

图 26-6 南北岸控制网基准点示意图

Q1、Q2-1-南塔塔偏控制点;Q6-南塔主缆控制点;QPZ6、QPZ2-北塔塔偏控制点;QPZ4、QPZ2-北塔主缆控制点

南北岸控制网部分基准点坐标值 表 26-1

序号	点名	标型	等级	X(m)	Y(m)	H_{85}标面(m)	H_{85}水准点(m)
1	QPZ2	混凝土观测墩	二等	3337505.2920	526087.3784	50.5943	49.3174
2	QPZ4	混凝土观测墩	二等	3337708.7340	525815.7961	41.2517	39.9839
3	QPZ6	混凝土观测墩	二等	3337145.7750	526556.5241	40.0670	38.7999
4	Q1	地标	二等	3336741.5115	524973.7403	21.3270	—
5	Q2-1	地标	二等	3336623.9410	525266.6250	26.1080	—
6	Q6	地标	二等	3336724.6817	525372.5306	22.5800	—

注:1. 主桥工程独立坐标系;
2. 1985 国家高程基准。

(4)吊索成桥索力

吊索成桥索力是本桥成桥状态测试的重点内容之一,试验前对全桥共252根吊索索力进行测试。测试前与监控单位沟通,测试方法尽量与监控单位保持一致,测试结果与监控单位所测吊索成桥索力进行对比分析。

索力采用频谱分析法测量,现场将索力传感器绑在待测吊索上,在该吊索测试完成后,取下转到下一组待测吊索上,直至需要测试的吊索全部测试完成。

频谱分析法是利用紧固在吊索上的高灵敏度传感器,拾取吊索在环境振动激励下的振动信号,经过滤波、放大、频谱分析,得出吊索的自振频率,根据自振频率与索力的关系来确定索力的一种间接测量方法。该方法索力测试精度较高。

吊索成桥索力测试采用JMM-268索力动测仪和DH5906W无线索力测试分析系统进行测量,测试原理如下:

根据张力弦振动公式可知,明确了弦的材料和长度之后,通过测量弦的振动频率就可确定弦的拉力。

$$F = \frac{1}{2L}\sqrt{\frac{\delta}{\rho}}$$

式中:F——弦的自振频率(Hz);

　　L——弦的长度(m);

　　ρ——弦的材料密度(kg/m³);

　　δ——弦的拉力(kN)。

两端固定、匀质受力的钢索也可近似看作弦。钢索的拉力T与其基频F有如下关系:

$$T = KF^2$$
$$F = F_n/n$$

式中:K——索力系数;

　　F——钢索基频(Hz);

　　T——钢索拉力(kN);

　　F_n——主振动频率(Hz);

　　n——主振频率的阶次。

索力系数K值按下式计算:

$$K = \frac{4WL^2}{1000}$$

式中:W——钢索单位长质量(kg);

　　L——钢索两嵌固点之间的长度(m)。

(5)主缆索股成桥索力

主缆索股成桥索力是本桥成桥状态测试的重点内容之一。试验前对全桥主缆索股成桥索力进行测试,并与监控单位沟通,测试方法尽量与监控单位保持一致,测试结果与监控单位所测主缆索股成桥索力进行对比分析。

主缆索股成桥索力测试采用JMM-268索力动测仪和DH5906W无线索力测试分析系统进行测量。

(6)锚碇成桥初始空间状态测量

①测点布置。

在黄石侧和黄冈侧上下游侧锚室各布置2个锚碇成桥初始空间状态测点,全桥共8个测点。

②测试方法。

试验前后采用全站仪对锚碇成桥初始空间状态进行测量,测试时实时记录天气情况。

为了消除温度变化所引起的影响,固定观测时间十分重要,一般选择在22:00至次日6:00之间完成测量。试验前后选取同一时间段进行测试,并与施工监控单位观测时间或温度保持一致。

(7)索塔承台成桥初始空间状态测量

①测点布置。

索塔承台成桥初始空间状态主要测量成桥状态下索塔承台的三维坐标。在南塔和北塔承台沿上、下游布置承台成桥初始空间状态观测点4个,全桥共8个测点,在试验前后测量索塔承台成桥初始空间状态情况。

②测试方法。

试验前后采用全站仪对索塔承台成桥初始空间状态进行测量,测试时实时记录天气情况。

为了消除温度变化所引起的影响,固定观测时间十分重要,一般选择在22:00至次日6:00之间完成测量。试验前后选取同一时间段进行测试,并与施工监控单位观测时间或温度保持一致。

26.3 荷载试验

26.3.1 计算结构分析

在静载试验前,采用有限元软件对桥梁结构进行空间模拟,计算该桥在活载作用下的包络图,根据包络图确定桥梁最不利控制截面(或部位),同时考虑选取受力复杂且活载响应较为敏感的截面(或部位),将这些截面(或部位)作为测试控制截面(或部位)。计算出各控制截面的内力、位移影响线,并进行静力加载计算,按照效应等效原则给出合适的加载轮位布置图。

(1)主要计算参数

①混凝土:主桥各结构部位混凝土材料参数见表26-2。

混凝土材料参数   表26-2

结构部位	索塔塔柱、横梁、塔座	承台
混凝土标号	C50	C35
弹性模量 E(MPa)	34500	31500
泊松比 γ	0.43	0.2
热膨胀系数(1/℃)	1×10^{-5}	1×10^{-5}

②结构钢材:主梁主体采用 TMCP 技术轧制生产 Q345qD 钢材,弹性模量 $E=2.06\times10^5$MPa,热膨胀系数为 1.2×10^{-5}/℃。

③主缆:主缆钢丝采用高强度镀锌铝合金钢丝,单根钢丝公称抗拉强度为 1860MPa,弹性模量 $E=1.98\times10^5$MPa,热膨胀系数为 1.2×10^{-5}/℃。

④吊索:吊索钢丝采用高强度镀锌铝合金钢丝,公称抗拉强度为 1670MPa,弹性模量 $E=1.98\times10^5$MPa,热膨胀系数为 1.2×10^{-5}/℃。

(2)计算荷载

①恒载:一期恒载主要包括主缆、吊索、钢箱梁等构件自重。二期恒载主要包括二期铺装、防撞护栏、检修道、路灯与管线等附属结构自重。

②活载:公路—Ⅰ级 6 车道,按照《公路桥涵设计通用规范》(JTG D60—2015),纵向折减系数 0.93,横向 6 车道折减系数 0.55。

(3)边界条件

主缆与索塔之间的连接采用主从节点来模拟;主梁与索塔之间的竖向支座采用弹性连接,同时对横向抗风支座采用弹性连接进行模拟;在索塔承台底部、主缆锚固点处固结,在散索鞍鞍底采用释放 Y 方向转动约束的一般支撑进行模拟。

(4)整体计算模型

采用有限元结构计算软件 Midas Civil 建立主桥整体空间模型进行模拟计算。索塔、主梁均采用梁单元模拟,主缆、吊索采用索单元模拟,全桥离散为 1303 个节点,1276 个单元。整体空间计算模型如图 26-7 所示。

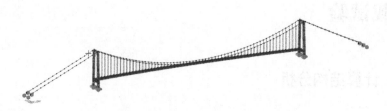

图 26-7 棋盘洲长江公路大桥主桥整体空间计算模型

采用有限元结构计算软件 Midas FEA 建立结构实体模型进行分析计算,钢箱梁局部模型见图 26-8,横隔板局部模型见图 26-9。

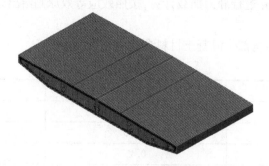

图 26-8 钢箱梁局部模型

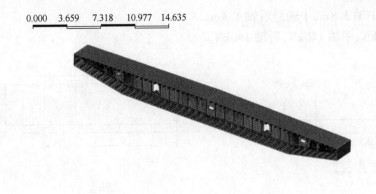

图 26-9 横隔板局部模型(尺寸单位:m)

26.3.2 静载试验方案

桥梁静载试验通过测量桥梁在各种静力荷载工况下各控制截面的应力及结构的变形,从而确定结构的实际工作性能与设计期望值是否相符,它是检验桥梁结构的强度、刚度以及其他性能最直接、最有效的办法。

1. 试验原则

各试验工况下试验所需加载车辆的数量,将根据设计标准活荷载产生的最不利效应值按下式所定原则等效换算而得。根据《公路桥梁荷载试验规程》(JTG/T J21-01—2015)有关规定,静力荷载试验效率宜取 0.85~1.05。

$$0.85 \leq \eta_q = \frac{S_s}{S(1+\mu)} \leq 1.05$$

式中:η_q——静载试验荷载效率;

S_s——静载试验荷载作用下,某一加载试验项目对应的加载控制截面内力或位移的最大效应计算值;

S——控制荷载产生的同一加载控制截面内力或位移的最不利效应计算值;

μ——按规范取用的冲击系数。

2. 试验工况

本桥试验的控制内力以"公路—Ⅰ级"设计荷载计算,取其最不利荷载效应,然后根据影响线按等效荷载原则确定对应的用车数量和对应的轮位,控制截面的理论计算内力考虑横向车道折减及纵向折减。荷载试验是验证桥梁正常使用状态而采取的工作模式,综合以上原因及现场工作条件,部分工况可优化合并。

3. 试验加载

(1)加载车辆

本次试验拟采用 350kN 双后轴载重车加载,见图 26-10。其主要技术指标如下:

①轴距:前轴距中轴3.8m,中轴距后轴1.4m。
②轴重:前轴70kN,中轴140kN,后轴140kN。

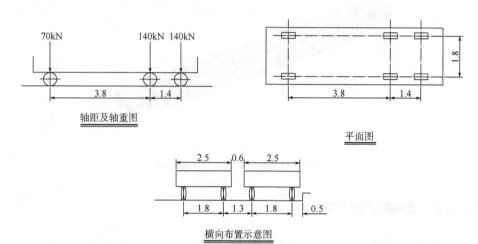

图26-10 加载汽车轴重、轴距及平面图(尺寸单位:m)

(2)加载轮位数量

根据该桥特点和计算分析结果,主桥静力试验主要加载轮位设置8个。

(3)静载试验各工况加载理论控制值

静载试验各工况加载理论控制值如表26-3所示。

静载试验各工况加载理论控制值　　　　　　　　表26-3

试验工况	主要试验项目	测试内容	理论控制值	备注
GK1	塔顶偏位	FS截面最大纵向位移(m)	0.1333	中载
		FN截面最大纵向位移(m)	-0.1225	
		M截面最大索力增量(kN)	17588.0	
		N截面最大索力增量(kN)	17860.1	
		黄石侧塔脚最大应变	67	
		黄冈侧塔脚最大应变	52	
		主缆跨中最大正挠度(m)	1.7377	
		主梁跨中最大正挠度(m)	1.7363	
		DS01活载索力最大增量(kN)	107.70	
		DS30活载索力最大增量(kN)	342.95	
		DS34活载索力最大增量(kN)	342.95	
		DS63活载索力最大增量(kN)	106.89	
GK2	塔顶偏位	FS截面最大纵向位移(m)	0.1464	偏载
		FN截面最大纵向位移(m)	-0.1348	
		M截面最大索力增量(kN)	19304.7	
		N截面最大索力增量(kN)	19645.7	

续上表

试验工况	主要试验项目	测试内容	理论控制值	备注
GK2	塔顶偏位	黄石侧塔脚最大应变($\mu\varepsilon$)	78	偏载
		黄冈侧塔脚最大应变($\mu\varepsilon$)	59	
		主缆跨中最大正挠度(m)	1.6928	
		主梁跨中最大正挠度(m)	1.8416	
		DS01活载索力最大增量(kN)	247.36	
		DS30活载索力最大增量(kN)	407.85	
		DS34活载索力最大增量(kN)	407.86	
		DS63活载索力最大增量(kN)	246.45	
GK3	B截面最大挠度	B截面主梁挠度(m)	2.0992	中载
		E截面主缆挠度(m)	2.0797	
		黄冈侧主梁最大负挠度(m)	−1.0700	
		DS截面梁端纵向位移(m)	−0.4912	
GK4	C截面最大挠度	C截面主梁挠度(m)	2.0992	中载
		G截面主缆挠度(m)	2.0797	
		黄石侧主梁最大负挠度(m)	−1.0700	
		DN截面梁端纵向位移(m)	0.4962	
GK5		E截面上下游最大位移差(m)	0.6301	偏载
GK6	A截面最大弯矩	A截面主梁最大应变	190	中载
		A截面主梁最大挠度(m)	0.7605	
GK7	D截面最大弯矩	D截面主梁最大应变	212	中载
		D截面主梁最大挠度(m)	0.5474	
GK8	钢箱梁横隔板局部应变	钢箱梁横隔板局部最大应变	131	—

注：纵向位移以向黄冈侧偏移为正，向黄石侧偏移为负；挠度以向下为正，向上为负；应变以受拉为正，受压为负。

4. 控制截面及试验内容

根据前期整体计算结果，本次静载试验将主要针对起控制作用的主梁、主缆、吊索和索塔截面进行加载测试，同时对结构加载后的应变、索力及变形情况进行观测。静载试验测试项目主要有以下六个方面：①主梁控制截面应变；②主梁控制截面挠度及梁端纵向位移；③索塔控制截面应变；④索塔塔顶偏位；⑤吊索及锚跨索股索力增量；⑥钢箱梁横隔板应变。

按桥梁结构最不利受力原则和代表性原则，根据设计荷载作用下结构内力包络图及位移图，并结合本桥结构特点，主梁控制截面共设置4个，索塔控制截面共设置4个，主缆控制截面共设置5个，吊索控制截面共设置4个。控制截面布置详见图26-11。

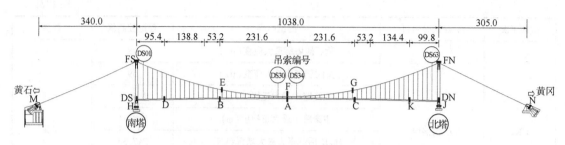

图 26-11 主桥控制截面布置示意图(尺寸单位:m)

A-主梁跨中竖向位移及横向最大扭转反应控制截面;B、C-主梁最大正竖向位移控制截面;D-主梁最大弯矩控制截面;E、G-主缆最大竖向位移控制截面;F-主缆跨中竖向位移控制截面;H、J-索塔最大弯矩控制截图;FN、FS-索塔塔顶纵向位移控制截面;DN、DS-主梁梁端纵向位移控制截面;M、N-主缆锚跨索股活载最大增量;K-钢箱梁横隔板局部工况控制截面;(DS01)、(DS63)-最不利吊索力增量;(DS30)、(DS34)-吊索活载索力最大增量

(1)主缆整体挠曲线测试

①测点布置。

主缆中跨按8等分点沿吊索索夹中心处布置,边跨按2等分点分别沿两侧主缆各布置1个测点,全桥共设置22个测点。

②测试方法。

在 GK1~GK5 试验荷载作用下,采用全站仪对主缆整体挠曲线进行测试。

(2)主梁整体挠曲线测试

①测点布置。

主梁整体挠曲线测试与健康监测单位保持一致,主跨按16等分点沿防撞护栏内侧布置,全桥共34个测点。

②测试方法。

在 GK1~GK5 试验荷载作用下,采用气-液耦合压差式挠度仪对主梁整体挠曲线进行测试。各测点必须固定在相应的位置,基准点置于索塔人洞处。

同时,采用光纤连续线形检测仪进行校核,其基本原理为利用光纤陀螺精确测量载体运动姿态角的特点,采集载体的相关运动参数,通过对运动参数进行积分推算,得到载体的运动轨迹,从而得到桥面的整体挠曲线。

(3)主梁挠度测试

①测点布置。

在 A~D 截面、B'截面(B 截面往黄石侧53.2m处)以及 C'截面(C 截面往黄冈侧53.2m处)分别设置2个挠度测点,沿上下游护栏内侧设置,全桥共设置12个测点,测点布置见图 26-12、图 26-13。

②测试方法。

采用气-液耦合压差式挠度仪进行主梁挠度测试。各测点必须固定在相应的位置,基准点置于索塔人洞处,同时用全站仪对上下游护栏内侧挠度测点进行复核。

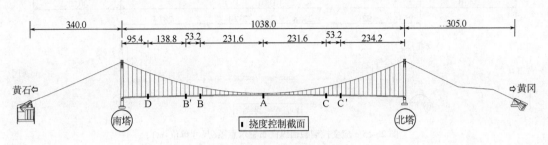

图 26-12　挠度控制截面纵向布置示意图(尺寸单位:m)

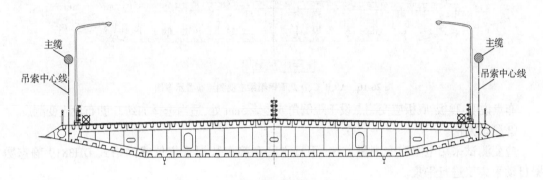

图 26-13　挠度测点横向布置示意图

(4)主缆控制截面挠度测试

①测点布置。

在 E、F、G 控制截面上下游两侧主缆上各布置 1 个挠度测点,全桥共设置 6 个测点,测点布置见图 26-14。

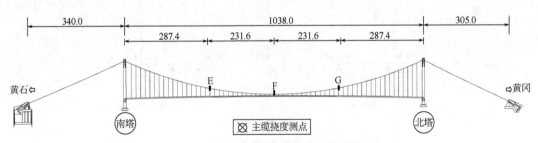

图 26-14　E、F、G 控制截面主缆挠度测点布置示意图(尺寸单位:m)

②测试方法。

在试验荷载作用下,采用全站仪对主缆控制截面挠度进行测试。

(5)主梁控制截面应变测试

①测点布置。

为避开横隔板位置,A 截面向黄石侧偏移 0.8m 布置应变测点,主梁应变设 4 个控制截面,分别为 A′、B、C、D 截面,应变测点布置见图 26-15、图 26-16。

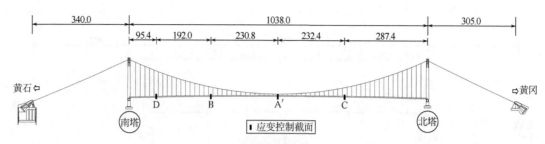

图 26-15　应变控制截面纵向布置示意图(尺寸单位:m)

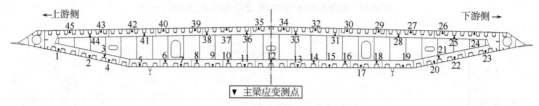

图 26-16　A′、B、C、D 截面钢箱梁应变测点布置示意图

布点说明:顶板、底板应变测点设于距倒角或边缘 5cm 处,适当选择加劲 U 肋布设应变测点。

②测试方法。

应变测试采用电阻应变测量方法,用日本共和静态数据采集仪或网络式 DH3819 静态数据自动采集仪进行采集。

(6)索塔应变测试

①测点布置。

索塔应变设 2 个测试截面,分别为 H、J 截面,应变测点布置见图 26-17。

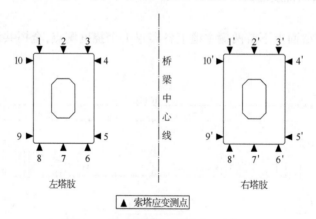

图 26-17　南、北索塔应变测点布置示意图

布点说明:应变测点设于距倒角或边缘 5cm 处。

②测试方法。

在 GK1、GK2 试验荷载作用下,采用电阻应变测量方法,用日本共和静态数据采集仪进行采集。

(7)锚体位移测试

①测点布置。

在黄石侧和黄冈侧上下游侧锚室各布置 2 个位移测点,全桥共 8 个测点,测点布置见图 26-18。

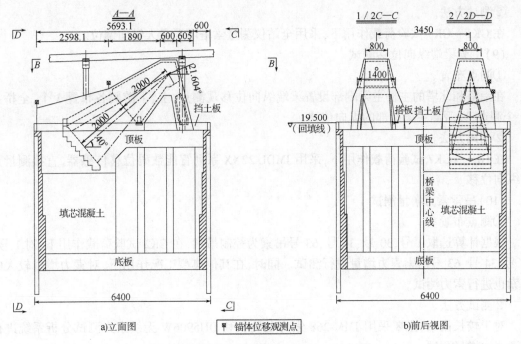

图 26-18 锚体位移测点布置图(高程单位:m;尺寸单位:cm)

②测试方法。

在 GK1、GK2 试验荷载作用下,用全站仪进行观测。

(8)塔顶偏位测试

①测点布置。

在黄石侧索塔和黄冈侧索塔塔顶沿上、下游各布置索塔偏位观测点 2 个,测点布置见图 26-19。

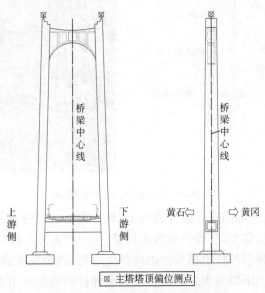

图 26-19 塔顶偏位测点布置示意图

②测试方法。

在 GK1~GK5 试验荷载作用下,采用全站仪测量索塔塔顶最大纵向偏位。

(9)主梁梁端纵向位移测试

①测点布置。

在南塔和北塔的主桥主梁端部设置梁端纵向位移观测点,上、下游侧各布置3个,全桥共12个测点,以观测主梁端部的纵向位移。

②测试方法。

在 GK1~GK7 试验荷载作用下,采用 JMDL-22XX 系列智能数码位移传感器,直接测量梁端纵向位移。

(10)吊索索力增量测试

①测点布置。

根据计算选取1号、30号、34号、63号吊索为控制吊索,在 GK2 试验荷载作用下,对1号、30号、34号、63号吊索索力增量进行测试。同时,在其他典型工况作用下,对索力增量较大的吊索也进行索力测试。

②测试方法。

对于较长吊索,主要采用 JMM-268 索力动测仪和 DH5906W 无线索力测试分析系统进行吊索索力增量测试。

对于跨中附近的短吊索,在环境作用下难以产生激振,不适合采用频率法测试其索力,主要采用千分表配合定长引伸杆测量其伸长量,其测试装置见图26-20。

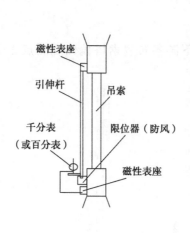

图 26-20 短吊索索力增量测试装置

测试原理:引伸杆的一端固定在磁性表座上,另一端抵住千分表的指针,通过千分表读出引伸杆在加载过程中的位移变化,即吊索的伸长量,再利用施工中材料试验确定的弹性模量求得索力增量。限位器确保引伸杆沿吊索的轴向产生位移,避免风荷载及试验加载过程中桥梁振动产生的不利影响。上下锚固点之间的长度为引伸杆的原始标距 L_0,加载过程中引伸杆伸长量为 ΔL,吊索弹性模量为 E,吊索索力增量 ΔF 为:

$$\Delta F = E \cdot A \cdot \frac{\Delta L}{L_0}$$

式中：ΔF——吊索索力增量(N)；

E——吊索弹性模量(MPa)；

A——吊索的计算面积(mm^2)；

ΔL——引伸杆伸长量(mm)；

L_0——引伸杆的原始标距(mm)。

(11) 主缆锚跨索股索力增量测试

①测点布置。

对黄石侧和黄冈侧的主缆锚跨索股索力增量进行测试，上、下游侧锚区各选取10根索股进行索力测试，所选索股布置如图26-21所示。

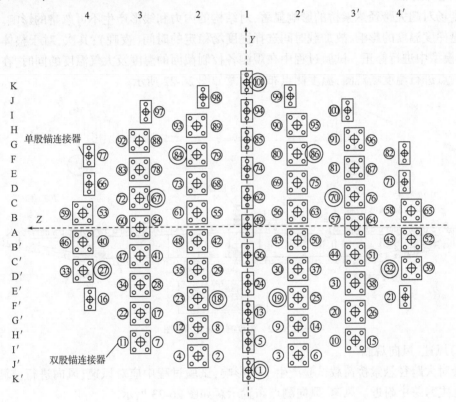

图26-21　待测锚跨索股布置示意图

②测试方法。

采用JMM-268索力动测仪和DH5906W无线索力测试分析系统对索股的索力增量进行测试，同时对部分索股索力增量采用千分表配合定长引伸杆测量法进行校核。

(12) 裂缝检测

①测点布置。

在试验过程中观察索塔在试验荷载作用下是否有裂缝产生，若有则记录裂缝产生部位、长度、宽度、间距、方向和性状，以及卸载后的闭合情况。

在各试验工况下,选取控制截面附近的裂缝(如果有),在每条裂缝上安装百分表,进行裂缝监测。

②测试方法。

在 GK1、GK2 试验荷载作用下,在裂缝位置处架设位移传感器,观察裂缝的发展情况。

(13)关键部位检测

①测点布置。

对索夹、散索鞍、锚体、U 肋连接部位等关键部位进行监测。

②测试方法。

在 GK1、GK2 试验荷载作用下,采用倾角仪或千分表监测散索鞍的转角;采用全站仪监测锚体位移。在 GK2 试验荷载作用下,采用位移计监测上游侧索夹与主缆的相对位移。

(14)温度观测

温度场对超大跨径悬索桥的影响显著,对结构的内力和线形产生不可忽略的影响。首先,采取回避梯度温度的影响,故加载时间选择温度场稳定的时间(夜晚);其次,对于整体的温度升降,在模型中进行修正。试验过程中在观测各控制截面的温度及大气温度的同时,在全桥布设温度测点进行温度场观测,温度测点布置示意如图 26-22 所示。

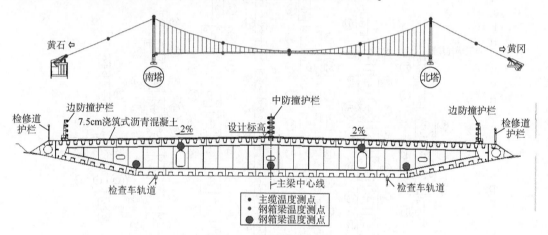

图 26-22 温度测点布置示意图

(15)风速、风向观测

风会对大跨径悬索桥荷载试验产生不利影响,试验过程中应对风速、风向进行监测,其测点布置在主跨跨中附近。风速、风向测点布置示意如图 26-23 所示。

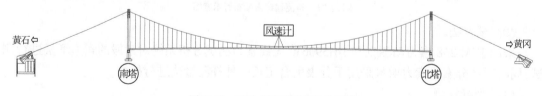

图 26-23 风速、风向测点布置示意图

5.静载试验程序

①试验准备:根据试验方案进行试验测点放样、布置,对加载车辆称重并详细记录各车编

号、车重、轴重和轴距。对现场进行交通组织并进行试验系统安装调试。

②预加载：正式加载试验前一天，先进行全桥预加载，尽可能消除非弹性变形的影响，使结构进入正常工作状态。预加载时采用分级加载的第一级荷载，监测各测点的应变或变形情况。

③正式加载：为确保试验加载过程中结构安全，首先进行控制工况加载，根据计算确定的加载水平及加载方式，部分工况分6级加载，其中4次卸载测读，6级加载测读；部分工况分5级加载，其中3次卸载测读，5级加载测读；部分工况分4级加载，其中3次卸载测读，4级加载测读；部分工况分3级加载，其中2次卸载测读，3级加载测读。加载轮位通过设计荷载及影响线计算确定，并在试验加载时量测各加载实际轮位，作为理论计算的依据。

④过程监控：监测主要控制截面最大效应实测值，并与相应理论计算值进行现场分析比较，关注结构的力学指标变化、既有病害发展情况，判断桥梁结构受力是否正常，加载是否安全，并确定可否进行下一级加载。

6. 试验注意事项

(1) 加载稳定时间

加载稳定时间、加载时间间隔应满足结构反应稳定的时间要求。应在前一级荷载阶段内结构反应相对稳定、已进行有效测试并记录后进行下一级荷载试验。当进行主要控制截面最大内力(变形)加载试验时，分级加载的稳定时间不应少于5min；本次试验首个工况的分级加载稳定时间不宜少于15min。加卸载稳定时间取决于结构变形达到稳定所需的时间。同一级荷载内，结构最大变形测点在最后5min内的变形增量小于第一个5min变形增量的15%或小于测量仪器的最小分辨值时，通常认为结构变形达到相对稳定。

(2) 试验环境要求

静载试验应选择在气温变化不大和结构温度趋于稳定的时间段内进行。试验过程中，在量测试验荷载作用下结构响应的同时应相应地测量结构表面温度。根据以往的测试经验，静载试验宜在22:00至次日6:00进行。现场应做好监测起止时间、温度以及风速、风力等记录，确保现场试验环境条件满足桥梁荷载试验的基本要求。

(3) 试验终止条件

发生下列情况应终止加载：
①控制测点应变值已达到或超过理论计算值。
②控制测点变形(或挠度)超过理论计算值。
③结构裂缝的长度、宽度或数量明显增加。
④实测变形分布规律异常。
⑤桥体发出异常响声或发生其他异常情况。
⑥悬索桥主缆与吊索索力增量实测值超过计算值。

26.3.3 动载试验方案

(1) 试验项目及测点布置

①脉动试验。

脉动试验是通过在桥上布置高灵敏度的传感器,长时间记录环境激励如风、水流、地脉动等引起的桥梁振动,然后进行谱分析,最终得到桥梁结构的动力特性。

脉动试验主要测定桥梁结构的自振频率、振型和阻尼比等结构模态参数。

主梁模态试验测点布置的拾振器见图26-24。索塔模态试验测点布置的拾振器见图26-25。

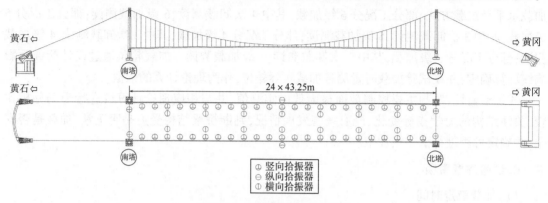

图26-24 主梁脉动拾振器布置图

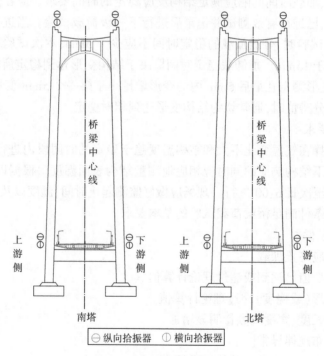

图26-25 索塔脉动拾振器布置图

②无障碍行车试验。

无障碍行车试验主要用于考察桥面铺装层完好时运营车辆荷载作用下结构的动力响应。

分别以10km/h、20km/h、30km/h、40km/h、50km/h、60km/h的速度往返通过桥跨结构,其中10～20km/h采用4辆并行的载重汽车、30～60km/h采用2辆并行的载重汽车匀速通过桥跨结构,在主桥四等分点处布置拾振器,测量主梁的动力响应(动应变、冲击系数)。每种车速重复一次。测点布置见图26-26、图26-27所示。

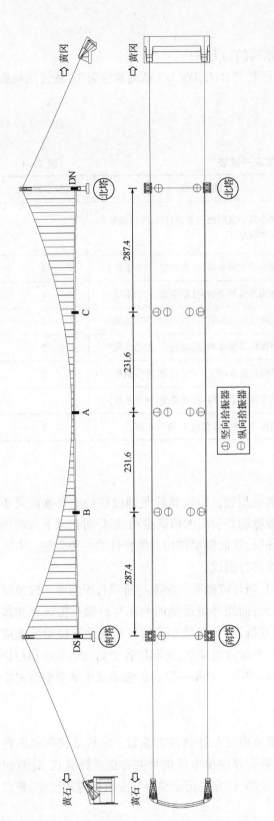

图26-26 主桥行车、刹车工况拾振器纵向布置图（尺寸单位：m）

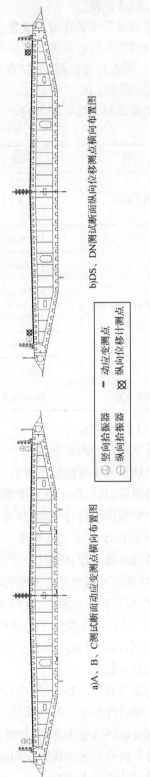

a) A、B、C测试断面动应变测点横向布置图

b) DS、DN测试断面纵向位移测点横向布置图

图26-27 主桥行车、刹车工况拾振器及动应变测点横向布置图

③制动试验。

模拟运行车辆在桥上紧急刹车,考察桥梁结构的动力响应。

用两辆并行的载重汽车以30km/h的速度行驶到B、C、DS、DN截面紧急刹车,测量结构振动响应,测点布置如图26-27所示。

(2)试验工况

动载试验工况见表26-4。

动载试验工况一览表　　　　　表26-4

项目	工况	测试内容	试验车辆(辆)
脉动试验	1	桥梁微小且不规则地振动,得到结构自振频率、结构振型和阻尼比	—
无障碍行车试验	1(10km/h)	桥梁结构强迫振动响应(动应变、冲击系数)	4
	2(20km/h)	桥梁结构强迫振动响应(动应变、冲击系数)	4
	3(30km/h)	桥梁结构强迫振动响应(动应变、冲击系数)	2
	4(40km/h)	桥梁结构强迫振动响应(动应变、冲击系数)	2
	5(50km/h)	桥梁结构强迫振动响应(动应变、冲击系数)	2
	6(60km/h)	桥梁结构强迫振动响应(动应变、冲击系数)	2
制动试验	1(30km/h)	桥梁结构振动响应(动应变、纵向位移)	2

(3)试验方法

①脉动试验测试方法。

脉动试验主要测量主桥的自振频率、振型和阻尼比。脉动试验是通过在桥上布置高灵敏度的拾振器,长时间记录环境激励如风、水流、地脉动等引起的桥梁振动,然后对记录下来的桥梁振动时程信号进行处理,并进行时域和频域分析,求取桥梁结构自振特性的一种方法。本次检测采用DH5907A无线桥梁模态测试分析系统进行测试。

假设在低频段,环境振动的激励谱比较均匀,当环境激励的频率与桥梁自振频率一致或接近时,桥梁容易吸收环境激励的能量,使振幅增大;而当环境激励的频率与桥梁自振频率相差较大时,由于相位差较大,有相当一部分能量相互抵消,振幅较小。对环境激励下桥梁的响应信号进行多次功率谱的平均分析,可得到桥梁的各阶自振频率,再利用各个测点的振幅和相位关系,可求得桥梁各阶模态相应的振型,在自振频谱图上对每一阶自振频率采用半功率带宽法求取阻尼参数。

②动力响应试验测试方法。

无障碍行车试验和制动试验,主要测定主梁动应变及计算冲击系数。在桥梁控制截面箱梁底部安装动应变传感器,传感器连接分析仪,分析仪输出电压信号并传送至计算机,计算机记录储存信号。无障碍行车和制动会引起桥梁振动,计算机记录储存应变仪相应的变化,最后通过公式计算冲击系数。

26.3.4 桥面正交异性板局部承压试验

(1) 加载工况

假设车辆从黄石侧往黄冈侧行驶。当中轴位于左横隔板的右侧,后轴位于左横隔板的左侧时,正交异性钢桥面系最可能达到最不利状态。因此,以中轴的作用位置为加载工况的关注轴,测试在纵向不同载位工况下,桥面正交异性板的局部受力情况。车辆纵向轮位如图 26-28 所示,纵向轮位加载位置如图 26-29 所示。

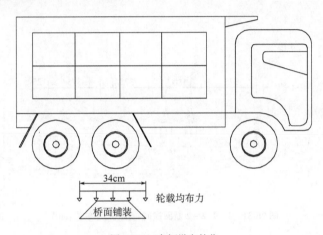

图 26-28 车辆纵向轮位

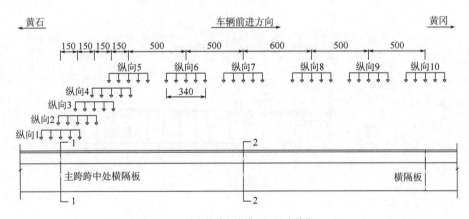

图 26-29 纵向轮位加载位置(尺寸单位:mm)

(2) 荷载作用方式与测点布置

测试桥面正交异性板局部应力主要是测试桥面正交异性板在局部轮压作用下的受力性能,试验测试截面布置如图 26-30 ~ 图 26-33 所示。

布点说明:
①钢箱梁顶板、底板应变测点均布置于相邻 U 肋中间;
②顶、底板 U 肋测点均布置于 U 肋顶部中间;
③横隔板应变测点均布置于距边缘 5mm 处。

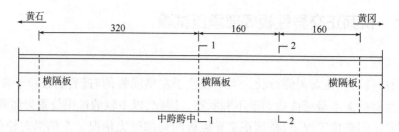

图 26-30 桥面正交异性板局部应力试验测试截面纵断面图(尺寸单位:mm)

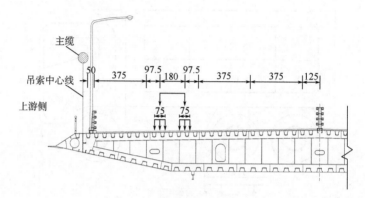

图 26-31 1—1、2—2 断面横向轮位(尺寸单位:cm)

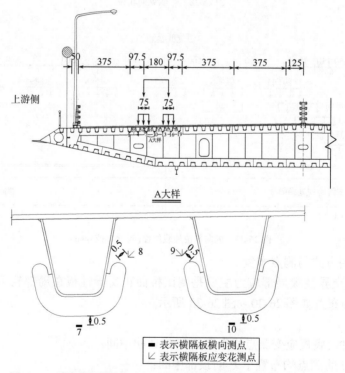

图 26-32 跨中处钢箱梁截面 1—1 应变测点布置示意图(尺寸单位:cm)

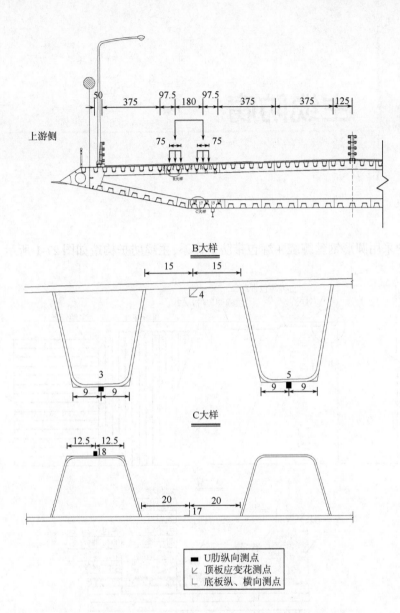

图 26-33 横隔板处截面 2—2 应变测点布置示意图(尺寸单位:cm)

(3)测试方法

应变测试采用电阻应变测量方法,用网络式 DH3819 静态数据自动采集仪进行采集。

27　主缆防腐

主缆防护采用圆形钢丝缠绕＋缠包带防护体系，主缆防护构造如图27-1所示。

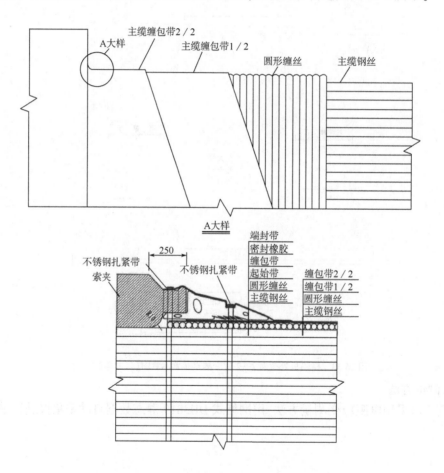

图27-1　主缆防护构造图（尺寸单位：mm）

大桥主缆缠丝施工在钢箱梁吊装完成后开始，缠丝顺序为先中跨后边跨，中跨由塔顶向跨中方向进行，边跨由塔顶向锚碇方向进行，两个索夹之间由低向高进行。主缆缠丝施工工艺流程见图27-2。

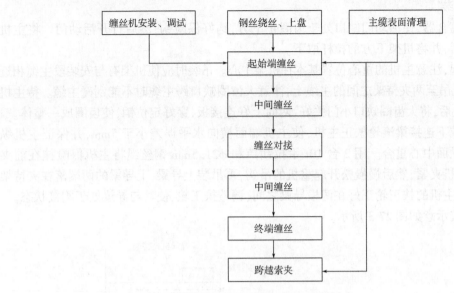

图 27-2 主缆缠丝施工工艺流程

27.1 主缆缠丝施工准备

27.1.1 主缆缠丝机安装

缠丝机在跨中或边跨下方安装,由平车运输,用 25t 汽车起重机往主缆上吊装。

(1) 夹持架安装

①前夹持架。

在主缆适当位置安装前夹持架。用汽车起重机将前夹持架吊起,让其骑跨在主缆上,在走行轮未接触主缆前,注意夹紧瓦中心对准主缆中心,然后扳动夹紧手轮,将夹持架夹住。用汽车起重机扶正,用水准仪(精度 2/1000)测量,保证夹持架上横梁水平,装好下方拉杆,然后两边同时由两人用加力扳手用力夹紧。夹紧后再测量水平度,如有变化,再做调整。

②后夹持架。

从前夹持架框架中心线开始,往主缆下方量取两夹持架的设计距离,定出后夹持架安装位置。采用同样方法安装后夹持架。安装主机前,夹持架应处于可靠夹紧状态。

(2) 导向梁安装

安装下部导向梁,使前、后夹持架成刚性整体。用 2 台 10t 手拉葫芦和 $\phi21.5mm$ 钢丝绳(一端拴在前上方索夹上,另一端拴挂在前夹持架耳板上),保证系统安全。

安装防倾覆保险倒链。在最靠近夹持架某端的索夹上,利用留待安装检查索立柱的 M36 螺孔安装两块耳板,用倒链葫芦交叉拉紧夹持架两下脚,此装置可防倾覆,并可调夹持架横向水平。

(3) 主机安装

脱开牙嵌离合器，使活动门缺口处于齿圈正下方，钩好保险钩，然后打开活动门。将主机上夹紧丝杆退后，并将机架下方的拉杆取下。

将主机吊起，注意主机的重心位置基本在机架中心。吊装时应使机架有与安装段主缆相近的仰角。将主机吊至两夹持架之间的主缆上，注意大齿圈缺口跨主缆时不能刮碰主缆。待主机平稳落在主缆上后，将大齿圈缺口小门关好，两面上好连接板，穿好定位销，使齿圈成一整体。

借助吊车或下连接梁滚轮扶正主机，使主机端面横向水平误差小于5mm，并保证主机纵向中心与主缆纵面中心重合。用2台10t手拉葫芦和$\phi21.5$mm钢丝绳将主机保险挂在前夹持架上，并将主机夹紧，然后慢慢松开起重机的吊钩，再吊装上导梁，上导梁的两端落在夹持架的两片支座上，主机的扶正轮正好在两根导梁之间，调整扶正轮，使其与导梁处于刚接状态。

缠丝机安装示意如图27-3所示。

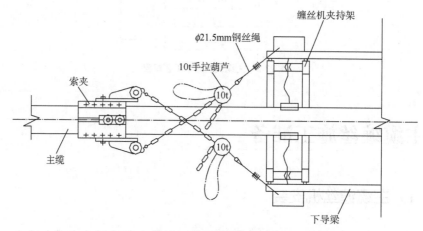

图27-3 缠丝机安装示意图

27.1.2 工地缠丝试验

(1) 试验目的

了解缠丝机整体性能，初步熟悉操作要点和操作规程，掌握常见故障的处理方法；掌握如何对缠丝机张力进行标定；了解并初步掌握索夹起始端(下端部)和结尾端(上端部)等特殊部位的缠丝方法；基本掌握缠绕丝圈间焊接及缠绕钢丝对接焊接技术。

(2) 试验内容

①缠丝张力标定；

②索夹下端部(起始端)缠丝；

③索夹间正常缠丝；

④索夹上端部(结尾端)缠丝；

⑤主机、夹持架移动及跨越索夹；

⑥已缠绕钢丝并固焊试验；

⑦缠绕钢丝对接焊试验。

27.1.3 缠丝焊接试验

缠丝的焊接是缠丝作业中的一项重要工序,焊接质量影响整个缠丝工程质量。按照缠丝工况,主缆缠丝时需要两种焊接工艺:一种是已缠绕钢丝并固焊,另一种是缠绕钢丝对接焊。正式缠丝前,应对焊接工艺进行试验,以检验焊剂、点火枪、模具等是否满足要求。

(1) 并固焊

并固焊主要用于每个索夹端部缠丝的起头和结尾、端部缠丝与正常缠丝之间的工序转换以及钢丝对接处。本桥采用铝热铜焊,具体操作为将装有铝粉和氧化铜的坩埚放入专用石墨模具,一并置于主缆已缠钢丝待焊处,用点火枪点燃药粉,铝粉燃烧时的高热将氧化铜熔化并还原成铜,利用熔融铜的熔合使钢丝并固。

(2) 对接焊

对接焊主要用于缠丝过程中更换储丝筒接长缠绕钢丝或处理意外断丝。缠丝对接采用专用对焊夹具和无应力圈间焊接技术,保证焊接质量。

27.2 主缆缠丝施工

27.2.1 缠丝机试运转

机器安装完毕后,各减速机、变速箱中加足润滑油,冬季用 N32 机械油,夏季用 N46 机械油,其他各运动副间均按要求注入润滑油或润滑脂。按《使用维护说明书》及《工厂试验大纲》要求进行空车试验。

检查前、后夹持架的夹紧机构是否可靠夹紧,保险葫芦是否拉紧,然后慢慢松开主机上的夹紧手轮,取下主机下部拉杆。

将软电缆端部插头插入猫道上已预备好的电源插座,先启动油泵,正常后使走行轮 A 顶向主缆,将旋转与走行离合器置于空挡位置,先点动后连续试空车,然后分别合上旋转和走行离合器,点动并试运行,最后两者联动,亦先点动后运行。启动电机前,先测量电机绝缘电阻,各电机绕组间及对地绝缘电阻不小于 $0.5\text{M}\Omega$。联动时观测记录主回路电流值。将主机开到起始缠丝位置即可进行缠丝。主机与夹持架交替进行的方法:开始时夹紧夹持架,主机前行,然后夹紧主机,松开夹持架,使其前行,如此交替进行,可用慢速也可用快速。注意任何情形下都不允许同时松开主机和夹持架的夹紧瓦。交替走行中的静止件(夹持架或主机)除可靠夹紧外,还要在前方索夹处拴保险绳,用 10t 手拉葫芦稍微带力做保险。

缠丝前调整好缠丝与走行离合器的速度匹配关系,即缠丝齿圈每转一圈,机器走行 8mm,张力调整至所需数值,并能可靠显示。

27.2.2 储丝轮绕丝

在两岸索塔下方通过盘丝设备将储丝筒上盘,利用平车运至缠丝机下方的桥面上,通过塔顶卷扬机和滑车组钢丝绳将储丝筒起吊至缠丝机旁并安装。按每个索夹区间精确计算钢丝用量并以卷供应,缠丝前通过特制绕丝机以一定张力将钢丝卷转绕至储丝轮上,以供相应主缆索夹区间缠丝使用。

27.2.3 缠丝作业

(1)主缆清洁和底层涂装

对即将缠丝的节段,先人工清除主缆上因施工而残留的杂物,并用溶剂清洗主缆表面的油污及沙尘等有害物质。按要求进行底漆和密封膏的刮涂。

在主缆弧线最低点,跨中29m的范围,保留主缆底部20cm宽的雨水排出通道,暂时不用硅烷密封膏刮涂缝隙,缠丝后也暂时不涂抹密封剂。

(2)起始端(索夹下端部)缠丝

①安装储丝筒和端部缠丝附件,并穿绕钢丝,主机行进至端部缠丝附件前端距索夹下端部30mm处。

②将缠丝机速度调至150r/min左右。

③用钢丝钳将丝头扭挂在索夹的螺栓上。

④正转(齿圈正常缠丝为逆时针方向)点动缠丝机进行端部缠丝,若有乱丝或压丝现象,则用垫圈调整端部缠丝附近的伸出长度,以使节距匹配。缠绕3圈后停机,按要求进行并固焊(采用铝热焊),焊后用磨光机打磨焊坡,保留焊坡高度1mm,并将缠好的钢丝人工推入索夹下端部槽内。

⑤点动缠丝机进行端部缠丝3~4圈并人工推向索夹下端部后停机,脱开缠丝牙嵌离合器,机器反向走行,直至端部缠丝附件的出丝与已缠好钢丝平齐后停车。

⑥合上牙嵌离合器,继续点动缠丝机,正常后,连续动作缠丝,缠丝至距索夹下端部约600mm停止。

⑦按要求并固焊钢丝,并打磨焊坡。

⑧机器反向点动,松开端部缠丝附件上的钢丝(已缠好的钢丝出头处已并焊防松),拆除端部缠丝附件。

⑨脱开牙嵌离合器,机器反向走行,空车走行直至张紧装置的张紧轮的出丝与已缠好钢丝平齐为止。

(3)索夹间缠丝

继起始端缠丝完成后,接着进行两个索夹之间的缠丝,过程如下:

①缠丝机后端紧靠索夹下端面,前后行走架处于缠丝机前后端机架,缠丝机通过手拉葫芦与猫道小横梁固定。安装储丝轮,后出丝轮出丝在索夹前端开始起始段缠丝。

②当缠绕钢丝长度为1m左右时,焊接钢丝并打磨,将钢丝由后出丝轮转至前出丝轮。

③松开前后端机架与主缆之间的夹紧装置,缠丝机处于行走模式,卷扬机牵引机架前移,缠丝齿圈相对于主缆静止不动(行走齿条向后拨动),就位固定机架。

④继续缠丝,当储丝轮剩余6圈钢丝时并焊钢丝,剪断剩余钢丝,卸去空储丝轮。利用前行走架挂梁更换储丝轮。

⑤夹持架前行,同③。

⑥储丝轮由前缠丝轮出丝,钢丝接头与前段钢丝并焊后,继续缠丝。

⑦松开夹持架与主缆夹紧机构,夹持架前行到上一索夹端部(缠丝齿圈相对于主缆静止);前行走机构向下移动到夹持架中部,前机架顶升机构千斤顶回缩,夹持架前行跨越索夹;前机架顶升机构千斤顶顶升与主缆支撑,前行走机构顶升千斤顶回缩,前行走机构行走跨越索夹后千斤顶顶升与主缆支撑。

⑧缠丝机进行索夹区间尾端主缆缠丝、焊接。

(4)缠丝焊接

节间缠丝每间隔1m进行一次并固焊,并焊部位应在主缆上表面30°圆心角所对应的圆弧范围内,以免铝热焊剂流淌。

相邻的缠绕钢丝以铝热焊剂焊接的方式进行连接接头处理。1个索夹区间焊点分为3种:起始点并焊3圈,中间段间隔1m并焊2圈,尾端手动缠丝每圈均并焊。铝热焊点外观呈小丘形,用砂轮机打磨保留1mm以上的焊高。

因作业需要,临时停止缠丝时,迅速进行2点焊接。如临时停止部位的焊接在1m间距附近时,该处的1m间距的焊接可省略。

在储丝轮钢丝剩余6圈左右时,钢丝并焊后切除多余钢丝。更换储丝轮,并焊接头。钢丝接头部位,应使端面相互接触,尽可能无间隙地施工。再次缠丝后在接头处注入粘缝材料,填埋间隙。

(5)终止端(索夹上端部)缠丝

①节间缠丝靠近下一索夹时,缠丝速度放慢,在主缆倾斜段要当心丝卷或大齿圈刮碰悬索。缠丝达不到端部则先停机。

②按要求并焊钢丝,截断一头。

③将已缠好的一节钢丝用硬木棒或紫铜棒慢慢推打,直至进索夹端槽内,并与索夹加楔焊固。

④继续推打第二节已缠好的钢丝,直至密匝排丝已至先前停机位置。

⑤按要求并焊钢丝,并截断。

⑥将缠丝机退回至被推打钢丝后,无缠丝部分的末端丝头与末端接丝并焊牢固。

⑦继续正常缠丝至先前停机处,与先前推向前的一节段钢丝靠拢,并焊,然后切断丝头,打磨平整。

(6)齿圈过夹

①将齿圈旋至索夹开口的正下方,拆下活动门的销钉及压板,打开活动门。

②挂好齿圈防转拴拉链条,脱开牙嵌离合器。

③启动主机走行系统,使齿圈慢速越过索夹,直至齿圈前端面越过索夹端面约600mm

为止。

④关闭复原并栓固齿圈活动门,合上牙嵌离合器。

⑤装上端部缠丝附件,摘除齿圈上的栓控链条,准备第二个节间的起始端端部缠丝。

⑥齿圈过中央扣索夹的要点:这几个索夹的外径大于齿圈内径和夹持蹄片的内空,因此必须事先取下齿圈。但夹持蹄片必须逐步退出,要始终保持缠丝机有前后两套夹持蹄片夹住主缆,以保证安全。

(7)手动缠丝

缠丝机难接近的区域采用手动缠丝。手动缠丝是借助专用的手动缠丝工具,单头施缠。如在索夹位置采用手动缠丝,缠丝到12cm时停机。将这段钢丝向索夹边挤压,并用拉线器配合使钢丝不致松弛,把端头钢丝排列整齐,当钢丝端头距索夹边2cm时,用铝热焊将主缆顶面钢丝端头焊接牢固,用砂轮机把凸出焊点磨平,拆下拉线器,切除多余钢丝,人工用木锤、尼龙棒将钢丝推入索夹端部环槽,直至环槽填满,钢丝嵌入索夹槽隙至少3圈,钢丝与索夹用尼龙楔固定。

27.2.4 缠丝注意事项

①机器跨越索夹时,要注意索夹下方猫道面层的空洞,防止人员或物件坠落。

②缠丝机在索夹倾角大于8°的主缆上时,主机与夹持架均不应同时松开保险手拉葫芦。

③主机与夹持架安装就位后,任何时候不得同时松开夹持瓦。

④机器自动跨越索夹行走机构,过夹时观察与检查各机构动作及复位情况。

27.2.5 缠丝质量控制

主缆缠丝是主缆防护的关键施工工序,施工过程中须严格按照相应设计及施工规范操作,具体质量控制要求如下:

①钢丝缠绕应密贴,缠丝不重叠交叉,不得有压丝、背丝现象出现。

②缠丝之间间隙为1mm,采用插板检查,检查频率为每两索夹之间随机量测1m长范围的丝间间隙。

③缠丝张力应符合设计要求。本桥的缠丝张力控制为2.6kN,缠丝时要经常注意张力指示数值的变化,若缠丝张力小于2.6kN,则通过张紧装置上的调节螺母进行调节。

④缠丝起始端应设法嵌入索夹端部凹槽不少于3圈,并加楔固结焊固。

⑤一个节间内缠好的钢丝宜用固结焊固,对接钢丝除施加对接焊外需采用固结焊固。

⑥在钢丝焊接(采用铝热焊)的施工过程中,焊接完成后用磨光机打磨焊坡,保留焊坡高度不大于3mm,采用卡尺量测。

⑦缠丝过程中要保证电源稳定,时时监测,避免出现电源不稳引起丝间间隙过大。

27.3 主缆缠包带施工

主缆缠丝完成后进行缠包带施工。调整缠带机,按逆时针方向缠绕安装缠包带,缠包带成卷包装,最后结束部分应在3点钟位置朝下。缠绕时,一边环绕主缆缠绕缠包带,一边沿主缆轴向移动,直到完成两个索夹之间的缠绕。缠绕时需拉紧,并保持48%~52%的正确重叠。

当一卷缠包带结束时,按以下步骤延长接头:
①缠包带到尽头,放松剩下的部分,反转90°。
②安装新的一卷,重叠50mm。转一圈,使外露端朝下。
③用新带卷缠绕3圈,缠带拼接在一起。

缠包带的加热:
①将控制器连接到电压电流匹配的电源上。注意电源必须有效接地。
②使用加热套管,先用力锁定套管,再接入电源。
③加热套管控制器,插入一个合适的电压源,并打开电源。设置好控制器的温度为127℃。
④调整加热时间和温度,以获取最佳温度而没有过热。温度控制器不得超过150℃。
⑤当加热毯初始温度达到94℃时,用定时器计时,持续加热6min。当定时器还剩3min,旋转加热套管约1/4圈。当定时器时间到时,移动加热套管到下一个加热区域,并重复以上过程。
⑥加热结束时,用记号笔做好标志,以方便下一个周期移动加热毯位置。加热约6min后,由定时器控制,加热套管提前移动到下一个位置。
⑦缠包带加热后,需要冷却,通常冷却10~15min。
⑧在跨中最低点,开一个直径25mm的孔,允许任何可能进入主缆的水排出。

第五篇

成果篇

关键技术研究 28

28.1 南锚碇防洪措施及地下连续墙施工预案

为确保南锚碇的施工和防洪安全,根据锚碇工程地质及水文地质资料,结合已建阳逻大桥、南京栖霞山长江大桥等工程项目锚碇的设计施工经验,对棋盘洲长江公路大桥南锚碇防洪措施及地下连续墙施工预案进行了研究。

28.1.1 南锚碇防洪措施

南锚碇采取的防洪措施主要有:

①地下连续墙既是基坑开挖过程中的支护结构,同时又是挡水帷幕,其作为大堤防洪安全的基本防线将起到重要作用。地下连续墙设计考虑两方面:a. 槽段之间采用V形钢板接头,V形钢板焊接在钢筋笼上并用止水纤维带包裹,该措施易于实施,可达到良好的止水效果,在国内有成功施工经验。另外,若施工技术水平允许(可通过施工前的试验验证),还可考虑采用H形等刚性接头,可进一步提高止水效果。b. 地下连续墙嵌岩。该设计可全面阻挡第四系含水土层的水自由流动,同时,由于弱风化岩层仅含少量裂隙水,其渗透系数很低,因此其自身向基坑的渗水量很小。

②在地下连续墙施工完成后,在槽段间接头处外侧从底到顶的第四系覆盖层采取高压旋喷注浆措施,在接头外侧形成旋喷桩以阻止地下水向接缝渗流。

③基坑开挖前进行抽水试验,检验地下连续墙的密水性。

④在地下连续墙墙脚下通过墙体内的预埋管向弱风化岩体进行高压注浆,对岩石裂隙进行封堵。

⑤采用化学注浆法或高压三重管旋喷注浆法,在开挖前对基坑底面以下的卵(砾)石层进行处理,以抵抗裂隙承压水作用。

⑥开挖施工安排在枯水期,洪水期不施工。

28.1.2 地下连续墙施工预案

①若地下连续墙施工完成后,经超声波检测发现墙体质量有一般性缺陷,可采取压浆等措施处理,若发现有大的缺陷,则在该处外侧紧贴原地下连续墙施工一个槽段地下连续墙。

②若基坑开挖过程中,地下连续墙墙体渗漏水,则对该处外围土体进行旋喷加固处理。

③根据监测发现墙体实测位移偏大,则对内衬结构进行加强处理。

④开挖施工安排在枯水期进行,由于枯水期长江水位远低于滩涂地面高程,若开挖过程中发现长江大堤沉降,在洪水期到来之前加固大堤,确保长江大堤防洪安全。

⑤地基加固策略。地基加固设计的主要目的是当按一定地质条件和开挖施工参数设计的支护结构体系达不到控制基坑变形的要求时,通过地基加固合理提高围护墙被动区土抗力。根据实际情况进行地基加固,包括:

a. 坑内降水预固结地基。基坑内合理布设井点,在开挖前超前降水,将从基坑地面至设计基坑底面以下一定深度的土层疏干并排水固结,从而提高围护墙被动区及基坑中土体的强度和刚度,降低土体的流变性。

b. 围护墙被动区地基加固。为控制围护墙侧向位移,在基坑开挖前一定时间,对围护墙被动区用水泥搅拌桩、旋喷桩或分层注浆法进行加固。

⑥信息化施工策略。为了指导施工,确保工程顺利进行和安全,实行信息化施工,随时预报、及时处理。本设计初拟监测项目为地下连续墙纵向变形(径向水平位移、竖直位移)、地下连续墙钢筋和混凝土应力、土体水土压力、内衬轴力、内衬钢筋和混凝土应力、坑外地基沉降及水平位移、坑外地下水位、大堤沉降量,各项监测具体要求执行有关规范、规程。

28.2 结构抗风性能研究

为了优化桥梁抗风性能,验证桥梁抗风稳定性,全面检验设计方案的主桥抗风性能,包括结构成桥和主要施工阶段的颤振稳定性能、静风稳定性能、涡激共振和抖振性能等,以及各种风致静力和动力响应,委托专业单位进行抗风性能研究,主要内容如下:

①初步设计阶段桥位边界层风特性分析——根据规范要求及当地气象记录,确定桥址处基本风速及设计基准风速以及颤振检验风速。

②初步设计阶段结构动力特性及抗风性能计算分析——成桥状态及最不利施工状态的动力特性计算。

③初步设计阶段加劲梁节段模型风洞试验,通过制作施工状态及成桥状态节段模型,检验主梁涡激共振特性。对涡激共振提出抑制措施,并检验其有效性;检验成桥状态及施工状态的

涡激共振稳定性;测量加劲梁断面的静三分力系数。

④根据风洞试验结果,进行初步设计阶段设计方案三维静风稳定性分析,给出静风失稳临界风速。

⑤施工图设计阶段大尺度加劲梁节段模型试验。

⑥施工图设计阶段桥塔自立状态气弹模型风洞试验。

⑦施工图设计阶段全桥气弹模型风洞试验。

28.3 结构耐久性设计

结构的耐久性设计应综合考虑施工、使用、管理、维护等,遵循"以防为主"的战略方针,重点在"预先设防"。

28.3.1 混凝土结构

初步设计勘察地表水样水质分析资料判定在干湿交替作用下,场地地表水和地下水对混凝土结构及钢筋混凝土中的钢筋具有微腐蚀性。

根据《公路工程混凝土结构防腐蚀技术规范》(JTG/T B07-01—2006)的要求,结合本工程的特点,在设计中有针对性地采取以下措施来提高混凝土耐久性。

①增加混凝土中钢筋的保护层厚度。适当增加钢筋的保护层厚度,是延长混凝土使用寿命最为直接、简单且经济有效的方法。

②控制混凝土的最大水胶比以及最小胶凝材料(水泥加矿物掺合料)用量,提高混凝土的密实性以增强混凝土的抗腐蚀性能;影响本桥混凝土结构耐久性的因素还有氯离子,不同部位混凝土氯离子渗透性能应满足规范的要求。

③控制混凝土的碱含量,避免混凝土发生碱集料反应。

④施工期间加强混凝土结构的养护,防止干缩裂缝的发生。

⑤依据混凝土构件所处结构部位及使用环境条件,采取必要的防护措施,如采用混凝土表面防护技术、钢筋表面防护技术、阴极保护技术、阻锈剂技术等。同时施加必要的辅助措施,如采用纤维混凝土或透水模板布等,在保证施工质量和原材料品质的前提下,使混凝土结构的整体耐久性达到要求。

⑥将主、引桥上部结构设计成全预应力结构,对于引桥组合 T 梁,在通用图基础上适当加大截面尺寸与预应力钢束用量,也将其设计成全预应力构件。对于钢筋混凝土构件,按《公路钢筋混凝土及预应力混凝土桥涵设计规范》(JTG D62—2004)要求控制其最大裂缝宽度小于0.15m。

⑦对锚碇锚室防水防渗进行专项设计。

28.3.2 钢结构

(1)主缆

主缆采用新型"圆形缠丝+缠包带密封+干燥空气除湿"的防护体系。

(2)钢箱梁

由于钢箱梁各部位所处环境、工作条件和涂装维修的难易程度各不相同,涂装的功能要求、类型和寿命也不尽相同,钢箱梁涂装根据部位采用不同方案。

参考文献

[1] 中华人民共和国交通运输部.公路桥涵设计通用规范:JTG D60—2015[S].北京:人民交通出版社股份有限公司,2015.

[2] 中华人民共和国交通运输部.公路钢筋混凝土及预应力混凝土桥涵设计规范:JTG 3362—2018[S].北京:人民交通出版社股份有限公司,2018.

[3] 中华人民共和国交通部.公路圬工桥涵设计规范:JTG D61—2005[S].北京:人民交通出版社,2005.

[4] 中华人民共和国交通运输部.公路桥涵地基与基础设计规范:JTG 3363—2019[S].北京:人民交通出版社股份有限公司,2020.

[5] 中华人民共和国交通运输部.公路桥涵施工技术规范:JTG/T 3650—2020[S].北京:人民交通出版社股份有限公司,2020.

[6] 姚玲森.桥梁工程[M].3版.北京:人民交通出版社股份有限公司,2021.

[7] 吉伯海,傅中秋.钢桥[M].2版.北京:人民交通出版社股份有限公司,2020.

[8] 肖汝诚.桥梁结构体系[M].北京:人民交通出版社,2013.

[9] 中交第二公路工程局有限公司.公路桥梁施工系列手册:悬索桥[M].北京:人民交通出版社,2014.

[10] 《中国公路学报》编辑部.中国桥梁工程学术研究综述·2021[J].中国公路学报,2021,34(2):1-97.

[11] 王春江,戴建国,臧瑜,等.自锚式钢箱梁悬索桥静力稳定性分析[J].桥梁建设,2019,49(2):47-51.

[12] 蔡凡杰,胡厚兰.滑模与爬模施工工艺在桥梁高墩施工中的应用[J].公路,2013(6):68-71.

[13] 黄宏伟,张冬梅,徐凌,等.国内外桥梁深基础形式的现状[J].公路交通科技,2002(4):60-64.

[14] 李军堂,秦顺全,张瑞霞.桥梁深水基础的发展和展望[J].桥梁建设,2020,50(3):17-24.

[15] 薛光雄,沈锐利,先正权,等.悬索桥基准丝股线形的确定与测控[J].桥梁建设,2004(4):4-6,24.

[16] 叶硕.西堠门大桥主缆索股架设施工[J].世界桥梁,2011(3):17-20.

[17] 田永强.五峰山长江大桥主缆索股架设完成[J].世界桥梁,2019,47(3):96-97.

[18] 冯传宝.五峰山长江大桥上部结构施工控制技术[J].桥梁建设,2020,50(1):99-104.

[19] 张晖,徐永明,李志鹏.大跨径悬索桥猫道架设牵引系统施工技术[J].铁道建筑技术,2020(8):112-115.

[20] 李海南,李世举,陈杨永.阳宝山特大桥主缆施工测量控制技术[J].交通世界,2021(17):110-111.

[21] 张德平,徐伟,黄细军,等.赤壁长江公路大桥钢锚梁索塔锚固结构优化设计[J].世界桥梁,2019,47(5):12-16.

[22] 姜华,魏群,彭运动.坝陵河大型悬索桥钢桁加劲梁安装施工新技术[J].华北水利水电学院学报,2010,31(1):37-40.

[23] 中华人民共和国住房和城乡建设部.混凝土结构工程施工质量验收规范:GB 50204—2015[S].北京:中国建筑工业出版社,2015.

[24] 中华人民共和国住房和城乡建设部.钢筋焊接及验收规程:JGJ 18—2012[S].北京:中国建筑工业出版社,2012.

[25] 中华人民共和国建设部.混凝土用水标准:JGJ 63—2006[S].北京:中国建筑工业出版社,2006.

[26] 中华人民共和国住房和城乡建设部.预应力筋用锚具、夹具和连接器应用技术规程:JGJ 85—2010[S].北京:中国建筑工业出版社,2010.

[27] 全国钢标准化技术委员会(SAC/TC 183).预应力混凝土用钢绞线:GB/T 5224—2014[S].北京:中国标准出版社,2015.

[28] 全国钢标准化技术委员会(SAC/TC 183).预应力热镀锌钢绞线:GB/T 33363—2016[S].北京:中国标准出版社,2017.

[29] 全国钢标准化技术委员会.环氧涂层七丝预应力钢绞线:GB/T 21073—2007[S].北京:中国标准出版社,2008.

[30] 住房和城乡建设部建筑结构标准化技术委员会.无粘结预应力钢绞线:JG/T 161—2016[S].北京:中国标准出版社,2017.

[31] 严国敏.现代悬索桥[M].北京:人民交通出版社,2002.

[32] 周念先.桥梁方案比选[M].上海:同济大学出版社,1997.

[33] 唐寰澄,唐浩.中国桥梁技术史第一卷·古代篇(上)[M].北京:北京交通大学出版社,2017.

[34] 王应良,高宗余.欧美桥梁设计思想[M].北京:中国铁道出版社,2008.

[35] 项海帆,潘洪萱,张圣城,等.中国桥梁史纲[M].上海:同济大学出版社,2009.

[36] 孟凡超.悬索桥[M].北京:人民交通出版社,2011.

[37] 梁鹏,肖汝诚,夏旻,等.超大跨度缆索承重桥梁结构体系[J].公路交通科技,2004(5):53-56,69.

[38] 杨进.悬吊斜拉组合桥结构应用于武汉市杨泗长江大桥的技术经济优势分析[J].桥梁建设,2010(5):1-2,11.

[39] 张劲泉,曲兆乐,宋建永,等.多塔连跨悬索桥综述[J].公路交通科技,2011,28(9):30-45,52.

[40] 中华人民共和国交通运输部.公路悬索桥设计规范:JTG/T D65-05—2015[S].北京:人民交通出版社股份有限公司,2015.

[41] 徐恭义.在悬索桥中再度研究设计应用板式加劲梁[D].成都:西南交通大学,2005.

[42] 姜友生.桥梁总体设计[M].北京:人民交通出版社,2012.

[43] 中华人民共和国住房和城乡建设部.大体积混凝土施工标准:GB 50496—2018[S].北京:中国建筑工业出版社,2018.

[44] 中华人民共和国交通运输部水运局.水运工程大体积混凝土温度裂缝控制技术规程:JTS 202-1—2010[S].北京:人民交通出版社,2010.

[45] 中华人民共和国住房和城乡建设部.混凝土坝安全监测技术标准:GB/T 51416—2020[S].北京:中国计划出版社,2020.

[46] 中华人民共和国交通部.公路沥青路面施工技术规范:JTG F40—2004[S].北京:人民交通出版社,2005.

[47] 全国地理信息标准化技术委员会.国家一、二等水准测量规范:GB/T 12897—2006[S].北京:中国标准出版社,2006.

[48] 魏洋,董峰辉,郑开启,等.桥梁施工技术[M].北京:人民交通出版社股份有限公司,2021.

[49] 沈锐利.缆索承重桥梁[M].北京:人民交通出版社股份有限公司,2021.